Table of Contents

Renate Wagner-Wittula

Imperial Austrian Cuisine
Aus Kaisers Küche

The Best Recipes from the Austro-Hungarian Royal Kitchen

With Culinary Comments
by Christoph Wagner

Translated by Mark Hackworth & Paul Heinrichs

Bibliografische Information der Deutschen Bibliothek
Die Deutsche Bibliothek verzeichnet diese Publikation in der Deutschen Nationalbibliografie; detaillierte bibliografische Daten sind im Internet über http://dnb.ddb.de abrufbar.

www.residenzverlag.at

in Zusammenarbeit mit Buchvertrieb Joachim Klinger,
Hörzingerstraße 62, 4020 Linz/Donau
Tel.Nr. ++43(0)732 38 20 95

Production: Werbebüro Linecker
Graphics and Layout: Sieglinde Füreder
Photos: Partnerstudios Christoph Goldmann, Friedrich Jansenberger, Österreich Werbung
Props: Pia Steinwender
Studio Chefs: Alfred Schrot (Schrot & Korn), Konditorei Josef Kemetmüller (Neuhofen/Krems)
Kitchenware: Firma Rechberger GesmbH, Linz
Printed by: Niederösterreichisches Pressehaus

ISBN-10 3-7017-3048-2
ISBN-13 978-3-7017-3048-3

Renate Wagner-Wittula
Imperial Austrian Cuisine
Aus Kaisers Küche
The Best Recipes from the Austro-Hungarian Royal Kitchen
With Culinary Comments
by Christoph Wagner
Translated by Mark Hackworth & Paul Heinrichs

ਅਪਣੀ ਮਾਂਬੋਲੀ
ਪੰਜਾਬੀ
ਤੇ ਇਹਦੇ ਜਾਇਆਂ ਦੇ ਨਾਂ

For my mother tongue
Punjabi
and all her children

اپݨی ماں بولی
پنجابی
تے ایہدے جائیاں دے ناں

FASCINATING FOLKTALES OF PUNJAB

UNDIVIDED PUNJAB EDITION-1

ਸੋਹਣੇ ਪੰਜਾਬ
ਦੀਆਂ
ਮੋਹਣੀਆਂ ਬਾਤਾਂ ੧-੫

ਸਾਂਝਾ ਪੰਜਾਬ ਛਾਪ-੧

سوہݨے پنجاب
دِیاں
موہݨیاں باتاں 1-5

سانجھا پنجاب چھاپ-1

Retold by
GURMEET KAUR

Edited by
NIRVAIR SINGH
(GURMUKHI)
MAHMOOD AWAN
(SHAHMUKHI)

Designed by
CHAAYA PRABHAT

ACKNOWLEDGEMENT

I am in gratitude of Baba Nanak for bestowing the love of the letter and the Word.

I am indebted to:

Amarjit Singh Chandan, for inspiring me to dream of an undivided Punjab;

Mahmood Awan, for bringing the two scripts together;

Nirvair Singh, for assisting me in every possible way;

The Dasvandh Network and our donors, for making our projects viable;

The Five Rivers Foundation, the Chadha Family, and the Narang Family, for their generous support;

And all my little and big readers; the lovers of our Ma-Boli, Punjabi.

ਪਿਆਰੇ ਬੱਚਿਓ

ਆਓ ਆਪਾਂ ਦੇਸ ਪੰਜਾਬ ਦੀ ਉਸ ਧਰਤੀ 'ਤੇ ਚੱਲੀਏ; ਜਿਹੜੀ ਵੰਡੀ ਨਹੀਂ ਹੋਈ, ਜਿਥੇ ਟੀਵੀ ਤੇ ਮੋਬਾਈਲਾਂ ਨੇ ਸੋਚ ਦੇ ਖੰਭ ਨਹੀਂ ਕੁਤਰੇ ਹੋਏ। ਚਲੋ, ਅਪਣੇ ਵਡੇਰਿਆਂ ਦੀ ਬੁੱਕਲ ਵਿਚ ਬਹਿ ਕੇ ਕੁਦਰਤ ਦੀ ਗੋਦ ਵਿਚ ਹੱਸਦੇ-ਵੱਸਦੇ ਸਾਂਝੇ ਪੰਜਾਬ ਦੇ ਸੁਪਨੇ ਲਈਏ ਅਤੇ ਮਾਂ-ਬੋਲੀ ਪੰਜਾਬੀ ਦੀਆਂ ਜਣੀਆਂ ਦੋ ਲਿੱਪੀਆਂ - ਗੁਰਮੁਖੀ ਤੇ ਸ਼ਾਹਮੁਖੀ - ਵਿਚ ਲਿਖੀਆਂ ਮਨਮੋਹਣੀਆਂ ਬਾਤਾਂ ਪਾਈਏ।

ਗੁਰਮੀਤ ਕੌਰ

Dear Children,

Let's travel to the land of Punjab which is not separated by a barbed wire fence -- where TV and cell phones haven't clipped the wings of imagination. Snuggle with your elders, and dream of the undivided Punjab, laughing and playing in the lap of nature. Let's listen to our mother language Punjabi, as she narrates enchanting tales scribed by her two daughters, Gurmukhi and Shahmukhi.

Gurmeet Kaur

پیارے بچّیو

آوَ آپاں دیس پنجاب دی اُس دھرتی تے چلیئے جیہڑی وَنڈی نہیں ہوئی، جتھّے ٹی وی تے موبائیلاں نے سوچ دے کھنبھ نہیں کُترے ہوئے۔ چلو، اپنے وڈیریاں دی بُکّل وِچ بہہ کے قدرت دی گود وِچ ہسدے وَسدے سانجھے پنجاب دے سُپنے لئیے اتے ماں بولی پنجابی دیاں جنّیاں دو لپّیاں ؛ گُر مُکھی تے شاہ مُکھّی وِچ لکھیاں مَن موہنیاں باتاں پائیے۔

گُرمیت کَور

ਛਿਣਾਈ Contents چِݨائی

ਬਾਤਾਂ The Tales باتاں

Know Your Punjab & Punjabi

The Sparrow and the Pippal

ਚਿੜੀ ਤੇ ਪਿੱਪਲ਼

چِڑی تے پِپّل

ਭੁੱਖੀ ਚਿੜੀ ਨੂੰ ਦਾਣਾ ਲੱਭਿਆ, ਪਰ ਜਦ ਉਹ ਪਿੱਪਲ਼ ਦੇ ਰੁੱਖ 'ਤੇ ਬੈਠ ਕੇ ਖਾਣ ਲੱਗੀ, ਤਾਂ ਦਾਣਾ ਰੁੱਖ ਦੀ ਖੋੜ ਵਿਚ ਜਾ ਡਿੱਗਾ। ਪੱਕੇ ਇਰਾਦੇ ਵਾਲ਼ੀ ਸਿਆਣੀ ਚਿੜੀ ਕਈ ਵਾਰ ਟੱਕਰਾਂ ਮਾਰਦੀ ਅਖ਼ੀਰ ਵਿਚ ਕਾਮਯਾਬ ਹੋ ਜਾਂਦੀ ਹੈ। ਮਨ ਪਰਚਾਉਂਦੀ ਇਹ ਕਹਾਣੀ ਲਗਨ ਤੇ ਧੀਰਜ ਦਾ ਸਬਕ ਸਿਖਾਉਂਦੀ ਹੈ।

A hungry little sparrow finds a seed but loses it in a Pippal tree who does not want to return it. Determined, the sparrow uses her wits, and after several failed attempts, ultimately retrieves her seed. This fun fable teaches a valuable lesson in persistence and patience.

بُھکّھی چِڑی نوں داݨا لبھیا، پر جد اوہ پِپّل دے رُکھ تے بیٹھ کے کھاݨ لگی، تاں داݨا رُکھ دی کھوڑ وچ جا ڈِگا۔ پکّے ارادے والی سیاݨی چِڑی کئی وار ٹکراں ماردی اخیر وِچ کامیاب ہو جاندی ہے۔ من پرچاوندی ایہہ کہاݨی لگن تے دِھیرج دا سبق سِکھاوندی ہے۔

ਇਕ ਸੀ ਚਿੜੀ।
ਉਹਨੂੰ ਬੜੀ ਭੁੱਖ ਲੱਗੀ ਸੀ।
ਉਹਨੂੰ ਇਕ ਦਾਣਾ ਲੱਭਿਆ।
ਉਹ ਪਿੱਪਲ਼ ਦੇ ਰੁੱਖ ਉੱਤੇ ਬੈਠ ਕੇ ਦਾਣਾ ਖਾਣ ਲੱਗੀ।
ਦਾਣਾ ਪਿੱਪਲ਼ ਦੀ ਖੁੱਡ ਵਿਚ ਡਿੱਗ ਪਿਆ।

ਚਿੜੀ ਨੇ ਪਿੱਪਲ਼ ਨੂੰ ਕਿਹਾ: "ਪਿੱਪਲ਼ਾ-ਪਿੱਪਲ਼ਾ, ਦਾਣਾ ਦੇ।"
ਪਿੱਪਲ਼ ਬੋਲਿਆ: "ਮੈਂ ਨਹੀਂ ਦੇਂਦਾ।"

ਪਿੱਪਲ਼ ਦਾਣਾ ਦੇਵੇ ਨਾ;
ਚਿੜੀ ਵਿਚਾਰੀ ਕੀ ਕਰੇ?
ਠੰਢਾ ਪਾਣੀ ਪੀ ਮਰੇ।

اِک سی چِڑی
اوہنوں بڑی بھُکھ لگی سی
اوہنوں اِک داݨا لبھیا
اوہ پِپّل دے رُکھ اُتے بیٹھ کے داݨا کھاݨ لگی
داݨا پِپّل دی کُھڈ وِچ ڈِگ پیا۔

چِڑی نے پِپّل نوں کہیا: "پِپلا پِپلا، داݨا دے"
پِپّل بولیا : " میں نہیں دیندا"

پِپّل داݨا دیوے نہ
چِڑی وِچاری کیہ کرے؟
ٹھنڈھا پاݨی پی مرے

There was a sparrow, who was very hungry. She found a tiny seed. She sat on a pippal* tree and began to eat. But the seed fell into the hollow of the pippal.

The sparrow asked,
"Pippal, Pippal, give my seed back."
The pippal replied, "No way!
I won't do what you say."

The pippal won't return her seed.

What shall the poor sparrow do?

Sip cold water and go to sleep.

Pippal* - A tree native to Punjab (Ficus tree)

ਫੇਰ ਚਿੜੀ ਅੱਗ ਕੋਲ਼ ਗਈ।
ਉਹਨੇ ਅੱਗ ਨੂੰ ਕਿਹਾ: "ਅੱਗੇ-ਅੱਗੇ, ਪਿੱਪਲ਼ ਨੂੰ ਸਾੜ ਦੇ।"
ਅੱਗ ਨੇ ਕਿਹਾ: "ਮੈਂ ਨਹੀਂ ਸਾੜਦੀ।"

ਅੱਗ ਪਿੱਪਲ਼ ਨੂੰ ਸਾੜੇ ਨਾ;
ਪਿੱਪਲ਼ ਦਾਣਾ ਦੇਵੇ ਨਾ;
ਚਿੜੀ ਵਿਚਾਰੀ ਕੀ ਕਰੇ?
ਠੰਢਾ ਪਾਣੀ ਪੀ ਮਰੇ।

پھیر چڑی اگ کول گئی
اوہنے اگ نوں کہیا: " اگّے اگّے ، پِپّل نوں ساڑ دے"
اگ نے کہیا: "میں نہیں ساڑدی"

اگ پِپّل نوں ساڑے نہ
پِپّل داݨا دیوے نہ
چِڑی وِچاری کیہ کرے؟
ٹھنڈھا پاݨی پی مرے

So, the sparrow went
to the fire and asked,
"Fire, Fire, burn the pippal."
The fire replied, "No way!
I won't do what you say."

The fire won't burn the pippal tree;
the pippal won't return her seed.
What shall the poor sparrow do?
Sip cold water and go to sleep.

ਫੇਰ ਚਿੜੀ ਪਾਣੀ ਕੋਲ਼ ਗਈ।
ਉਹਨੇ ਪਾਣੀ ਨੂੰ ਕਿਹਾ: "ਪਾਣੀਆਂ-ਪਾਣੀਆਂ, ਅੱਗ ਬੁਝਾ ਦੇ।"
ਪਾਣੀ ਨੇ ਕਿਹਾ: "ਮੈਂ ਨਹੀਂ ਬੁਝਾਉਂਦਾ।"

ਪਾਣੀ ਅੱਗ ਬੁਝਾਵੇ ਨਾ;
ਅੱਗ ਪਿੱਪਲ਼ ਨੂੰ ਸਾੜੇ ਨਾ;
ਪਿੱਪਲ਼ ਦਾਣਾ ਦੇਵੇ ਨਾ;
ਚਿੜੀ ਵਿਚਾਰੀ ਕੀ ਕਰੇ?
ਠੰਢਾ ਪਾਣੀ ਪੀ ਮਰੇ।

Then, the sparrow went to the water.
She asked, "Water, Water,
put out the fire."
The water replied, "No way!,
I won't do what you say."

پھیر چِڑی پاݨی کول گئی
اوہنے پاݨی نوں کہیا: "پاݨیا پاݨیا، اگ بُجھا دے"
پاݨی نے کہیا: "میں نہیں بُجھاؤندا"

پاݨی اگ بُجھا وے نہ
اگ پِپّل نوں ساڑے نہ
پِپّل داݨا دیوے نہ
چِڑی وِچاری کیہ کرے؟
ٹھنڈھا پاݨی پی مرے

The water won't put out the fire;
the fire won't burn the pippal tree;
the pippal won't return her seed.
What shall the poor sparrow do?
Sip cold water and go to sleep.

ਫੇਰ ਚਿੜੀ ਹਾਥੀ ਕੋਲ਼ ਗਈ।
ਉਹਨੇ ਹਾਥੀ ਨੂੰ ਕਿਹਾ: "ਹਾਥੀਆ-ਹਾਥੀਆ, ਪਾਣੀ ਪੀ ਜਾ।"
ਹਾਥੀ ਨੇ ਕਿਹਾ: "ਮੈਂ ਨਹੀਂ ਪੀਂਦਾ।"

ਹਾਥੀ ਪਾਣੀ ਪੀਵੇ ਨਾ;
ਪਾਣੀ ਅੱਗ ਬੁਝਾਵੇ ਨਾ;
ਅੱਗ ਪਿੱਪਲ਼ ਨੂੰ ਸਾੜੇ ਨਾ;
ਪਿੱਪਲ਼ ਦਾਣਾ ਦੇਵੇ ਨਾ;
ਚਿੜੀ ਵਿਚਾਰੀ ਕੀ ਕਰੇ?
ਠੰਢਾ ਪਾਣੀ ਪੀ ਮਰੇ।

Next, the sparrow went to the elephant.
She asked, "Elephant, Elephant,
drink up the water."
The elephant replied, "No way!
I won't do what you say."

پھیر چڑی ہاتھی کول گئی
اوہنے ہاتھی نوں کہیا: "ہاتھیا ہاتھیا، پانی پی جا"
ہاتھی نے کہیا: "میں نہیں پِیندا"

ہاتھی پانی پِیوے نہ
پانی اگ بُجھاوے نہ
اگ پِپّل نوں ساڑے نہ
پِپّل دانا دیوے نہ
چِڑی وِچاری کیہ کرے؟
ٹھنڈھا پانی پی مرے

The elephant won't drink up the water;
the water won't put out the fire;
the fire won't burn the pippal tree;
the pippal won't return her seed.
What shall the poor sparrow do?
Sip cold water and go to sleep.

ਫੇਰ ਚਿੜੀ ਰੱਸੇ ਕੋਲ਼ ਗਈ।
ਉਹਨੇ ਰੱਸੇ ਨੂੰ ਕਿਹਾ:
"ਰੱਸਿਆ-ਰੱਸਿਆ, ਹਾਥੀ ਨੂੰ ਬੰਨ੍ਹ ਦੇ।"
ਰੱਸੇ ਨੇ ਕਿਹਾ: "ਮੈਂ ਨਹੀਂ ਬੰਨ੍ਹਦਾ।"

ਰੱਸਾ ਹਾਥੀ ਬੰਨ੍ਹੇ ਨਾ;
ਹਾਥੀ ਪਾਣੀ ਪੀਵੇ ਨਾ;
ਪਾਣੀ ਅੱਗ ਬੁਝਾਵੇ ਨਾ;
ਅੱਗ ਪਿੱਪਲ਼ ਨੂੰ ਸਾੜੇ ਨਾ;
ਪਿੱਪਲ਼ ਦਾਣਾ ਦੇਵੇ ਨਾ;
ਚਿੜੀ ਵਿਚਾਰੀ ਕੀ ਕਰੇ?
ਠੰਢਾ ਪਾਣੀ ਪੀ ਮਰੇ।

Then, the sparrow went to the rope.
She asked, "Rope, Rope,
tie up the elephant."
The rope replied, "No way!
I won't do what you say."

The rope won't tie up the elephant;
the elephant won't drink up the water;
the water won't put out the fire;
the fire won't burn the pippal tree;
the pippal won't return her seed.
What shall the poor sparrow do?
Sip cold water and go to sleep.

پھیر چِڑی رَسّے کول گئی

اوہنے رسّے نوں کہیا : " رسّیا رسّیا، ہاتھی نوں بنھ دے"

رسّے نے کہیا: " میں نہیں بنھدا"

رسّہ ہاتھی بنھّے نہ
ہاتھی پاݨی پِیوے نہ
پاݨی اگ بُجھاوے نہ
اگ پِپّل نوں ساڑے نہ
پِپّل داݨا دیوے نہ
چِڑی وِچاری کیہ کرے؟
ٹھنڈھا پاݨی پی مرے

ਫੇਰ ਚਿੜੀ ਚੂਹੇ ਕੋਲ਼ ਗਈ।
ਉਹਨੇ ਚੂਹੇ ਨੂੰ ਕਿਹਾ:
"ਚੂਹਿਆ-ਚੂਹਿਆ, ਰੱਸਾ ਕੁਤਰ ਦੇ।"
ਚੂਹੇ ਨੇ ਕਿਹਾ: "ਮੈਂ ਨਹੀਂ ਕੁਤਰਦਾ।"

ਚੂਹਾ ਰੱਸਾ ਕੁਤਰੇ ਨਾ;
ਰੱਸਾ ਹਾਥੀ ਬੰਨ੍ਹੇ ਨਾ;
ਹਾਥੀ ਪਾਣੀ ਪੀਵੇ ਨਾ;
ਪਾਣੀ ਅੱਗ ਬੁਝਾਵੇ ਨਾ;
ਅੱਗ ਪਿੱਪਲ਼ ਨੂੰ ਸਾੜੇ ਨਾ;
ਪਿੱਪਲ਼ ਦਾਣਾ ਦੇਵੇ ਨਾ;
ਚਿੜੀ ਵਿਚਾਰੀ ਕੀ ਕਰੇ?
ਠੰਢਾ ਪਾਣੀ ਪੀ ਮਰੇ।

Then, the sparrow went to the mouse.
She asked, "Mouse, Mouse,
nibble the rope."
The mouse replied, "No way!
I won't do what you say."

The mouse won't nibble the rope;
the rope won't tie up the elephant;
the elephant won't drink up the water;
the water won't put out the fire;
the fire won't burn the pippal tree;
the pippal won't return her seed.
What shall the poor sparrow do?
Sip cold water and go to sleep.

پھیر چِڑی چوہے کول گئی
اوہنے چوہے نوں کہیا: "چوہیا چوہیا، رسّہ کُتر دے"
چوہے نے کہیا : " میں نہیں کُتر دا"

چوہا رسّہ کُترے نہ
رسّہ ہاتھی بنھے نہ
ہاتھی پاݨی پِیوے نہ
پاݨی اگ بُجھاوے نہ
اگ پِپّل نوں ساڑے نہ
پِپّل داݨا دیوے نہ
چِڑی وِچاری کیہ کرے؟
ٹھنڈھا پاݨی پی مرے

ਫੇਰ ਚਿੜੀ ਬਿੱਲੀ ਕੋਲ਼ ਗਈ।
ਉਹਨੇ ਬਿੱਲੀ ਨੂੰ ਕਿਹਾ:
"ਬਿੱਲੀਏ-ਬਿੱਲੀਏ, ਚੂਹੇ ਨੂੰ ਖਾ ਜਾ।"
ਬਿੱਲੀ ਭੁੱਖੀ ਸੀ। ਉਹ ਮੰਨ ਗਈ।

ਬਿੱਲੀ ਚੂਹੇ ਨੂੰ ਖਾਣ ਲੱਗੀ;
ਚੂਹਾ ਰੱਸਾ ਕੁਤਰਨ ਲੱਗਾ;
ਰੱਸਾ ਹਾਥੀ ਬੰਨ੍ਹਣ ਲੱਗਾ;
ਹਾਥੀ ਪਾਣੀ ਪੀਣ ਲੱਗਾ;
ਪਾਣੀ ਅੱਗ ਬੁਝਾਉਣ ਲੱਗਾ;
ਅੱਗ ਪਿੱਪਲ਼ ਨੂੰ ਸਾੜਨ ਲੱਗੀ;
ਪਿੱਪਲ਼ ਨੇ ਦਾਣਾ ਦੇ ਦਿੱਤਾ।

ਚਿੜੀ ਸਿਆਣੀ ਕੀ ਕਰੇ?
ਖ਼ੁਸ਼ੀ-ਖ਼ੁਸ਼ੀ ਅਪਣਾ ਢਿੱਡ ਭਰੇ।

The sparrow then went to the cat.
She asked, "Cat, Cat,
eat the mouse."
The cat was hungry, so she agreed.

The cat ran to eat the mouse;
the mouse scurried to nibble the rope;
the rope went to tie up the elephant;
the elephant hurried to drink up the water;
the water started to put out the fire;
the fire rushed to burn the pippal tree;
and the pippal returned the sparrow's seed.

Then, what did
the clever sparrow do?
Ate it happily, and
away she flew!

پھیر چِڑی بِلّی کول گئی
اوہنے بِلّی نوں کہیا: "بِلّیے بِلّیے، چوہے نوں کھا جا"
بِلّی بُھکّھی سی۔ اوہ من گئی

بِلّی چوہے نوں کھاݨ لگی
چوہا رسّہ کُترݨ لگا
رسّہ ہاتھی بنھݨ لگا
ہاتھی پاݨی پِیݨ لگا
پاݨی اگ بُجھاوݨ لگا
اگ پِپّل نوں ساڑن لگی
پِپّل نے داݨا دے دِتا!

چِڑی سِیاݨی کیہ کرے؟
خوشی خوشی اپݨا ڈِھڈ بھرے۔

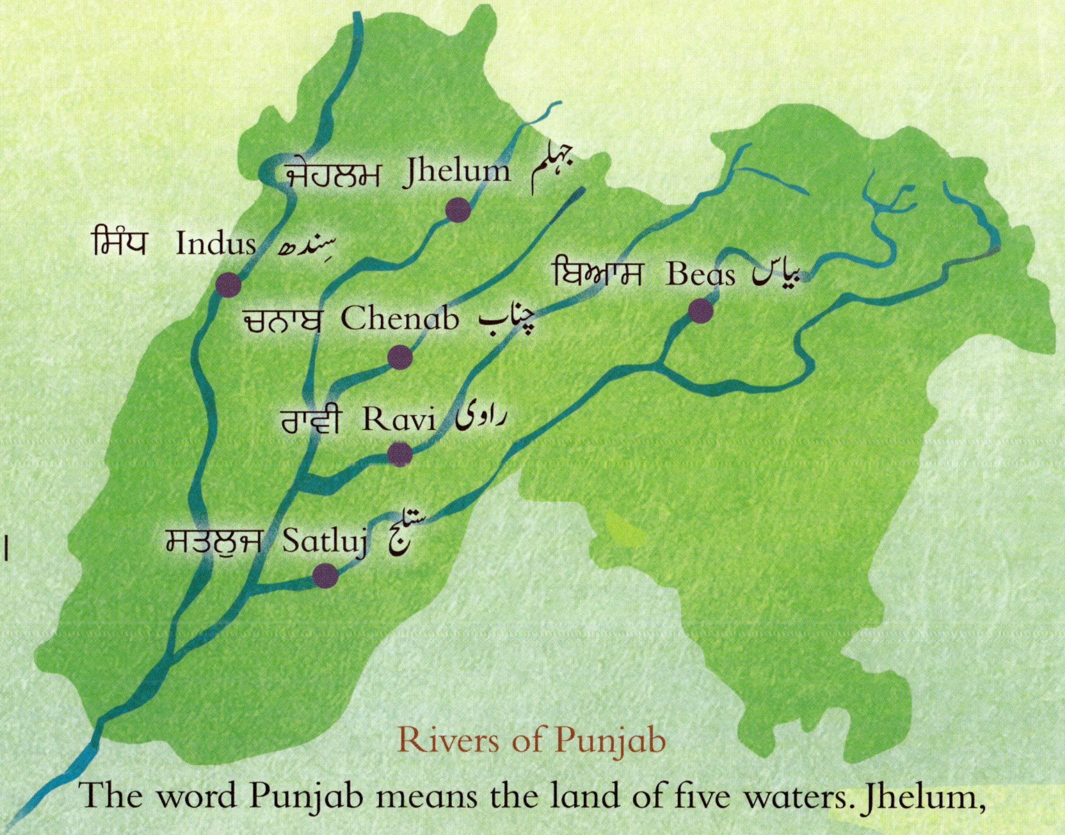

ਪੰਜਾਬ ਦੇ ਦਰਿਆ

ਪੰਜਾਬ ਦਾ ਮਤਲਬ ਹੈ, ਪੰਜ ਆਬਾਂ (ਪਾਣੀਆਂ) ਦੀ ਧਰਤੀ। ਜੇਹਲਮ, ਚਨਾਬ, ਰਾਵੀ, ਬਿਆਸ ਅਤੇ ਸਤਲੁਜ ਪੰਜਾਬ ਦੇ ਪੰਜ ਦਰਿਆ ਹਨ ਤੇ ਇਹ ਸਿੰਧ ਦੇ ਸਹਾਇਕ ਦਰਿਆ ਹਨ।

پنجاب دے دریا

پنجاب دا مطلب ہے، پنج آباں (پانٹیاں) دی دھرتی۔ جہلم ، چناب ، راوی، بِیاس اتے ستلُج پنجاب دے پنج دریا ہن تے ایہہ سندھ دے سہائک دریا ہن۔

Rivers of Punjab

The word Punjab means the land of five waters. Jhelum, Chenab, Ravi, Beas, and Satluj are the five rivers of Punjab and the tributaries of the river Indus.

Chenab (ਚਨਾਬ چناب) is also known as Jhananh (ਝਨਾਂ جھنانہ) or Chananh (ਚਨਾਂ چنانہ)

The Sparrow and the Crow

ਚਿੜੀ ਤੇ ਕਾਂ

چِڑی تے کاں

ਪਿਆਰੀ ਚਿੜੀ ਤੇ ਆਲ਼ਸੀ ਕਾਂ ਬੋਹੜ ਦੇ ਰੁੱਖ 'ਤੇ ਰਹਿੰਦੇ ਹਨ। ਚਿੜੀ ਸਖ਼ਤ ਮਿਹਨਤ ਕਰ ਕੇ ਅਪਣੀ ਫ਼ਸਲ ਤਿਆਰ ਕਰਦੀ ਹੈ, ਪਰ ਚਾਲਾਕ ਕਾਂ ਉਹਦੀ ਮਿਹਨਤ ਦਾ ਫਲ ਧੋਖੇ ਨਾਲ਼ ਲੈਣ ਦੀ ਕੋਸ਼ਿਸ਼ ਕਰਦਾ ਹੈ। ਅਖ਼ੀਰ ਵਿਚ ਚਿੜੀ ਨੂੰ ਅਪਣੀ ਈਮਾਨਦਾਰੀ ਤੇ ਮਿਹਨਤ ਦਾ ਫਲ ਮਿਲ਼ ਜਾਂਦਾ ਹੈ।

A sweet sparrow works hard to grow her food. A crafty, lazy crow tries to cheat his way out. Under a Bohar tree, this tale with a message of honesty and hard work connects the little ones to the land of Punjab.

پیاری چِڑی تے آلسی کاں بوہڑ دے رُکھ تے رہندے ہَن ۔ چِڑی سخت محنت کر کے اپنْی فصل تیار کردی ہے، پر چالاک کاں اوہدی محنت دا پھل دھوکھے نال لینْ دی کوشش کردا ہے۔اخیر وِچ چِڑی نوں اپنْی ایمانداری تے مِحنت دا پھل مِل جاندا ہے۔

ਇਕ ਸੀ ਚਿੜੀ ਤੇ ਇਕ ਸੀ ਕਾਂ;
ਦੋਵੇਂ ਰਹਿੰਦੇ ਬੋਹੜ ਦੀ ਛਾਂ।

ਚਿੜੀ ਸੀ ਭੋਲ਼ੀ, ਕਾਂ ਚਤੁਰ-ਸਿਆਣਾ;
ਚਿੜੀ ਨੂੰ ਲੱਭਾ ਕਣਕ ਦਾ ਦਾਣਾ।

اِک سی چِڑی تے اِک سی کاں
دو ویں رہندے بوہڑ دی چھاں

چِڑی سی بھولی، کاں چتر سیانا
چِڑی نوں لبھا کنک دا دانا

A sparrow and a crow lived
in the shade of a big Bohar★ tree.

The crow was crafty, the sparrow sweet;
the sparrow found a grain of wheat.

*Bohar - A tree native to Punjab (Banyan tree)

ਚਿੜੀ ਕਿਹਾ: "ਵੀਰਾ, ਕਣਕ ਉਗਾਈਏ;
ਖੇਤੀ ਕਰੀਏ, ਰੱਜ-ਰੱਜ ਖਾਈਏ।"

چِڑی کہیا: " وِیرا، کنک اگائیے
کھیتی کریئے، رج رج کھائیے "

ਕਾਂ ਕਹਿੰਦਾ:
"ਤੂੰ ਚਲ ਭੈਣੇ ਮੈਂ ਆਂਵਦਾ, ਸੋਨੇ ਦੀ ਚੁੰਝ ਘੜਾਂਵਦਾ;
ਮੈਂ ਪੈਰੀਂ ਮੌਜੇ ਪਾਂਵਦਾ, ਤੇ ਠੁੰਮ-ਠੁੰਮ ਕਰਦਾ ਆਂਵਦਾ।"

کاں کہندا:
" توں چل بھینٹے میں آوندا، سونے دی چُنجھ گھڑاوندا
میں پیریں موزے پاوندا، تے ٹُھم ٹُھم کردا آوندا "

ਚਿੜੀ ਨੂੰ ਗੱਲਾਂ ਨਾਲ਼ ਟਰਕਾਇਆ;
ਚਿੜੀ ਗਈ, ਪਰ ਉਹ ਨਾ ਆਇਆ।

چِڑی نوں گلاں نال ٹرکایا
چِڑی گئی، پر اوہ نہ آئیا

She said, "Brother, let's sow the seed;
it will grow, we'll have much to eat."

The crow replied,
"Carry on sister,
I'll get molded a golden beak,
put fancy shoes in my feet
and come hopping to a dancing beat."
The sparrow was fooled by the crow;
she left to work, but he didn't go.

ਚਿੜੀ ਬੀਜਿਆ ਕਣਕ ਦਾ ਦਾਣਾ;
ਨਿੱਕਾ, ਸੋਨ-ਸੁਨਿਹਰੀ ਦਾਣਾ।
ਪਾਣੀ ਦਿੱਤਾ, ਉੱਗਿਆ ਬੂਟਾ;
ਗੋਡੀ ਕੀਤੀ, ਵਧਿਆ ਬੂਟਾ।
ਧੁੱਪਾਂ ਪਈਆਂ, ਸਿੱਟੇ ਭਰ ਗਏ;
ਆਈ ਵਿਸਾਖੀ, ਦਾਣੇ ਪੱਕ ਗਏ।

چڑی بیجیا کنک دا داݨا
نِکّا، سون سُنہری داݨا
پاݨی دِتا، اُگیا بُوٹا
گوڈی کیتی، ودّھیا بُوٹا
دُھپاں پیّاں، سِٹّے بھر گئے
آئی وِساکھی، داݨے پک گئے

ਚਿੜੀ ਕਿਹਾ: "ਸੁਣ ਵੀਰਾ ਕਾਵਾਂ,
ਪੱਕੀ ਕਣਕ ਨੂੰ ਵੱਢਣ ਜਾਣਾ।"
ਕਾਂ ਕਹਿੰਦਾ:
"ਤੂੰ ਚਲ ਭੈਣੇ ਮੈਂ ਆਂਵਦਾ, ਸੋਨੇ ਦੀ ਚੁੰਝ ਘੜਾਂਵਦਾ;
ਮੈਂ ਪੈਰੀਂ ਮੌਜੇ ਪਾਂਵਦਾ, ਤੇ ਠੁੰਮ-ਠੁੰਮ ਕਰਦਾ ਆਂਵਦਾ।"
ਚਿੜੀ ਨੂੰ ਫੇਰ ਚੱਕਰਾਂ 'ਚ ਪਾਇਆ;
ਚਿੜੀ ਗਈ, ਪਰ ਉਹ ਨਾ ਆਇਆ।

چِڑی کہیا: "سُݨ وِیرا کاواں
پکی کنک نوں وڈھݨ جاݨا"
کاں کہندا:
"توں چل بھینٹے میں آوندا ، سونے دی چُنجھ گھڑانودا
میں پیریں موزے پاوندا، تے ٹھُم ٹھُم کردا آوندا"
چِڑی نوں پھیر چکراں چ پایا
چِڑی گئی، پر اوہ نہ آیا

The sparrow planted the tiny seed;
a little seed of golden wheat.
She watered the seed, sprouted the plant;
she hoed and weeded, grew the plant.
Sun rays kissed and filled the stalks;
Vaisakhi* came and ripened the crop.

The sparrow said, "Come, brother crow;
to harvest the wheat, we must go."
The crow replied,
"Carry on sister,
I'll get molded a golden beak;
put fancy shoes in my feet
and come hopping to a dancing beat."
She was again tricked by the crow;
the sparrow left, but he didn't go.

*Vaisakhi - Spring time wheat harvest festival

ਧੁੱਪ ਸਿਖਰ ਦੀ, ਗਰਮੀ ਡਾਢੀ;
ਮੁੜ੍ਹਕੋ-ਮੁੜ੍ਹਕੀ, ਕਰਦੀ ਵਾਢੀ।

ਲੱਗ ਕੇ ਕੀਤੀ ਫੇਰ ਗਹਾਈ;
ਕਾਂ ਨੂੰ ਤਾਂ ਵੀ ਲੱਜ ਨਾ ਆਈ।

ਚਿੜੀ ਇਕੱਲੀ ਕੱਢੇ ਦਾਣੇ;
ਮਿਹਨਤ ਕਰਦੇ ਸਦਾ ਸਿਆਣੇ।

ਰੱਜ-ਰੱਜ ਬੋਟਾਂ ਨੇ ਮਿਲ਼ ਖਾਣੇ;
ਨਿੱਕੇ, ਸੋਨ-ਸੁਨਿਹਰੀ ਦਾਣੇ।

دُھپ سِکھر دی، گرمی ڈاڈھی
مُڑھکو مُڑھکی، کردی واڈھی

لگ کے کیتی پھیر گہائی
کاں نوں تاں وی لج نہ آئی

چِڑی اِکلّی کڈھے دانے
محنت کردے سدا سِیانے

رج رج بوٹاں نے مِل کھانے
نکّے سون سنہری دانے

The sun scorched, the heat was hard;
drenched in sweat, she cut the stalks.

Then the sparrow threshed the grain;
the crow didn't have an ounce of shame.

All alone she gathered the seeds;
the wise ones work hard indeed.

Her young ones would have a feast
with little seeds of golden wheat.

ਦਾਣੇ ਚੁੱਕਣ ਦਾ ਵੇਲ਼ਾ ਆਇਆ;
ਕਾਂ ਨੇ ਆ ਕੇ ਰੌਲ਼ਾ ਪਾਇਆ।

ਮਾਰ ਕੇ ਦਬਕਾ, ਚਿੜੀ ਡਰਾ ਕੇ;
ਫ਼ਸਲ 'ਤੇ ਅਪਣਾ ਹੱਕ ਜਤਾਇਆ।

ਚਿੜੀ ਨੂੰ ਦੇ ਕੇ ਤੂੜੀ ਸਾਰੀ;
ਦਾਣੇ ਸਾਂਭੇ ਪੰਡ 'ਚ ਭਾਰੀ।

دانے چکّن داویلا آیا
کاں نے آ کے رولا پایا

مار کے دبکا، چِڑی ڈرا کے
فصل تے اپنا حق جتایا

چِڑی نوں دے کے تُوڑی ساری
دانے سانبھے پنڈ چ بھاری

When it came time to reap,
the crow screamed, fussed, and shrieked.

He bullied the sparrow; gave her a scare;
he claimed to deserve the largest share.

Leaving the husk for the sparrow to eat,
he took the heavy bundle of wheat.

ਏਨੇ ਨੂੰ ਬੱਦਲ਼ ਆ ਚੜ੍ਹਿਆ;
ਬੜੇ ਜ਼ੋਰ ਦਾ ਮੀਂਹ ਸੀ ਵਰ੍ਹਿਆ।

ਚਿੜੀ ਤਾਂ ਤੂੜੀ ਅੰਦਰ ਲੁਕ ਗਈ;
ਮਾਰ ਉਡਾਰੀ ਮੀਂਹ ਤੋਂ ਛੁਪ ਗਈ।

ਕਾਂ ਦਾਣਿਆਂ ਵਿਚ ਕਿੱਦਾਂ ਵੜਦਾ?
ਮੀਂਹ ਦੇ ਅੱਗੇ ਕਿੱਦਾਂ ਖੜ੍ਹਦਾ?

اینے نوں بدّل آچڑھیا
بڑے زور دا مِینہہ سی ورھیا

چِڑی تاں تُوڑی اندر لُک گئی
مار اُڈاری مِینہہ توں چُھپ گئی

کاں داݨیاں وِچ کِدّاں وڑدا؟
مِینہہ دے اَگّے کِدّاں کھڑدا؟

Soon the clouds began to gather;
hard and fast the rain did scatter.

Into the husk-heap, the sparrow dived;
from the rain, she hid safe and dry.

How could the crow hide in the grain?
How could he stand up to the rain?

ਗੜ੍ਹਿਆਂ ਭੰਨਿਆ ਕਾਂ ਚਤੁਰ-ਸਿਆਣਾ;
ਖਾਧੀ ਮਾਰ ਹੋਇਆ ਨਿਤਾਣਾ।

گڑیاں بھنیا کاں چتُر سیاݨا
کھادھی مار ہویا نِتاݨا

ਚਿੜੀ ਨੇ ਮੰਨਿਆ ਰੱਬ ਦਾ ਭਾਣਾ;
ਉਹਨੇ ਸਾਂਭਿਆ ਇਕ-ਇਕ ਦਾਣਾ।

چِڑی نے منیا رب دا بھاݨا
اوہنے سانبھیا اِک اِک داݨا

ਇਕ ਰੱਜਿਆ, ਇਕ ਭੁੱਖਣ-ਭਾਣਾ;
ਜੋ ਬੀਜਿਆ, ਓਹੀਓ ਖਾਣਾ।

اِک رجّیا، اِک بھُکھݨ بھاݨا
جو بیجیا، اوہیو کھاݨا

The clever crow was beaten by hail;
he just lay there weak and frail.

The sparrow lived by God's way;
she picked the seeds for another day.

One starved, the other at peace;
what one sows, that one reaps.

ਪੰਜਾਬ ਦੇ ਸ਼ਹਿਰ

ਇਸ ਨਕਸ਼ੇ 'ਤੇ ਪੰਜਾਬ ਦੇ ਕੁਝ ਸ਼ਹਿਰ ਜਾਂ ਖ਼ਾਸ ਥਾਂਵਾਂ ਦਰਸ਼ਾਈਆਂ ਗਈਆਂ ਹਨ।

Cities of Punjab

Some cities or prominent places of Punjab are shown on this map.

پنجاب دے شہر

اِس نقشے تے پنجاب دے کُجھ شہر، یاں خاص تھانواں درشائیاں گئیاں ہَن۔

ਅੱਟਕ	Attock	اٹک
ਰਾਵਲਪਿੰਡੀ	Rawalpindi	راولپنڈی
ਮੀਆਂਵਾਲੀ	Mianwali	میانوالی
ਜੇਹਲਮ	Jhelum	جہلم
ਸਰਗੋਧਾ	Sargodha	سرگودھا
ਝੰਗ	Jhang	جھنگ
ਫ਼ੈਸਲਾਬਾਦ	Faisalabad	فیصل آباد
ਮੁਲਤਾਨ	Multan	ملتان
ਬਹਾਵਲਪੁਰ	Bahawalpur	بہاولپور
ਰਹੀਮਯਾਰ ਖਾਨ	Rahimyar Khan	رحیم یار خان

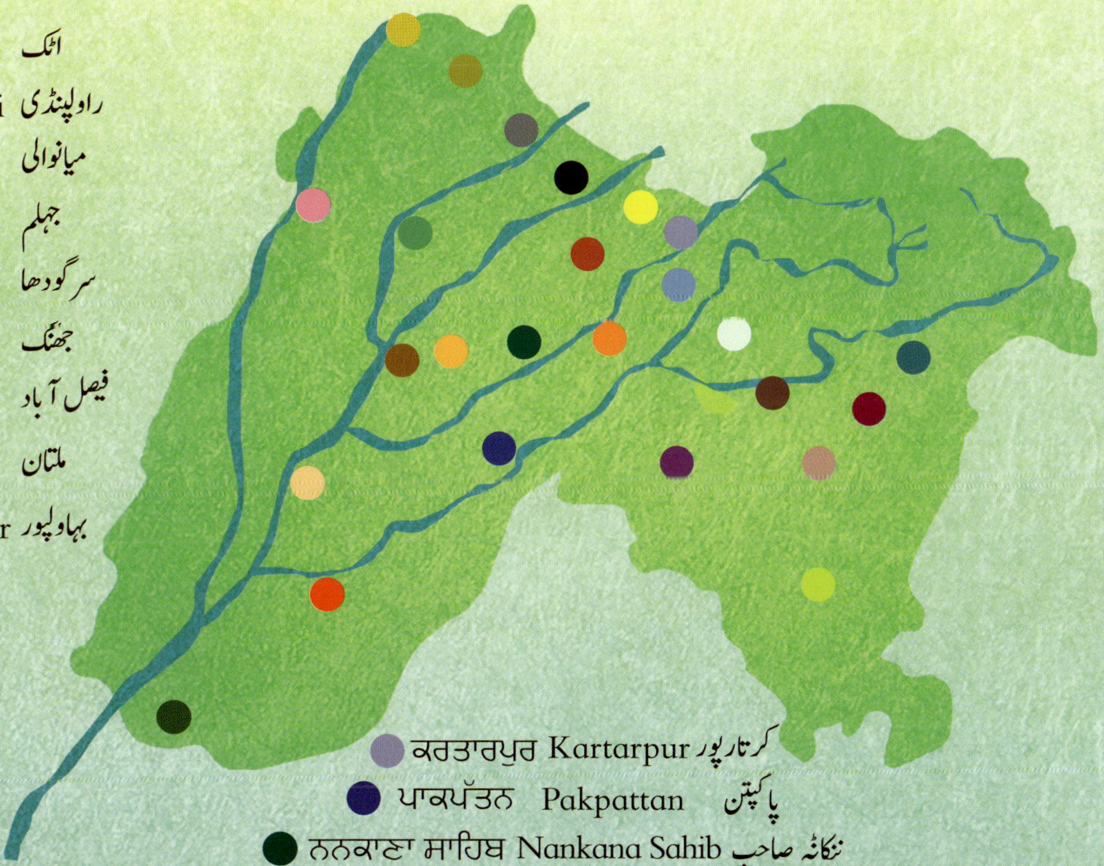

ਕਰਤਾਰਪੁਰ	Kartarpur	کرتارپور
ਪਾਕਪੱਤਨ	Pakpattan	پاکپتن
ਨਨਕਾਣਾ ਸਾਹਿਬ	Nankana Sahib	ننکانہ صاحب

ਗੁਜਰਾਤ	Gujrat	گجرات
ਸਿਆਲਕੋਟ	Sialkot	سیالکوٹ
ਅੰਮ੍ਰਿਤਸਰ	Amritsar	امرتسر
ਗੁਜਰਾਂਵਾਲਾ	Gujranwala	گوجرانوالہ
ਲੁਧਿਆਣਾ	Ludhiana	لُدھیانہ
ਜਲੰਧਰ	Jalandhar	جالندھر
ਸ਼ਿਮਲਾ	Shimla	شملہ
ਲਹੌਰ	Lahore	لاہور
ਚੰਡੀਗੜ੍ਹ	Chandigarh	چنڈی گڑھ
ਪਟਿਆਲਾ	Patiala	پٹیالہ
ਬਠਿੰਡਾ	Bathinda	بٹھِنڈا
ਜੀਂਦ	Jind	جِند

The Lamb and the Dhol

ਲੇਲਾ ਤੇ ਢੋਲ

لیلا تے ڈھول

ਨਿੱਕਾ-ਜਿਹਾ ਲੇਲਾ ਅਪਣੀ ਨਾਨੀ ਕੋਲ਼ ਜਾਣ ਲਈ ਜੰਗਲ ਵਿੱਚੋਂ ਦੀ ਲੰਘਦਾ ਹੈ। ਜੰਗਲ ਵਿਚ ਕਈ ਤਰ੍ਹਾਂ ਦੇ ਜਾਨਵਰ ਹਨ, ਜੋ ਕਿ ਲੇਲੇ ਨੂੰ ਖਾ ਜਾਣਾ ਚਾਹੁੰਦੇ ਹਨ, ਪਰ ਉਹ ਚਤੁਰਾਈ ਨਾਲ਼ ਬਚ ਕੇ ਨਿਕਲ਼ ਜਾਂਦਾ ਹੈ। ਇਹ ਕਹਾਣੀ ਹੱਸਦਿਆਂ-ਖੇਡਦਿਆਂ ਬਹਾਦਰੀ ਤੇ ਸਿਆਣਪ ਦੇ ਸਬਕ ਸਿਖਾਉਂਦੀ ਹੈ।

A little lamb passes through the jungle to visit his grandmother. The jungle is full of wild animals who want to gobble him up, but the lamb outsmarts them all. A lesson in bravery and smarts was never so much fun.

نِکّا جیہا لیلا اپݨی نانی کول جاݨ لئی جنگل وِچوں دی لنگھدا ہے۔ جنگل وچ کئی طراں دے جانور ہَن، جو کہ لیلے نوں کھا جاݨا چاہوندے ہَن، پر اوہ چُترائی نال بچ کے نکل جاندا ہے۔ ایہہ کہاݨی ہسدیاں کھیڈیاں بہادری تے سِیاݨپ دے سبق سکھاوندی ہے۔

ਸਵੇਰ ਦਾ ਵੇਲਾ ਸੀ, ਨਿੱਕਾ-ਜਿਹਾ ਲੇਲਾ ਸੀ।
ਉਹ ਜੰਗਲ ਵਿਚ ਜਾਂਦਾ ਸੀ, ਉੱਚੀ-ਉੱਚੀ ਗਾਂਦਾ ਸੀ:
"ਨਾਨੀ ਮਾਂ ਕੋਲ਼ ਜਾਊਂਗਾ
ਦੁੱਧ ਮਲ਼ਾਈਆਂ ਖਾਊਂਗਾ
ਮੋਟਾ ਹੋ ਕੇ ਆਊਂਗਾ।"

It was the morning
when a little lamb went strolling.
A jungle he was crossing
and loudly he was singing,

سویر دا ویلا سی، نِکا جیہا لیلا سی
اوہ جنگل وچ جاندا سی، اُچی اُچی گاندا سی:
"نانی ماں کول جاوٗنگا
دُدّھ ملائیاں کھاوٗنگا
موٹا ہو کے آوٗنگا"

"I'm going to Granny's
to feast on milk and cream;
I'll come back fat and plump!"

ਲੇਲੇ ਨੂੰ ਗਾਉਂਦਾ ਸੁਣਕੇ ਬਘਿਆੜ ਆ ਗਿਆ।
ਬਘਿਆੜ ਵੱਲ ਵੇਖ ਕੇ ਲੇਲਾ ਘਬਰਾ ਗਿਆ।
ਬਘਿਆੜ ਕਹਿਣ ਲੱਗਾ ਮੁੱਛਾਂ ਨੂੰ ਦੇ ਕੇ ਤਾਅ:
"ਤੈਨੂੰ ਤਾਂ ਮੈਂ ਲੇਲੜਿਆ ਹੁਣੇ ਈ ਜਾਣਾ ਖਾ।"

ਲੇਲਾ ਕਹਿੰਦਾ: "ਨਾ ਭਾ, ਹਾਲੇ ਨਾ ਤੂੰ ਮੈਨੂੰ ਖਾ।
ਨਾਨੀ ਮਾਂ ਕੋਲ਼ ਜਾਊਂਗਾ
ਦੁੱਧ ਮਲ਼ਾਈਆਂ ਖਾਊਂਗਾ
ਮੋਟਾ ਹੋ ਕੇ ਆਊਂਗਾ
ਫੇਰ ਤੂੰ ਮੈਨੂੰ ਖਾਈਂ।"

ਬਘਿਆੜ ਕਹਿੰਦਾ: "ਹੂੰਅ!
ਮੋਟਾ ਹੋ ਕੇ ਲੇਲਿਆ
ਫੇਰ ਮਿਲੀਂ ਤੂੰ।"

لیلے نوں گاؤندا سُݨ کے بگھیاڑ آ گیا
بگھیاڑ ول ویکھ کے لیلا گھبرا گیا
بگھیاڑ کہݨ لگا مُچھاں نوں دے کے تاء:
"تینوں تاں میں لیلڑیا ہُݨے ای جاݨا کھا"

لیلا کہندا: "نہ بھا، حالے نہ توں مینوں کھا
نانی ماں کول جاؤنگا
دُدّھ ملائیاں کھاؤں گا
موٹا ہو کے آؤں گا
پھیر توں مینوں کھائیں"

بگھیاڑ کہندا: "ہوں!
موٹا ہو کے لیلیا
پھیر ملیں توں"

Hearing the lamb sing, a wolf appeared.
Seeing the wolf, the lamb got scared.
The wolf tugged
his whiskers and growled,
"Little lamb, I'm going to
eat you up right now!"

"Oh no, Sir!" the lamb pleaded,
"Wait a bit! Don't eat me yet.
"I'm going to Granny's
to feast on milk and cream;
I'll come back fat and plump!
Then, you should eat me."

"Hmm!" said the wolf,
"Go little lamb;
fatten up first,
and meet me then."

ਜਾਨ ਬਚਾ ਕੇ ਲੇਲਾ ਉਥੋਂ ਭੱਜਿਆ।
ਭੱਜਦਾ-ਭੱਜਦਾ... ਠਾਹ! ਚੀਤੇ ਵਿਚ ਵੱਜਿਆ।
ਚੀਤਾ ਕਹਿੰਦਾ: "ਵਾਹ ਬਈ ਵਾਹ!
ਤੈਨੂੰ ਤਾਂ ਮੈਂ ਲੂਣ ਲਾ ਕੇ ਹੁਣੇ ਜਾਊਂ ਖਾ।"

ਲੇਲਾ ਕਹਿੰਦਾ: "ਨਾ ਭਾ, ਹਾਲੇ ਨਾ ਤੂੰ ਮੈਨੂੰ ਖਾ
ਨਾਨੀ ਮਾਂ ਕੋਲ਼ ਜਾਊਂਗਾ
ਦੁੱਧ ਮਲ਼ਾਈਆਂ ਖਾਊਂਗਾ
ਮੋਟਾ ਹੋ ਕੇ ਆਊਂਗਾ
ਫੇਰ ਤੂੰ ਮੈਨੂੰ ਖਾਈਂ।"

ਚੀਤਾ ਕਹਿੰਦਾ: "ਹੂੰਅ!
ਮੋਟਾ ਹੋ ਕੇ ਲੇਲਿਆ
ਫੇਰ ਮਿਲ਼ੀਂ ਤੂੰ।"

The little lamb didn't look left or right,
and bumped into a cheetah
running straight for his life.
The cheetah said, "Oh, Wow!
I'll put some salt and
eat you up right now."

"Oh no, Sir!" the lamb pleaded,
"Wait a bit! Don't eat me yet.
"I'm going to Granny's
to feast on milk and cream;
I'll come back fat and plump!
Then, you should eat me."

"Hmm!" said the cheetah,
"Go little lamb;
fatten up first, and meet me then."

جان بچا کے لیلا اوتھوں بھجّیا
بھجدا بھجدا ... ٹھاہ! چیتے وِچ وَجیا
چیتا کہندا : " واہ بئی واہ!
تینوں تاں میں لوݨ لا کے ہُݨے جاوٗں کھا"

لیلا کہندا: " نہ بھا، حالے نہ توں مینوں کھا
نانی ماں کول جاوٗں گا
دُدّھ ملائیاں کھاوٗں گا
موٹا ہو کے آوٗں گا
پھیر توں مینوں کھائیں"

چیتا کہندا: "ہوں!
موٹا ہو کے لیلیا
پھیر ملیں توں "

ਜਾਨ ਬਚਾ ਕੇ ਲੇਲਾ ਗਿਆ ਨਾਨੀ ਮਾਂ ਦੇ ਕੋਲ਼।
ਤੇ ਨਾਨੀ ਕੋਲ਼ ਜਾ ਕੇ ਗੱਲ ਸਾਰੀ ਦਿੱਤੀ ਖੋਲ੍ਹ।
ਨਾਨੀ ਕਹਿੰਦੀ: "ਲੇਲਿਆ, ਤੂੰ ਭੋਰਾ ਨਾ ਘਬਰਾ;
ਆਹ ਲੈ, ਤੂੰ ਪਹਿਲਾਂ ਦੁੱਧ ਮਲ਼ਾਈਆਂ ਖਾਹ।"

ਰੱਜ-ਰੱਜ ਖਾਧੀਆਂ ਫੇਰ ਲੇਲੇ ਦੁੱਧ ਮਲ਼ਾਈਆਂ,
ਚਾਈਂ-ਚਾਈਂ ਨਾਨੀ ਘਰ ਛੁੱਟੀਆਂ ਬਿਤਾਈਆਂ।

Running for dear life the lamb rushed to Granny.
And as soon as he saw her, he told her the whole story.
Granny said, "Don't you worry my brave lambkin;
here, first have some milk and cream."

He enjoyed and enjoyed his tasty treats;
holidays at Granny's were one big feast!

جان بچا کے لیلا گیا نانی ماں دے کول
تے نانی کول جا کے گل ساری دِتی کھول
نانی کہندی: " لیلیا ، توں بھورانہ گھبرا
آہہ لے، توں پہلاں دُدّھ ملائیاں کھا"

رج رج کھا دِھیاں پھیر لیلے دُدّھ ملائیاں
چائیں چائیں نانی گھر چھٹیاں بِتائیاں

ਹੁਣ ਲੇਲਾ ਕਹਿੰਦਾ: "ਨਾਨੀ ਮਾਂ, ਮੈਂ ਨਹੀਂ ਵਾਪਸ ਜਾਣਾ,
ਚੀਤੇ ਤੇ ਬਘਿਆੜ ਨੇ ਹੈ ਮੈਨੂੰ ਖਾ ਜਾਣਾ।"
ਨਾਨੀ ਕਹਿੰਦੀ: "ਏਹੋ ਜਿਹੇ ਬੋਲ ਨਾ ਤੂੰ ਬੋਲ,
ਤੈਨੂੰ ਵਾਪਸ ਲੈ ਕੇ ਜਾਊ ਇਹ ਢਮਕ ਢੋਲ।

ਇਹਦੇ ਵਿਚ ਵੜ ਕੇ ਤੂੰ ਰਿੜ੍ਹਦਾ ਹੀ ਜਾਈਂ,
ਅਪਣੀ ਸੋਹਣੀ ਬੂਥੀ ਨਾ ਕਿਸੇ ਨੂੰ ਵਿਖਾਈਂ।"
ਢੋਲ ਵਿਚ ਵੜ ਕੇ, ਲੇਲਾ ਕਹਿੰਦਾ: "ਢਮਕ ਢੂੰ,
ਢਮਕ ਢੂੰ, ਢਮਕ ਢੂੰ, ਜੰਗਲ ਪਾਰ ਕਰਾ ਦੇ ਤੂੰ।"

Now the lamb said to Granny, "Please let me stay,
else the cheetah or the wolf will eat me up today."
Granny said, "My sweet lambkin, don't feel so low;
riding in this drumming dhol★ home you shall go."

"Just get inside it and away you'll roll;
keep your lovely face hidden in the dhol."
The little lamb got in and began to chime,
"Dhamak Dhooñ★, Dhamak Dhooñ,
get me home safe; please do!"

ہُنڑ لیلا کہندا: " نانی ماں، میں نہیں واپس جانڑا
چیتے تے بگھیاڑ نے ہے مینوں کھا جانڑا"
نانی کہندی: " ایہو جہے بول نہ توں بول
تینوں واپس لے کے جاؤ ایہہ ڈھمک ڈھول

ایہدے وِچ وڑ کے توں رِڑھدا ہی جائیں
اپنڑی سوہنڑی بوتھی نہ کسے نوں وِکھائیں"
ڈھول وِچ وڑ کے، لیلا کہندا: " ڈھمک ڈھوں،
ڈھمک ڈھوں، ڈھمک ڈھوں ، جنگل پار کرا دے توں "

*Dhol - A double-headed musical drum or a barrel
*Dhamak Dhooñ - Sound of the dhol

ਰਾਹ ਵਿਚ ਖੜਾ ਚੀਤਾ ਕਹਿੰਦਾ: "ਦੱਸ ਓਏ ਢਮਕ ਢੂੰ...
ਮੋਟਾ ਤਾਜ਼ਾ ਲੇਲਾ ਕਿਤੇ ਵੇਖਿਆ ਈ ਤੂੰ?"
ਢੋਲ ਵਿੱਚੋਂ ਲੇਲਾ ਕਹਿੰਦਾ: "ਨਾ ਬਈ ਨਾ!
ਮੈਂ ਤਾਂ ਕਦੇ ਲੇਲਾ ਕੋਈ ਵੇਖਿਆ ਈ ਨਾ।"

ਏਨਾ ਕਹਿ ਕੇ ਫੇਰ
ਰਿੜ੍ਹ ਪਿਆ ਢਮਕ ਢੂੰ
ਢਮਕ ਢੂੰ,
ਢਮਕ ਢੂੰ।

ਹੁਣ ਬਘਿਆੜ ਕਹਿੰਦਾ: "ਦੱਸ ਓਏ ਢਮਕ ਢੂੰ...
ਮੋਟਾ ਤਾਜ਼ਾ ਲੇਲਾ ਕਿਤੇ ਵੇਖਿਆ ਈ ਤੂੰ?"
ਢੋਲ ਵਿੱਚੋਂ ਲੇਲਾ ਕਹਿੰਦਾ: "ਨਾ ਬਈ ਨਾ!
ਮੈਂ ਤਾਂ ਕਦੇ ਲੇਲਾ ਕੋਈ ਵੇਖਿਆ ਈ ਨਾ।"

On the way, the cheetah asked, "Tell me, O Dhamak Dhooñ.
ever seen a fat, juicy lamb? Have you?"
From the dhol the lamb replied, "Oh no, brother!
A lamb? I've never seen one ever."

And away rolled the dhol;
dhamak dhooñ,
dhamak dhooñ.

راہ وِچ کھڑا چیتا کہندا: " دس اوئے ڈھمک ڈھوں...
موٹا تازہ لیلا کِتے ویکھیا ای توں؟"
ڈھول وِچوں لیلا کہندا: " نہ بئی نہ!
میں تاں کدّے لیلا کوئی ویکھیا ای نہ

ایناں کہہ کے پھیر
رِڑھ پیا ڈھمک ڈھوں
ڈھمک ڈھوں
ڈھمک ڈھوں

ہُݨ بگھیاڑ کہندا: " دس اوئے ڈھمک ڈھوں ...
موٹا تازہ لیلا کِتے ویکھیا ای توں؟"
ڈھول وِچوں لیلا کہندا: " نہ بئی نہ!
میں تاں کدّے لیلا کوئی ویکھیا ای نہ!"

Then the wolf asked, "Tell me, O Dhamak Dhooñ…
ever seen a fat, juicy lamb? Have you?"
From the dhol the lamb replied, "Oh no, brother!
A lamb? I've never seen one ever."

ਰਿੜ੍ਹਦਾ-ਰਿੜ੍ਹਦਾ ਢੋਲ ਕਰ ਗਿਆ ਜੰਗਲ ਪਾਰ।
ਲੇਲਾ, ਲੇਲਾ ਕਰਦੀ, ਮਾਂ ਰਹੀ ਸੀ ਪੁਕਾਰ।

ਮਾਂ ਕਹਿੰਦੀ ਢੋਲ ਨੂੰ: "ਦੱਸ ਵੇ ਢਮਕ ਢੂੰ...
ਮੇਰਾ ਲਾਡੂ-ਪਾਡੂ ਲੇਲਾ ਕਿਤੇ ਵੇਖਿਆ ਈ ਤੂੰ?"
ਢੋਲ ਵਿੱਚੋਂ ਲੇਲਾ ਕਹਿੰਦਾ: "ਨਾ ਬਈ ਨਾ!
ਮੈਂ ਤਾਂ ਕਦੇ ਲੇਲਾ ਤੇਰਾ ਵੇਖਿਆ ਈ ਨਾ।"

ਮਾਂ ਕਹਿੰਦੀ: "ਠਹਿਰ ਜਾ! ਤੂੰ ਬੜਾ ਈ ਸ਼ੈਤਾਨ;
ਮੈਂ ਤੇਰੀ ਅਵਾਜ਼ ਝੱਟ ਲਈ ਏ ਪਛਾਣ।"
ਕੰਨੋਂ ਫੜ ਲੇਲੇ ਨੂੰ ਕੱਢ ਲਿਆ ਬਾਹਰ,
ਖਿੜ-ਖਿੜ ਹੱਸਦਾ ਦੇਖ ਮਾਂ ਨੂੰ ਆ ਗਿਆ ਪਿਆਰ।

ਤੁਰ ਪਿਆ ਢੋਲ ਕੱਲਾ...
ਢਮਕ ਢੂੰ,
ਢਮਕ ਢੂੰ ਜੀ ਢਮਕ ਢੂੰ

So the lamb crossed the jungle rolling and twirling.
"My lambkin, my lambkin," his mother stood calling.

To the dhol she asked, "Tell me O Dhamak Dhooñ...
ever seen my sweet lambkin? Have you?"
The lamb in the dhol said, "No, Ma'am!
I've never, ever seen your cute little lamb."

Replied his mother, "Wait, just a minute!
I sure recognize my baby's naughty voice."
She held his ears and pulled him out of the dhol;
he bubbled with laughter and she showered him with love.

And the dhol? Away it rolled…
dhamak dhooñ,
dhamak dhooñ ji dhamak dhooñ.

رِڑھدا رِڑھدا ڈھول کر گیا جنگل پار
لیلا ، لیلا ، کردی، ماں رہی سی پکار

ماں کہندی ڈھول نوں: " دس وے ڈھمک ڈھوں...
میرا لاڈو پاڈو لیلا کِتے ویکھیا ای توں؟"
ڈھول وِچوں لیلا کہندا: "نہ بئی نہ !
میں تاں کدّے لیلا تیرا ویکھیا ای نہ"

ماں کہندی: " ٹھہر جا! توں بڑا ای شیطان
میں تیری اواز جھٹ لئی اے پچھانْ"
کَنّوں پھڑ لیلے نوں کڈھ لیا باہر
کھِڑ کھِڑ ہسدا ویکھ ماں نوں آگیا پیار

تُر پیا ڈھول کلّا...
ڈھمک ڈھوں
ڈھمک ڈھوں جی ڈھمک ڈھوں۔

Tales from the Land of Punjab

Punjab lies in the cradle of the Indus Valley which is one of the oldest civilizations known to the world. Our land is vast and rich with many folk treasures, one of which are the folktales, that were handed down to us from generation to generation through spoken word.

These tales are a rich source of our authentic language, wisdom of our people, and the way in which they lived and interacted with their environment. Let us save these tales from disappearing, so they can continue to connect our children to our ancestors.

ਬਾਤਾਂ ਦੇਸ ਪੰਜਾਬ ਦੀਆਂ

ਸਿੰਧ ਵਾਦੀ ਵਸੇਬ ਦੁਨੀਆ ਦੀਆਂ ਸਭ ਤੋਂ ਪੁਰਾਣੀਆਂ ਵਸੇਬਾਂ ‘ਚ ਗਿਣੀ ਜਾਂਦੀ ਹੈ, ਤੇ ਪੰਜਾਬ ਉਹਦੇ ਐਨ ਦਿਲ ਵਿਚ ਵੱਸਦਾ ਏ। ਸਾਡਾ ਦੇਸ ਪੰਜਾਬ ਬਹੁਤ ਵਿਸ਼ਾਲ ਤੇ ਪੀੜ੍ਹੀ-ਦਰ-ਪੀੜ੍ਹੀ ਪੈਂਦੀਆਂ ਕਹਾਣੀਆਂ ਜਾਂ ਬਾਤਾਂ ਵਰਗੇ ਲੋਕ ਖ਼ਜ਼ਾਨਿਆਂ ਨਾਲ਼ ਭਰਪੂਰ ਏ।

ਇਹ ਬਾਤਾਂ ਸਾਡੀ ਠੇਠ ਬੋਲੀ ਤੇ ਲੋਕ ਸਿਆਣਪ ਦਾ ਸੁਮੇਲ਼ ਹਨ। ਇਨ੍ਹਾਂ ਤੋਂ ਸਾਨੂੰ ਅਪਣੇ ਪੁਰਖਿਆਂ ਦੀ ਜੀਵਨ-ਜਾਚ ਦਾ ਪਤਾ ਲਗਦਾ ਏ। ਆਪਾਂ ਇਨ੍ਹਾਂ ਨੂੰ ਗੁਆਚਣ ਨਹੀਂ ਦੇਣਾ। ਆਓ, ਇਨ੍ਹਾਂ ਨੂੰ ਮੁੜ ਸਜੀਵ ਕਰੀਏ ਤਾਂ ਜੁ ਇਹ ਸਾਡੇ ਬੱਚਿਆਂ ਨੂੰ ਸਾਡੇ ਅਪਣੇ ਪੁਰਖਿਆਂ ਨਾਲ਼ ਜੋੜਦੀਆਂ ਰਹਿਣ।

باتاں دیس پنجاب دِیاں

سِندھ وادی وسیب دُنیا دیاں سبھ توں پُرانیاں وسیباں وِچ گِنیا جاندا ہے، تے پنجاب اوہدے عین دِل وِچ وَسدا اے۔ ساڈا دیس پنجاب بہت وِشال اے تے پِیڑھی در پِیڑھی پَیندیاں کہانیاں یاں باتاں ورگے لوک خزانیاں نال بھرپور اے۔

ایہہ باتاں ساڈی ٹھیٹھ بولی تے لوک سیانپ دا سُمیل ہن۔ ایہناں توں سانوں اپنے پُرکھیاں دی جیون جاچ دا پتہ لگدا اے۔ آپاں ایہناں نوں گواچن نہیں دینا۔ آؤ، ایہناں نوں مُڑ سجیو کریئے تاں جو ایہہ ساڈے پُرکھیاں نوں ساڈیاں بچیاں نال جوڑدیاں رہن۔

The Farmer and the Dove

ਜੱਟ ਤੇ ਘੁੱਗੀ

جٹّ تے گھُگّی

ਘੁੱਗੀ ਅਪਣੇ ਬੱਚਿਆਂ ਵਾਸਤੇ ਜੱਟ
ਦੇ ਬਾਜਰੇ ਦੇ ਦਾਣੇ ਚੁਗਦੀ ਏ। ਜੱਟ
ਉਹਨੂੰ ਫੜ ਕੇ ਰਾਜੇ ਕੋਲ ਉਹਨੂੰ ਸਜ਼ਾ
ਦਿਵਾਣ ਤੁਰ ਪੈਂਦਾ ਹੈ। ਰਸਤੇ ਵਿਚ ਸਾਰੇ
ਮਿਹਨਤੀ ਲੋਕ ਉਹਨੂੰ ਸਮਝਾਉਂਦੇ ਨੇ ਕਿ
ਘੁੱਗੀ ਨੂੰ ਛੱਡ ਦੇ। ਇਸ ਬਾਤ ਵਿਚ ਘੁੱਗੀ
ਦੀ ਮਮਤਾ ਦਾ, ਰਾਜੇ ਦੇ ਨਿਆਂ ਦਾ ਤੇ
ਆਜ਼ਾਦੀ ਦੀ ਤਾਂਘ ਦਾ ਪਤਾ ਚਲਦਾ ਏ।

A dove steals a farmer's grain. He cages her and takes her to the King demanding justice. Their journey across Punjab's fields and villages is filled with many twists and turns. Maternal love, justice, and freedom all come together in this heart-warming folktale.

گھُگّی اپنے بچیاں واسطے جٹّ دے باجرے دے
دانے چُگدی اے۔ جٹّ گھُگّی نوں پھڑ کے اوہنوں
راجے کول سزا دواݨ ٹُر پیندا اے۔ رستے وچ سارے
محنتی لوک اوہنوں سمجھاوندے نے کہ گھُگّی نوں چھڈ
دے۔ ایس بات وچ گھُگّی دی ممتا دا، راجے دے
نِیاں دا تے ازادی دی تاہنگھ دا پتہ چلدا اے۔

ਇਕ ਜੱਟ ਨੇ ਬਾਜਰਾ ਬੀਜਿਆ ਹੋਇਆ ਸੀ।

اِک جٹ نے باجرہ بیجیا ہویا سی

ਇਕ ਘੁੱਗੀ ਹਰ ਰੋਜ਼ ਆਇਆ ਕਰੇ,
ਤੇ ਬਾਜਰੇ ਦੇ ਬੀ ਚੁਗ ਜਾਇਆ ਕਰੇ।
ਜੱਟ ਨਿਆਣੇ ਵੀ ਰਾਖੀ ਦਿੱਤੇ ਬਿਠਾ,
ਪਰ ਘੁੱਗੀ ਫੇਰ ਵੀ ਨਾ ਸਕਿਆ ਹਟਾ।

اِک گھُگّی ہر روز آیا کرے
تے باجرے دے بی چُگ جایا کرے
جٹ نیانڑے وی راکھی دِتے بِٹھا
پر گھُگّی پھیر وی نہ سکیا ہٹا

ਆਖ਼ਰ ਇਕ ਦਿਨ ਜਾਲ਼ ਲਗਾ
ਜੱਟ ਨੇ ਘੁੱਗੀ ਨੂੰ ਫੜ ਲਿਆ।
ਉਹਨੇ ਘੁੱਗੀ ਨੂੰ ਕਿਹਾ:
"ਮੈਂ ਤਾਂ ਤੈਨੂੰ ਰਾਜੇ ਕੋਲ਼ ਲੈ ਜਾਊਂਗਾ।"

آخر اِک دن جال لگا
جٹ نے گھُگّی نوں پھڑ لیا
اوہنے گھُگّی نوں کہیا:
"میں تاں تینوں راجے کول لے جاؤنگا"

A farmer had planted millet in his fields
A dove came daily and picked the seeds.
The farmer made his children guard the fields
But the dove did not stop her deeds.

Finally, one day, the farmer cast a net and captured the dove. He told the dove, "I will take you to the King."

ਅਗਲੇ ਦਿਨ ਮੂੰਹ-ਹਨੇਰੇ ਉਹ ਘੁੱਗੀ ਨੂੰ ਨਾਲ਼ ਲੈ ਕੇ ਰਾਜੇ ਦੇ ਦਰਬਾਰ ਵੱਲ ਤੁਰ ਪਿਆ। ਅੱਗੇ ਖੇਤਾਂ ਵਿਚ ਹਾਲ਼ੀ ਹਲ਼ ਵਾਹ ਰਹੇ ਸਨ।

ਘੁੱਗੀ ਹਾਲ਼ੀਆਂ ਨੂੰ ਵੇਖ ਕੇ ਬੋਲੀ:
“ਹਲ਼ ਵਹੇਂਦੇ ਹਾਲ਼ੀਓ ਲੱਕ ਟੁਣੂੰ ਟੁਣੂੰ
ਟਾਹਲੀ ਮੇਰੇ ਬੱਚੜੇ ਲੱਕ ਟੁਣੂੰ ਟੁਣੂੰ
ਧੁੱਪ ਪਊ ਸੜ ਜਾਣਗੇ ਲੱਕ ਟੁਣੂੰ ਟੁਣੂੰ...”

ਹਾਲ਼ੀਆਂ ਨੇ ਜੱਟ ਨੂੰ ਕਿਹਾ ਕਿ ਉਹ ਘੁੱਗੀ ਨੂੰ ਛੱਡ ਦੇਵੇ। ਪਰ ਜੱਟ ਨੇ ਆਖਿਆ: “ਮੈਂ ਤਾਂ ਇਹਨੂੰ ਰਾਜੇ ਕੋਲ਼ ਪੇਸ਼ ਕਰੂੰਗਾ। ਇਹਨੇ ਮੇਰਾ ਬਾਜਰਾ ਚੁਗਿਆ ਏ।”

The next day before sunrise, he took the dove and began walking towards the King's court. Along the way, tillers were tilling their fields.

اگلے دِن مُونہہ ہنیرے اوہ گھُگّی نوں نال لے کے راجے دے دربار ول ٹُر پیا۔ اَگّے کھیتاں وِچ ہالی ہل واہ رہے سن

گھُگّی ہالیاں نوں ویکھ کے بولی:

"ہل واہیندے ہالیو
لک ٹُنّوں ٹُنّوں
ٹاہلی میرے بچڑے لک ٹُنّوں ٹُنّوں
دُھپ پوُ سڑ جانڑ گے لک ٹُنّوں ٹُنّوں..."

ہالیاں نے جٹ نوں کہیا کہ اوہ گھُگّی نوں چھڈ دیوے۔ پر جٹ نے آکھیا:
"میں تاں ایہنوں راجے کول پیش کرونگا۔ ایہنے میرا باجرہ چُگیا اے۔"

Seeing them, the dove pleaded:

"O! Tillers, tilling fields; hear me, hear me
My children live on the Tãhli★ tree; hear me, hear me
Sunrays will scorch them; hear me, hear me..."

The tillers told the farmer to free the dove. He replied, "I'm going to take her to the King. She stole my millet."

★ Tãhli – Rosewood, is the State Tree of Punjab

ਪਹੁ-ਫੁਟਾਲਾ ਹੋਇਆ, ਤਾਂ ਉਨ੍ਹਾਂ ਨੂੰ ਘਾਹੀ ਘਾਹ ਖੋਤਦੇ ਨਜ਼ਰ ਆਏ।

ਘੁੱਗੀ ਉਹਨਾਂ ਨੂੰ ਵੇਖ ਕੇ ਬੋਲੀ:
"ਘਾਹ ਖੋਤਦੇ ਘਾਹੀਓ ਲੱਕ ਟੁਣੂੰ ਟੁਣੂੰ
ਟਾਹਲੀ ਮੇਰੇ ਬੱਚੜੇ ਲੱਕ ਟੁਣੂੰ ਟੁਣੂੰ
ਹਵਾ ਵਗੂ ਡਿੱਗ ਪੈਣਗੇ ਲੱਕ ਟੁਣੂੰ ਟੁਣੂੰ
ਧੁੱਪ ਪਊ ਸੜ ਜਾਣਗੇ ਲੱਕ ਟੁਣੂੰ ਟੁਣੂੰ..."

ਘਾਹੀਆਂ ਨੇ ਵੀ ਜੱਟ ਨੂੰ ਕਿਹਾ ਕਿ ਉਹ ਘੁੱਗੀ ਨੂੰ ਛੱਡ ਦੇਵੇ। ਪਰ ਜੱਟ ਨੇ ਪਹਿਲਾਂ ਵਾਲ਼ਾ ਹੀ ਜਵਾਬ ਦਿੱਤਾ: "ਮੈਂ ਤਾਂ ਇਹਨੂੰ ਰਾਜੇ ਕੋਲ਼ ਪੇਸ਼ ਕਰੂੰਗਾ। ਇਹਨੇ ਮੇਰਾ ਬਾਜਰਾ ਚੁਗਿਆ ਏ।"

At day break, they met grass cutters gathering grass.

Seeing them, the dove pleaded:
"O! Grass Cutters, cutting grass; hear me, hear me
My children live on the Tãhli tree; hear me, hear me

پَوہ پھُٹالا ہویا، تاں اوہناں نوں گھاہی گھاہ کھوتدے نظر آئے

گھُگّی اوہناں نوں ویکھ کے بولی:

" گھاہ کھوتدے گھاہیو ، لک ٹُنٌوں ٹُنٌوں

ٹاہلی میرے بچڑے ، لک ٹُنٌوں ٹُنٌوں

ہو اوگّو ڈِگ پَین گے لک ٹُنٌوں ٹُنٌوں

دُھپ پوُ سڑ جان گے، لک ٹُنٌوں ٹُنٌوں... "

گھائیاں نے وی جٹ نوں کہیا کہ اوہ گھُگّی نوں چھڈ دیوے۔ پر
جٹ نے پہلاں والا ہی جواب دِتا: "میں تاں ایہنوں راجے کول
پیش کرونگا۔ ایھنے میرا باجرہ چُگیا اے۔"

Wind gusts will toss them; hear me, hear me

Sunrays will scorch them; hear me, hear me…"

The grass cutters, too told the farmer to free the dove. He replied as before, "I'm going to take her to the King. She stole my millet."

ਦੁਪਹਿਰੇ ਉਹ ਇਕ ਹੋਰ ਪਿੰਡ ਪਹੁੰਚੇ, ਜਿੱਥੇ ਰੁੱਖ ਦੀ ਛਾਂ ਹੇਠਾਂ ਘੁਮਿਆਰੀ ਭਾਂਡੇ ਘੜ ਰਹੀ ਸੀ। ਘੁੱਗੀ ਉਹਨੂੰ ਵੇਖ ਕੇ ਬੋਲੀ:

"ਘੜਾ ਘੜੇਂਦੀ ਘੁਮਿਆਰੀਏ ਲੱਕ ਟੁਣੂੰ ਟੁਣੂੰ
ਟਾਹਲੀ ਮੇਰੇ ਬੱਚੜੇ ਲੱਕ ਟੁਣੂੰ ਟੁਣੂੰ
ਬੱਦਲ ਗੱਜੇ ਡਰ ਜਾਣਗੇ ਲੱਕ ਟੁਣੂੰ ਟੁਣੂੰ
ਹਵਾ ਵਗੂ ਡਿੱਗ ਪੈਣਗੇ ਲੱਕ ਟੁਣੂੰ ਟੁਣੂੰ
ਧੁੱਪ ਪਊ ਸੜ ਜਾਣਗੇ ਲੱਕ ਟੁਣੂੰ ਟੁਣੂੰ..."

ਘੁਮਿਆਰੀ ਨੇ ਵੀ ਜੱਟ ਨੂੰ ਕਿਹਾ ਕਿ ਉਹ ਘੁੱਗੀ ਨੂੰ ਛੱਡ ਦੇਵੇ। ਪਰ ਜੱਟ ਨੇ ਨਾਂਹ ਕਰ ਦਿੱਤੀ ਤੇ ਅੱਗੇ ਤੁਰ ਪਿਆ।

دوپہرے اوہ اِک ہور پِنڈ پہنچے، جتھے رُکھ دی چھاں ہیٹھاں گُھمیاری
بھانڈے گھڑ رہی سی

گھُگّی اوہنوں ویکھ کے بولی :
" گھڑا گھڑیندی گُھمیارییٔے ،لک ٹُنوں ٹُنوں
ٹاہلی میرے بچڑے لک ٹُنوں ٹُنوں
بدل گجے ڈر جاݨ گے لک ٹُنوں ٹُنوں
ہوا وگّو ڈِگ پَیݨ گے لک ٹُنوں ٹُنوں
دُھپ پؤ سڑ جاݨ گے لک ٹُنوں ٹُنوں..."

At noon, they reached another village, where under the shade of a tree, a potter was molding pots.

Seeing her, the dove pleaded:
"O! Potter, making pots; hear me, hear me
My children live on the Tãhli tree; hear me, hear me
Thunderclaps will scare them; hear me, hear me
Wind gusts will toss them; hear me, hear me
Sunrays will scorch them; hear me, hear me…"

گُھمیاری نے وی جٹ نوں کہیا کہ اوہ گھُگّی نوں چھڈ دیوے۔
پر جٹ نے ناںہہ کر دِتی، تے اَگّے ٹُر پیا۔

The potter also asked the farmer to free the dove. But he refused and continued walking.

ਤੁਰੇ ਜਾਂਦਿਆਂ ਲੌਢਾ ਵੇਲਾ ਹੋ ਗਿਆ ਤੇ ਉਨ੍ਹਾਂ ਨੂੰ ਭੱਠੀ 'ਤੇ ਦਾਣੇ ਭੁੰਨਦੀ ਭਠਿਆਰਨ ਮਿਲੀ।

ਘੁੱਗੀ ਉਹਨੂੰ ਵੇਖ ਕੇ ਬੋਲੀ:
"ਦਾਣੇ ਭੁੰਨਦੀ ਭਠਿਆਰਨੇ ਲੱਕ ਟੂਣੂੰ ਟੂਣੂੰ
ਟਾਹਲੀ ਮੇਰੇ ਬੱਚੜੇ ਲੱਕ ਟੂਣੂੰ ਟੂਣੂੰ
ਮੀਂਹ ਪਊ ਭਿੱਜ ਜਾਣਗੇ ਲੱਕ ਟੂਣੂੰ ਟੂਣੂੰ
ਬੱਦਲ ਗੱਜੇ ਡਰ ਜਾਣਗੇ ਲੱਕ ਟੂਣੂੰ ਟੂਣੂੰ
ਹਵਾ ਵਗੂ ਡਿੱਗ ਪੈਣਗੇ ਲੱਕ ਟੂਣੂੰ ਟੂਣੂੰ
ਧੁੱਪ ਪਊ ਸੜ ਜਾਣਗੇ ਲੱਕ ਟੂਣੂੰ ਟੂਣੂੰ..."

ਭਠਿਆਰਨ ਨੇ ਵੀ ਜੱਟ ਦੇ ਤਰਲੇ ਕੀਤੇ ਕਿ ਉਹ ਘੁੱਗੀ ਨੂੰ ਛੱਡ ਦੇਵੇ। ਪਰ ਜੱਟ ਨਾ ਮੰਨਿਆ।

تُرے جاندیاں لَوڈھا ویلا ہو گیا تے اوہناں نوں بھٹّھی تے دانے بھُندی بھٹھیارن مِلّی۔

گھُگّی اوہنوں ویکھ کے بولی:
"دانے بھُندی بھٹیارنے لک ٹُنوں ٹُنوں
ٹاہلی میرے بچڑے لک ٹُنوں ٹُنوں
مِینہہ پؤ بھج جان گے لک ٹُنوں ٹُنوں
بدل گجے ڈر جان گے لک ٹُنوں ٹُنوں
ہوا وگّو ڈِگ پَین گے لک ٹُنوں ٹُنوں
دُھپ پؤ سڑ جان گے لک ٹُنوں ٹُنوں..."

In the afternoon, they met a woman roasting grains in a kiln.

Seeing her, the dove pleaded:
"O! Grain-Roasting Woman; hear me, hear me
My children live on the Tãhli tree; hear me, hear me
Rainfall will soak them; hear me, hear me
Thunderclaps will scare them; hear me, hear me
Wind gusts will toss them; hear me, hear me
Sunrays will scorch them; hear me, hear me..."

بھٹھیارن نے وی جٹ دے تَر لے کِیتے کہ اوہ گھُگّی نوں چھڈ دیوے۔ پر جٹ نہ منیا۔

The grain-roasting woman also begged the farmer to free the dove. But he did not agree.

ਤ੍ਰਿਕਾਲ਼ਾਂ ਵੇਲ਼ੇ ਜੱਟ ਘੁੱਗੀ ਨੂੰ ਲੈ ਕੇ ਰਾਜੇ
ਦੇ ਦਰਬਾਰ ਪਹੁੰਚਿਆ।

ਘੁੱਗੀ ਨੇ ਰਾਜੇ ਨੂੰ ਬੇਨਤੀ ਕੀਤੀ:
"ਰਾਜਿਆ ਰਾਜ ਕਰੇਂਦਿਆ ਲੱਕ ਟੁਣੂੰ ਟੁਣੂੰ
ਟਾਹਲੀ ਮੇਰੇ ਬੱਚੜੇ ਲੱਕ ਟੁਣੂੰ ਟੁਣੂੰ
ਠੰਢ ਹੋਊ ਠਰ ਜਾਣਗੇ ਲੱਕ ਟੁਣੂੰ ਟੁਣੂੰ
ਮੀਂਹ ਪਊ ਭਿੱਜ ਜਾਣਗੇ ਲੱਕ ਟੁਣੂੰ ਟੁਣੂੰ
ਬੱਦਲ ਗੱਜੇ ਡਰ ਜਾਣਗੇ ਲੱਕ ਟੁਣੂੰ ਟੁਣੂੰ
ਹਵਾ ਵਗੂ ਡਿੱਗ ਪੈਣਗੇ ਲੱਕ ਟੁਣੂੰ ਟੁਣੂੰ
ਧੁੱਪ ਪਊ ਸੜ ਜਾਣਗੇ ਲੱਕ ਟੁਣੂੰ ਟੁਣੂੰ..."

ਜੱਟ ਨੇ ਰਾਜੇ ਨੂੰ ਦੱਸਿਆ ਕਿ ਘੁੱਗੀ ਨੇ ਉਹਦੀ
ਫ਼ਸਲ ਦਾ ਨੁਕਸਾਨ ਕੀਤਾ ਏ ਤੇ ਉਹਨੂੰ ਇਨਸਾਫ਼ ਚਾਹੀਦੈ।

ترکالاں ویلے جٹ گھّگی نوں لے کے راجے دے دربار پہنچیا

At dusk, the farmer reached the King's court.
Seeing the King, the dove pleaded:

گھّگی نے راجے نوں بینتی کیتی:

" راجیا راج کریندیا لک ٹُنوں ٹُنوں
ٹاہلی میرے بچڑے لک ٹُنوں ٹُنوں
ٹھنڈ ہوئ ٹھُر جاݨ گے لک ٹُنوں ٹُنوں
مِینہ پوئ بِھج جاݨ گے لک ٹُنوں ٹُنوں
بدل گجے ڈر جاݨ گے لک ٹُنوں ٹُنوں
ہواوّگو ڈِگ پَیݨ گے لک ٹُنوں ٹُنوں
دُھپ پوئ سڑ جاݨ گے لک ٹُنوں ٹُنوں..."

"O! King, Ruler of Kingdoms; hear me, hear me
My children live on the Tãhli tree; hear me, hear me
Winter frost will chill them; hear me, hear me
Rainfall will soak them; hear me, hear me
Thunderclaps will scare them; hear me, hear me
Wind gusts will toss them; hear me, hear me
Sunrays will scorch them; hear me, hear me..."

جٹ نے راجے نوں دسّیا کہ گھّگی نے اوہدی فصل دا نقصان کیتا اے تے اوہنو انصاف چاہیدا ئے۔

The farmer told the King that the dove had damaged his crops, and so he demanded justice.

ਰਾਜਾ ਸਿਆਣਾ ਸੀ।

ਉਹਨੇ ਜੱਟ ਨੂੰ ਸਮਝਾਇਆ: "ਘੁੱਗੀ ਨੇ ਤੇਰਾ ਨੁਕਸਾਨ ਕਰਨ ਲਈ ਬਾਜਰਾ ਨਹੀਂ ਚੁਗਿਆ। ਇਹਨੇ ਤਾਂ ਸਿਰਫ਼ ਅਪਣੇ ਬੱਚਿਆਂ ਲਈ ਥੋੜ੍ਹੇ-ਜਿਹੇ ਦਾਣੇ ਚੁਗੇ ਹਨ।"

"ਦਿਨ ਰਾਤ ਤੂੰ ਮਿਹਨਤ ਕਰੇਂ
ਹਰ ਕਿਸੇ ਦਾ ਢਿੱਡ ਭਰੇਂ
ਇਕ ਘੁੱਗੀ ਕਾਰਣੇ
ਕਿਉਂ ਫ਼ਿਕਰ ਕਰੇਂ?

ਜਾਣ ਦੇ ਇਹਨੂੰ ਅਪਣੇ ਘਰੇ
ਟਾਹਲੀ ਇਹਦੇ ਬੱਚੜੇ ਡਰੇ-ਡਰੇ।"

The King was wise.

He explained to the farmer, "The dove did not mean to damage your crops by picking the seeds. She picked only a few to feed her children."

راجا سِیاݨا سی۔
اوہنے جٹ نوں سمجھایا: " گھگّی نے تیرا نقصان کرݨ لئی باجرہ نہیں
چُگیا۔اِیہنے تاں صرف اپݨے بچیاں لئی تھوڑے جیہے داݨے چُگّے ہَن

دِن رات توں محنت کریں
ہر کسے دا ڈِھڈ بھریں
اِک گھگّی کارنے
کیوں فکر کریں؟

جاݨ دے اِیہنوں اپݨے گھرے
ٹاہلی ایہدے بچڑے ڈرے ڈرے۔ "

"You work hard day and night
To feed every belly within sight.
Why are you bothered by
One teeny-tiny dove?

Let her go; set her free.
Her scared children wait on the Tãhli tree."

ਜੱਟ ਰਾਜੇ ਦੀ ਸਿੱਖਿਆ ਸਮਝ ਗਿਆ ਤੇ ਉਹਨੇ ਘੁੱਗੀ ਨੂੰ ਛੱਡ ਦਿੱਤਾ। ਰਾਜੇ ਨੇ ਖ਼ੁਸ਼ ਹੋ ਕੇ ਉਹਨੂੰ ਕੀਮਤੀ ਇਨਾਮ ਦਿੱਤਾ।

ਜੱਟ ਕੱਛਾਂ ਵਜਾਉਂਦਾ ਅਪਣੇ ਘਰ ਵੱਲ ਤੁਰ ਪਿਆ ਤੇ ਘੁੱਗੀ ਰਾਜੇ ਦੇ ਗੁਣ ਗਾਉਂਦੀ ਅਪਣੇ ਬੱਚਿਆਂ ਵੱਲ ਉੱਡ ਗਈ:

"ਨੇਕ ਰਾਜੇ ਨੇ ਮੇਰੀ ਅਰਜ਼ ਸੁਣੀ
ਜੱਟ ਨੂੰ ਖ਼ੁਸ਼ੀ, ਮੈਨੂੰ ਅਜ਼ਾਦੀ ਮਿਲ਼ੀ।"

The farmer understood the King's teaching and freed the dove. The King was thrilled and gave him a priceless reward.

جٹ راجے دی سِکھیا سمجھ گیا تے اوہنے گھُگّی نوں چھڈ دتا۔ راجے نے خوش ہو کے اوہنوں قیمتی انعام دِتا

جٹ کچھاں وجاؤندا اپنے گھر ول تُر پیا تے گھُگّی راجے دے گُنٹ گاؤندی اپنے بچیاں ول اُڈ گئی:

" نیک راجے نے میری عرض سُنّی
جٹ نوں خوشی ، مینوں آزادی ملی۔ "

The farmer hopped and skipped with joy as he returned home, and the dove flew to her children singing praises of the King:

"The wise King listened to my plea.
The farmer is happy, and I am free."

ਪੰਜਾਬੀ ਉੱਪ-ਬੋਲੀਆਂ

ਸਾਂਝੇ ਪੰਜਾਬ ਵਿਚ ਬੋਲੀਆਂ ਜਾਂਦੀਆਂ ਪੰਜਾਬੀ ਬੋਲੀ ਦੀਆਂ ਬਹੁਤ ਸਾਰੀਆਂ ਉੱਪਬੋਲੀਆਂ ਵੀ ਹਨ। ਉਨ੍ਹਾਂ ਵਿੱਚੋਂ ਕੁਝ ਇਸ ਨਕਸ਼ੇ 'ਚ ਦਰਸ਼ਾਈਆਂ ਗਈਆਂ ਹਨ।

Punjabi Dialects

There are many dialects of the Punjabi language spoken throughout Punjab. Some of them are shown on this map.

پنجابی اُپ بولیاں

سانجھے پنجاب وِچ بولیاں جاندیاں پنجابی بولی دیاں بہت ساریاں اُپ بولیاں وی ہن۔ اوہناں وِچوں کُجھ اِس نقشے اِچ درشائیاں گئیاں ہن۔

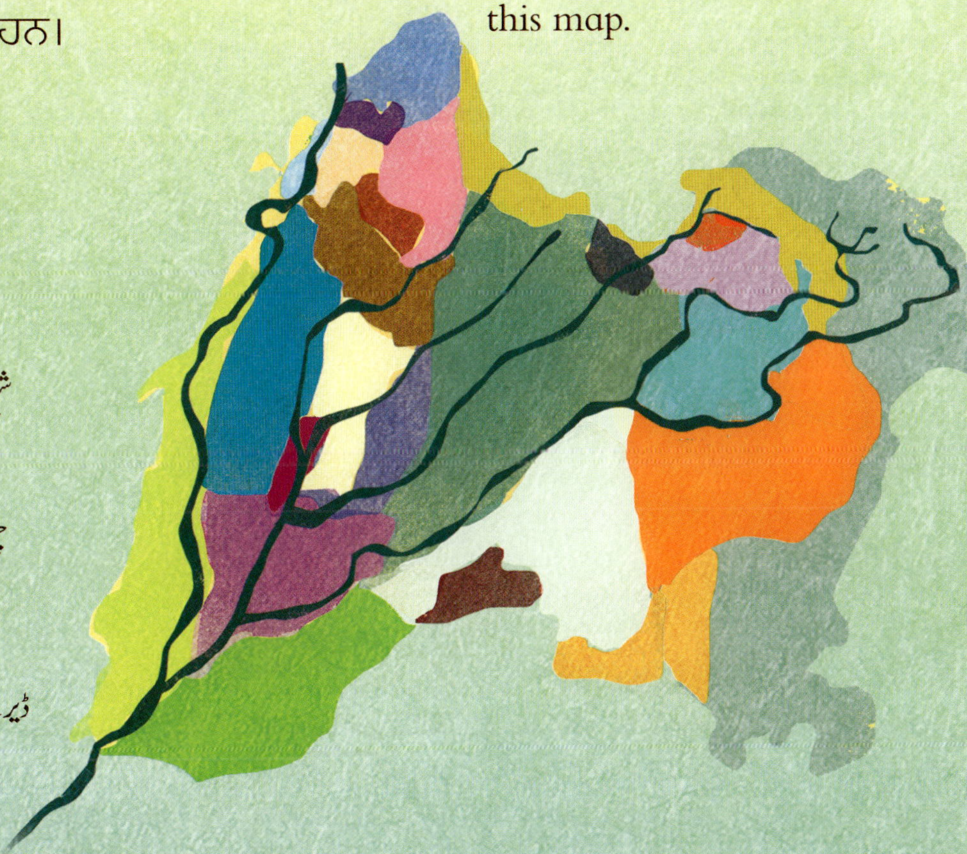

ਹਿੰਦਕੋ	Hindko	ہندکو
ਛਾਛੀ	Chachi	چھاچھی
ਘੇਬੀ	Ghebi	گھیبی
ਜੰਡਾਲੀ	Jandali	جنڈالی
ਸ਼ਾਹਪੁਰੀ	Shahpuri	شاہپُوری
ਝੰਗੋਚੀ	Jhanqochi	جھنگوچی
ਥਲੋਚੀ	Thalochi	تھلوچی
ਛਿਨਾਵਰੀ	Chenavari	چھناوری
ਜਾਂਗਲੀ	Jangli	جانگلی
ਮੁਲਤਾਨੀ	Multani	مُلتانی
ਡੇਰੇਵਾਲ	Derewal	ڈیرے وال
ਰਿਆਸਤੀ	Riasti	ریاستی

ਪਹਾੜੀ	Pahari	پہاڑی
ਚੰਬਿਆਲੀ	Chambiali	چنبیالی
ਧੰਨੀ	Dhanni	دھنی
ਪੋਠੋਹਾਰੀ	Pothohari	پوٹھواری
ਡੋਗਰੀ	Dogri	ڈوگری
ਕਾਂਗੜੀ	Kangri	کانگڑی
ਮਾਝੀ	Majhi	ماجھی
ਦੁਆਬੀ	Doabi	دوآبی
ਮਲਵਈ	Malwai	ملوائی
ਪੁਆਧੀ	Powadhi	پوادھی
ਭਟਿਆਣੀ	Bhatiani	بھٹیانی
ਬਾਗੜੀ	Bagri	باگڑی

The Very Hungry Ant

ਭੁੱਖੜ ਕੀੜੀ

بُھکھّڑ کیِڑی

ਭੁੱਖੜ ਕੀੜੀ ਸਾਗ ਦਾ ਭਰਾ ਕੁੰਨਾ ਤੇ ਥੱਬਾ ਰੋਟੀਆਂ ਦਾ ਖਾ ਜਾਂਦੀ ਏ, ਤਾਂ ਵੀ ਉਹਨੂੰ ਰੱਜ ਨਹੀਂ ਆਉਂਦਾ। ਜੋ ਹੱਥ ਆਵੇ, ਨਿਗਲ਼ੀ ਜਾਂਦੀ ਏ। ਅਖ਼ੀਰ ਉਹਨੂੰ ਅਕਲ ਆਉਂਦੀ ਏ ਕਿ ਲਾਲਚ ਦਾ ਅੰਤ ਬੁਰਾ ਹੀ ਹੁੰਦਾ ਹੈ। ਸੁਰਤਾਲ ਵਾਲ਼ੀ ਇਸ ਕਹਾਣੀ ਵਿਚ ਬੱਚਿਆਂ ਨੂੰ ਭਾਂਤ-ਭਾਂਤ ਦੇ ਜਨੌਰਾਂ ਤੇ ਉਨ੍ਹਾਂ ਦੇ ਟਿਕਾਣਿਆਂ ਦਾ, ਰੰਗਾਂ ਦਾ, ਆਵਾਜ਼ਾਂ ਤੇ ਗਿਣਤੀ ਦਾ ਪਤਾ ਲੱਗੇਗਾ।

An ant who loves to eat swallows a pot full of sāg and many rotīs but is still very hungry. She gobbles up everything in her path. Eventually, she learns a valuable lesson: "Being greedy is not good." Children will love this sing-song folktale that introduces them to various animals, their habitats, and to colors, sounds, and numbers.

بُھکھّڑ کیِڑی ساگ دا بھرا کُنّا تے تھبّا روٹیاں دا کھا جاندی اے، تاں وی اوہنوں رج نہیں آوندا۔ جو ہتھ آوے، نِگلی جاندی اے۔ اخیر اوہنوں عقل آوندی اے کہ لالچ دا انت بُرا ہی ہُندا ہے۔ سُرتال والی ایس کہانٹی وچ بچیاں نوں بھانت بھانت دے جنوراں تے اوہناں دے ٹِکانٹیاں دا، رنگاں دا، اوازاں تے گنٹتی دا پتہ لگے گا۔

ਇਕ ਸੀ ਕੀੜੀ।
ਇਕ ਦਿਨ ਉਹਨੂੰ ਬਹੁਤ ਭੁੱਖ ਲੱਗੀ ਸੀ।
ਉਹਨੇ ਸੱਤ ਵੱਡੀਆਂ-ਵੱਡੀਆਂ ਰੋਟੀਆਂ ਖਾਧੀਆਂ।
ਉਹਨੇ ਸਾਗ ਦਾ ਭਰਿਆ ਹੋਇਆ ਕੁੰਨਾ ਵੀ ਖਾ ਲਿਆ।
ਫੇਰ ਉਹ ਪਾਣੀ ਪੀਣ ਲਈ ਛੱਪੜ ਵੱਲ ਤੁਰ ਪਈ।

There once was an ant who
One day got so hungry that
She ate seven huge rotis★
And a pot full of sãg.★★
Then she started crawling towards
the pond to drink some water.

اِک سی کیڑی

اِک دن اوہنوں بہت بھُکھ لگی سی

اوہنے ست وڈّیاں وڈّیاں روٹیاں کھادھِیاں

اوہنے ساگ دا بھریا ہوئیا کُنّا وی کھا لیا

پھیر اوہ پانڑی پِینڑ لئی چھپڑ وَل ٹُر پئی۔

* roti: a flat round bread

** sãg: a dish of mustard greens

ਰਾਹ ਜਾਂਦਿਆਂ ਉਹ ਖੁਰਲੀ ਕੋਲੋਂ ਲੰਘੀ।
ਉੱਥੇ ਉਹਨੂੰ ੧ ਕਾਲ਼ਾ ਕੁੱਤਾ, ੨ ਡੱਬ-ਖੜੱਬੀਆਂ ਗਾਵਾਂ,
ਤੇ ੩ ਭੂਰੇ ਘੋੜੇ ਮਿਲ਼ੇ।

ਕਾਲ਼ਾ ਕੁੱਤਾ ਭੌਂਕਿਆ:
"ਭਊਂ! ਭਊਂ! ਭਊਂ!
ਮਾਸੀ, ਕਿੱਥੇ ਚੱਲੇ ਓ?"

ਕੀੜੀ ਨੇ ਕਿਹਾ:
"ਸੱਤ ਢੋਡਰੇ ਵੀ ਖਾਧੇ
ਕੁੰਨਾ ਸਾਗ ਦਾ ਵੀ ਖਾਧਾ
ਪਰ ਹਾਲੇ ਮੈਂ ਨਹੀਂ ਰੱਜੀ
ਤੇ ਹੁਣ ਪਾਣੀ ਪੀਣ ਭੱਜੀ।"

ਕੁੱਤੇ ਨੇ ਕਿਹਾ: "ਮਾਸੀ! ਜੇ ਤੂੰ ਅਜੇ ਨਹੀਂ ਰੱਜੀ, ਤਾਂ ਮੈਨੂੰ ਖਾ ਲੈ।"
ਹੜੱਪ! ਕੀੜੀ ਨੇ ਕੁੱਤੇ ਨੂੰ ਖਾ ਲਿਆ ਤੇ ਅੱਗੇ ਤੁਰ ਪਈ।

Along the way appeared a trough.
There she met 1 black dog, 2 spotted
cows, and 3 brown horses.

راہ جاندیاں اوہ کُھرلی کولوں لنگھی

اوتھے اوہنوں 1 کالا کُتا، 2 ڈب کھڑبیاں گانواں، تے 3 بھُورے گھوڑے ملے

کالا کُتا بھونکیا:

"بھوں! بھوں! بھوں!

ماسی، کتھے چلے او؟"

کیڑی نے کہیا:

"ست ڈھوڈڑے وی کھادھے

کُنّا ساگ دا وی کھادھا

پر حالے میں نہیں رجّی

تے ہُن پانی پِین بھجی"

کُتّے نے کہیا: "ماسی! جے توں اجے نہیں رجّی، تاں مینوں کھا لے"

ہڑپ! کیڑی نے کُتے نوں کھا لیا تے اگّے ٹُر پئی۔

The black dog barked,

"Woof! Woof! Woof!

Mãsi,* where are you off to?"

The ant replied,

"I ate seven huge rotis

And a pot full of sãg.

But I'm still hungry

So I'm rushing to drink some water."

The dog said, "Mãsi! If you're still hungry, eat me."

Gulp! The ant swallowed the dog and crawled on.

* Mãsi: Aunt

ਫਿਰ ਉਹ ਵਾੜੇ ਕੋਲ਼ ਪਹੁੰਚੀ। ਉੱਥੇ ਉਹਨੂੰ ੪ ਸੁਨਹਿਰੀ ਕੁੱਕੜ,
੫ ਮਲ਼ਾਈ ਰੰਗੀਆਂ ਭੇਡਾਂ, ੬ ਬਦਾਮੀ ਬੱਕਰੀਆਂ ਤੇ ੭ ਲਾਲ ਕੁਕੜੀਆਂ ਮਿਲ਼ੀਆਂ।

ਇਕ ਕੁੱਕੜ ਕੁੜ-ਕੁੜਾਇਆ:
“ਕੁਕੜੂੰ ਘੜੂੰ!
ਮਾਸੀ, ਕਿੱਦਾਂ ਏ ਤੂੰ?”

ਕੀੜੀ ਨੇ ਕਿਹਾ:
“ਸੱਤ ਢੋਡੜੇ ਵੀ ਖਾਧੇ
ਕੁੰਨਾ ਸਾਗ ਦਾ ਵੀ ਖਾਧਾ
ਕੁੱਤਾ ਭੌਂਕਦਾ ਵੀ ਖਾਧਾ
ਪਰ ਹਾਲੇ ਮੈਂ ਨਹੀਂ ਰੱਜੀ
ਤੇ ਹੁਣ ਪਾਣੀ ਪੀਣ ਭੱਜੀ।”

ਕੁੱਕੜ ਨੇ ਕਿਹਾ: “ਮਾਸੀ! ਜੇ ਤੂੰ ਅਜੇ ਨਹੀਂ ਰੱਜੀ, ਤਾਂ ਮੈਨੂੰ ਖਾ ਲੈ।”
ਹੜੱਪ! ਕੀੜੀ ਨੇ ਕੁੱਕੜ ਵੀ ਖਾ ਲਿਆ ਤੇ ਅੱਗੇ ਤੁਰ ਪਈ।

Then she reached a barn.
There she met 4 golden roosters, 5 cream colored sheep, 6 tan goats, and 7 red hens.

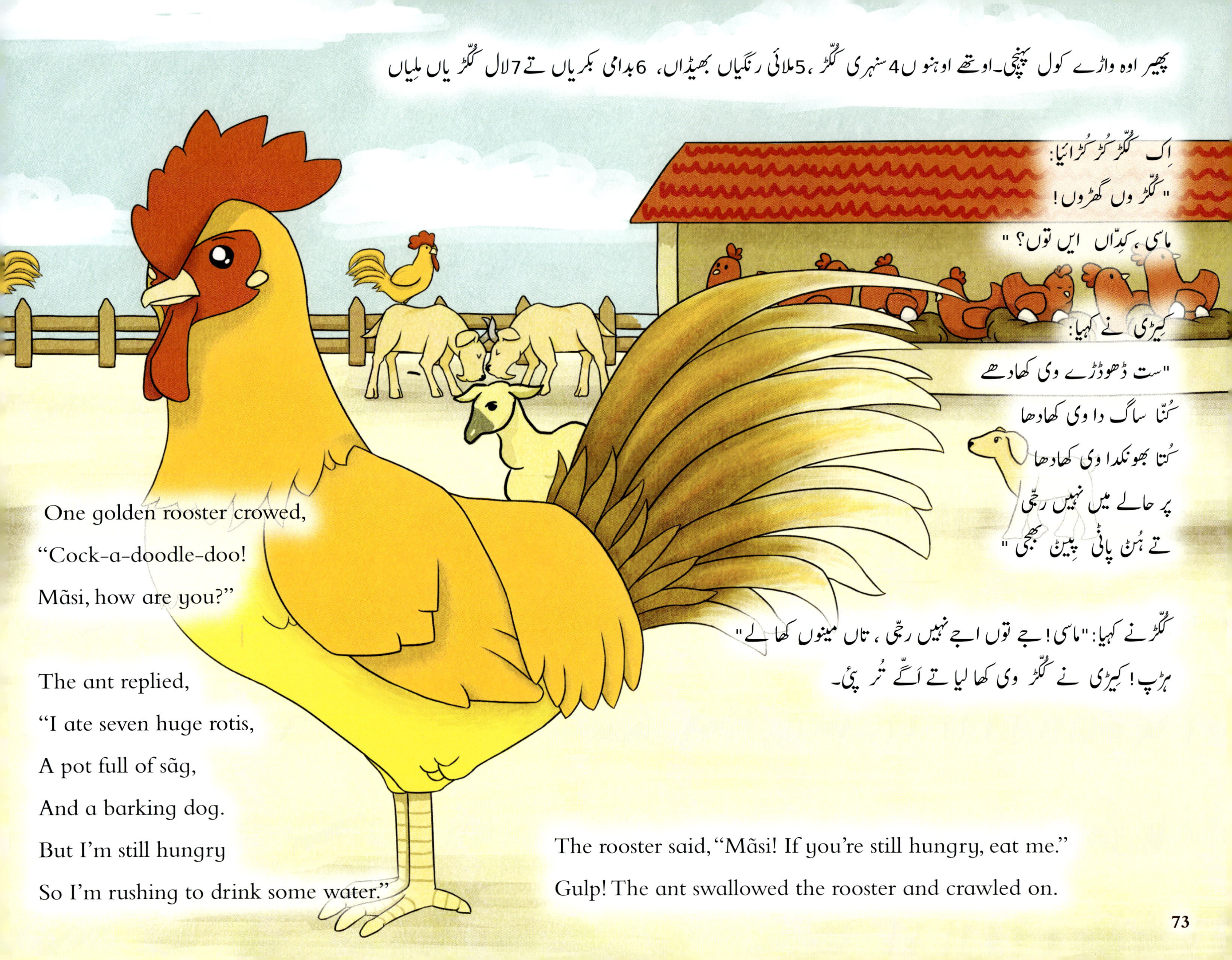

پھیر اوہ واڑے کول پہنچی۔اوتھے اوہنوں 4 سنہری کُکّڑ، 5ملائی رنگیاں بھیڈاں، 6 بدامی بکریاں تے 7لال کُکّڑیاں مِلیاں

اِک کُکّڑ کُڑ کُڑائیا:
"کُکّڑوں گھڑوں!
ماسی، کِدّاں ایں توں؟"

One golden rooster crowed,
"Cock-a-doodle-doo!
Mãsi, how are you?"

کیِڑی نے کہیا:
"ست ڈھوڈڑے وی کھادھے
کُنّا ساگ دا وی کھادھا
کُتا بھونکدا وی کھادھا
پر حالے میں نہیں رجّی
تے ہُن پانی پِین بھجی"

The ant replied,
"I ate seven huge rotis,
A pot full of sãg,
And a barking dog.
But I'm still hungry
So I'm rushing to drink some water."

کُکّڑ نے کہیا: "ماسی! جے توں اجے نہیں رجّی، تاں مینوں کھا لے"
ہڑپ! کیِڑی نے کُکّڑ وی کھا لیا تے اَگّے تُر پئی۔

The rooster said, "Mãsi! If you're still hungry, eat me."
Gulp! The ant swallowed the rooster and crawled on.

ਫਿਰ ਉਹ ਇਕ ਖਰਾਸ ਕੋਲ਼ ਪਹੁੰਚੀ। ਉੱਥੇ ਉਹਨੇ ੮ ਚਿੱਟੀਆਂ ਬਿੱਲੀਆਂ, ੯ ਸਲੇਟੀ ਚੂਹੀਆਂ ਦੇ ਪਿੱਛੇ ਭੱਜਦੀਆਂ ਵੇਖੀਆਂ।

ਇਕ ਬਿੱਲੀ ਮਿਆਂਕੀ:
"ਮਿਆਊਂ ਮਿਆਊਂ ਮਿਆਊਂ!
ਮਾਸੀ, ਸਾਡੇ ਵਿਹੜੇ ਵੀ ਆਉ!"

ਕੀੜੀ ਨੇ ਕਿਹਾ:
"ਸੱਤ ਢੋਡਰੇ ਵੀ ਖਾਧੇ
ਕੁੰਨਾ ਸਾਗ ਦਾ ਵੀ ਖਾਧਾ
ਕੁੱਤਾ ਭੌਂਕਦਾ ਵੀ ਖਾਧਾ
ਕੁੱਕੜ ਬਾਂਗਦਾ ਵੀ ਖਾਧਾ
ਪਰ ਹਾਲੇ ਮੈਂ ਨਹੀਂ ਰੱਜੀ
ਤੇ ਹੁਣ ਪਾਣੀ ਪੀਣ ਭੱਜੀ।"

ਬਿੱਲੀ ਨੇ ਕਿਹਾ: "ਮਾਸੀ! ਜੇ ਤੂੰ ਅਜੇ ਨਹੀਂ ਰੱਜੀ, ਤਾਂ ਮੈਨੂੰ ਖਾ ਲੈ।"
ਹੜੱਪ! ਕੀੜੀ ਨੇ ਬਿੱਲੀ ਵੀ ਖਾ ਲਈ ਤੇ ਅੱਗੇ ਤੁਰ ਪਈ।

Then she reached a flour mill.
There she saw 8 white cats
chasing 9 grey mice.

One cat purred,
"Meow! Meow! Meow!
Mãsi, come to our playground!"

پھیر اوہ اِک کھراس کول پہنچی۔ اوتھے اوہنے 8 چِٹیاں بِلیاں، 9 سلیٹی چوئیاں دے پِچھّے بھجدِیاں ویکھیاں

اِک بِلّی مِیانکی:

"میاؤں میاؤں میاؤں !

ماسی، ساڈے ویڑھے وی آؤ !"

کِیڑی نے کہیا:

"ست ڈھوڈڑے وی کھادھے

کُنّا ساگ دا وی کھادھا

کُتا بھونکدا وی کھادھا

کُکّڑ بانگدا وی کھادھا

پر حالے میں نہیں رجّی

تے ہُݨ پانی پِیݨ بھجی"

بِلّی نے کہیا: "ماسی! جے توں اجے نہیں رجّی ، تاں مینوں کھالے"

ہڑپ ! کِیڑی نے بِلّی وی کھالئی تے اَگّے تُرپئی۔

The ant replied,

"I ate seven huge rotis,
A pot full of sãg,
A barking dog,
And a crowing rooster.
But I'm still hungry
So I'm rushing to drink some water."

The cat said, "Mãsi! If you're still hungry, eat me."

Gulp! The ant swallowed the cat and crawled on.

ਹੁਣ ਕੀੜੀ ਬਹੁਤ ਥੱਕ ਗਈ ਸੀ। ਉਹ ਕਿੱਕਰ ਦੇ ਰੁੱਖ ਹੇਠਾਂ ਆਰਾਮ ਕਰਨ ਲੱਗੀ। ਉੱਥੇ ਉਹਨੇ ੧੦ ਨੀਲੀਆਂ ਚਿੜੀਆਂ ਤੇ ੧੧ ਧਾਰੀਦਾਰ ਗਾਲ੍ਹੜ ਵੇਖੇ।

ਇਕ ਚਿੜੀ ਚੂਹਕੀ:
"ਚੀਂ ਚੀਂ ਚੀਂ!
ਮਾਸੀ, ਸਭ ਠੀਕ ਤਾਂ ਸੀ?"

ਕੀੜੀ ਨੇ ਕਿਹਾ:
"ਸੱਤ ਛੋਡੜੇ ਵੀ ਖਾਧੇ
ਕੁੰਨਾ ਸਾਗ ਦਾ ਵੀ ਖਾਧਾ
ਕੁੱਤਾ ਭੌਂਕਦਾ ਵੀ ਖਾਧਾ
ਕੁੱਕੜ ਬਾਂਗਦਾ ਵੀ ਖਾਧਾ
ਬਿੱਲੀ ਮਿਆਂਕਦੀ ਵੀ ਖਾਧੀ
ਪਰ ਹਾਲੇ ਮੈਂ ਨਹੀਂ ਰੱਜੀ
ਤੇ ਹੁਣ ਪਾਣੀ ਪੀਣ ਭੱਜੀ।"

ਚਿੜੀ ਨੇ ਕਿਹਾ: "ਮਾਸੀ! ਜੇ ਤੂੰ ਅਜੇ ਨਹੀਂ ਰੱਜੀ, ਤਾਂ ਮੈਨੂੰ ਖਾ ਲੈ।"
ਹੜੱਪ! ਕੀੜੀ ਨੇ ਚਿੜੀ ਵੀ ਖਾ ਲਈ ਤੇ ਅੱਗੇ ਤੁਰ ਪਈ।

Then the ant got tired. So she rested under the shade of a kikkar* tree. There she saw 10 blue birds and 11 striped squirrels.

One blue bird twittered,
"Tweet! Tweet! Tweet!
Mãsi, is everything sweet?"

ہُن کیڑی بہت تھک گئی سی۔ اوہ کِکّر دے رکھ ہیٹھاں ارام کرن لگی۔ اوتھے اوہنے 10 نیلیاں
چِڑیاں تے 11 دھاری دار گالھڑ ویکھے

اِک چِڑی چوہکی :
" چِیں چِیں چِیں !
ماسی، سبھ ٹھیک تاں سی؟"

کیڑی نے کہیا:
" ست ڈھوڈڑے وی کھادھے
کُنّا ساگ دا وی کھادھا
کُتّا بھونکدا وی کھادھا
کُکّڑ بانگدا وی کھادھا
بِلّی مِیانکدی وی کھادھی
پر حالے میں نہیں رجّی
تے ہُن پانی پِین بھجی"

The ant replied,
"I ate seven huge rotis,
A pot full of sãg,
A barking dog,
A crowing rooster,
And a meowing cat.
But I'm still hungry
So I'm rushing to drink some water."

چِڑی نے کہیا :"ماسی! جے توں اجے نہیں رجّی ، تاں مینوں کھا لے"
ہڑپ! کیڑی نے چِڑی وی کھا لئی تے اَگّے تُر پئی۔

The bird said, "Mãsi! If you're still hungry, eat me."
Gulp! The ant swallowed the bird and crawled on.

★ kikkar – Acacia, a tree in Punjab.

ਅੱਗੇ ਗਈ, ਤਾਂ ਉਹਨੂੰ ਬਾਗ਼ ਵਿੱਚੋਂ ਫੁੱਲਾਂ ਦੀ ਮਹਿਕ ਆਈ। ਉੱਥੇ ਉਹਨੂੰ ੧੨ ਪੀਲ਼ੇ
ਭੌਰ ਤੇ ੧੩ ਰੰਗ-ਬਰੰਗੀਆਂ ਤਿਤਲੀਆਂ ਫੁੱਲਾਂ ਦਾ ਰਸ ਚੂਸਦੀਆਂ ਦਿਸੀਆਂ।

ਇਕ ਭੌਰ ਗੁੰਜਾਰਿਆ:
"ਭੀਂ ਭੀਂ ਭੀਂ!
ਮਾਸੀ, ਸਾਡੇ ਨਾਲ਼ ਖੇਡਦੀ ਕਿਉਂ ਨਹੀਂ?"

ਕੀੜੀ ਨੇ ਕਿਹਾ:
"ਸੱਤ ਢੋਡਰੇ ਵੀ ਖਾਧੇ
ਕੁੰਨਾ ਸਾਗ ਦਾ ਵੀ ਖਾਧਾ
ਕੁੱਤਾ ਭੌਂਕਦਾ ਵੀ ਖਾਧਾ
ਕੁੱਕੜ ਬਾਂਗਦਾ ਵੀ ਖਾਧਾ
ਬਿੱਲੀ ਮਿਆਕਦੀ ਵੀ ਖਾਧੀ
ਚਿੜੀ ਚੂਕਦੀ ਵੀ ਖਾਧੀ
ਪਰ ਹਾਲੇ ਮੈਂ ਨਹੀਂ ਰੱਜੀ
ਤੇ ਹੁਣ ਪਾਣੀ ਪੀਣ ਭੱਜੀ।"

ਭੌਰ ਨੇ ਕਿਹਾ: "ਮਾਸੀ! ਜੇ ਤੂੰ ਅਜੇ ਨਹੀਂ ਰੱਜੀ, ਤਾਂ ਮੈਨੂੰ ਖਾ ਲੈ।"
ਹੜੱਪ! ਕੀੜੀ ਨੇ ਭੌਰ ਵੀ ਖਾ ਲਿਆ ਤੇ ਅੱਗੇ ਤੁਰ ਪਈ।

The fragrance of flowers lured her to a garden. There she saw 12 yellow bees and 13 colorful butterflies sucking nectar from the flowers.

One bee hummed,
"Buzz! Buzz! Buzz!
Mãsi, why don't you play with us?"

اَگّے گئی, تاں اوہنوں باگ وِچّوں پھُلّاں دی مہک آئی۔ اوتھے اوہنوں 12 پیلے بَھور تے 13 رنگ برنگیاں تِتلیاں پھُلّاں دارس چُوسدِیاں دِسّیاں

اِک بھَور گُنجاریا:
" بھِیں بھِیں بھِیں !
ماسی، ساڈے نال کھیڈ دی کیوں نہیں؟"

کِیڑی نے کہیا:
" ست ڈھوڈڑے وی کھادھے
کُنّا ساگ دا وی کھادھا
کُتّا بھونکدا وی کھادھا
کُکّڑ بانگدا وی کھادھا
بِلّی مِیانکدی وی کھادھی
چِڑی چوہکدی وی کھادھی
پر حالے میں نہیں رجّی تے ہُݨ پانی پِیݨ بھجی"

The ant replied,
"I ate seven huge rotis,
A pot full of sãg,
A barking dog,
A crowing rooster,
A meowing cat,
And a tweeting bird.
But I'm still hungry
So I'm rushing to drink some water."

بھَور نے کہیا : "ماسی ! جے توں اجے نہیں رجّی ، تاں مینوں کھالے"
ہڑپ ! کِیڑی نے بھَوروی کھالیا تے اَگّے تُرپئی۔

The bee said, "Mãsi! If you're still hungry, eat me."
Gulp! The ant swallowed the bee and crawled on.

ਅਖ਼ੀਰ ਉਹ ਛੱਪੜ 'ਤੇ ਪਹੁੰਚੀ, ਜਿੱਥੇ ਉਹਨੇ ੧੪ ਹਰੇ ਡੱਡੂ ਤੇ ੧੫ ਸੱਤ-ਰੰਗੀਆਂ ਮੱਛੀਆਂ ਵੇਖੀਆਂ।

ਇਕ ਡੱਡੂ ਟਰ-ਟਰਾਇਆ:
"ਟਰ ਟਰ ਟਰ!
ਮਾਸੀ ਇੱਧਰ ਕਿੱਧਰ?"

ਕੀੜੀ ਨੇ ਕਿਹਾ:
"ਸੱਤ ਛੋਡੜੇ ਵੀ ਖਾਧੇ
ਕੁੰਨਾ ਸਾਗ ਦਾ ਵੀ ਖਾਧਾ
ਕੁੱਤਾ ਭੌਂਕਦਾ ਵੀ ਖਾਧਾ
ਕੁੱਕੜ ਬਾਂਗਦਾ ਵੀ ਖਾਧਾ
ਬਿੱਲੀ ਮਿਆਂਕਦੀ ਵੀ ਖਾਧੀ
ਚਿੜੀ ਚੂਕਦੀ ਵੀ ਖਾਧੀ
ਭੌਰ ਗੁੰਜਾਰਦਾ ਵੀ ਖਾਧਾ
ਪਰ ਹਾਲੇ ਮੈਂ ਨਹੀਂ ਰੱਜੀ
ਤੇ ਹੁਣ ਪਾਣੀ ਪੀਣ ਭੱਜੀ।"

ਡੱਡੂ ਨੇ ਕਿਹਾ: "ਮਾਸੀ! ਜੇ ਤੂੰ ਅਜੇ ਨਹੀਂ ਰੱਜੀ, ਤਾਂ ਮੈਨੂੰ ਖਾ ਲੈ।"
ਹੜੱਪ! ਕੀੜੀ ਨੇ ਡੱਡੂ ਵੀ ਖਾ ਲਿਆ।

Finally, she reached the pond. There she saw 14 green frogs and 15 rainbow fish.

One green frog croaked,
"Ribbit! Ribbit! Ribbit!
Mãsi, why the visit?"

اخیر اوہ چھپّڑ تے پہنچی، جتھّے اوہنے 14 ہرے ڈڈّو تے 15 ست رنگیاں مچھیاں ویکھیاں

اِک ڈڈو ٹر ٹر ٹرائیا:

" ٹر، ٹر، ٹر!

ماسی اِدھر کِدھر؟"

کِیڑی نے کہیا:

" ست ڈھوڈڑے وی کھادھے

کُنّاساگ دا وی کھادھا

کُتّا بھونکدا وی کھادھا

کُکّڑ بانگدا وی کھادھا

بِلّی مِیانکدی وی کھادھی

چِڑی چوہکدی وی کھادھی

بھَور گُنجاردا وی کھادھا

پر حالے میں نہیں رجّی تے ہُݨ پانݨی پِیݨ بھجّی"

The ant replied,

"I ate seven huge rotis,

A pot full of sãg,

A barking dog,

A crowing rooster,

A meowing cat,

A tweeting bird,

And a buzzing bee.

But I'm still hungry

So I'm rushing to drink some water."

ڈڈّو نے کہیا: " ماسی! جے توں اجے نہیں رجّی، تاں مینوں کھالے "

ہڑپ! کِیڑی نے ڈڈّو وی کھالیا

The frog said, "Mãsi! If you're still hungry, eat me."

Gulp! The ant swallowed the frog.

ਫੇਰ ਉਹ ਪਾਣੀ ਪੀਣ ਲੱਗੀ। ਉਹ ਪਾਣੀ ਪੀਂਦੀ ਗਈ, ਪੀਂਦੀ ਗਈ, ਤੇ ਪੀਂਦੀ ਗਈ...ਉਹਨੇ ਸਾਰਾ ਹੀ ਛੱਪੜ ਪੀ ਲਿਆ ਤੇ ਉਹਦਾ ਢਿੱਡ ਪਾਟ ਗਿਆ।

ਭੌਂਕਦਾ ਕਾਲ਼ਾ ਕੁੱਤਾ
ਬਾਂਗਦਾ ਸੁਨਹਿਰੀ ਕੁੱਕੜ
ਮਿਆਂਕਦੀ ਚਿੱਟੀ ਬਿੱਲੀ
ਚੂਕਦੀ ਨੀਲੀ ਚਿੜੀ
ਗੁੰਜਾਰਦਾ ਪੀਲ਼ਾ ਭੌਰ
ਟਰ-ਟਰਾਉਂਦਾ ਹਰਾ ਡੱਡੂ
ਹੱਸਦੇ ਖੇਡਦੇ ਬਾਹਰ ਨਿਕਲ਼ ਆਏ ਤੇ ਗਾਉਣ ਲੱਗੇ:

"ਜਿੰਨਾ ਲੋੜੇਂ, ਓਨਾ ਖਾਹ
ਲਾਲਚ ਦਾ ਹੈ ਅੰਤ ਬੁਰਾ।"

Then she began to drink the water. She drank and drank…and drank the whole pond. Suddenly, her tummy exploded.

پھیر اوہ پاݨی پِیݨ لگی۔ اوہ پاݨی پِیندی گئی، پِیندی گئی تے پِیندی گئی...
اوہنے سارا ہی چھپڑ پی لیا تے اوہدا ڈِھڈ پاٹ گیا

بھونکدا کالا کُتّا
بانگدا سُنہری کُکّڑ
میانکدی چِٹّی بِلّی
چُوہکدی نیلی چِڑی
گُنجار دا پیلا بھَور
ٹر ٹراوندا ہرا ڈڈو
ہسدے کھیڈدے باہر نکل آئے تے گاوݨ لگے:

" جِنّا لوڑیں، اُنّا کھا
لالچ دا ہے اَنت بُرا۔"

Out came:
The black barking dog
The golden crowing rooster
The white meowing cat
The blue tweeting bird
The yellow buzzing bee
The green croaking frog
Laughing, playing, and singing:

"You should only eat what you need
For a bad end will always follow greed."

ਗੁਰਮੁਖੀ ਤੇ ਸ਼ਾਹਮੁਖੀ

ਗੁਰਮੁਖੀ ਪੰਜਾਬੀ ਲਿਖਣ ਲਈ ਵਰਤੀ ਜਾਣ ਵਾਲ਼ੀ ਲਿਪੀ ਏ। ਇਹ ਬ੍ਰਹਮੀ ਭਾਸ਼ਾ ਦੇ ਪਰਵਾਰ ਦਾ ਹਿੱਸਾ ਏ। ਗੁਰੂ ਅੰਗਦ ਸਾਹਿਬ ਨੇ ਇਸ ਲਿਪੀ ਨੂੰ ਪੰਜਾਬੀ ਬੋਲੀ ਲਈ ਸੋਧ ਕੇ ਪ੍ਰਚੱਲਤ ਕੀਤਾ।

ਸ਼ਾਹਮੁਖੀ ਪੰਜਾਬੀ ਲਿਖਣ ਲਈ ਵਰਤੀ ਜਾਣ ਵਾਲ਼ੀ ਦੂਜੀ ਲਿਪੀ ਹੈ। ਇਹ ਲਹਿੰਦੇ ਪੰਜਾਬ ਵਿਚ ਵਰਤੀ ਜਾਂਦੀ ਏ ਅਤੇ ਇਹਦੀ ਨੀਂਹ ਅਰਬੀ ਫ਼ਾਰਸੀ ਲਿਪੀ ਨਸਤਾਲੀਕ ’ਤੇ ਧਰੀ ਗਈ ਏ।

Gurmukhi and Shahmukhi

Gurmukhi is one of the two scripts used to write Punjabi. It belongs to the family of Brahmi languages. Guru Angad Sahib modified and standardized it to suit the Punjabi language.

Shahmukhi is the second of the two scripts used to write Punjabi. It is used in West Punjab. It is rooted in Nastaliq script used to write Arabic and Persian languages.

گُرمُکھّی تے شاہ مُکھّی

گُرمُکھّی پنجابی لکھݨ لئی ورتی جاݨ والی لِپی اے۔ ایہہ برہمی بھاشا دے پروار دا حِصہ اے۔ گُرو انگد صاحب نے اِس لِپی نوں پنجابی بولی لئی سودھ کے پرچلّت کیتا۔

شاہ مُکھّی پنجابی لکھݨ لئی ورتی جاݨ والی دُوجی لِپی ہے۔ ایہہ لہندے پنجاب وِچ ورتی جاندی اے اتے ایہدی نِیہہ عربی فارسی لِپی نستعلیق تے دَھری گئی اے۔

Shahmukhi Alphabet for Gurmukhi Readers

Corresponding Gurmukhi akhar (letter) — How to write the Shahmukhi haraf — Name of the Shahmukhi haraf (letter) — Start Here ←

Corresponding Gurmukhi akhar (letter)	How to write the Shahmukhi haraf	Name of the Shahmukhi haraf (letter)
ਅ	ا	ਅਲਿਫ਼
ਬ	ب	ਬੇ
ਪ	پ	ਪੇ
ਤ	ت	ਤੇ
ਟ	ٹ	ਟੇ
ਸ	ث	ਸੇ
ਜ	ج	ਜੀਮ
ਚ	چ	ਚੇ
ਹ	ح	ਹੇ
ਖ਼	خ	ਖ਼ੇ
ਦ	د	ਦਾਲ
ਡ	ڈ	ਡਾਲ
ਜ਼	ذ	ਜ਼ਾਲ
ਰ	ر	ਰੇ
ੜ	ڑ	ੜੇ
ਜ਼	ز	ਜ਼ੇ
-	ژ	ਜ਼ੇ/ਯੇ
ਸ	س	ਸੀਨ
ਸ਼	ش	ਸ਼ੀਨ
ਸ	ص	ਸੁਆਦ
ਜ਼	ض	ਜ਼ੁਆਦ
ਤ	ط	ਤੋਏ
ਜ਼	ظ	ਜ਼ੋਏ
ਅ	ع	ਐਨ
ਗ਼	غ	ਗ਼ੈਨ
ਫ਼	ف	ਫ਼ੇ
ਕ	ق	ਕ਼ਾਫ਼
ਕ	ک	ਕਾਫ਼
ਗ	گ	ਗਾਫ਼
ਲ	ل	ਲਾਮ
ਮ	م	ਮੀਮ
ਨ	ن	ਨੂਨ
ਵ	و	ਵਾਓ
ਹ	ہ	ਗੋਲ ਹੇ
-	ء	ਹਮਜ਼ਾ
ਯ	ی	ਛੋਟੀ ਯੇ
-	ے	ਵੱਡੀ ਯੇ
ਭ	بھ	ਭੇ
ਫ	پھ	ਫੇ
ਥ	تھ	ਥੇ
ਠ	ٹھ	ਠੇ
ਝ	جھ	ਝੇ
ਛ	چھ	ਛੇ
ਧ	دھ	ਧੇ
ਢ	ڈھ	ਢੇ
ਖ	کھ	ਖੇ
ਘ	گھ	ਘੇ
ਣ	ݨ	ਅੜਨੂਨ
ਲ਼	ݪ	ਅੜਲਾਮ
ਂ/ਙ/ਞ	ں	ਨੂਨ ਗ਼ੁੰਨਾ

Gurmukhi Alphabet for Shahmukhi Readers

Name of the Gurmukhi akhar (letter) — How to write the Gurmukhi akhar — Corresponding Shahmukhi haraf (letter)

Start Here →

اُوڑا ੳ ا	اَیڑا ਅ ع/ا	اِیڑی ੲ ع/ا	سسّا ਸ س/ص/ث	ہاہا ਹ ہ/ح/ھ
ککّا ਕ ق/ک	کھکّھا ਖ کھ	گگّا ਗ گ	گھگّا ਘ گھ	ننگاں (ونگاں) ਙ ں + گ
چچّا ਚ چ	چھچھّا ਛ چھ	ججّا ਜ ج	جھجّا ਝ جھ	ییّاں (ترنجن) ਞ ں + ج
ٹینکا ਟ ٹ	ٹھٹھّا ਠ ٹھ	ڈڈّا ਡ ڈ	ڈھڈّا ਢ ڈھ	ݨاݨا ਣ ݨ
تتّا ਤ ت/ط	تھتھّا ਥ تھ	ددّا ਦ د	دھدّا ਧ دھ	ننّا ਨ ن
پپّا ਪ پ	پھپھّا ਫ پھ	ببّا ਬ ب	بھبّا ਭ بھ	ممّا ਮ م
ییّا ਯ ے	رارا ਰ ر	للّا ਲ ل	واوا ਵ و	ڑاڑا ੜ ڑ
ششّا ਸ਼ ش	خخّا ਖ਼ خ	غغّا ਗ਼ غ	ززّا ਜ਼ ظ/ض/ز	ففّا ਫ਼ ف
ݪݪّا ਲ਼ ݪ				

Vowels in Punjabi

tart Here →

example Punjabi word using the vowel · vowel in Gurmukhi · vowel in Shahmukhi

anaar ਅ ا	aas ਆ آ	itt ਇ اِ	eeRee ਈ ای	ullu ਉ اُ
ooth ਊ اُو	ayka ਏ اے	aisa ਐ اَے	oat ਓ او	aukha ਔ اَو
ang ਅੰ اں	aandaa ਆਂ آں	aDDa ੱ ّ		

for doubling a sound

Consonants (example ਕ/ک) combined with vowels

tart Here →

example Punjabi word using a consonant (k) + vowel · consonant+vowel in Gurmukhi · consonant+vowel in Shahmukhi

kasar ਕ ک	kaaLa ਕਾ کا	kithey ਕਿ کِ	keeRee ਕੀ کِی / کی	kunna ਕੁ کُ
kooRa ਕੂ کُو	kela ਕੇ کے	kaisa ਕੈ کَے	koel ਕੋ کو	kaur ਕੌ کَو
kunghi ਕੰ کں	kaañ ਕਾਂ کاں	kaTTa ਕੱਟਾ کٹّا		

Try the same excercise with other Punjabi consonants. See if you can connect the following pictures to the words in both scripts.

ਚੂਹਾ
ਕਾਂ
ਦਾਣਾ
ਬਿੱਲੀ
ਢੋਲ

کاں
چُوہا
بِلّی
ڈھول
داݨا

Now you can begin to explore more and learn Punjabi in both scripts. Find the names of all animals, birds, trees, places, people, and things in the book and write them in both scripts. You can refer to Shahmukhi and Gurmukhi learning book by Hazara Singh (available online at www.apna.org). Send your artful work to us at folktalesofpunjab@gmail.com to win a reward.

ਬਾਤ ਪਾਵਾਂ ਬਤੌਲੀ ਪਾਵਾਂ
ਬਾਤ ਨੂੰ ਲੱਗੇ ਮੋਤੀ
ਮੋਤੀ-ਮੋਤੀ ਝੜ ਗਏ
ਤੇ ਰਾਤ ਰਹੀ ਖਲੋਤੀ।

بات پاواں بتَولی پاواں
بات نوں لگے موتی
موتی موتی جھڑ گئے
تے رات رہی کھلوتی۔

As I narrate, the tale unfurls
A tale embroidered with infinite pearls
One by one the pearls drop
Yet the night, it stood its spot.

TALES THROUGH THE AGES

Through our language

Through the sound of spoken words and silent pauses

We connect with our ancestors

The ancient story tellers.

We sense the rhythm of their voice

We hear through these tales

The meaning of life

In their presence.

Fascinating Folktales of Punjab 1-5
Undivided Punjab Edition-1

Design and Layout: Chaaya Prabhat
Shahmukhi: Mahmood Awan, Zubair Ahmad, Sidra Sozana
Gurmukhi: Gurmeet Kaur, Nirvair Singh
English: Gurmeet Kaur, Inni Kaur, Shelby Steinhauer

Tales sourced from: Punjab School Education Board, Tejinder Harjit Singh, Bhagat Singh, Sukhdev Madpuri
Printed through Crash Paper in Dongguan, China on paper produced from sustainable
PEFC-certified forest/controlled wood sources, using soy-based inks.

For lack of standardization in Shahmukhi unicode fonts we had to work around many issues to include all sounds of the Punjabi language. There are places where text congestion was unavoidable. We apologize and hope that in the future, the publishing industry and font developers will come together to solve some of the issues we had to face and are still unresolved.

How Can You Still Cook Like a Kaiser Today?

In an era in which the vol-au-vent, or pies were stuffed to the brim, the capons roasted to crispy perfection, the exquisite sweets full of whipped cream, one rarely ever raised an objection when the shopping list was laden with dozens of eggs and masses of butter, or lard – at least not what nutrition was concerned. This type of royal cuisine, however, was irrelevant for the economically less fortune household.

Yet, much has changed since the royal days of heavenly cuisine. Although eggs are nowadays rarely regarded as a luxury because of the improved economical situation, today's health concerns are enough to scare off most knowledgeable consumers from unfavorable cholesterol bombs. The same holds true, by the way, for all kinds of animal fat, innards or overly fatty meat, not to mention the especially loved and nowadays rare fowl, such as the bunting and thrush, and obscure aquatic animals, such as the beaver or badger, which have disappeared altogether from menus due in large part to animal protection issues.

It was, therefore, the goal of this collection of recipes to provide the cookbook user with the ability to work imperial culinary magic without having to scuttle all nutritional awareness.

Naturally, we couldn't omit a certain amount of so-called "opulent" ingredients, otherwise the taste would simply be unduly distorted.

Those who want imperial enjoyment while concurrently watching their figure are certainly allowed to use one or more reduced calorie products in place of the listed ingredients.

The same can be said for sizing-up portions – if not otherwise indicated, the recipe makes four average portions, which can of course be somewhat reduced in this age where thin is in. The recommended temperatures and cooking times are to be understood as general guidelines, especially with the desserts, where it's unimportant which flour is used and how large the eggs are or what type of oven is being used. Ideally, one should trust his own instincts what this concerns, which is invariably the most important and invaluable ingredient of every dish.

With that I wish you much success –
bon appétit!

Renate Wagner-Wittula

Completely Kaiser

The Habsburg lineage, who guided the fate of large parts of Europe between 1273–1918, although known to have been very conscientious, went down in history being regarded more as solemn bureaucrats. In fact, the Austrian dynasty can neither be seriously compared to the French Bourbons, nor to the famous Italian Royal House of Borgia to Medici. Nonetheless, one would not be doing the Habsburgs justice if one were to simply dismiss them as somber ascetics. On the contrary, most of them possessed a tremendous appetite. Some were fond of a simpler diet, while others proved to be food connoisseurs, if not gourmets. Thanks alone to his distinct stoutness, Kaiser Friederich III (1415–1493) was known not to refuse a good meal. Kaiser Ferdinand I (1503–1564) was not only a well-known sweet-tooth, but also enjoyed eating crab, escargot, as well as all types of fowl. In 1523 he even had a culinary school built on the Minoriten Square in Vienna for the children of the royal family. After he had retired into the San Jeronimo de Yuste cloister from the toils of his life wrought with prestige and power, Kaiser Karl V (1500–1588) corresponded with the outside world almost exclusively about topics like his own ample nourishment through pickled chicken, Flemish sausages, finely marbled veal and eel pie. Kaiser Karl VI (1685–1740), on the other hand, loved eating beaver tail with lemon sauce, grilled heron, as well as squirrel with cauliflower and strawberries.

In contrast, there were also admittedly Kaisers of the Habsburg lineage, who – in order to avoid criticism from their starving subjects – lionized a more meager diet. For example, the enlightened and sober Josef II (1741–1790) would invariably appear two hours late for meals to show everyone at the table his low opinion of pleasures of the flesh.

However, not even this brand of monarch could prevent the word "Kaiser" from becoming prominent in Viennese cuisine. This extends from "Kaiser" beer to the juicy, rind-laden "Kaiser" meat to the star-patterned "Kaiser" Roll and on to the legendary "Kaiser" Pancakes. "Kaiser" flour denotes the best wheat flour in the kitchen, "Kaiser" biscuits a soup complement made with lots of butter and cheese, "Kaiser" fish a char or young salmon, "Kaiser" pear an especially exquisite butter pear, "Kaiser" goulash a beef tenderloin goulash with buttered noodles, "Kaiser" schnitzel a veal cutlet flavored with parsley, sardines, capers and lemon juice, "Kaiser" café au lait a large mocha which is rounded off with honey and brandy instead of milk and egg yolks.

In short: in olden days Vienna, every petty official loved to govern his own "small Schönbrunn", be it even so small as a tiny burrow. More importantly, he also wanted to be a miniature Kaiser what the pleasures of the table were concerned. For this reason in particular, Viennese cuisine of old contains many "imperial" dishes modified by the middle-class. An abundant number of aristocrats such as the Esterhàzys, the Tegetthoffs, the Metternichs, the Auerspergs, or the Trautmansdorffs, just to name of few of the famous Austrian families, were allowed to link their names to these timeless dishes. Currently, these dishes may seem to be too heavy and overly lavish, which has more to do with today's changing lifestyles and habits than with their "imperial" character. Who nowadays is on the go with a horse the entire day, who pushes a plow for hours at a time, and what bureaucratic office, as they did during the reign of the Kaisers, could do without an elevator? Because one burned more calories in earlier times, one also had to consume more. One wasn't afraid to eat a torte prepared with sixteen eggs or pasta dough made with thirty-six eggs – at that time, the word cholesterol wasn't a familiar concept.

The following recipes are original recipes from the time of the Kaisers. They have been, however, carefully adapted – some more, some less – to today's dietary requirements. Therefore, they can also be thoroughly enjoyed as "imperial delights" in democratic times.

The Kaiser's Compulsive Nibbler

The name Barbara, pronounced in true Viennese dialect Waberl, went down in culinary history in the old city of the Kaisers. The most famous representative, namely a certain Barbara Roman, linked this name to fame during the reign of Empress Maria Theresia by taking it upon herself to discretely collect the abundant left-overs from the royal Viennese table and sell them cheaply in her inn "The Golden Ship" located on Spittel Mountain. What miracles she was able to work with the royal left-overs can be seen, by the way, in the legendary Eipeldauer letters, the contents of which reveal that the pheasants and capons actually flew from the royal kitchen to Spittel Mountain even after having been plucked and cooked.

Imperial Appetizers

Imperiale Vorspeisen

Fork Brunch for a Minnesinger

Even before the Imperial Court moved to Vienna, the City of the Danube was regarded as a European metropolis of high standing. The rich and art-loving Babenberg dukes attracted many artists from all over Europe. Among them was also the legendary minnesinger Tannhäuser who supposedly even had breakfast with Frau Venus. Mr. Tannhäuser was not only well-liked during the years 1235–1246 under the rule of Duke Friedrich II, he was even pampered by the officialdom. Furthermore, a noble piece of property was put at his disposal. Nonetheless, Tannhäuser suffered from an incurable shortage of money. In his songs, he sang sadly about how he had to gradually pawn his dwindling possessions. He simply indulged all too often in beautiful women, good wine, the bath houses, and above all in his beloved fork brunch. Therefore, it was not surprising to hear the Viennese innkeepers remark, as the minnesinger himself also candidly admitted, they would rather see him "going than coming".

SOPHIE'S PIE

Sophienpastete
named after Archduchess Sophie of Austria (1805–1872),
mother of Kaiser Franz Joseph

reparation:

he crêpes should be prepared first. Tho-
oughly mix all ingredients for the crêpe
atter. Heat a mixture of butter and clarified
utter in a flat pan, add a portion of the batter
just enough to cover the bottom of the pan)
nd brown – turn crêpe and fry until other si-
e is also golden brown. Finish making the
est of the crêpes one by one. Now combine
he eggs and cream, whisk thoroughly and
eason with salt and nutmeg. Cut the ham in-
o thin strips. Grease a suitable baking pan or
asserole dish with melted butter and cover
he bottom of the pan with a layer of crêpes,
naking sure that the crêpes extend over the
dges. Spread a few of the strips of ham over
he crêpes and top with whisked cream, follo-
ved by another layer of crêpes. Repeat this
rocedure until all ingredients have been used
p. Fold the edges of the crêpes which extend
eyond the rim of the pan over the top in
hingle-like fashion and top with a few sli-
ers of butter. Bake in an oven preheated bet-
veen 350–400 °F (180–200 °C) for approxi-
nately 45 minutes. Sprinkle grated cheese
ver the pie about 10 minutes before the
aking time has elapsed and bake until gol-
en brown.

Ingredients:

3 eggs
250 ml (8 fluid oz) cream
400 g (14 oz) sliced ham
salt
nutmeg
butter to grease pan
grated cheese for topping
for the crêpes:
150 g (5 oz) flour
300 ml (9 fluid oz) milk
5 eggs
salt
butter and clarified butter

Archduke Johann Pie

Erzherzog-Johann-Pastete
named after Archduke Johann von Habsburg-Lothringen (1782–1859), regent of the German Empire

Ingredients:

makes approx. 4 large or 8 small pies

For the dough:

- 1 egg
- 1 egg yolk
- 300 g (9 oz) flour
- 150 g (5 oz) butter
- dash of vinegar
- 4 Tbs. cream
- small pie pans
- butter for greasing

for the filling:

- 250 g (9 oz) sautéed or baked veal
- 5–6 Tbs. fresh peas (or frozen if fresh not available)
- 1 Tbs. butter
- 1 Tbs. flour
- beef broth or water
- one egg yolk to thicken
- nutmeg
- salt
- freshly ground pepper
- sprig of parsley for garish

Preparation:

Combine flour, egg, egg yolks, butter, cream and a dash of vinegar and quickly knead into a smooth dough. Let sit approximately one half hour. Then roll the dough to the thickness of a knife handle and divide the dough so that one piece fits in each pie pan. Grease each pie pan with butter and line with dough. Preheat the oven to 400 °F (200 °C) and lightly bake the pies 20–25 minutes. In the meantime, make the filling by blanching the peas in salted water and finely chopping or mincing the veal. Melt butter in a saucepan, then stir in flour and minced meat - braise briefly with beef broth or water. Let mixture reduce before adding nutmeg, salt and freshly ground pepper to taste. Stir in peas and remove pan from heat. Thicken sauce with egg yolks. The pies which have finished baking in the meantime and have cooled slightly are now filled with the stuffing and browned for several minutes in an oven preheated between 400–425 °F (200–225 °C). Garnish the finished pies with a sprig of parsley and serve in pan.

Eggs à la Metternich

Eier à la Metternich
named after the Chancellor of the House Metternich, Royal Chancellor of Austria and Head of State Prince Clemens Wenzel Lothar von Metternich (1773–1859)

Preparation:

For the meat patties, begin by mincing the bacon and veal , add one egg, bread crumbs, and spices – mix well. Form four flat patties from the mixture, fry on both sides in hot fat in a flat pan and after which reduce heat to low. Add one dash of vinegar and a pinch of salt to approximately 1 1/2 liters water (48 fluid oz) and bring to a boil. Crack the eggs and let them carefully slide one by one into the boiling water. Use a spoon to pull the egg whites over the egg yolks so that the yolks are completely enveloped by the egg whites. Gently remove the poached eggs, immerse them briefly in cold water, drain excess water, trim all unsightly egg white strands and keep warm over low heat. For the sauce, place egg yokes in a double-boiler (let 1 pot of water simmer, place smaller pot inside first pot – ingredients are then added to smaller pot), add oil drop by drop and stir until the egg yokes slowly begin to stiffen. Add mustard, salt and sugar and continue stirring until the sauce thickens. Dress each patty with a poached egg and nap (drizzle) with sauce. Garnish with chopped parsley.

Ingredients:

- 50 g (2 oz) bacon
- 250 g (9 oz) veal
- 1 egg
- 1 Tbs. bread crumbs
- marjoram
- pepper
- cardamom
- clarified butter or oil for frying

for the poached eggs:

- 4 eggs
- vinegar
- salt

for the sauce:

- 2–3 egg yolks
- 2 Tbs. oil
- mustard
- salt
- sugar
- chopped parsley for garnish

Tegetthoff-Omelettes

Tegetthoff-Omelette
named after the Austrian Admiral Wilhelm Freiherr von Tegetthoff (1827–1871)

Preparation:

First, thoroughly mix the eggs with the melted butter and season with a pinch of salt. Melt some butter in a crêpe-pan and pour in just enough of the mixture for one omelette. Fry the first side of the omelette while continuously tilting the pan from side to side. Remove the pan from the heat as soon as the visible side of the omelette begins to set, fold both sides evenly towards the center and quickly set aside (keep warm) – repeat this procedure while cooking another three omelettes. Finely dice the cooked green beans, the cauliflower, as well as the chicken, slice the mushrooms and sauté lightly in butter. Allow butter to become foamy, stir in flour and add chicken broth. Let the light roux thicken – remove from heat. Stir in vegetables along with the peas and chicken and season with salt and pepper. Lastly, thicken with egg yolks and whipping cream. Fill the omelettes with the roux-mixture and roll or fold shut.

Ingredients:

for the omelettes:

- 8 eggs
- 1 Tbs. melted butter
- salt
- butter

for the filling:

- 100 g (3 1/2 oz) cooked fresh peas (or frozen, if fresh not available)
- 100 g (3 1/2 oz) cooked green beans
- 100 g (3 1/2 oz) cooked cauliflower
- 250 g (9 oz) cooked chicken
- 50 g (2 oz) fresh mushrooms
- 2 Tbs. each of butter and flour for the roux
- chicken broth
- butter for frying
- 1 egg yolk
- 100 ml (3 fluid oz) whipping cream
- salt
- pepper

Kaiser Sausages in a Blanket

Kaiserwürstchen im Schlafrock

Preparation:

Mince the boneless chicken meat, finely chop the smoked tongue, soak the roll in milk, squeeze out the milk and chop finely. Clean and coarsely chop the mushrooms and goose liver and lightly sauté each separately in a small amount of butter. Thoroughly mix the chicken and veal with the coarsely chopped roll, the chopped tongue, egg yolk(s), diced mushrooms, goose liver and the chopped pistachios and season with salt and pepper. Form small sausages from this mixture on a floured surface, fry on all sides in hot oil and set aside to cool. In the meantime, roll out and divide the puff pastry in such a way that one sausage can be rolled up in each piece. Lay the rolled sausages on a sheet tray lined with wax paper – lightly brush the puff pastry with egg. Preheat the oven to 400 °F (200 °C) and bake 15–20 minutes until golden brown. The sausages can be eaten as a snack or sliced and used as a decorative for a more opulent breakfast dish.

Ingredients:

makes 15–20 sausages

- 200 g (7 oz) minced veal
- 300 g (10 oz) boneless chicken breast and thigh meat
- 100 g (3 1/2 oz) smoked cow tongue (cooked)
- 50 g (2 oz) mushrooms
- 100 g (3 1/2 oz) goose liver (or chicken liver if not available)
- 1 roll
- 1–2 egg yolks
- 80 g (3 oz) chopped pistachios
- milk or water for soaking
- butter or oil for frying
- puff pastry
- flour for dusting
- 1 egg for glaze
- salt
- pepper

CASTLE GÖDÖLLÖ-DOUGHNUTS

Schloß Gödöllö-Pogatscherl
named after the summer residence of Kaiser Franz Joseph and Empress Elisabeth in Budapest-Hatvan, where the royal couple from Hungary resided many a summer from 1868 on

Preparation:

Dissolve yeast in warm milk, add a small amount of flour and let rise for a short time. In the meantime, finely chop or mince the greaves, spread them over a counter-top and sprinkle with flour. Add egg, cream, wine and seasonings to greaves – combine with the milk, yeast and flour mixture and work into a dough. Roll the dough thin, ball together, and roll out thin once more. Repeat this procedure three times before balling the dough together one last time – allow to rise in a warm place for exactly one hour. Roll the dough out once again. Be sure not to roll the dough out too thin, approximately 2–3 cm (3/4" - 1 1/4"). Cut out doughnuts with a round cookie-cutter and place on a sheet tray lined with baking paper. With a sharp knife, make a grill-like design (#) on the tops of the doughnuts and brush lightly with egg. Let the doughnuts rise once more and then bake in an oven preheated to 350 °F (180 °C) for 30–40 minutes until golden brown. Greave-doughnuts can be enjoyed as a delicious snack, a warm appetizer or even as a tasty side-dish.

Ingredients:

- 20 g yeast
- a bit of milk for dissolving
- 350 g (12 oz) greaves
- 400 g (14 oz) flour
- 1 egg
- 2 Tbs. cream
- 1 Tbs. wine
- salt
- pepper
- 1 egg for coating

THE KAISER'S HUNTING VITTLES

Kaisers Jagdproviant

Ingredients:

- 1 loaf French bread (best with smooth surface)
- 150 g (5 oz) butter
- 150 g (5 oz) drained Gervais cheese or curd cheese (quark)
- salt
- pepper
- mustard
- anchovy paste
- 300–400 g (11–14 oz) ham
- smoked pork and/or smoked cow tongue
- 400 g (14 oz) Edam cheese
- 3–4 hard-boiled eggs
- 100 g (3 1/2 oz) chopped pickles
- chopped chives to taste

Preparation:

Cut one end off French bread with a long knife and hollow out the loaf with a spoon to the width of a finger. The bread removed with the spoon should now be cut finely and set aside. Finely cube the ham, smoked pork, cow tongue, cheese and pickles. Separate the egg whites from the yolks of the hard boiled eggs and likewise cube, after which pass the yolks through a sieve. In a pot, melt butter and stir until foamy, mix in quark or Gervais as well as the sieved egg yolks and the finely cut bread – flavor with salt, pepper, mustard and anchovy paste. At this point, mix all of the ingredients for the filling together and carefully insert the filling into the hollowed-out loaf and compact firmly. Reattach the severed end and wrap in a moist towel or in aluminum foil and refrigerate overnight. Cut the French loaf in 1" (about the width of a thumb) slices and serve.

"Häferlgucker" on Patrol

The Habsburgs, despite the many "imperial" dishes named after them, were seldom what one would call "sensuous". Kaiser Leopold, who was cast from a similar mold, passed several "anti-luxury laws" against excessively opulent banquets at weddings, baptisms, and funerals and also kept a short leash on his subjects what pleasures of the flesh were concerned. Since people of that day refused to take the Kaiser's laws and decrees all too literally, the Kaiser actually recruited a special task force. These "gourmet-agents" consisted of specially appointed kitchen inspectors who enforced compliance with the "luxury laws" even in the households of low ranking officials. The tongue of the commoner coined a nickname for these kitchen-kibitzers: Häferlgucker, literally "cup peepers". Kaiser Leopold himself seemed to also not have followed his own laws to the letter. He was personally a patron of gallant festivities and thought nothing of showing-up with his wife disguised as innkeepers at the Königsegg'schen Palace in Gumpendorf on the 26th of June, 1698 on the occasion of a masquerade ball honoring Czar Peter the Great. The ball had an "Imperial tavern" theme.

Imperial Soup Delights

Kaiserlich-königliche Suppengenüsse

Kaiser Consommé

Kaiser-Consommé

Preparation:

To begin, cube or mince the beef and add to 2 liters of cold water. Then stir in the beef bones, root vegetables and the 1/2 onion, bring to a boil and let simmer at least 1 1/2 hours (should not exceed 2 hours). Let the soup cool and skim off the layer of fat. Add egg whites to 250 ml cold water and stir well, incorporate into soup while stirring constantly. Bring to a boil once again, and let simmer until the soup is clear. Strain through a cheese cloth or kitchen towel – season if necessary.
In the meantime, prepare the body of the soup by mincing the veal together with a roll that has been lightly soaked in milk – combine with egg, egg yolks, spices, and a shot of heavy cream and mix well. Grease a small pan with butter, sprinkle with bread crumbs and spread in the mixture to the thickness of 1" (about the width of a thumb). Preheat the oven between 350–400 °F (180–200 °C) and lightly bake approximately 15 minutes. Remove immediately from pan as soon as the mixture has slightly cooled and cut out in any desired shape, diamonds or stars for example, and incorporate into soup. Garnish with chopped parsley.

Ingredients:

makes 6 portions

500 g (1 lb.) beef (remove all connective tissue)

beef bones

root vegetables (parsley, carrots, celery stalk)

1/2 onion

2 l (64 fluid oz) water

3 egg whites

250 ml (8 fluid oz) cold water

salt

for the soup body:

200 g (7 oz) sautéed veal

1 roll

milk

1 egg

2 egg yolks

salt

pepper

nutmeg

shot of heavy cream

butter

bread crumbs

chopped parsley for garnish

His Highness's Steamed Soufflé Strip Soup

Durchlauchts Dunstkochsuppe

Preparation:

Melt the butter in a pot until foamy, mix in the potatoes and the diced smoked pork and season with salt and nutmeg. Separate the egg yolks from the whites and stir them into the potato mixture. Beat the whites until stiff. Gently fold in flour and whisked egg whites and season if necessary. Brush a small pie or soufflé pan with butter and sprinkle with flour – add mixture. Place in double-boiler and simmer at medium heat for 45–60 minutes (place in oven if necessary). Turn the soufflés upside down to remove and let cool. Carefully cut into thin strips and sprinkle with parsley. Heat up the broth and serve along with the Kaiser-Soufflé strips.

Ingredients:

makes 6 portions

1 l (32 fluid oz) concentrated beef broth

2 Tbs. butter

100 g (3 1/2 oz) potatoes (boiled and passed through a sieve)

50 g (2 oz) finely chopped ham or smoked pork (cooked)

2 eggs

1 tsp. flour

nutmeg

salt

butter

flour for dusting

chopped parsley

Soup for the Imperial Ball

Hofburgballsuppe

'reparation:

:oarsely chop the bacon, slice the root vege-ables and the onion, then disjoint the drawn tewing chicken. Afterwords, throw all the ıgredients into a pot and sauté until the root egetables and bacon begin to brown. Now ill with enough cold water to cover ingre-ients and simmer over medium heat for 7–8 ours. After this time has elapsed, carefully train the soup through a fine-mesh-sieve or n Etamin (a fine cloth, or cheese cloth) so ıat it's clear and not cloudy. In earlier times ıe soup was served "straight" in small bowls, ut nowadays it can also be served with a itting complement of course, such as the ustrian Kaiserschöberln, a special type of iscuit often used to complement a soup.

Ingredients:

makes 6 portions

250 g (9 oz) bacon

250 g (9 oz) beef and calves' liver

1 stewing chicken

beef bones

1 cow spleen

1 onion

root vegetables (celery stalk, carrots, parsley, etc.)

salt

pepper

ANNA-PLOCHL-SOUP

Anna-Plochl-Suppe
named after the morganatic wife of Archduke Johann,
a postmaster's daughter whom he met in Ausseerland

Ingredients:

- 1 l (32 fluid oz) beef broth
- 300-400 g (10–14 oz) of root vegetables (celery stalk, carrots, parsley, etc.)
- kohlrabi
- cauliflower
- Brussels sprouts
- green beans
- mushrooms or peas
- 3 Tbs. coarsely chopped bacon
- 2 Tbs. butter
- oil
- pinch of sugar
- salt
- pepper
- 4 large or 8 small slices of white bread
- a sharp or tangy cheese

Preparation:

Either dice or cut vegetables and root vegetables into thin strips according to taste. Boil the root vegetables and all of the other vegetables except for the mushrooms and peas (these will be cooked separately for just a few minutes) briefly in salted water – vegetables should remain crispy. Drain vegetables. Melt butter in a pot, stir in sugar and let slightly brown. Add a small amount of beef broth along with the vegetables and sauté 5–10 minutes. Now stir in the cooked mushrooms and peas and allow to once again cook briefly. Add remaining beef broth. Let thoroughly cook and finally season with salt and pepper. In the meantime, fry the chopped bacon in hot oil until crisp. Top the slices of white bread with the cheese and let lightly brown in oven. Ladle soup into small bowl, sprinkle the crisped bacon over the cheese croutons and carefully lay them in the soup. Serve immediately.

KAISER-BISCUIT-SOUP

Kaiserschöberlsuppe

Preparation:

Separate the egg whites from the yolks. Melt butter in a pot and stir in milk, flour and egg yolks to form a dough. Add salt, nutmeg and grated cheese. Whip the egg whites until stiff and likewise mix in. Spread the mixture in a suitable pan lined with wax-paper (or a pan greased with butter and dusted with flour) to the thickness of 1" – about the width of a finger – and bake in an oven preheated between 400–425 °F (200–220 °C) for about 15 minutes until golden brown. Let cool and then cut into rhombuses or squares as desired. Either warm the Kaiser biscuits and serve separately on a tray along with the soup, or add them directly to the soup and warm for a few seconds – serve immediately.

Ingredients:

makes 6 portions

1 1/2 l (48 fluid oz) beef broth

3 Tbs. butter at room temperature

2 Tbs. milk

3 eggs

4 Tbs. flour

nutmeg

salt

2 Tbs. grated cheese

butter for greasing

flour for dusting

Chicken Soup à la Habsburg

Hühnersuppe à la Habsburg

Preparation:

For the roux, melt butter in a pot, add flour, stir in chicken broth and let cook at least half an hour. Clean and slice mushrooms and sauté lightly in a small amount of butter. Pass the cooked peas through a sieve. Add the sautéed mushrooms to the roux mixture and continue to cook over low heat. In the meantime, combine the sieved peas, egg yolk, and whipping cream, then stir these ingredients into the roux mixture along with the finely chopped chicken – remove from heat. Season with salt and freshly ground pepper according to taste. If desired, the chicken soup can also be served with croutons.

Ingredients:

makes 4–6 portions

1–1 1/2 l (32–48 fluid oz) chicken broth

1–2 Tbs. butter and 2 Tbs. flour

300 g (10 oz) cooked, finely chopped chicken (cooked and chopped giblets can also be used if desired)

100 g (3 1/2 oz) fresh mushrooms

150 g (5 oz) cooked fresh peas (if fresh not available, use frozen)

1 egg yolk

100 ml (3 fluid oz) whipping cream

salt

pepper

butter

The Kaiser's Fast Food

Kaiser Franz Joseph, having been conservative in manner and taste, would certainly not have appreciated fast food in today's sense of the word. Aside from this, though, his food just couldn't be served fast enough. The Kaiser gave his guests and cooks just an hour's time for a twelve course meal at the royal table, which was set for up to 25 people. He would then suddenly stand up and march into the neighboring lounge along with his startled guests to indulge in cigar smoking, which he obviously enjoyed more than the meal.

The Kaiser's Favorite Soup

Kaisers Lieblingssuppe

Ingredients:

makes 4–6 portions

- 1–1 1/2 l (32-48 fluid oz) beef or veal stock
- 1–2 Tbs. butter
- 2 Tbs. flour
- 150 g (5 oz) cooked veal tongue
- 150 g (5 oz) skinned and blanched calves' thymus
- 150 g (5 oz) boiled or fried skinless chicken breast
- 1/2 onion
- root vegetables (carrot, celery stalk, parsley)
- artichoke hearts according to taste
- peas
- cauliflower
- button or Chinese mushrooms
- nutmeg
- salt
- freshly ground pepper
- butter
- 150 ml (4 fluid oz) heavy cream
- 1 egg yolk
- parsley

Preparation:

For the roux, melt 1–2 Tbs. butter in a pot until it becomes foamy, add flour and let lightly brown. Slowly stir in beef or veal stock and thoroughly cook. Sweat the onions in butter, add the chopped vegetables and steam briefly (vegetables should remain crisp). Mix in the diced veal tongue, thymus and chicken meat. Season with grated nutmeg, salt and freshly ground pepper and add roux. Bring once again to a boil and remove from heat. Immediately stir in heavy cream and egg yolk. Garnish with finely chopped parsley and serve.

Breadcrumb Soup

Panadelsuppe

there was already mention made of this classic Austrian bread soup in the tried and true Viennese cookbook "Wienerischen bewährten Koch-Buch" in 1772

Preparation:

Remove crust from rolls or white bread and cube bread. Soak the cubed bread in a small amount of beef broth and whisk – ideally, the bread-mass should be passed through a sieve. Sauté the bread-mass in a small amount of butter and let lightly brown. Now add the beef broth. Season with salt and pepper, bring to a boil and whisk thoroughly. After you have removed the pot from the stove, thicken the soup by stirring in the whisked egg yolks. Serve the soup in cups or bowls and garnish with chopped chives.

Ingredients:

3–4 day old rolls or the correspon-ding amount of white bread

1 l (32 fluid oz) beef broth

2–3 egg yolks

butter

salt

pepper

chopped chives for garnish

The Princess Who Wrote a Cookbook

The fact that his wife was rolling in money, but in the end was still of middle class origin, caused the Habsburg Archduke Ferdinand II of Tyrol all sorts of family discord. For years he had to keep his marriage to Philippine Welser (1527–1580), who was as beautiful as she was intelligent, from the public. This went on until there was nothing left for him to do but officially acknowledge their marriage. It has since become known that the Archduke's choice was certainly not a bad one. Frau Philippine was not only as faithful a wife as she was circumspect, but also wrote a pharmacopoeia and cookbook that circulated well beyond the walls of the royal court of Innsbruck and can be found today in the national library. Just like her husband, whose orgies of eating and drinking were infamous, Philippine was also never one to refuse a good meal, though she seemed to never have had problems with her figure. A contemporary reflects with flattering words on her exceptionally fine physique, "She had such a soft throat that you could almost see the red Burgundy wine flow down when she drank."

TERLAN WINE SOUP

Terlaner Weinsuppe

Preparation:

Thoroughly heat the beef broth and wine in a sauce pan, stir in the whipping cream, the egg yolks and the spices. Reduce heat to low, otherwise the whipping cream may curdle, and whisk until the soup has a creamy consistency. In the meantime, toast the cubed roll in hot butter in a pan. Ladle the prepared wine soup into cups or bowls, top with the crispy croûtons and sprinkle generously with cinnamon – serve immediately.

Ingredients:

- 1/2 l (16 fluid oz) concentrated beef broth
- 250 ml (8 fluid oz) Terlan wine (or any dry white wine)
- 250 ml (8 fluid oz) whipping cream
- 5 egg yolks
- salt
- cinnamon
- cubed day old roll for garnish

O Olio mio

Olio or Oglio stew can be traced back to the Iberian Ollapotrida. It then made its way from the Spanish branch of the Habsburg lineage to Vienna, where it was prepared in four large kettles. The stew was soon regarded worldwide as a unique specialty of the royal Viennese kitchen and was served primarily at the royal balls in Vienna. Olio stew was as popular with diplomats as it was with personnel and was made to serve up to 2000 people. It was made out of beef, veal, innards, wild game, ducks, geese, partridges, doves, chicken, plenty of root vegetables, and Spanish chestnuts. Because it was thought to be improper to eat meat in "soup" in earlier days, the higher ranking officials were served straight liquid in cups while the meat of the stew was distributed among the greedily waiting servants and cook's helpers.

Entrées under the Sign of the Double-Eagle

Hauptgerichte im Zeichen des Doppeladlers

Castle Tyrol Trout

Forelle Schloß Tyrol
named after the seat of the Habsburgs in South Tyrol

Ingredients:

- 4 cleaned trout
- milk
- flour
- salt
- vegetable oil
- lemon peel for garnish
- for the sauce:
- 2 egg yolks
- approx. 250 ml (8 fluid oz) oil
- mustard
- lemon juice
- salt
- pepper
- sugar
- Worcestershire sauce
- tomato paste
- ground horseradish

Preparation:

The cleaned trout should be well salted on both sides. Dip trout in milk and flour on both sides. In an appropriately sized pan, heat up a sufficient amount of oil to completely immerse the trout and fry until golden-brown on both sides. Remove trout from oil and pat dry with a paper towel. Garnish with lemon peel and serve with the already prepared mayonnaise sauce.

For the sauce, first combine the egg yolks with a small amount of mustard, a shot of lemon juice, salt, pepper and stir until smooth. Now slowly add the oil drop by drop while stirring constantly until the mayonnaise binds. Flavor with a pinch of sugar, a bit of Worcestershire sauce, tomato paste and freshly grated horseradish.

Recommended Side Dishes: buttered potatoes, lamb's lettuce salad with bacon bits

Radziwill Walleye

Schill Radziwill

named after an old Lithuanian line of nobility that was raised to royal rank in 1547

Ingredients:

1 walleye (pike-perch) of about 1 1/2 kg (3 lb.)
root vegetables (parsley, celery stalk, carrots etc.)
peppercorns
salt
beef broth or water
1–2 Tbs. cold butter
for the stuffing:
approx. 250 g (9 oz) pike filet
1 Tbs. butter
1 Tbs. flour
approx. 125 ml (4 fluid oz) milk
1 egg yolk
salt

Preparation:

The walleye should first be gutted, scaled and removed of all fins and deboned in order to be stuffed. It is recommended that you ask your fish vendor to professionally prepare the filet for this purpose. For the stuffing, the pike filet should be first carefully deboned and then finely minced. Melt butter in a saucepan, add flour and milk, and stir into a smooth Béchamel sauce – let cool. Stir in the egg yolk, minced pike filet and season. Preheat the oven between 350–400 °F (180–200 °C). Fill the walleye with the pike stuffing and sew shut. Salt the outside of the fish well and place in a saucepan on top of the coarsely chopped root vegetables and peppercorns. Bake in oven at high heat. While the fish cooks for around 1 hour, frequently baste with water or beef broth. Remove the baked fish, drain the liquid and set aside. If necessary, baste once more with broth or water and reduce. Thicken the sauce by quickly stirring in pieces of cold butter after removing the saucepan from the heat.

Recommended Side Dish: parsley potatoes and a fresh salad

Kaiser Ferdinand in the Land of Milk and Honey

When Kaiser Ferdinand moved to Vienna from the Netherlands with his entire entourage, some of his retinue couldn't believe their eyes at having landed in such a paradise. "There is such an over-abundance of resources that there's almost not enough room for them all and it can be embarrassing at times," wrote the Spanish nobleman Christobal de Castillejo, a trusted friend of the Kaiser. He went into raptures about obtaining "crabs in abundance, the most beautiful that I've ever seen." Fish, fowl, wild game and artichokes supposedly came from Enzesfeld on the Triesting near Leobersdorf; from Rodaun on the other hand, he regularly obtained kids (young goats), chickens, buttered baked goods and little pies with towers and castles along with other such baked goods, small sugared pretzels, meat pies and quince cheese.

Hradschin Carp

Hradschin Karpfen

named after the castle in Prague where many of the Habsburgs resided

Preparation:

Add vinegar, peppercorns, bay leaf and coarsely chopped onion to a pot of salted water and let rapidly boil for 5 minutes – reduce heat. Add the carp filets and let cook just under the boiling point for 8–10 minutes depending on water temperature. Remove the filets from water, cover with aluminum foil and set aside. Keep stock for later use. In the meantime, heat the clarified butter for the sauce in an appropriate pan and lightly brown the gingerbread crumbs at low heat. Add the almonds, nuts, prunes, raisins (chopped if desired), and finally stir in the honey. Before the sauce begins to stick, add the fish stock one spoonful at a time until the sauce has reached a creamy, almost thick consistency. Pour in the dark beer and bring once again to boil until the sauce has considerably thickened. At the most, a small amount of prune purée may be added according to taste, which will give the sauce an added lightly sweet-piquant character. Finally, lay the carp filets in the sauce, flip once and warm-up briefly at low heat.

Recommended Side Dish: Bohemian dumplings

Ingredients:

4 200 g (7 oz) carp filets
approx. 750 ml (24 fluid oz) water
125 ml (4 fluid oz) vinegar
peppercorns
1 bay leaf
1 small onion
salt

for the sauce:
2 Tbs. clarified butter
2 Tbs. honey
80 g (3 oz) gingerbread crumbs
60 g (2 oz) slivered almonds
1 Tbs. chopped prunes
1 Tbs. chopped nuts
2 tsp. raisins
approx. 125 ml (4 fluid oz) dark beer
plum purée (optional)

Christofle
FRANCE

Kaiserschnitzel

Kaiserschnitzel

Preparation:

Carefully pound out the veal cutlets, make small incisions on the edges, salt on both sides and flour one of the sides. Heat up the clarified butter or oil and beginning with the floured side, fry both sides for a total of 6–8 minutes at high heat until golden brown. Remove the fried schnitzel from the pan and set aside. Add approximately 1 tsp. flour to the remaining drippings, ladle in beef broth or veal drippings and heavy cream and bring to a boil. After a few minutes, strain the sauce and refine with capers, parsley, lemon juice and peel. Finally, stir the cream into the sauce and lay the schnitzel in the now completed "Kaiser Sauce" and warm-up on both sides.
Recommended Side Dish: buttered rice with ham and peas

Ingredients:

4 veal cutlets
100 ml (3 fluid oz) of beef broth or veal drippings
100 ml (3 fluid oz) heavy cream
1 tsp. chopped capers
juice from 1/2 lemon
grated lemon peel
chopped parsley
2 Tbs. cream
salt
flour
clarified butter or oil

Roast Nut of Veal – Monarch Style

Kalbsnüßchen auf Regenten-Art

Preparation:

Cut a wide pocket in the nut of veal for the stuffing, or have this professionally prepared by your butcher. For the stuffing, soak the roll in milk or water, press out liquid. Now mince the roll or pass it through a sieve. Melt the butter in a pan, sauté the onions and add the chopped mushrooms, and sauté as well - then let cool. Mix all ingredients for the stuffing thoroughly and season, and if necessary mince once again. Rub salt and pepper onto all sides of the roast, carefully stuff and sew shut. In the meantime, preheat the oven to 400 °F (200 °C). Brown the roast on all sides along with the root vegetables in a saucepan, then bake in an oven for approximately ninety minutes. Baste often with beef broth or water. While baking, the heat should be gradually reduced to 340 °F (170 °C). Remove the prepared roast and keep warm. Bring the remaining juices – minus the root vegetables – to a boil in a sauce pan and bind with 1 Tbs. flour, or cold butter if necessary. If desired, the root vegetables can also be sautéed briefly in a light roux, augmented with broth and finally strained. Now top the roast with the already prepared sauce.
Recommended Side Dish: new potatoes or salad potatoes with tomato salad.

Ingredients:

1 nut of veal (pope's eye) weighing approx. 1 kg (2 lb.)
1 batch root vegetables
salt
pepper
beef broth
butter or oil
flour and/or butter for finishing sauce
for the stuffing:
200 g (7 oz) finely minced veal
1 roll
1–2 egg yolks
1/2 finely chopped onion
150 g (5 oz) chopped mushrooms
1 Tbs. chopped parsley
1 chopped garlic clove
salt
pepper
milk or water
butter

Leg for a Kaiser

Kaiserschlegel

Preparation:

Spread the finely chopped veal bones evenly in a pan, cut the smoked bacon into thin strips and wrap around and fasten to the skinned nut of veal with the help of a larding needle or a long sharp knife. Season the larded roast with salt and freshly ground pepper, and if necessary use kitchen string to sew it shut. Finally lay the roast in the pan with the chopped bones with the "best" side facing down. If butter is used to baste the meat, it should be melted separately; if oil is used, do not first heat, but rather pour it directly over the roast. Now sear the roast over intense heat, reduce heat and then continue cooking. In the meantime, however, you have to be watchful that there is always liquid in the pan. As soon as the liquid has evaporated, add water or soup immediately! After about 50–60 minutes turn the roast, let finish cooking for approximately 1 hour depending on size of roast. Baste frequently. Remove the roast from pan, set aside and keep warm. Now finish the sauce. To do this, sprinkle flour over the bones, mix the cream with the beef broth or water and pour in with bones. Let the sauce thoroughly cook, remove bones, strain and put the finishing touches on by adding the sardine filets, capers, lemon juice and parsley.
Recommended Side Dish: rice and vegetables according to season – such as peas, cauliflower or asparagus

Ingredients:

makes 4–6 portions

1-1 1/2 kg (2–3 lb.) leg of veal, veal fricandeau, or nut of veal (pope's eye)

approx. 500 g (1 1b) chopped veal bones

4–5 Tbs. oil or butter

150 g (5 oz) whole smoked bacon

1 Tbs. flour

salt

freshly ground pepper

200 ml (6 1/2 fluid oz) cream

beef broth or water

1 tsp. chopped capers

1 tsp. chopped sardine filets

lemon juice

chopped parsley

The Kaiser's Mirror

Kaiser Franz Joseph was anything but hard to please. That is, if we can believe the royal gardener at his majesty's castle in Schönbrunn, Maria Thuma, who was occasionally allowed to cook for the Kaiser. She maintained that he "was content with just a few small pieces of beef." With boiled rump roast – known to everyone to be the Kaiser's favorite meal – however, it was a different story. It had to be so tender that it could be cut with a spoon. On such an occasion, Franz Joseph was in the habit of laying his elegantly polished knife aside and for the remainder of the meal using it merely as a mirror for plucking his mustache.

Boiled Rump Roast

Tafelspitz

Preparation:

Rinse the beef and the beef bones with tepid water before using. Bring an adequate amount of water to a boil, and add the roast and the beef bones. Now rinse the root vegetables, cut the onions in half and fry in a pan without adding oil until dark brown. After the roast has cooked for about 40-50 minutes add the fried onions, root vegetables, remaining vegetables and seasonings to the beef – continue cooking 1–1 1/2 hours over medium-low heat until the meat is tender. Remove the roast from the pot, cut meat into slices against the grain and keep warm. The vegetables can also be cut into strips and served along with the broth if desired. If the broth is served, it should first be seasoned to taste and finally strained through a cheese cloth. According to an old Viennese tradition, the rump roast was garnished with slices of beef marrow which were briefly cooked separately in broth. They were then, as was the case in Ewald Plachutta's famous Hietzinger Brewery, served on toasted dark bread. However you choose to serve the rump roast, it should be sprinkled with chopped chives and coarse salt.

Recommended Side Dishes: fried potatoes, green beans with dill sauce or cream of spinach and a warm chive sauce or bread horse-radish sauce

Ingredients:

makes approx. 4–5 servings

1 kg (2 lb.) boneless rump roast (or boneless rib roast, pot roast, boneless sirloin etc.)

beef bones

salt

1 large batch of root vegetables (carrots, parsley, celery stalk etc.)

1 onion

1 small leek

2 small tomatoes (optional)

2 pressed garlic cloves

1 bay leaf

peppercorns

4–5 slices beef marrow and 4–5 slices dark bread

chopped chives

coarse salt

PRINCE ROHAN BEEF TENDERLOIN

Lungenbraten Prinz Rohan
named after Duke Henri of Rohan, Prince of Léon (1579–1638)
who defeated the combined Austrian and Spanish forces 1631–35 in Veltlin

Preparation:

First, carefully clean the goose livers by removing all membranes and silver skin. Then cut the goose livers into strips of approximately the width of a finger and roll in a mixture of sautéed onions, chopped parsley and mushrooms. Skin the roast if necessary and lard with the goose livers by carefully poking holes either with a larding needle or a sharp narrow knife and stuffing them with the goose livers. Season the beef loin with salt and freshly ground pepper. Wrap the meat with the caul that has been first soaked in warm water and then well-dried. Preheat the oven between 400–425 °F (200–220 °C) and bake the loin for 20–40 minutes (to desired temperature) basting frequently and periodically lowering the heat, but do not cook all the way through. Remove the beef, set aside, and keep warm. Strain the drippings and remove the fat if necessary. At this stage you can add water or broth to drippings, let cook thoroughly and bind with butter. Now, cook the roast completely through and subsequently cut into slices and top with sauce.
Recommended Side Dish: shoestring or roast potatoes with green beans and bacon

Ingredients:

- 3/4 kg (1 1/2 lb.) beef loin
- 100 g (3 1/2 oz) firm goose livers (replaceable by strips of bacon)
- 50 g (2 oz) chopped mushrooms
- 1 Tbs. sautéed onions
- chopped parsley
- 1 pork caul
- salt
- freshly ground pepper
- butter or oil
- water or broth
- 1–2 Tbs. cold butter

STEAK FOR A PRINCESS

Beiried nach Prinzessinnenart

Preparation:

Carefully pound out the steaks and let marinate in oil for about 2 hours. In the meantime, make the herb butter with the listed ingredients, form into tube-shaped rolls, wrap in aluminum foil and refrigerate. Before frying the steaks, season them with salt and freshly ground pepper and grill at the desired temperature or fry in a pan. For the garnish, sauté the chopped ham – keep warm. Boil the peas making sure they remain crisp and toss in butter. Cut the potatoes into fine noodle-like strips or wedges and fry in hot oil. Serve the already prepared top round steaks on a platter; fan the sliced butter in a shingle-like fashion over the top and arrange the cubed ham, peas and potatoes around the entrée in a decorative fashion.

Ingredients:

4 top round steaks the thickness of a finger

oil

salt

freshly ground pepper

for the herb butter:

100 g (3 1/2 oz) butter

chopped herbs according to preference (parsley, basil, tarragon, chervil, chives etc.)

1 small garlic clove – pressed

salt

lemon juice

for the garnish:

fresh peas (frozen, if not available)

100 g (3 1/2 oz) chopped ham

500 g (1 lb.) uncooked potatoes

oil

butter

Prince Auersperg Rump Steak

Rumpsteak Fürst Auersperg
named after Prince Karl Wilhelm of Auersperg (1814–1890),
1861–1867 president of the Upper Chamber

Ingredients:

- 4 rump steaks cut to the thickness of a finger
- 200 g (7 oz) goose livers (can be replaced with duck or chicken livers)
- 4 slices beef marrow
- 100 g (3 1/2 oz) mushrooms
- salt
- freshly ground pepper
- parmesan cheese
- breadcrumbs
- flour
- butter or oil

Preparation:

Carefully pound out the rump steaks, season with salt and freshly ground pepper and flour on one side. Melt butter in a pan (or heat up oil), and brown the floured side. In the meantime, grease an oven-safe pan with butter, then lay the rump steaks into the pan with the uncooked side down. Clean the goose livers well, cut into slices and arrange over the steaks. Also top the steaks with the slices of beef marrow and sliced mushrooms, sprinkle with breadcrumbs and parmesan cheese, and finally round off with a few slivers of butter. Bake in an oven preheated to 425 °F (220 °C) for approximately 10 minutes until cheese has browned.

Recommended Side Dish: fried potatoes and glazed cauliflower

Steak Esterhàzy

Esterhàzy Rostbraten
named after the Hungarian magnates of the Esterhàzys from Galantha

reparation:

horoughly pound out the steaks and make mall incisions on the edges to avert curling f meat while frying. Season with salt and epper and fry on both sides in hot butter. In ne meantime, cut the root vegetables, the nions and sardines into fine, noodle-like trips and dice the bacon. Now in a saucepan, lternately layer in this order: chopped root egetables, onions, bacon and steaks. The last ayer of steak should be topped with root ve- etables, a few capers, the sardines, whisked ream and a small amount of beef broth. Pla- e the pan in an oven preheated to approxi- ately 400 °F (200 °C) and braise until ten- er (about 1 1/2 hours). Remove the steaks om the sauce pan and keep warm. Skim the at from the steak drippings and if desired, emove the celery strips, which by the way, as quite common during the reign of the aisers. Now, whisk together some flour with small amount of cream or water. To the rippings, add along with the above mixture me salt, a pinch of sugar, lemon juice and ore capers if desired. Bring to a boil and ontinue cooking for several minutes until ick. Top the warm steaks with the sauce and arnish with chopped parsley if desired.
ecommended Side Dish: tarhonya and cu- umber salad

Ingredients:

- 4 steaks (i.e. rib-eyes)
- root vegetables (carrots, celery stalk, parsley etc.)
- 2–3 sardines
- chopped capers
- 1 small onion
- 50 g (2 oz) bacon
- 250 ml (8 fluid oz) beef broth
- 125 ml (4 fluid oz) cream
- 1 Tbs. flour
- cream or water for adjusting consistency
- lemon juice
- a pinch of sugar
- salt
- pepper
- butter
- chopped parsley (optional)

Beef Rolls for the Adjutant

Adjutantenrouladen

Preparation:

Pound out the pork and/or beef cutlets, make small incisions on the sides and season well with salt. Rub the beef cutlets with paprika and brush one side with mustard. Finely chop the bacon and combine with the sardines, capers and the parsley. Spread out the beef cutlets on a countertop with the mustard side facing up and top each with one pork cutlet - coat with the bacon mixture. Roll up the cutlets and fasten them shut with kitchen string. Melt the butter or heat up the oil in a pan, brown the beef rolls on all sides, remove from pan and sauté the onions. Now place the beef rolls back into the pan, add water and cover – braise for 1–1 1/2 hours or until tender. Take the now tender beef rolls out of the pan and keep warm. For the sauce, combine the flour with the cream and then stir into the meat drippings and reduce until all ingredients are well incorporated – this will produce a thick sauce. Cook until the sauce thickens. Season again if desired. Serve the beef rolls, top with the sauce and garnish with parsley.

Recommended Side Dish: Potatoes-Au-Gratin and vegetables

Ingredients:

4 small, thin pork cutlets
4 larger, thin beef cutlets or top round steaks
salt
(sweet) paprika
mustard
80 g (3 oz) semi-lean bacon
2 tsp. chopped sardine filets
1 tsp. chopped capers
2 tsp. chopped parsley
clarified butter or oil
200 g (7 oz) chopped onions
150 ml (5 fluid oz) cream
1–2 Tbs. flour
chopped parsley for garnish

METTERNICH TOURNEDOS

Tournedos Metternich
named after the Chancellor of the House Metternich, Royal Chancellor of Austria, and Head of State Prince Clemens Wenzel von Metternich

Preparation:

For the risotto, sauté the onions in butter, then add the already rinsed and dried rice. Stir until the rice becomes transparent, season lightly with salt and cover with beef broth. Cook the risotto "al dente" while continuously stirring – always add just enough broth so that the rice is covered. As soon as the rice has become glassy on the outside, but is still white on the inside (this usually takes about 15–20 minutes), the risotto is done. In the meantime, season the steaks with salt and freshly ground pepper and sear in hot oil over an intense flame on both sides to the desired temperature. Remove the steaks (tournedos) from the pan and add water or beef broth to the left over drippings, bring to a boil and complete with cold butter. Cut the already cleaned mushrooms into slices or large pieces and sauté briefly in hot butter. Clean and slice the truffle. Add the truffle slices to the already prepared risotto. The risotto should be served on a platter (or on a serving dish) as the "body". Top with the tournedos and garnish with sautéed mushrooms. Finally, ladle the sauce over the tournedos.

Ingredients:

- 4 beef loin steaks of approx. 150–180 g (5–6 oz)
- 1 truffle, or other mushroom sautéd in butter
- 100 g (3 1/2 oz) mushrooms
- 250 g (9 oz) short-grain rice
- 1 Tbs. chopped onions
- approx. 3/4–1 l (24 - 32 fluid oz) beef broth
- cold slivers of butter for the sauce
- salt
- freshly ground pepper
- butter or oil

Kaiser Goulash

Kaisergulasch

Preparation:

Coarsely cube the steak – here you can certainly make use of the fatty edges for their flavor. Finely chop the onions, heat up the clarified butter or oil and brown the onions while stirring constantly. As soon as the onions have browned, stir in the paprika and dissolve with a dash of vinegar and a small amount of water. For this procedure, it's best to remove the saucepan from the heat, because intense heat may cause the paprika to develop a slightly bitter taste. Return the saucepan to the heat, let cook briefly and then add the meat. Stir in the tomato paste along with all seasoning agents and steam with lid partially open. While this is cooking, the juices should be allowed to reduce several times, whereupon more water should be added. As soon as the meat is tender, stir in the flour and again put in just enough water to cover the meat. Now, cook the sauce in an open pan for several minutes or until the desired consistency and proper fat ratio has been reached.

Recommended Side Dish: according to tradition, Kaiser Goulash has always been served with noodles tossed in butter.

Ingredients:

- 750 g (1 lb. 10 oz) top round steak
- 100 g (3 1/2 oz) clarified butter or oil
- 500 g (1 lb.) onions
- 4 Tbs. sweet paprika
- vinegar
- tomato paste
- 1–2 garlic cloves – pressed
- ground caraway
- marjoram
- salt
- 1 Tbs. flour

Wild Boar - Laxenburger Style

Wildschwein auf Laxenburger Art
named after the moated summer residence of the Habsburgs located in front of the former city walls of Vienna

Preparation:

Remove the chine from the bone, clean well, season with salt, roll up and fasten shut. Coarsely dice the root vegetables and the tomatoes, heat up the oil in a frying pan, and sauté these along with the juniper berries, peppercorns, bay leaves and allspice. Add the rolled boar chine and sear on all sides. Carefully drain the left-over fat and mix in red wine to the drippings, then add just enough broth to completely cover the meat. Braise the roast in an oven preheated between 400–425 °F (200–220 °C) for approximately 90 minutes until tender – lower the heat periodically. Remove the meat and keep warm – now, finish the sauce. To do this, bring to a boil the desired amount of juices along with a small amount of broth, the butter, mustard, jam, chopped mushrooms, and the tarragon. Cook until the sauce thickens and strain through a cheese cloth. Slice the roast, and serve with the sauce.
Recommended Side Dish: a suitable complement, especially popular during the reign of the Kaisers, is freshly picked horseradish, buttered potatoes, and rose-hip sauce.

Ingredients:

makes approx. 6 portions

- 1 chine of young boar of approx. 2 kg (4 lb.)
- salt
- 1 batch of root vegetables (carrots, celery stalk, parsley etc.)
- 3 tomatoes
- juniper berries
- peppercorns
- bay leaves
- whole allspice
- 1/2 l (16 fluid oz) red wine
- broth
- 1 nut-sized piece of butter
- 2 Tbs. cranberry or rose-hip jam
- 1 tsp. Dijon mustard
- 1 Tbs. chopped tarragon
- 2 Tbs. chopped mushrooms
- oil

Pork Loin for a Kaiser

Kaiserkarree

Preparation:

It is best to have the back bone professionally removed by your local butcher. Have an incision made along where the back bone was removed in order to facilitate the stuffing. Open the pork loin (the pork loin should now resemble a crown), salt and rub with garlic. For the stuffing, soak the white bread or rolls in milk or water. In the meantime, melt the butter in a pan and stir in the eggs once the butter has become foamy. Press the liquid from rolls, pass them through a sieve, add to butter along with the breadcrumbs and all spices – mix well. Spread the stuffing into the now open pork loin, roll together and fasten shut. After the outside of the pork loin has been seasoned with salt, garlic and caraway, it should be laid upon the pork bones in a frying pan, preheat the oven to 425 °F (220 °C) and bake for approximately 1 1/2 hours – lower the heat periodically. Be sure to baste the loin regularly with the meat juices and to add water if necessary. Remove the prepared pork loin, skim the excess fat and bring the drippings to a boil. Now, sprinkle flour over the bones, cook briefly, add a small amount of water and let cook shortly once again. Strain the sauce before serving.
Recommended Side Dish: pickled vegetables with peas and a cucumber salad

Ingredients:

1 kg (2 lb.) pork loin
salt
caraway
3–4 crushed garlic cloves
500 g (1 lb.) pork bones
flour
for the stuffing:
4 day old rolls or 8 slices white bread
milk or water
3–4 Tbs. butter
3 eggs
3 Tbs. breadcrumbs
salt
pepper
nutmeg
chopped parsley

How to Consume an Entire Province

Although the Congress of Vienna (1814–1815) began as a political event, it ended, as one knows, as a series of wild parties for the attending diplomats, which set the royal kitchen in a state of frenzy. Hans Graf von Schlitz, who attended the congress and possessed an acute sense of perception, documented his impressions during the raging battles along the royal buffet in a remarkably vivid manner: "The endless corpses of fowl, fish, four-legged animals lay lined up along side one another. Many a blazing pit lie in wait for their further preparation. Cooks and kitchen helpers ran about colliding into one another in the chaos, while head chefs loomed over their pots, mixing, separating, shaping and chopping, as though brooding over an artistic scheme for giving the deceased animals, purely natural matter, an alluring taste, smell and appearance. By the way, not just those residing in the Kaiser's castle were being cooked, fried and baked for, but rather also for the entire retinue who also was allowed to invite guests. I was told: It supposedly costs the royal house 500,000 Gulden for every day of congress, which means that the time alone necessary for negotiations to grant one of the provinces peace would probably consume it.

Imperial Opera Style Flitter Mouse

Fledermaus nach Hofopernart

Preparation:

To begin, boil the cleaned "flitter mice" 70–90 minutes in lightly salted water until tender and let cool. In the meantime, melt butter in a saucepan, add flour, brown lightly and pour in milk. Cook the mixture until thick and add the salt, pepper, some lemon juice, horseradish and nutmeg. Remove from heat and bind with egg yolks. Cut the "flitter mice" into approximately 3/4" or 1 cm slices, use these to cover the bottom of a pan and add just enough beef broth to also fill and cover bottom. Spread the sauce over the meat, sprinkle with grated cheese and breadcrumbs, top with a few slivers of butter, and brown approximately 15 minutes in an oven preheated to 425 °F (220 °C).

Recommended Side Dish: potato pasta and fresh spinach

Ingredients:

700 g (1 1/2 lb.) "flitter mouse" pork (especially juicy and semi-lean pork)

beef broth

for the sauce:

2 Tbs. butter

2 Tbs. flour

250 ml (8 fluid oz) milk

lemon juice

ground nutmeg

salt

pepper

grated horseradish

2 egg yolks

for garnish:

grated cheese

breadcrumbs

a few slivers of butter

MARIA THERESIA'S FAVORITE DISH

Maria Theresias Lieblingsgericht
named after Empress Maria Theresia von Habsburg, Queen of Hungary and Bohemia, regent of the inherited territories (1717–1780)

Preparation:

Bring salted water to a boil, add seasonings, onion and the root vegetables, then boil the chicken for about 1 hour until tender. Remove the chicken from the fond and carefully separate the meat from the bone so that the breast remains whole and can be cut into slices – keep warm after slicing. Dice the remaining meat, then warm up the cow tongue. Now melt the butter in a sauce pan, sauté the rice briefly, add about 4 cups chicken fond, some of the diced chicken (in the meantime, keep the rest warm) and steam until the rice is al dente. Remove the rice from heat and place on a serving dish. Top with the remaining chopped chicken, which will serve as the "basis" for the dish. Now alternately layer with sliced chicken breast, cow tongue and truffle. Finally, thicken the chicken fond with roux and ladle over dish, if desired.
Recommended Side Dish: red leaf or oak leaf lettuce salad

Ingredients:

1 cleaned chicken
salt
pepper
1 batch of root vegetables (carrots, celery stalk, parsley etc.)
1 onion
1 tsp. peppercorns
bay leaves
2 cups rice
1 Tbs. butter
200 g (7 oz) cooked cow tongue
1 black Périgord-Truffle sliced very thin or cleaned raw mushrooms sliced thin

PHEASANT À LA LERCHENAU

Fasan Ochs auf Lerchenau
named after the Baron from the opera "The Rose Cavalier"
by Richard Strauss (1864–1949)

Preparation:

It is best to have the pheasants wrapped with bacon by your local butcher. Sear the pheasant on all sides. Lay the pheasant on top of the seasonings and chopped shallots in a saucepan – pour in the broth and the wine. Preheat the oven to 140°C (285°F) and slowly roast the pheasant for 1 1/2 to 2 hours. Remove the cooked pheasant from the pan, add a small amount of flour to the drippings, heat through and add a bit of broth or wild game fond if desired. Reduce the sauce to the desired consistency and strain – ladle over carved pheasant.
Recommended Side Dish: mashed potatoes and red cabbage

Ingredients:

1–2 (depending on size)
pheasants wrapped with bacon
4 shallots (or small onions)
allspice
cloves
bay leaves
peppercorns
broth or wild game fond
150 ml (5 fluid oz) Tokay wine
(or any full-bodied white wine)
flour

• Häferlgucker •

The King Who Roasted Chickens

The fact that Kaisers and Kings made sure to always feast upon the finest delicacies does not necessarily need special mention in a book dealing with imperial cuisine. It is far more seldom to find crowned heads who prepare their own roast. This was done – quite against his will – by the king of Briton Richard the Lionheart (1157–1199). Namely during the time when he went to work as a chicken cook in a hunting lodge, which stood in front of the former walls of the city of Vienna. He was fleeing from his adversary Margrave Leopold V (1157–1194) and was forced to do this in order to maintain his secret identity. He forgot, however, to remove his sovereign ring and was, as is stated in the chronicles, arrested at the lowly position of chicken cook. While he was being arrested, and even before he was taken to the fortress prison in Dürnstein, he offered the evidence more or less *in flagranti* – chickens from the Viennese forest were also quite popular about 900 years ago.

Mini-Meat Loaves for Imperial Hunters

Kaiserjägerlaibchen

Ingredients:

700 g (1 1/2 lb.) ground meat (lean beef and pork)
1 1/2 day old rolls or 3 slices white bread
1 large onion
2 eggs
2 crushed garlic cloves
marjoram
salt
pepper
chopped parsley
1–2 Tbs. breadcrumbs
clarified butter or oil
breadcrumbs
for the sauce:
250 g (9 oz) mushrooms
1 Tbs. finely chopped onions
2 Tbs. butter
150 ml (5 fluid oz) whipping cream
150 ml (5 fluid oz) beef broth
150 (5 fluid oz) cream
1 tsp. flour
salt
freshly ground pepper
chopped parsley
lemon juice

Preparation:

Finely chop the onion, sauté in hot oil, and let cool. In the meantime, soak the rolls or white bread in cold water, press out thoroughly and pass through a sieve. Now combine the ground meat, the rolls, the eggs, the sauteed onions, breadcrumbs, and all seasonings. Wet hands and form small loaves. Coat loaves with breadcrumbs, heat up the clarified butter or oil in a large pan, and fry on both sides until golden brown. In the meantime, slice the mushrooms and finely chop the onions for the sauce. Remove the meat loaves from the pan, keep warm, and drain the fat. Melt butter in the same pan until foamy and lightly sauté the onions, then add the mushrooms, cook briefly and finally season with salt and pepper. Add whipping cream, beef broth and bring to a boil. Mix the flour and the cream separately and stir into the sauce. Bring again to a boil, and finish with chopped parsley, lemon juice and, if need be, salt and pepper once the sauce is thick. Top the loaves with the mushroom sauce and serve.
Recommended Side Dish: potato croquettes and glazed baby carrots

Sweets From the "Komposterey"

The legendary reputation of Viennese baked goods can be largely attributed to the Habsburg-Kaiser Ferdinand I, who grew up in Spain and took up residence on the Danube in 1522. Although Ferdinand was enthusiastic about Viennese cuisine, he missed the variety of sweet treats he was used to receiving ever since his childhood from the Dutch confectioner who was employed at the Spanish court. And so he had a so-called "Komposterey" opened in order to have jams and fruit juices made, for which he summoned to the Viennese court proven "Zuggermacher" or confectioners from the Netherlands and Spain. The Dutchman Matthias de Viss stepped in as the first Viennese court confectioner in 1560. The first Viennese confectioners' guild had already been established five years previous to this in 1555 and had also found a benevolent patron in Kaiser Ferdinand. By the way, the extent to which the ruling House of Austria had affection for anything sweet can be affirmed even today by the fact that there is actually a "confectioners' stairway" at the royal castle in Vienna.

Heavenly Desserts from the Imperial Kitchen

Desserts aus dem K.U.K. Mehlspeishimmel

Kaiser Pancakes

Kaiserschmarren

Preparation:

Separate the egg whites from the yolks. Thoroughly mix the yolks, sugar, milk and flour. Whisk the egg whites, add a pinch of salt and continue whisking until stiff. Now, carefully fold into the egg yolk mixture. Melt butter in a large pan, pour in the mixture and sprinkle in raisins. Let cook on one side for a few minutes, turn over and tear into pieces with a fork. Now let finish cooking (ideally in a buttered pan in a preheated oven). Be especially careful not to overcook the pancakes, otherwise they will dry out. Sprinkle with confectioners' sugar and serve with plum purée.

Ingredients:

- 6 eggs
- 200 g (7 oz) cake or pastry flour
- 50 g (1 1/2 oz) sugar
- 250 ml (8 fluid oz) milk
- pinch of salt
- 40 g (1 oz) raisins
- butter
- confectioners' sugar (powdered)
- plum purée

Omelette Schönbrunn

Omelette Schönbrunn
named after the Kaiser's summer residence in Vienna-Hietzing

Preparation:

Thoroughly whisk together the milk and whipping cream, add a pinch of salt, and heat together with the butter in a sauce pan. After mixture has begun to boil, add the flour and at an even temperature stir constantly until the mixture no longer adheres to the sides of the pan. While the mixture is cooling, separate the egg yolks from the whites, add the crystal sugar to the whites and whisk until stiff. Stir in the egg yolks and approximately 1/2 of the whisked egg whites to the milk/cream mixture. Now, carefully work in the rest of the egg whites. Melt butter in a pan, add enough of the batter each time for one small omelette and lightly brown, turn over and carefully finish cooking the omelettes over low heat. Don't overcook, otherwise the omelettes will dry out. Spread the jam over half of each prepared omelette, fold together diagonally, sprinkle with confectioners' sugar and serve.

Ingredients:

makes 5–6 portions
200 ml (6 1/2 fluid oz) milk
100 ml (3 fluid oz) whipping cream
2 Tbs. butter
2–3 Tbs. flour
5 eggs
3 Tbs. coarse or crystal sugar
salt
butter
apricot jam
confectioners' sugar

"Leopold, Hand Over the Pancakes"

Numerous rumors and anecdotes circulate about the origin of Kaiser pancakes, and the only thread they have in common is that they haven't been confirmed. One anecdote tells of a court confectioner by the name of Leopold who one day merrily presented the royal family with a composition consisting of omelette batter and plum purée. The empress, who was watchful of her waistline, took a taste, wrinkled her nose and refused to take another bite. The Kaiser, however, felt sorry for his confectioner and ate up the empress's portion with the words, "Just give me the pancakes that our confectioner cooked up." A different story takes place during the imperial hunt and tells about an alpine dairyman, also called a "Kaser", in whose hut the hunters take a rest. The only thing available in the hut to eat was plain "Kaser" pancakes, which tasted so good to the Kaiser that this dish in no time at all was raised to the noble rank of Kaiser Pancakes. In the end, many culinary historians also want to know how the often quoted Kaiser's favorite dish came to be named after the Casa de Austria or the Royal House of Austria. Supposedly these Kaiser Pancakes originated at some point in time from these "Pancakes à la Casa".

Count Meran Plum Dumplings

Zwetschkenknödel Graf von Meran
named after Count Fanz von Meran and Baron von Brandhof,
son of Archduke Johann (1839–1891)

Preparation:

Boil the potatoes until soft, peel, and pass them through a sieve while still warm. On a counter combine flour, semolina, 3 oz butter, eggs, potatoes and a pinch of salt – knead into a smooth dough. Clean the plums, remove the pits and place a piece of marzipan (or a sugar cube with some cinnamon) into the center. Roll out the dough to a thickness of approximately 5 cm (2"), cut into slices and press flat. Wrap up one plum in each of the slices and make sure to carefully and completely seal all edges. Bring lightly salted water to a boil and simmer the dumplings for 8 to 12 minutes. In the meantime, melt butter in a pan until foamy, add the breadcrumbs and sauté until golden brown. Strain the prepared dumplings and carefully roll in the butter/breadcrumb mixture. Sprinkle with confectioners' sugar and serve.

Ingredients:

makes approx. 25 dumplings

- 1 kg (2 lb.) potatoes
- 300 g (10 1/2 oz) flour
- 80 g (3 oz) butter
- 2 eggs
- 1 Tbs. semolina
- salt
- approx. 25 plums
- 150 g (5 oz) butter
- 130 g (4 1/2 oz) breadcrumbs
- plain marzipan (or this can be replaced with 1 sugar cube & some cinnamon for each dumpling)
- confectioners' sugar

Rice à la Prince Trautmansdorff

Reis nach Fürst Trautmansdorff
named after Count Ferdinand von Traumansdorff,
Head Chamberlain and first president of the Upper Chamber (1825–1896)

Preparation:

First, rinse rice and cook in 1 l of water (32 fluid oz) for 6–7 minutes, drain, add cold milk and bring to a boil. Stir in a pinch of salt and the vanilla sugar – steam until tender (ideally in an oven at approx. 285 °F (140 °C)). In the meantime, finely chop the fruit and marinate in the alcohol. Soften the gelatin leaves in water, press out and stir into the hot rice along with the sugar. While the rice is cooling, whip the cream until it peaks. Shortly before the rice begins to clump, combine with the marinated fruit. Place the rice into small soufflé dishes which have been rinsed with cold water and let cool for several hours. Before serving, turn over the soufflé dishes to dislodge the rice – garnish with whipped cream, candied fruit or fruit purée as desired.

Ingredients:

70 g (2 1/2 oz) short-grain rice
250 ml (8 fluid oz) heavy cream
250 ml (8 fluid oz) milk
2 Tbs. sugar
4 gelatin leaves
200–300 g (7–10 oz) fruit (pears, berries, grapes etc.)
vanilla sugar
pinch of salt
Maraschino liqueur or cognac
whipped cream
candied fruit or fruit purée

Imperial Fritters for the Fasching Ball

Hofball-Faschingskrapfen

Preparation:

In a small bowl dissolve yeast in approximately 2 Tbs. warm milk, add a small amount of flour and a pinch of sugar, and finally place the smaller bowl into a larger bowl partially filled with warm water. Set aside in a warm area and let rise until the dough has doubled in size. In the meantime, combine the egg yolks with the remaining sugar and stir until foamy. Now, heat up the rest of the milk until lukewarm, and stir this into the egg yolk mixture along with the melted butter, salt, vanilla sugar, rum, and grated lemon peel. Add the dough and the remaining flour and stir briskly until the dough starts to form bubbles and no longer adheres to the sides. Sprinkle a small amount of flour over the dough and set aside in a warm area for approximately 1/2 hour (During this entire process, as well as during the actual frying of the fritters, one should pay close attention that no draft of any kind exists and that the room maintains a constant temperature). After the dough has been allowed to rise, once again firmly knead the dough and form fritters of about 6–7 cm (2–3 inches) in diameter, which should be placed on a kitchen towel sprinkled with flour and allowed to rise for a good 1/2 hour. Heat up the oil, place the fritters in the oil and briefly fry in a covered vessel. After about 3 minutes turn the fritters over and finish frying them uncovered. Remove the fritters and let drain and cool on a rack. In the meantime, strain the apricot jam and stir in a shot of rum or apricot schnapps if desired – fill the pastry bag with the jam and inject into the slightly cooled fritters. Lastly, sprinkle with confectioners' sugar.

Ingredients:

makes approx. 20 Fritters

280 g (10 oz) flour (either all-purpose, or 1/2 pastry flour and 1/2 all purpose)

50 g (2 oz) butter

100 ml (3 fluid oz) milk

4 egg yolks

20 g (1/2 oz) yeast

30 g (1 oz) sugar

pinch of salt

vanilla sugar

lemon peel

shot of rum

flour for sprinkling

clarified butter or oil

apricot jam

confectioners' sugar

The Kaiser's Guardsmen

Kaisergardisten

Ingredients:

140 g (5 oz) flour
140 g (5 oz) vanilla sugar
1 egg
1 egg yolk
80–100 g (3–3 1/2 oz) shelled and halved almonds
butter
1 egg white

Preparation:

Combine flour, vanilla sugar, the egg, egg yolk, and quickly knead into a dough. Roll out the dough to the thickness of a knife handle and divide into strips of approximately 8 cm (3") in width. With the halved almonds form two rows in the center of the dough strips, fold the long sides over each other and seal. Lay the dough strips tops down onto a greased sheet tray. Brush with egg white and bake in an oven preheated to 400 °F (200 °C) for approximately 10 minutes. Slice the "Kaiser's Guardsmen" into very thin strips while still warm.

Frau Cilly's Temptations

The main attraction at the Viennese royal balls, besides the famous Olio stew, exists thanks not to an aristocrat, but rather to a commoner, namely the cook Cäcilie Krapf. The word "Krapfen" or "doughnut" (contrary to common legend) does not originate from her, but rather from the recipe for "Craphen", which stems from as far back as the middle ages and were variations of "Cillykugeln" – jam-filled balls – the actual predecessors of today's Fasching doughnuts. The "Krapfen" or doughnut proved to be a sweet best-seller in every sense of the word long before the advent of the Sachertorte: According to statistics from the royal kitchen, around 10,000,000 "Krapfen" were consumed at official receptions and balls in the congressional year of 1815 alone.

Empress Elisabeth's Afternoon Snack

Kaiserin Elisabeths Nachmittagsnäscherei

Preparation:

Combine the flour and butter – texture should be crumbly. Add almonds, crystal sugar, and the egg and quickly knead into a dough. Roll out the dough to the thickness of a knife handle and divide into two long sheets with a width of approximately 8 cm (3"). Place the dough sheets on an ungreased sheet pan and bake in an oven preheated to 400 °F (200 °C) for approximately 10 minutes. In the meantime, dissolve the sugar in the water and then bring to a boil without stirring. Now, skim the unsightly foam which rises to the top. Continue cooking the sugar. Take a silver spoon, dip first in cold water, then in the sugar mixture and once more in the cold water – repeat this procedure until the sugar forms a smooth, firm ball on the spoon. Whip the egg whites until stiff, stir into the hot (purified) sugar, and put the pot into ice water. Stir until the mixture has chilled. Fold the strawberry purée into the sugar solution and spread over the dough sheets. Bake in a hot oven for a few seconds until the frosting has begun to slightly dry and stick to the dough sheets. Remove from the oven and drizzle with chocolate glaze. Finally, cut the dough sheets into individual portions.

Ingredients:

- 200 g (7 oz) flour
- 140 g (5 oz) butter
- 70 g (2 1/2 oz) coarse or crystal sugar
- 70 g (2 1/2 oz) ground almonds
- 1 egg
- chocolate glaze

for the frosting:

- 280 g (10 oz) sugar
- 125 ml (4 fluid oz) water
- 8 egg whites
- 150 g (5 oz) strawberry purée

A Violet Sorbet for Empress Elisabeth

The Empress Elisabeth, who tended more to anorexia than to gorging herself, was as heaven knows no source of thanks for ambitious royal cooks. She spent her whole life wanting to shed weight, most preferred to nourish herself from sour milk and was often seen drinking ox blood, which she regarded as especially invigorating. It was only during breakfast that the empress failed to resist temptation. She would consume, if one lends credence to the reports of the royal kitchen, one plate of fruit, three rolls, a quarter pound of sugar, a quarter pound of butter, a pitcher each of cream, cold milk, and coffee, and a piece of gugelhupf cake or a "Pischinger roll" along with a full plate of sweet pastries, cookies and chocolate. From then on she would starve herself with iron discipline, that is unless she once again craved something sweet. In which case she would have a sorbet from the neighboring bakery Demel brought to her chambers, which consisted of the juices of a pressed violet, spun sugar and a few dashes of champagne.

Bad Ischl Tartlets

Bad Ischler Törtchen

Preparation:

Work the butter into the flour – texture will be crumbly. Add sugar, almonds, salt, and cinnamon and quickly knead into a dough – set aside in a cool place. Roll out the dough to approximately 3 mm (1/10") thick and cut out circles with a radius of 5–6 cm (2–2 1/2"). Preheat the oven to 400 °F (200 °C) and bake the cookies approximately 10 minutes. In the meantime, make the cream by melting butter in a pot until foamy, mixing in confectioners' sugar, chocolate that has been melted in a double boiler, and a shot of rum. Distribute current jam and chocolate cream over half of the cooled tartlets (ideally this is done with a pastry bag) and top with the second half of the tartlets sandwich style. Drizzle the warm chocolate glaze over the tartlets and sprinkle with chopped pistachios or almonds.

Ingredients:

140 g (5 oz) butter
140 g (5 oz) flour
70 g (2 1/2 oz) sugar
70 g (2 1/2 oz) ground almonds
cinnamon
pinch of salt
current jam
chocolate glaze
chopped pistachios or almonds

for the filling:
150 g (5 oz) butter
2 Tbs. confectioners' sugar
60 g (2 oz) chocolate
shot of rum

Margarethe's Sweet Pastry Squares

Margarethes Süße Maultaschen
named after Margarethe Maultasch, Countess of Tyrol (1318–1369)

Preparation:

Combine egg yolk, flour, butter, sugar and wine, knead into a smooth dough and let rest for one half hour. Roll out the dough to the thickness of knife handle and cut into squares. Place a heaping teaspoon of the fruit compote or spread jam in the center of each of the squares. Now, fold the four corners of the dough towards the center being sure that the fruit or jam is still visible. Beat the egg and brush onto the squares. Sprinkle the coarse sugar and almonds over the squares – bake in an oven preheated to 400 °F (200 °C) until golden brown (approx. 10 minutes).

Ingredients:

1 egg yolk
140 g (5 oz) flour
140 g (5 oz) butter
2 Tbs. sugar
2 Tbs. white wine
jam or coarsely chopped fruit compote (apricots, plums, etc.)
1 egg
coarse sugar
chopped or sliced almonds

Kaiser Ferdinand's Northline Doughnuts

Kaiser Ferdinands Nordbahnkrapferl
named after the Kaiser Ferdinand Northline Railroad, opened in 1837

Preparation:

Separate the egg whites from the yolks and melt the chocolate in a double-boiler. Melt butter in a pan until foamy and stir in the egg yolks, melted chocolate, sugar and aromatics. Whip the egg whites until stiff and fold into the egg yolk mixture – stir in the almonds. Grease a sheet tray with butter, sprinkle with flour (or line with wax paper), spread the mixture on the tray to the thickness of a thumb and preheat the oven to 400 °F (200 °C) and bake the mixture approximately 10 minutes – let cool. With the aid of a cookie cutter, cut out doughnuts with a radius of approximately 4–5 cm (1 1/2 to 2"). Whisk the whipping cream until peaks form, spread onto half of the doughnuts and top the rest with jam. Place the doughnuts with jam onto the doughnuts with whipped cream (sandwich-style, so that the filling is in the middle). Top with lemon or sugar glaze and decorate with a candied cherry.

Ingredients:

6 eggs
150 g (5 oz) butter at room temperature
100 g (3 1/2 oz) chocolate
200 g (7 oz) sugar
200 g (7 oz) ground almonds
lemon peel
cinnamon
ground cloves
butter and flour for the pan
for the filling:
250 ml (8 fluid oz) whipping cream
jam
lemon or sugar glaze
candied cherries

STEINKOGLER GUGELHUPF

Steinkogler Gugelhupf

Preparation:

Combine yeast, a small amount of warm milk, a pinch of sugar, and 1 Tbs. flour in a mixing bowl and keep warm. Then melt butter in pan and stir until foamy. Now, mix in the sugar, egg yolks, flour, milk, pinch of salt and the yeast mixture – stir vigorously until the batter forms bubbles and no longer adheres to the sides. Beat the egg whites until stiff and fold in. Grease a Gugelhupf mold with butter, dust with flour and sprinkle in the almond slivers. Pour in the batter, cover and let rest in a warm location. Meanwhile, preheat the oven to 340–350 °F (170–180 °C) and bake the Gugelhupf for about 1 hour, sprinkle with confectioners' sugar and serve.

Ingredients:

150 g (5 oz) butter
100 g (3 1/2 oz) sugar
6 egg yolks
350 g (1 lb.) flour
approx. 250 ml (8 fluid oz) milk
30 g (1 oz) yeast
2 egg whites
pinch of salt
butter to grease pan
flour for dusting
almond slivers
confectioners' sugar

• Häferlgucker •

Royal Culinary Erotica

Although Kaiser Franz Joseph was no gourmet, he was all the more a sweet-tooth, which is corroborated by numerous anecdotes. Katarina Schratt, the famous royal actress and soul-mate of the Kaiser, knew this and had a Gugelhupf cake delivered from the bakery Zauner to his summer residence in Bad Ischl whenever he came to visit. As soon as the Kaiser left this Tête a Tête or heart to heart he would hike over the Steinkogl mountain towards lake Ofen to go hunting, after which the whispering began: "The Kaiser has just ravished another Steinkogler Gugelhupf!", gossiped the locals – and with this statement they expressed in a very decent manner their skepticism whether the Gugelhupf cake was the only thing that His Majesty had just ravished.

A Torte for His Excellency

Exzellenztorte

Preparation:

Melt butter in a pan, stir until foamy, add sugar, eggs, egg yolks, and ground almonds. Whisk the egg whites until stiff and carefully add these alternately along with the breadcrumbs to the egg yolk mixture. In the meantime, melt the chocolate in a double-boiler. Divide the batter in half, pour the first half in a well greased and floured torte mold. Now mix the second half into the melted chocolate and place in a separate torte mold that has been greased and dusted with flour. Preheat the oven to 350 °F (180 °C) and bake the torte bases 40–50 minutes – let slightly cool. Now spread jam over the top of the torte which hasn't been mixed with chocolate. Place the chocolate torte on top of the other and drizzle with a transparent glaze.

Ingredients:

- 250 g (9 oz) butter at room temperature
- 180 g (6 oz) sugar
- 2 eggs
- 8 egg yolks
- 180 g (6 oz) ground almonds
- 8 egg whites
- 100 g (3 1/2 oz) breadcrumbs
- 120 g (4 oz) chocolate
- butter and flour to coat torte pan
- raspberry or current jam
- sugar or lemon glaze

The Chocolate Lèver (Breakfast Reception)

That chocolate enjoyed great popularity at the court of Maria Theresia is proven not only by the fact that the court poet and opera librettist Pietro Metastasio (1698–1782) composed a chocolate cantata with his song "Cantata à la Cioccolata", but also in that Empress Maria Theresia's golden vessels for serving chocolate including small serving pitchers, cups, cocoa mugs, spoons and sugar dispensers can still be found today in the Museum of Art and History in Vienna. By the way, one can also find the remarkably revealing watercolor painting of a Chocolate Léver, which was painted by none other than Archduchess Maria Christine herself. The example that the Empress and the Kaiser are setting with their children and a lady of the court as they receive the breakfast chocolate proves to be deceiving when one is more familiar with the lifestyle of the Maria Theresia household. In the day to day routine it wasn't as sweet as sugar like in the painting: Maria Theresia usually drank coffee, the pack of imperial children was tamed with barley-gruel – Prince Consort Franz Stephan von Lothringen was the only one who never began a day without a cup of cocoa.

Count Apponyi-Torte

Graf Apponyi-Torte
named after the Hungarian line of nobility
which produced several significant Austro-Hungarian politicians

Preparation:

Beat the egg whites until stiff and stir in the confectioners' sugar. Carefully fold in the hazelnuts, ground chocolate, and the flour. Preheat the oven to 400 °F (200 °C). Either divide the mixture into fourths and bake four separate crusts (approx. 10 minutes), or bake one large crust (approx. 40 minutes) and divide after having let cooled. The chocolate cream can be prepared in the meantime by combining the eggs, sugar and water in a double-boiler and stirring until foamy. Now, place bowl in an ice-bath and continue stirring until completely cool. Melt the chocolate in a double-boiler, melt butter in a pan and stir until foamy – combine both with the egg mixture. Now, cut each cooled crust into perfect hexagons, spread the cream over each crust and stack. Cover the top layer with cream and garnish with chopped pistachios. Spread chocolate cream on the sides and decorate with vertical rows of hollow wafers.

Ingredients:

- 10 egg whites
- 160 g (5 1/2 oz) confectioners' sugar
- 50 g (2 oz) ground hazelnuts
- 120 g (4 oz) ground chocolate
- 30 g (1 oz) flour

for the chocolate cream:

- 5 egg yolks
- 200 g (7 oz) sugar
- 1 1/2 Tbs. water
- 150 g (5 oz) chocolate
- 200 g (7 oz) butter
- chopped pistachios and hollow wafers

Stephanie's Cream Torte

Stephanie-Cremetorte
named after the daughter of King Leopold II of Belgium (1864–1945), widow of Crown Prince Rudolf and future Countess of Lonyay

Ingredients:

- 4 eggs, 170 g (6 oz) sugar
- 100 g (3 1/2 oz) ground hazelnuts
- 100 g (3 1/2 oz) ground chocolate
- butter
- flour
- 125 ml (4 oz) whipped cream
- 2 Tbs. sugar
- chopped pistachios

for the chocolate cream:

- 60 g (2 oz) chocolate
- 60 g (2 oz) sugar
- approx. 80 ml (2 1/2 fluid oz) water
- 125 ml (4 oz) whipping cream
- 2 gelatin leaves

for the hazelnut cream:

- 125 ml (4 fluid oz) whipping cream
- 3 egg yolks
- 70 g (2 1/2 oz) sugar
- 70 g (2 1/2 oz) ground hazelnuts
- 125 ml (4 oz) whipped cream
- 2 gelatin leaves

for the raspberry cream:

- 125 ml (4 fluid oz) whipping cream
- 70 g (2 1/2 oz) raspberry purée
- 2 gelatin leaves

Preparation:

For the torte base separate the egg white from the egg yolks, combine the yolks wit the sugar and stir until foamy. Beat the eg whites until stiff and stir into the egg yol mixture along with the ground hazelnuts an ground chocolate. Now preheat the oven t 350 °F (180 °C) and bake a total of four tort bases in a greased and floured springform pa – either 1 at a time using a quarter of the bat ter or by spreading out four circles on wax pa per and trimming after baking (bake each fc approx. 10 minutes). Remove the tortes fron the springform pan or from the wax pape while still warm and fill with the cream whic is to be prepared in the meantime. For th chocolate cream, combine sugar and wate and boil until sugar is "spun" (see also p. 10 or has reached the soft crack stage. In orde to confirm that the correct consistency ha been reached, dip a spoon into in the wate and touch it with the index finger. Now, touc your thumb with your index finger and slow ly separate. If a long thread forms betwee thumb and index finger which resists brea king, the correct consistency has been rea ched. Dissolve the gelatin in water, mix int the sugar along with chocolate that has bee melted in a double-boiler, and whipped crea – stir until smooth.

For the hazelnut cream, whisk the whippin cream, egg yolks, sugar and ground hazelnu in a double-boiler until the cream has thic ened. Afterwards, soften the gelatin leaves i

ater, press out the excess water and stir into ne cooled egg yolk mixture. Beat the egg hites until stiff and fold them in as well.
or the raspberry cream, soften the gelatin aves in water and then dissolve with a few rops of warm water. Combine with the already whipped cream and raspberry purée.
pread hazelnut cream onto the top of the first torte base, raspberry cream onto the second, and chocolate cream onto the third. Now, layer the tortes one on top of the other. The top of the torte as well as the sides should be spread with cream that has been sweetened and whipped. Lastly, garnish the top and sides with chopped pistachios.

HUNYADY-BOMBE

Hunyady-Bombe
named after the Hungarian line of kings whose ancestry traces back to Johannes Corvinus Hunyady (1385–1456)

Preparation:

Finely sift the confectioners' sugar into the vanilla sugar, combine with the egg yolks and stir until foamy. Either finely grate the chocolate or melt in a double-boiler, then alternately mix chocolate in the egg yolk mixture along with chestnut cream. Beat the egg whites until stiff, fold in as well. Grease two springform pans or torte molds and fill each with an even amount of the mixture. Preheat the oven to 350 °F (180 °C). Bake each torte base individually or both at the same time in a convection oven for approx. 15–20 minutes – let cool. Cut both torte bases horizontally or leave whole if desired. Spread one torte base with apricot jam or chestnut cream according to personal taste and top with the other base (if you have four bases repeat this procedure). Quickly cover the bombe with chocolate ice-cream, decorate with chopped pine nuts and serve immediately. Of course, the chocolate ice-cream can be replaced by a butter-chocolate cream.

Ingredients:

8 egg yolks

8 egg whites

280 g (10 oz) confectioners' sugar

140 g (5 oz) chocolate

560 g (1 lb. 4 oz) fresh chestnuts (cooked and passed through a sieve) or frozen riced chestnuts

1 package vanilla sugar

butter

apricot jam or chestnut cream (a mixture of whipped cream and riced chestnuts)

chocolate ice-cream

chopped pine nuts

The End of the Court Confectioner

Despite Kaiser Franz Joseph's much publicized love of Gugelhupf cake and Kaiser pancakes, the monarch's Spartan blood seems after all to have been stronger than his passion for sweets. The proud dozen imperial confectioners who were still employed in the royal bakery in 1880 were reduced to a pathetic quartet in 1912. The death-knell struck for the once prestigious royal bakery with the gradually approaching end of the Austro-Hungarian Empire: the pastry chef at the time, Franz Pfitzner, was "demoted" to royal cook first class – by the end of the war the royal bakery was simply shut down once and for all.

• Notes •

• *Notes* •

Für Naschkatzen

Süßes macht glücklich und muss nicht unbedingt Sünde sein. Mit der SÜSSEN KÜCHE von Toni Mörwald und Christoph Wagner gibt es endlich ein zeitgemäßes Standardwerk für die österreichische Mehlspeisküche. Auch in Deutschland hat man erkannt, daß man sich von den österreichischen Mehlspeisen ein grosses Stück abschneiden kann. Nur zu!

Toni Mörwald
Christoph Wagner
DIE SÜSSE KÜCHE
Das österreichische Mehlspeiskochbuch

ISBN 3-85326-219-8

AUSGEZEICHNET MIT DEM WORLD COOKBOOK AWARD!

„Da schnurren die Naschkatzen erwartungsfroh."

Wolfram Siebec

LOUVRE ABU DHABI

THE COMPLETE GUIDE

LOUVRE ABU DHABI
THE COMPLETE GUIDE

اللوفر أبوظبي
LOUVRE ABU DHABI

SKIRA

FOREWORD

It is no exaggeration to say that we are bearing witness to a pivotal moment in the history of museums. The opening of Louvre Abu Dhabi not only marks the completion of a building of stunning architectural complexity and the amassing of a collection of global significance; it also represents the advent of the very concept of the museum, as invented in Enlightenment Europe, in the Arab world for the first time.

The initial seed for Louvre Abu Dhabi was planted ten years ago. It took the form of an intergovernmental agreement, signed by the United Arab Emirates and France on 6 March 2007.

On that day, the two governments agreed to create a new museum in Abu Dhabi, the capital city of the United Arab Emirates, a country whose outstanding dynamism is a central element of the contemporary world. This new museum would celebrate the universal stories of humanity and it was called Louvre Abu Dhabi.

At the heart of the museum is the shared idea of a flourishing national community confident in itself, its culture and its origins. Since its inception, the country has always been characterised by a spirit that is open to the world. The continual opening-up of the country shows to the world that this is a place of hospitality, as well as a seat of dialogue between different ideas and civilisations. As part of this process, Louvre Abu Dhabi builds upon the vision of the late Sheikh Zayed bin Sultan Al Nahyan, the driving force behind the creation of the United Arab Emirates in 1971.

Many have been instrumental in seeing Louvre Abu Dhabi to fruition. Special tribute must be paid to the vision of His Highness Sheikh Khalifa bin Zayed Al Nahyan, President of the United Arab Emirates and His Highness Sheikh Mohammed bin Zayed Al Nahyan, Crown Prince of Abu Dhabi and Deputy Supreme Commander of the UAE Armed Forces. Together, they envisioned the creation of Louvre Abu Dhabi so that the United Arab Emirates would be numbered among the great cultural nations of the world. This far-sighted ambition stems from an intuitive understanding of the power of culture to stimulate development across all fields of society: as much economic and educational as creative.

In France, a tribute must be paid to the men and the women who immediately embraced this exceptional project, taking the risk to participate in what had never been accomplished previously, including the different Ministers of Culture who brought and supported this ambition, and of course to Henri Loyrette, President-director of the Louvre museum when the intergovernmental agreement was signed.

For Louvre Abu Dhabi, France is delighted to share the excellence of its *savoir-faire*: its expertise in museology, curating and culture. Together, the two nations have embarked on the creation of a fundamentally innovative museum that will become a reference point across the world and for the future. Louvre Abu Dhabi was never going to be a simple adjunct to the Parisian original, a little Louvre in Abu Dhabi. Instead, it was necessary to create a museum with its own unique identity: a universal museum, telling the stories that have united humans beyond the restrictions of time and place. For example, the vision of Abu Dhabi as a welcoming and meeting place for different cultures and religions prompted the curators to remove the partitions between collections and induce new connections between the different arts. In this way, Louvre Abu Dhabi also reflects and shapes what is now such an interconnected world.

Louvre Abu Dhabi offers an unprecedented opportunity to provide an interdisciplinary presentation of France's public collections, to show them to new people in new ways. To this end, Musée du Louvre has partnered with some of France's most prestigious cultural and heritage institutions: Centre Pompidou; Musées d'Orsay et de l'Orangerie; Bibliothèque nationale de France; Musée national des arts asiatiques Guimet, musée du quai Branly – Jacques Chirac; Château, musée et domaine national de Versailles; and Musée Rodin. In addition, the circle of institutions loaning works has expanded to include: Musée de Cluny – musée national du Moyen-Age; Cité de la céramique de Sèvres; Musée des Arts Décoratifs; Musée d'archéologie nationale de Saint-Germain-en-Laye; and Château de Fontainebleau. The three hundred loans between these institutions will complement the six hundred acquisitions already made by Louvre Abu Dhabi for its own collection. Together, these will form the museum's hugely impressive opening presentation.

Before readers become caught up in the diverse, complex and inspiring stories, we would like to extend our heartfelt thanks to the teams at Louvre Abu Dhabi who have worked with complete commitment since 2007 to bring this exceptional project to life.

H.E. Mohamed Khalifa Al Mubarak
Chairman of the Department of Culture & Tourism
Jean-Luc Martinez
President-Director, Musée du Louvre

Louvre Abu Dhabi invites one of the world's great cultural institutions to the United Arab Emirates, and gives it a new perspective. Geographically and intellectually, the museum sits at a crossroad between east and west. For centuries, the region was an important point on the Silk Road, which connected Arabia with Asia, Europe and the Horn of Africa. However, the Silk Road was not simply a route for the exchange of goods; it also made possible the sharing of new skills and new ideas. In today's global marketplace, Abu Dhabi is once again at the heart of a powerful network of economic and cultural relationships. Louvre Abu Dhabi draws together these historic and contemporary links across global cultures. The result is a universal museum for the twenty-first century, a place where we can all come together to learn from each other. At the heart of the museum is a collection of artworks and artefacts that span millennia and reflect a multitude of civilisations and cultures, from prehistory to our modern age. Yet, despite their diverse origins across time and place, they, and we, have never existed in isolation from each other. Art both reflects these connections between us and creates new ones, sometimes in ways that are not immediately apparent. That is why Louvre Abu Dhabi focuses on what we have in common, those shared – and sometimes invisible – threads that have always bound humanity together.

Louvre Abu Dhabi seeks to change our world for the better. Abu Dhabi's cultural ambition rests on a foundation of unique traditions and history, of acceptance and welcoming to all-comers. It is our hope that the Louvre Abu Dhabi will attract visitors from across the world, and that what they experience here will inspire curiosity and excitement, invigorate mind and soul, and draw our world, with all its infinite potential, ever closer together.

Saif Saeed Ghobash
Director general, Department of Culture & Tourism

The Louvre Abu Dhabi is a universal museum, and a museum for the cultures and peoples of the United Arab Emirates. These two aspirations are essential. Sitting at the crossroads between East and West, the museum is a meeting point for people and cultures. It seeks to emphasise what we have in common, rather than what divides us. The Louvre Abu Dhabi speaks of the shared ideas and ideals that we can all understand regardless of our background or beliefs.

This is the key to the museum and its collection. The first acquisition was made in 2009 and the collection now numbers over 600 artworks and artefacts. These span the globe and the history of humanity: from ancient artefacts to the most cutting-edge of contemporary artworks, specially commissioned for the Louvre Abu Dhabi. They hail from far reaching continents, neighbouring Middle Eastern countries, and of course, the United Arab Emirates. The museum features works by the greatest names in the history of human creativity, and others so old that the identity of their creators has been lost to time.

Collectively these works tell a story: the story of humanity. The Louvre Abu Dhabi wishes to show how art transcends national boundaries and narrow ideological clashes. Art flows freely: art can inspire people who may have never met, who may even have lived centuries apart. What matters is that we can all see the beauty and truth in what such works of art represent. Every aspect of the Louvre Abu Dhabi reflects this philosophy of universalism: from the arrangement of the galleries to the works shown within them

The Louvre Abu Dhabi is a gift to the world. It is a gift of curiosity and enlightenment: the eternal human desire to search for answers and to ask even more questions. Welcome to the Louvre Abu Dhabi!

Manuel Rabaté
Director of the Louvre Abu Dhabi

A visit takes on a whole new dimension when we allow ourselves to lose our way and be guided. Like Ariadne's thread, this guide leads visitors through the museum, pointing out signs and landmarks so that they may fully enjoy what the museum offers its visitors: an encounter with the universal across epochs, cultures and civilisations.

The discovery or rediscovery of the works exhibited in the Louvre Abu Dhabi, whether from the museum's own collection or the loans made by French museums, is a unique experience: on the one hand because they are seen in a new light, that of Abu Dhabi filtered through the dome designed by Jean Nouvel, and on the other because their dialogue with works with which they are not usually presented increases their polysemy. This guide provides a key to understanding the characteristics common to all humanity and the elements that constitute and form our distinct identity filtered through the prism of time, culture and history. The museum's presentation thus conveys to each visitor that the globalisation of civilisation should be viewed with perspective, and understood as an opportunity in a world undergoing constant change.

What more stimulating challenge could there be for the French institutions represented by the Agence France-Muséums than to invent, in partnership with the Louvre Abu Dhabi and the Department of Culture & Tourism, Abu Dhabi, a museum entirely unlike any other in existence? So remarkable has their commitment to this project been that they must be mentioned by name: the musée du Louvre, the musées d'Orsay and de l'Orangerie, the Centre Pompidou, the musée du quai Branly – Jacques Chirac, the musée national des arts asiatiques Guimet, the Bibliothèque nationale de France, the Réunion des musées nationaux – Grand Palais, the Château de Versailles, the musée de Cluny, the musée Rodin, the Arts Décoratifs, the Cité de la céramique – Sèvres et Limoges, the musée d'Archéologie nationale de Saint-Germain-en-Laye, the Château de Fontainebleau, the École du Louvre, the domaine national de Chambord, and the Opérateur du Patrimoine et des Projets Immobiliers de la Culture (OPPIC).

To bring this project to a successful conclusion, the following elements were required: the vision held by Abu Dhabi, the encounter with the richness of the national French collections and the professional expertise of the museums represented by the Agence France-Muséums working in close collaboration with the Louvre Abu Dhabi team. Brought together by the Louvre Abu Dhabi, the United Arab Emirates and France remind us that culture and education remain invaluable foundations that this museum, now open to one and all, embodies in so many ways.

Marc Ladreit de Lacharrière
President of Agence France-Muséums

HAND AXES

In the same way that nature creates forms, in the leaves of trees and pebbles smoothed by the action of water, human beings produce geometrical shapes and exploit their creativity. Technical prowess produces symmetry, which becomes a symbol in its pointless perfection. The birth of aesthetics? Design? Identity? With hand axes or bifaces, the production of which began wherever *homo sapiens*, our common ancestor, settled, man became human in symbolic terms.

Hand axe
Algeria, El Ma el Abiod
800,000–300,000 BCE
H. 17, W. 7.5 cm; flint
MUSÉE D'ARCHÉOLOGIE NATIONALE

Hand axe
France, Indre-et-Loire
c. 500,000 BCE
H. 20.5 cm; flint
LOUVRE ABU DHABI

Hand axe
Saudi Arabia, Yanbu
c. 350,000 BCE
H. 18, W. 10 cm; andesite
SAUDI COMMISSION FOR TOURISM & NATIONAL HERITAGE

THE GRAND VESTIBULE

THE MUSEUM AS A POINT OF REFERENCE

THE MUSEUM AS A POINT OF REFERENCE Visitors enter the Grand Vestibule like travellers reaching Saadiyat Island by sea. Large display cases with strange shapes stand before them while lines beneath their feet trace a shore inscribed with place names in different languages. These signs are quickly understood as belonging to a vast portolan chart, one of the ancient navigational maps that make it possible to get your bearings on the high seas and oceans. Like nowhere else, this ambitious museum design displays the connection between the architectural container and the works it contains. The chart becomes a metaphor of the museum. The lines drawn in pen on portolans trace the coast of the United Arab Emirates, and the places marked are where the works in the collection originated. The number and diversity of these names give the impression that the world converges on Abu Dhabi or that Abu Dhabi lies at the centre of the world. The straight lines drawn between coasts in portolans are strangely reminiscent of the geometry of the Islamic arts and their mathematical description of the world. They intersect on the ground and extend over the walls and ceiling to merge through the overhead opening with the geometrical structure of the dome. The showcases that rise from the portolan like huge crystals of quartz catch the rays of sunlight that pierce the dome, dazzling the eye and initiating visitors into one of the museum's great mysteries: the universal element innate in humankind.

SIMILARITIES THAT SPAN CONTINENTS The Grand Vestibule poses the question of the universal from the very outset. The display cases invite visitors to ponder the similarities between works of art from different civilisations. Some of these complicities are known to the history of art, others are sometimes mentioned by art historians and archaeologists, many are unknown. The similarities between works are deliberately not explained in the Grand Vestibule to ensure that they retain all the power of their mystery and their richness of meaning in this prologue. The intercultural approach at the heart of the museum's design requires the field of interpretation to remain open so that the polysemy of the works encounters the polyphony of the visitors. This presentation is also meant to be maieutic, as we really understand only what we have discovered for ourselves. The museum being a place designed to prompt curiosity, awakening and self-questioning, the aim here is to make visitors ponder the significance of these similarities and the universal in mankind. By lending a magical character to the visitors' encounter with the works, to some extent the Grand Vestibule becomes the museum's chamber of initiation. After this introduction, visitors leave the Grand Vestibule with questions in their minds and commence their tour intent on finding answers in the story that now unfolds.

And since seeking out what connects is a more original and appropriate approach in the era of globalisation than showing what divides, the Louvre Abu Dhabi pursues the aim of revealing, within the shimmering diversity of its works, the strands that link civilisations and societies throughout history. Discernible in the similarities between creations, conscious or otherwise, these ties are the result of continuous exchange between societies, the subtle outcome of reciprocal influences, shared genealogies, concomitant cycles and even certain anthropological constants. The universal museum is conceived as the ideal place to embark, in the wake of global history, on a global history of art. Moreover, the constant renewal of the museological narrative, not least due to the rotation of the works on loan, will make it possible to envisage this approach as an experimental dynamic open to permanent questioning and make the Louvre Abu Dhabi the workshop of an intercultural approach to history.

The Louvre Abu Dhabi's narrative thus takes on a philosophical dimension. If the works crystallise cultural identities, then by highlighting what they have in common, the museum also reveals what cultures owe to one another. In the continuous flux of history, identity is a permanent dynamic constructed through relations with others. It thus emphasises a major function of the universal museum, namely enabling people to become aware of the richness of their own identity by discovering how it is related to the identities of others.

RELOCATION WITH A VIEW TO REORIENTATION

Finally, the presence of such a museum outside the West can only prompt a desirable mental reorientation. The journey or relocation of the museum from Paris to Abu Dhabi already and inevitably produces a shift in perspective. The concepts of Antiquity, the Middle Ages, the Renaissance and Modernity, which place the West at the centre of history, become relative with respect to the advances of the universal world. The Louvre Abu Dhabi undertakes, for example, to reveal the mixed or hybrid nature of so-called Western "modernity". If the civilisations of Africa, the Americas, Asia and Islam gradually came under the influence of Western representations after 1500, those representations had in turn borrowed on a large scale from the rest of the world. Western modernity is reconsidered here above all in the light of what the British anthropologist Jack Goody called the "theft of history" perpetrated by the West, believing itself to be "modern", at the expense of the other civilisations, which were supposedly not. This reading of events is crucial for the Louvre Abu Dhabi, conceived in the 21st century in a part of the world that is seeking, together with the museum, to increase its influence by taking its place in the illustrious memory of its manifold legacies.

And it is indeed in the Arab-Muslim world of the 21st century that the Louvre Abu Dhabi is embedded. This shift in focus, necessary to the goal of cultural reappropriation, also possesses a historical logic. With its long tradition of centrality and interrelations, the world in which the new museum is located is the heir to a vast cultural entity in the heart of Eurasia. The birth of the Louvre Abu Dhabi is also taking place at a particular moment in the history of the area, when the Arab world is (re)asserting its culture, a change in which Edward Said's *Orientalism* has played a key part. This dynamic calls for a different narrative of the world. The one presented to visitors at the end of the year 2017 takes this new context into account, having been developed by a mixed team so as to foster a multiplicity of perspectives. The child of a globalised world, the Louvre Abu Dhabi is also the offspring of the contemporary cultural mainstream with its constant alternation of deterritorialisation and relocation. The destiny of the Louvre Abu Dhabi will long be forged in the complex dialectic between asserted identity and universal openness.

Jean-François Charnier

GOLD MASKS

Why did so many civilisations cover the faces of their dead in gold? Does gold, as an incorruptible substance, confer eternal life, liberating our existence from the finite realm? With its lustre, it perpetuates the light of life by suppressing the darkness of death. Gold glows in the gloom of tombs but only bones have been found behind these masks. Immortality appears to be the universal hope of mankind faced with death.

Man's funerary mask
Lebanon or Syria (?)
600–300 BCE
H. 16.6 cm; gold
MUSÉE DU LOUVRE

Funerary mask
Northern China
907–1125
H. 20.3 cm; bronze gilt
LOUVRE ABU DHABI

Funerary mask
Peru
100 BCE–700 CE
H. 17.5 cm; gold
MUSÉE DU QUAI BRANLY • JACQUES CHIRAC

FIGURES IN PRAYER

The hands clasped in front of the body in meditation is the universal pose of listening. Standing before the divine? Listening or in the silence of the emergence of self-awareness? Intercessors between the worlds of the dead and the living? The joined hands concentrate the body to ensure the continuity of celestial and terrestrial flows. A tension prolonged in the shape of the body, a cut tree trunk or block of polished stone.

Female figure
Greece, Syros, Chalandriani
2700–2300 BCE
H. 27.5 cm; marble
MUSÉE DU LOUVRE

Guardian statuette of an ancestor reliquary, called *Eyima byeri*
Gabon
1800–1900
H. 37.7 cm; wood
LOUVRE ABU DHABI

Praying figure
Syria, Mari, Temple of Ishtar
2500–2400 BCE
H. 38.8 cm; alabaster, bitumen
MUSÉE DU LOUVRE

Horse bit with the figure of a horseman
Iran, Luristan
900–700 BCE
H. 13, W. 13.6 cm; bronze
MUSÉE DU LOUVRE

Horsemen
Cyprus, Castroulla
700–600 BCE
H. 21 cm; painted terracotta
MUSÉE DU LOUVRE

Horseman
China
600–700 CE
H. 38 cm; terracotta, traces of polychromy
MUSÉE NATIONAL DES ARTS ASIATIQUES – GUIMET

HORSEMEN

Mankind's greatest victory? Mastering the animal in order to master men? Higher than others, stronger in combat. Human beings have long dreamed of having wings. Nothing brings them closer than the horse, which extends the horizon and accelerates time. Tamed in the vast grasslands of Central Asia, the horse spread, as far as the shores of the Atlantic and the Pacific, for the glory of civilisations.

Portable temple, called *Bure Koula*
Oceania, Fiji
Before 1900
H. 70 cm; wood, woven coconut fibres
LOUVRE ABU DHABI

Reliquary casket with the Three Magi
France, Limoges
c. 1200
H. 19.6, W. 17.5 cm; copper, enamel (champlevé)
LOUVRE ABU DHABI

HOUSES OF THE DEAD

The house of the dead resembles that of the living. Why keep the deceased with us? The living need the dead in order to inscribe their short lives into the long history of their community. They listen to their ancestors telling them stories, talking about the country, teaching them how to live and die. Reliquaries are the heritage, the heart and soul of the community. Like museums, they jealously preserve what we cannot lose without losing ourselves.

House-shaped urn
Italy, Basilicata
c. 600 BCE
H. 28.5, W. 36 cm; painted ceramic
MUSÉE DU LOUVRE

EWERS

Why these similarities? Are they the result of stylistic influences? Fashions? Or do they share something universal? There are not a thousand and one ways of pouring water. It requires balance and sets a rhythm. Free and impalpable, water needs to be tamed and contained. Glorified in ewers that speak of worlds where it is rare and precious, simple, life-giving water offers the spectacle of itself, accompanying in the jug the slow action that traces, like a ritual, the winding path of its flow.

Indian ewer embellished in Italy
Mother-of-pearl ewer: India, Gujarat
Mounting: Italy, attributed to Orazio Scoppa
c. 1640
H. 42 cm; copper gilt, mother-of-pearl, turquoise and garnets
LOUVRE ABU DHABI

Ewer in Persian shape
Southern China
1500–20
H. 47 cm; white porcelain, European mounting in bronze gilt
MUSÉE DES ARTS DÉCORATIFS

Ewer to hold holy water from the Zamzam Well
Turkey
1750–1800
H. 33 cm; copper gilt alloy
MUSÉE DU LOUVRE

Virgin and Child
France, Paris
1300–1400
H. 23 cm; ivory
LOUVRE ABU DHABI

The goddess Isis nursing her son Horus
Egypt
800–400 BCE
H. 30 cm (with base); bronze
LOUVRE ABU DHABI

MOTHERHOOD

What is the secret of the universal love of a mother for her child? It brings the child to life and opens the path of existence, turning us into human beings and instilling in us a desire for fraternity. Birth also brings the promise of spring, the hope of a possible new beginning. An instant suspended in the cycle of days and nights, milk makes us forget our tears and blood.

Phemba, maternity figure
Democratic Republic of the Congo
1800–1900
H. 33.5 cm (without base); wood
LOUVRE ABU DHABI

DISHES WITH SOLAR DECORATION

In some myths, man was created on a potter's wheel. The spiral uncoils around the navel in a circular space. Might it be a kinetics that recalls the movement of the sun and moon in the sky? Radiating from a centre, the spiral meets the rays of time. The time of the world, space of mankind, primordial cycles of life and beings? In turning around this axis, however, the story has neither beginning nor end, just as the Earth has always revolved around the Sun.

Ewer basin decorated with the Triumph of Ceres
Jean Court called Vigier (?)
France, Limoges
1558
Diam. 43.8 cm; enamel painted in grisaille on copper
LOUVRE ABU DHABI

Ewer basin with St Barbara in the central medallion
Italy, Venice (basin)
France, Limoges (medallion)
c. 1500
Diam. 49.5 cm; enamel painted on copper
LOUVRE ABU DHABI

Flat dish decorated with gadroons
Spain
1525–50
Diam. 39.7 cm; lustreware faience
MUSÉE NATIONAL DU MOYEN ÂGE – THERMES DE CLUNY

Writing and poem case
Japan
1870–1900
L. 21.5, W. 11.2 cm; lacquered wood, silver, gold
LOUVRE ABU DHABI

Writing case decorated with the planets
Abu'l-Qasim ibn Sa'd ibn Muhammad ibn al-Is'irdi
Syria
1245–46
L. 25.7, W. 6.4 cm; copper inlaid with gold and silver
MUSÉE DU LOUVRE

WRITING CASES

When these cases are opened, the pen and ideas take flight. What is the metamorphosis whose secret they keep? The stylus, calamus and quill are extensions of the hand and trace the precision of its movements. With the power of knowledge, they are the envied prerogative of the scholar, the scribe or writer. They address the intangible forces of the imagination and the word, capturing them in small lines of obedient signs whose victory lies in turning the memory of civilisations into history.

Scribe's writing palette
Egypt
1550–1050 BCE
L. 34, W. 6.1 cm; wood
MUSÉE DU LOUVRE

WING 1

GALLERY 1

THE FIRST VILLAGES

GALLERY 2

THE FIRST GREAT POWERS

GALLERY 3

CIVILISATIONS AND EMPIRES

WING 1
GALLERY 1

THE FIRST VILLAGES

From its original birthplace in East Africa, mankind took millions of years to spread all over the world. We ourselves, *Homo sapiens*, gradually replaced the other species of hominids to reign alone on earth and give humanity its deep unity. Much later, just 10,000 years ago, various areas of the world underwent climatic and environmental changes that led the previously nomadic human communities to domesticate plants and animals and create the first villages. This Neolithic Revolution, a key event in human history, took place in three major areas: the Fertile Crescent, stretching from the Jordan Valley in Mesopotamia through Syria and Turkey, and with rapid expansion towards Egypt, Europe, Central Asia and the Indian subcontinent; China in the basin of the Yellow River, then spreading across the whole of the Far East; and Central America. The concomitance of these events and their parallel development mark the starting point of the collective history of the world as recounted and illustrated in the Louvre Abu Dhabi. One of the most distinctive manifestations of this key period is the unprecedented development of human figuration. The appearance of monumental figures in Ain Ghazal in Jordan and other places in Syria and Turkey could be evidence of a cult of ancestors serving to legitimise territorial appropriation. The smaller figurines with pronounced female attributes could instead be connected with fertility, a paramount concern of the first agricultural societies. An entire economy of production gradually developed in the villages. The invention of pottery, henceforth an indication of sedentarisation, made it possible to produce containers for the storage and cooking of food, but also more delicate and sometimes decorated vessels. Like jade axes and finely worked stone daggers, these fine ceramics were probably invested with a social and religious value rather than being made for practical purposes, and are indicative of the rise to power of the first chiefs.

Deep upheavals accompanied the new way of life of the first villagers, farmers and stockbreeders. Technical innovations and long-distance trade increased rapidly, a social hierarchy was swiftly established and a radical change in mentality manifested itself in new religious practices. For over a century now, excavations carried out in Syria, Jordan and Palestine in the Levant have shed light on certain singular burial practices like the use of plastered skulls, which no doubt reflect an early form of the cult of ancestors. While bonding the group around a shared identity handed down from generation to generation, this cult also reinforced the territorial rootedness of the first agricultural communities. The domestication of plants and practice of agriculture also transformed the relationship with the environment and the earth, whose fertility, upon which regular harvests depended, became indispensable to life from this time on. The proliferation of figurines with disproportionately accentuated female attributes, often interpreted as mother goddesses and probably reflecting these new concerns, is attested all over the globe. They all bear witness to a new symbolic order system then established, a kind of "humanistic revolution".

THE BIRTH OF THE FIGURE

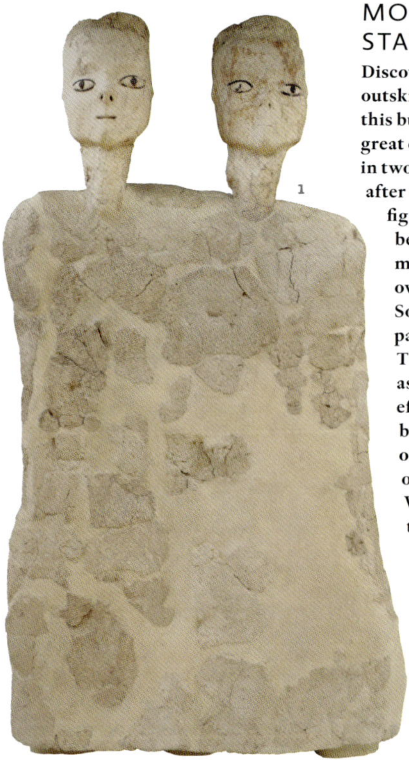

1

THE FIRST MONUMENTAL STATUES

Discovered at Ain Ghazal, on the outskirts of Amman in Jordan, this bust had been buried with great care with thirty or so others in two separate pits, probably after use. Whether full-length figures or simple busts, all had been fashioned in the same manner, modelled in plaster over a core of braided reeds. Some still bore traces of paint and other materials. They are sometimes interpreted as divine figures but usually as effigies of ancestors, as might be suggested by the presence of twin heads, a representation of a mythic couple or twins. Whatever the case, they reveal the existence of a symbolic or spiritual way of thinking that probably united the first village communities of the Levant. To this day, these statues are some of the earliest monumental representations of human beings.

2

TOWARDS THE ABSTRACTION OF FORM

This Cypriot idol is a splendid example of the geometrical representation of human forms, a trend that appeared during the 3rd millennium BCE and found both in the Mediterranean area and in Anatolia. Cut out of a sheet of clay, as its name suggests, this statuette is distinguished by its Siamese-twin heads, a characteristic it shares with the bust from Ain Ghazal. The faces and body bear incisions to suggest decorative elements, clothing and even tattoos or scarring. While the two heads have a single body seen from the front, the back of the statuette suggests two separate figures.

3

FEMALE – MALE

The Valdivia statuettes constitute the earliest examples of visual art on the American continent. They also display stylised and hypertrophic female forms, sometimes associated with male attributes. Their generally fragmentary condition suggests that they may have been smashed as part of a ritual.

NEOLITHIC REMAINS

This female statuette, modelled and embellished with added beads of clay, seems to be hiding her face beneath a bird-shaped mask. She descends from a Neolithic figurative tradition that, in the region of Mehrgarh (modern Pakistan), dates from the 7th millennium BCE. The end of the Egyptian prehistoric period saw a proliferation of human and animal figurines made of ivory, bone, stone or earthenware, which have been found in large numbers since the end of the 19th century, some buried in tombs and others hidden in caches inside the earliest temples and sanctuaries of ancient Egypt. Slightly sullen, she stands entirely naked, her right arm hanging down the side of her body while her left supports a heavy, ample bosom. Her balanced proportions, three-part wig and delicate features already herald the aesthetic conventions of pharaonic Egypt.

4

5

6

THE APPEARANCE OF EARTHENWARE FIGURINES

This female figurine with a highly stylised face and conspicuously emphasised female attributes (hips and breasts) is characteristic of the Halaf culture that extended from northern Syria to the shores of the Mediterranean in the west and to the foothills of the Zagros range in the east. Often regarded as personifications of fruitfulness or fertility, these Mesopotamian figurines are sometimes associated with zoomorphic representations, generally of bulls, which would thus represent the complementary principle of virility.

1.
Two-headed monumental statue
Jordan, Aïn Ghazal
c. 6500 BCE
H. 88 cm; plaster, bitumen (eyes)
DEPARTMENT OF ANTIQUITIES OF JORDAN

2.
Plank idol with two heads
Cyprus
2300–1900 BCE
H. 27.9 cm; polished and incised terracotta
LOUVRE ABU DHABI

3.
Female figurine
Ecuador
3000–2000 BCE
H. 8.5 cm; modelled and painted terracotta
MUSÉE DU QUAI BRANLY – JACQUES CHIRAC

4.
Female figurine wearing a necklace
Pakistan, Balochistan
2800–2700 BCE
H. 10 cm; modelled terracotta
LOUVRE ABU DHABI

5.
Female figurine
Egypt, Hierakonpolis (?)
3100–2800 BCE
H. 9.5 cm; bone
LOUVRE ABU DHABI

6.
Female figurine
Syria, Halaf
6000–5100 BCE
H. 5.6 cm; modelled and painted terracotta
MUSÉE DU LOUVRE

A MASTERPIECE
THE BACTRIAN PRINCESS

CLAD IN A VOLUMINOUS GARMENT with puffed sleeves, this female statuette with an imperious bearing belongs to the Oxus civilisation, which spread in Central Asia in the late 3rd and early 2nd millennium BCE. A network of fortified settlements developed in the areas of deltas in the heart of a territory extending over modern Uzbekistan, Turkmenistan and part of Afghanistan. As suppliers of raw materials like metal and lapis lazuli, they traded beyond the mountains and deserts with regions as far away as Mesopotamia, the northern coasts of the Arabian Peninsula, the Iranian plateau and the Indus Valley.

Despite the loss of its calcite arms, this statuette is among the masterpieces of its kind. Like the rest of the approximately forty specimens recorded today, it is made up of several detachable parts (headdress or hair, head and dress) in materials of deliberately contrasting colours: green chlorite for the clothing and headdress and white calcite for the exposed parts of the body. While most of these figurines are seated, this one is in a standing position and surpasses most of the others both in height (25 cm) and in the delicacy of its features.

The absence of specific attributes and precise archaeological documentation makes it impossible to identify this young woman with any certainty. Sometimes majestic and sometimes rudimentary, these composite figures were frequently placed in the tombs of men and women alike to afford protection in the world beyond the grave.

In a world with no writing, this imposing female figure also appeared on certain ceremonial objects, such as goblets, seals and pins, in combat with fantastic creatures (dragons and eagle-headed spirits) in a complex mythological repertory. Of divine nature, she appears to reign over the entire Central Asian pantheon, governing the forces of the underworld and ensuring the rebirth of vegetation and preservation of the cycle of nature and water.

The discovery of fragments of comparable statuettes on the sites of Quetta and Harappa in Pakistan, but also at Susa in south-west Iran, confirms the vast network of long-distance trade that characterised the end of the 3rd millennium BCE and connected the Mediterranean with the shores of the Gulf, the Indus Valley and the foothills of the Pamir range.

This majestic figure is clad in a voluminous garment decorated with incised lozenges that recall the woolly tufts of the *kaunakes*, the traditional garment of the Sumerian people, who settled in southern Mesopotamia in the first half of the 3rd millennium BCE.

Few of the Bactrian princesses have faces fashioned with such finesse, a specific treatment that immediately places the specimen of the Louvre Abu Dhabi among the masterpieces of Central Asian statuary. The expression was formerly enhanced with now lost elements, possibly of lapis lazuli, as in other specimens.

The slightly recessed neck of the garment still bears traces of working with tools. It was probably concealed beneath a now lost broad collar or front panel of metal or stone. As other statuettes present traces of painting, these figurines should be imagined as embellished with ornaments and colours.

Woman dressed in a woollen garment
Central Asia, Bactria
2300–1700 BCE
H. 25.3 cm;
chlorite, calcite
LOUVRE ABU DHABI

The advent of the Neolithic economy, based on agriculture and stockbreeding, led to radical changes in the first village communities, which experienced unprecedented growth in population. These increasingly complex societies thus saw the emergence of the first ruling classes and the first inequalities, whose manifestations and extent varied from region to region. The power of these elites was expressed through monumental buildings of a public or funerary character, and through the appropriation and display of specific objects, items of prestige whose symbolic value far outweighed their practical utility.

FROM TECHNOLOGY TO SYMBOLS

ABOVE AND BEYOND everyday needs, complex trade networks developed in the Near East as in China and Europe. Certain materials were particularly sought after. Caramel-coloured flint from the quarries of Grand-Pressigny in western France, Alpine jadeite, Near-Eastern obsidian and Chinese jade sometimes circulated over hundreds of kilometres.

The growth in this trade was due to the technical innovations of the period in the extraction, transport and transformation of raw materials, but also to the increasing demand of the new ruling classes, eager to possess and flaunt rare and precious objects for the prestige they conferred.

Certain stone tools are of exceptional workmanship. They stand out from everyday production by virtue of their skilful cutting, the regularity and sharpness of their blades, and the quality of their finish and polishing. Such technical feats certainly transcend mere functions of utility. Moreover, the fragility of certain blades and the absence of any trace of wear on certain axes clearly show that they were in fact never used.

Jade ruled the pantheon of prized materials in Neolithic China. As a guarantee of immortality, it also enjoyed a symbolic dimension similar to that of gold in other civilisations.

Placed in tombs, as in the burial site of Liangzhu in China, or buried in caches like the axes of Arzon in France, some of these objects were deliberately removed from the world of the living and the circuits of trade. Apart from the social prestige and power they conferred on their owners, they also attest to beliefs – perhaps to religions and rituals – that are still largely unknown.

1

VERY FINE BLADES

As from the Palaeolithic era, the technical prowess invested in certain tools went far beyond their simple use. These long Solutrean blades, for example, were so fine that they could not be used without breaking. They would have conferred particular status on their maker or owner. Their symmetrical form may have been modelled on plants.

2

3

JADE, HUMANITY'S FIRST GOLD?

In parallel to the diffusion of polished axes, western Europe has also yielded a number of discs in semi-precious stone with a circular hole at the centre. Their precise function is unknown. They may have been elements of jewellery, necklaces, belts or pectorals, however, the precious nature of the material and the rarity of these discs suggest that they should be regarded as symbols of power, like their distant Chinese counterparts.

This disc with a round hole in the middle, known as a *bi*, may have represented the sky, which was also conceived as circular in China. Bi discs, whose function is not known with any certainty, were initially placed in important Neolithic tombs with many other objects and are assumed to have served some ritual purpose. As a rare and precious substance conducive to immortality, jade was believed to protect the bodies of the dead on their journey to the world of the ancestors. In China as in Europe, its use appears to have been the exclusive prerogative of the most powerful.

4

Thousands of polished Neolithic axes have been discovered in western Europe since the 19th century, placed in graves and sometimes in caches. Seventeen were deliberately hidden in the Arzon hoard. As some of the stones originated in a quarry located over a thousand kilometres away in the Alps, the Arzon axes attest to the long-distance trade that characterised the period. All were subjected to an exceptional degree of finishing, as their polishing required many days of work, but it is certain that none of them was ever used to fell a tree. Their exceptional length, thinness in cross-section and sharp edge, often too brittle to withstand a shock, suggest a more symbolic function.

THE SKILLS OF EGYPTIAN CRAFTSMEN

Originally equipped with a handle of ivory or bone, this blade embodies the peak of flint-working in a context of technological competition at the time that bronze appeared in Egypt. Asserting established values which the symbolic power of the chieftain bears as the upholder and transmitter of tradition, it was fashioned with particular care. In order to obtain such aesthetic quality, fine flakes of flint were regularly removed after the polishing of the blade. Its plano-convex shape presages the fish forms that were later employed in cosmetic palettes such as this.

5

6

1.
Blade in the shape of a laurel leaf
France, Dordogne (?)
22,000–18,000 BCE
H. 18.5 cm; flint
LOUVRE ABU DHABI

2.
Disc ring
France, Volnay
c. 4000 BCE
Diam. 10.6 cm; jadeite
MUSÉE D'ARCHÉOLOGIE NATIONALE

3.
Bi disc
China
2300–1500 BCE
Diam. 28 cm; jade
MUSÉE NATIONAL DES ARTS ASIATIQUES – GUIMET

4.
Polished axes
France
4000–3000 BCE
H. 15 cm; jadeite
MUSÉE D'ARCHÉOLOGIE NATIONALE

5.
Smoothed and retouched knife blade
Egypt
3200–3000 BCE
L. 23.2 cm; flint
LOUVRE ABU DHABI

6.
Fish-shaped cosmetics palette
Egypt
3600–3200 BCE
L. 21 cm; sandstone
MUSÉE DU LOUVRE

Together with agriculture and stockbreeding, the art of pottery has long been regarded as one of the great inventions of the Neolithic era. Its appearance is, however, connected above all with the transition of ancient communities from nomadism to sedentism. Earthenware vessels, objects of everyday use for the preparation, consumption and storage of food, soon came to bear painted, imprinted or incised decorations peculiar to the cultures and communities that produced them. Certain more delicate and finely decorated forms were put to particular uses related to the world of religious beliefs or asserting the status of their owners.

THE BIRTH OF THE ART OF POTTERY

A CRUCIAL INNOVATION, pottery is an artificial material with many properties.

The malleable, plastic paste obtained from a mixture of water and clay made it possible to create all kinds of vessels by modelling, moulding or coiling before the invention of the wheel. The walls of the objects thus fashioned then became an ideal support for decorations, applied before or after firing, which served as markers to identify their culture of origin.

Whether placed in tombs or broken and discarded, pottery and potshards have remarkable powers of preservation and open up an incomparable field of study once unearthed. The analysis of contexts of excavation, forms, materials and decorations provides a vast amount of information on the communities that produced them. Ceramic finds can thus supply elements for dating, identify the characteristics of certain cultural groups, and help to trace trade routes over long and short distances.

Earthenware vessels of the Jomon culture (12,500–500 BCE) in Japan are among the earliest known ceramics. They appeared in the 10th millennium BCE, when the local populations, while continuing to live by hunting, gathering and fishing, founded their first villages. Earthenware then advantageously replaced the older storage containers made from organic materials (wickerwork baskets) to preserve food from rodents and other vermin. Its use led to radical changes in diet. Due to its heat resistance, certain products then became edible after boiling.

Pottery production may have developed very early in the Jomon culture but did not spread from there to the neighbouring areas. This fundamental invention instead arose independently in various places in the world. On the African continent, it was during the 8th and 7th millennia BCE that the use of ceramics spread in the Saharan region, while the first American examples of earthenware appeared at the same time in lower Amazonia.

Paradoxically, pottery made its appearance latest of all in the Near East, the cradle of the Neolithic era, where the first earthenware vessels, produced in northern Mesopotamia, date from the beginning of the 7th millennium BCE. Their use spread quickly and the painted decorations make it possible to identify the cultures occupying the region over a period of nearly three thousand years. Pottery then spread to central and western Europe with the advance of Neolithic settlements along the Mediterranean coasts and the valley of the Danube.

1

2

3

1.
Funerary jar with painted decoration
China
3000–2000 BCE
H. 58 cm;
painted terracotta
MUSÉE NATIONAL DES ARTS ASIATIQUES – GUIMET

2.
Jar with cord-patterned decoration
Japan, North Kanto
3500–2500 BCE
H. 54.5 cm; terracotta
LOUVRE ABU DHABI

3.
Vase with geometric and animal decoration
Iran, Susa
4200–3800 BCE
H. 26.6 cm;
painted terracotta
MUSÉE DU LOUVRE

4.
Vase with geometric decoration imported from Mesopotamia
United Arab Emirates, Abu Dhabi, Marawah Island
c. 5500 BCE
H. 20 cm;
painted terracotta
DEPARTMENT OF CULTURE AND TOURISM, ABU DHABI

A UNIVERSE OF FORMS

The Jomon culture survived for thousands of years and presents extraordinary continuity in the Japanese archipelago. The earthenware vessels often display, as in this case, a depth indicative of their use in cooking. Prior to the invention of the potter's wheel, they were built up entirely in coils. The surface was then smoothed and polished with the aid of spatulas, stones or shells. Decoration was applied as imprints of cords, bamboo tools or shells. The vessels were then fired in an outdoor pit using wood as fuel. Their stylised forms representing clouds, water and fire are actually just a small fraction of the immense repertoire used by Jomon potters. They may transcribe myths which are unknown to us from any other sources.

COMPANIONS FOR ETERNITY

Pottery is often divided into two kinds: common ware of coarse material intended primarily for domestic use in the storage and cooking of food, and fine ware produced with greater care and embellished with imprinted, painted or incised decorations to enhance prestige. An example of the latter is this large goblet with extremely thin walls built up by hand and its stylised decoration representing the environment of the first agricultural communities in south-west Iran.

4

FROM HAND TO HAND: THE FIRST EXCHANGES IN THE GULF

Discovered in a Neolithic settlement on the island of Marawah, this vase is currently the oldest piece of pottery to have been discovered in the United Arab Emirates. Astonishingly, it was not produced locally. Its decoration of chevrons and broken lines is characteristic of the Obeid culture that was then spread across the south of Mesopotamia. The presence of this container on the island of Marawah, almost a thousand kilometres from its culture of origin, is indicative of the first attempts at navigation in the Gulf and the early trade that these voyages encouraged.

WING 1
GALLERY 2

THE FIRST GREAT POWERS

A little over 5000 years ago, the first agricultural societies crossed a major threshold with the appearance of kingdoms and cities in various parts of the world. This phenomenon attests an increase in social and cultural complexity that manifested itself in the emergence of dominant figures like the "priest kings" of Mesopotamia and the pharaohs of Egypt. These rulers, who based their power on their role as intermediaries between humanity and the gods, are well known to us through their abundant and sometimes monumental iconography. At the same time, in the first cities founded in Mesopotamia and soon after in Egypt, the Levant and China, technological progress intensified and specialised economic production, population growth and monumental architecture generated an unprecedented social and cultural melting pot conducive to trade and innovation. It was also in these cities that writing was invented, initially as a simple tool for bookkeeping and administration, but soon making it possible to record the history of societies and preserve their memory. The rise of the first great powers also marked the creation of authentic kingdoms, whose rivalry led to the proliferation of conflict and war. This period is known as the Bronze Age due to the widespread use of weapons made of this alloy of copper and tin in all continents. Axes, swords of all kinds and armour of increasingly fine workmanship have been found in caches and in the graves of these early elites, as well as spectacular bronze vessels used during rituals of communal collective consumption. This nascent aristocracy soon acquired an asset of major historical impact, namely the horse, which accelerated long-distance trade, increased the size of kingdoms and broadened societies' horizons.

Intrinsically linked with the new forms of power, the birth of writing was an adventure so extraordinary as to be recounted in ancient myth as both an incredible flash of human genius and a precious gift from the gods. In fact, whatever its source, writing was the fruit of a long, constant, conscious intellectual effort to transcribe the subtlety of spoken language through trial and error. Once adopted, this new tool facilitated the organisation of everyday life and provided a channel for transactions and communication. Writing soon extended the world's horizons, making it possible to transmit skills and blaze new trails of knowledge.

WRITING, COUNTING AND RECOUNTING

WRITING appeared first and almost simultaneously between 3300 and 3200 BCE in Mesopotamia and Egypt, two areas then in a period of great effervescence and innovation that resulted in the birth of the first cities and first royal rulers, as well as the development of skilled craftsmanship and interregional trade.

It was precisely the increasing complexity of these transactions that gave rise to the first inscribed signs in Uruk in southern Mesopotamia. Writing was first of all an aid to memory, a tool to facilitate the management of herds and goods as well as the administration of land and people. The earliest hieroglyphs in Egypt were more closely associated with the birth of royal power, appearing in the tombs of the first rulers of the Nile Valley and revealing their names.

In China the first pictograms are registered somewhat later, around 1500 BCE, again developed within the royal sphere. They appeared during the Shang dynasty, which reigned over the central plains between 1600 and 1200 BCE, but did not serve the same functions as in Mesopotamia or Egypt. Rooted in the religious sphere, they were divinatory texts or *jiaguwen*, inscribed on tortoise shells, reindeer horns or bones of cattle, and covered all the aspects of the ruler's life, including military strategies, worship of the ancestors and construction projects.

Like every other tool or technique, writing is not static but subject to modification and improvement. The Mesopotamian, Egyptian and Chinese systems underwent change and enrichment over the centuries, soon making it possible to transcribe the spoken language in all its nuances. The first chronicles of war, legal documents and literary and religious texts made their appearance. Unlike the Mesopotamian and Egyptian scripts, which were abandoned during the first centuries CE, some of the earliest Chinese pictograms are still in use today.

THE BIRTH OF WRITING IN MESOPOTAMIA

The first Mesopotamian tablets were tools used for bookkeeping that served to record the movements of goods (cereals, fabrics and livestock) and personnel in the first cities. Figurative or abstract signs known as pictograms were marked for this purpose on small tablets of wet clay. Combined with small notches representing numerical values, these pictograms did not yet transcribe spoken language but simply compiled the first lists of goods, personnel and merchandise. Between 3000 and 2500 BCE, the use of the calamus (a reed pen with a split at the end for a nib) transformed the appearance of signs imprinted in clay, which became wedge-shaped. The resulting cuneiform script, from the Latin *cuneus* meaning wedge, served to transcribe the various languages of the Near East for nearly three thousand years.

1

WATCHED OVER BY THE GODS

The birth of writing gave rise to new professions and the appearance of scribes, teachers and scholars. Great importance was attached to the office of scribe in Egypt, where the ability to write was seen as a badge of power and a privilege. The royal scribe Nebmerutef is shown here under the protection of the god Thoth, the tutelary divinity of the profession depicted here as a baboon. According to Egyptian myth, Thoth bestowed hieroglyphs (*medu-netjer* or the divine word) on humanity, thus opening up the paths of wisdom.

2

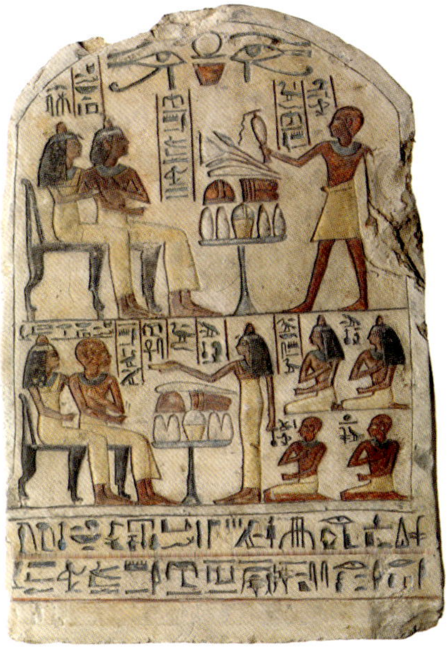

3

THE MAGIC OF SIGNS

On this funerary stele, the goldsmith Maa, seated beside his wife, receives the ritual water from the hands of his son. The hieroglyphs covering the whole of the stele make it possible to identify the figures depicted but are also endowed with a magical, sacred dimension. The hieroglyphic script is "performative" in the sense that the statement becomes reality: as long as the name of Maa is inscribed on the stone, he lives in the world beyond.

4

WRITING THE FUTURE

This oracular bone illustrates the concerns connected with the organisation of the human world in ancient China. The figures mentioned refer to the reign of Wu Ding, the fifth Shang sovereign (1324–1264 BCE), who wishes to know which tribe he should ally with for the purpose of a military expedition.

1.
Tablet inscribed with pictograms
Iraq, Mesopotamia
c. 3000 BCE
H. 4.5, W. 4.3 cm; limestone
MUSÉE DU LOUVRE

2.
Nebmerutef, royal scribe
Egypt
1550–1069 BCE
H. 19.5, W. 20.5 cm; greywacke (schist)
MUSÉE DU LOUVRE

3.
Funerary stele of the goldsmith Maa
Egypt
1550–1425 BCE
H. 38.5 cm; painted limestone
MUSÉE DU LOUVRE

4.
Oracular bone inscribed with Chinese characters
China
1324–1264 BCE
H. 14.5 cm; bone
MUSÉE NATIONAL DES ARTS ASIATIQUES – GUIMET

The first states were formed in Mesopotamia and Egypt at the end of the 4th millennium BCE, in parallel to the emergence of cities and writing. At their head was a new figure of authority, now embodied in a single person, the king or ruler, who claimed the right to exercise power over society on the basis of a privileged relationship with the gods. In these two regions, the abundance of archaeological remains, figurative representations and the early chronicles make it possible to trace the fortunes and lineage of certain kings, whose powers from this time onwards were exercised on a hereditary basis. Due to the lack of written sources, it is more difficult to ascertain the nature of the first power structures in the Indus Valley and China, which appeared somewhat later.

KINGS, MIDWAY BETWEEN THE GODS AND MANKIND

THE MESOPOTAMIANS SAW royalty as one of the most significant contributions to civilisation and a gift from the gods, as is attested by the list tracing the succession of the first Sumerian dynasties compiled at the end of the 3rd millennium BCE.

Between 2900 and 2340 BCE, each of the small rival city-states on the Mesopotamian plain was dominated by a figure of authority known as *en*, *ensi* or *lugal* in Sumerian. Whatever the reality represented by these different titles, all these rulers shared the same idea of power. As an intermediary between the gods and men, the ruler ensured the building of temples and correct worship, favouring in particular the guardian divinity of the city he ruled over. A good shepherd to his people, he also ensured the prosperity of the kingdom, simultaneously administering justice, undertaking major works and, if necessary, waging war.

This concentration of power was found in Egypt but on a far vaster territorial scale. According to Egyptian cosmology, the unification of the Nile Valley and Nile Delta under the rule of the first dynasties at the end of the 4th millennium was a victory over the forces of primordial chaos as well as being the founding act of the pharaonic civilisation. A concept of royalty closely related to the divine world then prevailed for over three millennia. As the son of Ra and then of Amun, the sovereign was essentially of divine nature. His reign followed on in continuity from that of Horus the falcon god, the son of Osiris and Isis, and the first sovereign of unified Egypt. He was thus regarded as a living Horus, a reincarnation of this mythic king.

As a son of the gods and the lord of the two lands, the pharaoh was primarily responsible for ensuring the correct order of the world and the stability of the cosmos. Without him, the world would soon be reduced to a state of chaos, threatening the very existence of the universe. In order to ensure universal harmony – the course of the stars and the sun, the annual return of the flooding of the Nile and the maintenance of social order – the pharaoh was responsible every day for the worship of the gods in his role as their sole intermediary on earth.

The pharaoh, who was both a god and a man at the same time, was an absolute sovereign and thus combined legislative, administrative, legal and military functions. The scale of the task prompted the delegation of some duties to a senior official known as the vizier. This lofty figure of authority was not exempt from criticism, however, as the ancient Egyptians were well able to distinguish between the quasi-divine royal function and its necessarily fallible embodiment on earth.

THE SUMERIAN KING AT THE SERVICE OF THE GODS

The perforated plaques characteristic of the Sumerian civilisation that blossomed in Mesopotamia during the first half of the 3rd millennium BCE are low-relief votive tablets placed in temples. Here Ur-Nanshe, king of Lagash, is depicted in a family setting with a servant and his four sons, including Akurgal, his designated successor. The king is depicted on a larger scale, in accordance with the artistic conventions of the time. Like the other figures, he is represented in prayer with his hands joined at chest level. The inscriptions in Sumerian assert his function as a royal builder and commemorate the construction of a temple dedicated to Ningirsu, patron god of the city.

1

2

3

QUEEN OR GODDESS?

This low-relief shows a female head with very fine features wearing a vulture headdress. It is difficult to identify the figure depicted in the absence of any further attribute. Is she the mother goddess Mut, tutelary divinity of the reigning family, or a queen similarly endowed with maternal and protective functions?

AMUN, A GOD IN THE IMAGE OF KINGS

The divine world closely resembles the human world. Amun, king of the gods, dominated the Egyptian pantheon from the Middle Kingdom and became the national divinity by definition with the 18th Dynasty. While frequently associated with the ram or goose, this great god originating in Thebes, whose name meant "the hidden" or "unknowable", is generally depicted as a sovereign enthroned in majesty.

THE PHARAOH, A GOD ON EARTH

This arched stele is partly covered with a long inscription in hieroglyphs that promulgates a royal decree in the name of Tutankhamun (1336–1327 BCE), in which a certain Raya, a high priest in the Temple of Osiris in Abydos, is assured protection. At the top of the stele, the low-relief decoration includes a surprising instance of twin representation: Tutankhamun appears twice. As the only mediator between earth and the gods, the pharaoh is first shown giving offerings and prayers to the great god Osiris, the Lord of the Underworld, before taking his place and in turn receiving offerings from the high-ranking official Pa-en-nesit.

4

1.
Votive relief depicting Ur-Nanshe, king of Lagash
Iraq, Girsu
2550–2500 BCE
H. 23, W. 29 cm; limestone
MUSÉE DU LOUVRE

2.
Amun, king of the Egyptian gods
Egypt
1336–1327 BCE
H. 67.8 cm; diorite
MUSÉE DU LOUVRE

3.
Image of a queen or a goddess
Egypt
360–282 BCE
H. 19 cm; black stone
LOUVRE ABU DHABI

4.
Stele in the name of Tutankhamun
Egypt, Abydos
c. 1327 BCE
H. 166, W. 82 cm; pink granite
LOUVRE ABU DHABI

5.
Gudea, prince of Lagash
Iraq, Girsu
c. 2120 BCE
H. 107 cm;
black stone
MUSÉE DU LOUVRE

GUDEA, A KING OF EXEMPLARY PIETY

After its inclusion in the Akkadian empire (2340–2200 BCE) founded by Sargon, the city of Tello, ancient Girsu, regained its independence at the end of the 3rd millennium. Its ruler Gudea favoured Sumerian piety over the military ideals of the Akkad dynasty and is thus depicted in total humility, barefoot, beardless and with no jewellery, his hands joined in prayer at chest level as in the image of his distant predecessor Ur-Nanshe. Nearly twenty statues of him are known to date. Placed in the major sanctuaries of the city, whose restoration he ensured, they perpetuate the sovereign's prayer to his god for eternity.

5

6

6.
Ramesses II, pharaoh of Egypt
Egypt, Tanis
1279–1213 BCE
H. 259 cm; diorite
MUSÉE DU LOUVRE

RAMESSES THE GREAT, THE GLORIFICATION OF ROYALTY

The reign of Ramesses II (1279–1213 BCE) marked the peak of the Egyptian empire during the New Kingdom. While the pharaoh took pride in his many military victories and conquests, his reign was above all a long period of peace and prosperity. While he is also known as the builder responsible for the erection and restoration of numerous temples, first and foremost Abu Simbel, it is his divine and majestic nature that is emphasised in the statues that he commissioned. In this colossal image, Ramesses displays the attributes common to gods and sovereigns, namely the false beard and the *nemes* headdress decorated with a cobra on the forehead. Dated at the beginning of his reign, it was probably reworked for the celebration of a jubilee to reassert the divine nature of the pharaoh thirty years after he took the throne.

"May the land of Meluhha bring you
Precious desirable carnelian [...] in large ships. [...]
May the land of Magan offer you
Strong and resistant copper, stones of diorite...
MESOPOTAMIAN MYTH OF ENKI AND NINHURSAG

As the vase found on Marawah has already shown, navigation and trade were already present in the Gulf during the 6th millennium BCE. However, contact and exchanges multiplied from 2500 BCE, spurred by the growth of urban civilisations, initially in Mesopotamia and later in the Indus Valley.

TRADE IN THE GULF IN THE THIRD MILLENNIUM

THE MESOPOTAMIAN SOVEREIGNS manifested their power by surrounding themselves with precious objects and materials from very remote areas. Cuneiform texts of the period reveal that their suppliers included the ancient lands of Dilmun, Magan and Meluhha, regions corresponding to the Harappan cities in the Indus Valley, the trading post on the island of Bahrain, and the territories of today's United Arab Emirates and Sultanate of Oman. For eight hundred years, raw materials and manufactured products circulated around the coasts of the Gulf.

Archaeology has confirmed the dynamism of these exchanges. Among other materials, the Oman Peninsula supplied copper and semiprecious stones like diorite and gabbro, both of which were highly prized by the Mesopotamians. In the Emirates, workshops in which copper ore was transformed and metals worked have been discovered in Tell Abraq, while communal tombs of the same period discovered around the region, in such locations as Tell Abraq, Umm an Nar and Hili, confirm the blending of cultures in the Gulf. The dead were buried with painted vases from Iran, and small spherical bottles, ivory combs and necklaces made from carnelian from the Indus Valley, and sometimes even from Central Asia.

The cultures and civilisations that spread along the coastlines of the Gulf were remarkable for their diversity; conversely, they shared a fondness for vases made from soft stones like chlorite and steatite. Many examples were produced in south-east Iran for export. A little later, the Oman Peninsula began to produce pottery often decorated with friezes of dotted double circles.

Perishable foodstuffs, cargoes of dates, spices, dried fish, cereals and cloth probably followed the same routes but both written sources and archaeology reveal only the slightest traces of them.

1

AN "INTERCULTURAL" STYLE?

Made of chlorite, a soft stone that is easy to cut, this small vessel decorated with a frieze of palm trees laden with dates is a typical product of south-east Iran. Such articles were exported in great quantities all through the 3rd millennium to the southern coasts of the Arabian Gulf, as well as to the Sumerian cities of Mesopotamia and Syria. Particularly prized, they were sometimes adapted to the client's tastes and even copied in local materials.

2

3

STONES WITH SYMBOLIC COLOURS?

Discovered in Susa in south-west Iran, this necklace stands out for the diversity of its materials: beads of carnelian, lapis lazuli and agate, as well as of silver and gold, glazed earthenware, chlorite and rock crystal. It thus exemplifies the Mesopotamian taste for exotic materials. In addition to their aesthetic value, precious stones were also prized for their magical and symbolic properties, and some were considered complementary. Regarded as male and female stones, lapis lazuli and carnelian were thus very often combined in the jewellery of the 3rd millennium BCE.

4

FROM ONE SHORE TO ANOTHER

Carnelian beads have been discovered in large quantities on archaeological sites in the Oman Peninsula. They are mainly from the Indus Valley, where workshops have been discovered on the sites of Mohenjo Daro, Harappa and Chanhu Daro. Their manufacture was a particularly complex process, with lumps of chalcedony subjected to initial heating before being shaped by abrasion. Holes were then bored through them with a bow drill in the most delicate stage of the production process. After shining and polishing, the beads were then subjected to a final heating to obtain this beautiful orange-red colour.

A CRAFT INDUSTRY OF LOCAL TRADITION

In the period of the Umm an-Nar culture, which flowered between the present-day United Arab Emirates and northern Oman between 2500 and 2000 BCE, stone vessels from the Oman Peninsula were exported to Mesopotamia, Iran and as far away as Central Asia. Identifiable by the simplicity of their forms and the sobriety of their decorations, these objects are excellent cultural markers of the Oman Peninsula.

1.
Vase with date-palm motifs
South-east Iran
2300–2200 BCE
Diam. 10 cm; chlorite
MUSÉE DU LOUVRE

2.
Bead necklace
Iran, Susa
2340–2100 BCE
L. 20 cm; gold, semiprecious stones
MUSÉE DU LOUVRE

3.
Necklace imported from the Indus Valley
United Arab Emirates
2500–2000 BCE
L. 36.5 cm; carnelian
AL AIN MUSEUM

4.
Bowl with a decoration of dotted circles
United Arab Emirates, Abu Dhabi, Hili
2500–2000 BCE
H. 7 cm; steatite
AL AIN MUSEUM

During the flooding of the Nile, the cities alone remain visible above the water, like the islands in the Aegean, as the whole of Egypt becomes a sea.
HERODOTUS, HISTORIES, II, 97

Like the Tigris and Euphrates in Mesopotamia and the Yellow River in northern China, the Nile offers an environment conducive to human settlement. By transforming one of the world's most arid deserts into highly fertile land with its annual flooding, it fostered the birth of an extraordinary civilisation with abundant agricultural resources.

EGYPT, A GIFT OF THE NILE

THE NILE FLOWS FOR THOUSANDS OF MILES before ending its journey in Egypt, where it forms a long, narrow oasis of greenery that winds through the heart of the desert before branching out in the marshland of the Delta and discharging into the Mediterranean to the north.

Until the recent construction of dams, for thousands of years the country's existence was marked by the rhythm of its annual flood, which transported and deposited fertile alluvial materials in the river plain during the dry season. As soon as the flood began to subside, the inundated land was planted, its silt-rich soil proving particularly suitable for cereals like wheat and barley, but also lentils, peas, vegetables and fruit, which made up the diet of the ancient Egyptians. The upkeep of the riverbanks and irrigation canals was thus essential to ensure the country's prosperity and was therefore the task of the pharaoh, whose responsibility it was to maintain cosmic harmony. Papyrus, reeds, groves of sycamores, fig trees and acacias shaded the banks of the Nile and provided a habitat for fauna that advantageously supplemented the agricultural resources.

In addition to providing sustenance, the Nile was also a key thoroughfare. Navigation developed there in pre-dynastic times at the end of the 4th millennium BCE, thus fostering the circulation of people and food through the country. After the prehistoric period, the major cities in the country, such as Thebes, Memphis, and Tanis in the Delta developed as ports with a large volume of economic transactions. Cargoes of wheat requisitioned by the pharaonic authorities from Egypt's *nomes* or provinces passed through them on their way to the state granaries.

Subject to the whims of the river and its floods, the ancient Egyptians were highly concerned with the order of the world and included this crucial agent in the realm of their religious and funerary beliefs. While Hapi, the god of abundance, was associated with the river's generosity, it was Osiris that commanded the life-giving annual flood from his kingdom in the underworld. Similarly, the sun boat that transported Ra across the sky each day immediately brings to mind the ancient craft of the Nile. Divine boats were also placed in the temples to transport the gods and the statues embodying them during religious celebrations and processions.

1

THE HIPPOPOTAMUS, LORD OF THE NILE

This young hippopotamus in bright blue glazed earthenware is shown lying half-covered in the midst of aquatic plants of the banks of the Nile or the marshes of the Delta. Models of hippopotami, attributed with powers of regeneration, were placed in the tombs of important dignitaries of the Middle Kingdom to ensure the rebirth of the deceased in the afterlife.

2

1.
Hippopotamus
Egypt
c. 1850 BCE
L. 14.5 cm, faience,
painted decoration
LOUVRE ABU DHABI

2.
Model funerary boat and crew
Egypt
1991–1785 BCE
L. 107.3 cm; wood
lined with stucco
and painted
LOUVRE ABU DHABI

BETWEEN TWO WATERS

During the Middle Kingdom (c. 2033–1710 BCE), Egyptian dignitaries of high standing began to have wooden models placed in their tombs to enable them to perform their daily activities in the afterlife. The boats included among these models, generally in pairs, are reproductions of crafts used on the Nile: one with a sail for voyages to the south and Nubia, blown by the prevailing wind from the Mediterranean, and the other rowed north with the aid of the life-sustaining river's natural current. This stucco boat, which accommodates a crew of fourteen oarsmen, a helmsman and a leadsman to sound the depths, belongs to the second category. With the Nile being the principal thoroughfare in this world, as in the next, these boats enabled the deceased to fulfil his or her religious obligations by making the pilgrimage to the holy city of Abydos in Upper Egypt, home of the cult of Osiris, the fearsome ruler of the dead.

The Nile also marked the boundary between the worlds of the living and the dead. With very few exceptions, the ancient pyramids, tombs and necropolises were located on the west bank of the river, as the deceased were believed to reach Duat, the realm of the dead, in the west, where the sun ends its journey every day. The funerary practices of ancient Egypt have never ceased to fascinate since Herodotus first described them, attesting, as they do, beliefs and rites of a complexity and persistence seldom equalled in the history of mankind.

LIVING IN THE AFTERLIFE

FUNERARY PRACTICES IN EGYPT

ACCORDING TO THE ANCIENT EGYPTIANS, death is a stage of transition, certainly unpleasant but constituting a kind of prolongation of life rather than its severance and opposite. Before attaining eternal life, it was necessary to overcome the threat of a return to the primordial watery abyss of Nun, where oblivion and indifference reign. This necessitated careful preparations to ensure preservation of one's body, name and identity, as well as the correct performance of one's burial and funerary rites.

Techniques of mummification, attested from the Archaic or Early Dynastic Period at the end of the 4th millennium BCE, and perfected over the following millennia, serve to preserve bodily remains. After washing and purification, the embalmers removed all the organs subject to putrefaction other than the heart and dried the body with natron salts. Hardened with resins to ensure preservation, the corpse was finally wrapped in strips of linen with protective amulets inserted between the layers.

Placed in a sarcophagus and returned to the family, the body was then taken to its last resting place in the burial chamber of its tomb. A priest performed the opening-of-the-mouth ceremony on the threshold of the tomb by resting a ritual adze on the eyes, nose and mouth depicted on the sarcophagus so as to restore all of the deceased's physical powers and enable him or her to make use of the funerary offerings placed in the tomb.

Before reaching their eternal resting place and resuming their daily activities there, the departed were, however, required to undergo the final ordeal of judgement before the divine court presided over by Osiris, lord of the dead, and the weighing of the heart.

If the deceased's heart proved as light as the feather of Maat, goddess of justice, balance and truth, the fortunate individual was finally granted admittance to eternity as long as his or her funerary rites were performed and memory perpetuated.

1

ENTERING AND LEAVING THE TOMB

The chambers in which the deceased were laid to rest are always surmounted by a shrine serving to ensure their survival, above all through the offerings placed there. Among the items of furniture, false doors played an important role by enabling the immaterial elements of the individual to transit between the worlds of the living and the dead. On this door, the deceased, named Rekhmire, is represented in the centre before a table laden with offerings beside his wife Meryt. They are surrounded by prayers addressed to the principal divinities connected with the world of the dead.

2

3

1.
Pyramidion inscribed with the name of Huy
Egypt, Deir el-Medina (?)
1335–1295 BCE
H. 33 cm; sandstone
LOUVRE ABU DHABI

2.
False door from the tomb of Vizier Rekhmire
Egypt, Thebes
1479–1425 BCE
H. 99, W. 54 cm; granite
MUSÉE DU LOUVRE

3.
Osiris, god of the underworld
Egypt
1085–730 BCE
H. 44 cm; bronze, traces of gilding, glass inlays
LOUVRE ABU DHABI

ON THE APEX OF THE FINAL RESTING PLACE

Characteristic of the New Kingdom (1539–1075 BCE), pyramidia were the capstones of certain pyramid-shaped burial chambers built of brick. The pyramidion on the left-hand page is probably from the Deir-el-Medina village of craftsmen who worked on the royal tombs in the Valley of the Kings. The deceased, named Huy, is shown here on the four faces of the pyramidion, kneeling with his hands raised in adoration. The inscription informs us of his position as a "servant in the Place of Truth", meaning the royal tomb.

OSIRIS, GOD OF DEATH

The greatest god and inescapable divinity, Osiris, reigned over the kingdom of the dead. According to Egyptian myth, he was the first pharaoh on earth. When he ruled over Egypt in ancestral times, his envious brother Seth murdered him and cut him up into pieces. Fortunately, his wife Isis, with the aid of her sister Nephthys and the god Anubis, succeeded in gathering the pieces together and then bringing Osiris back to life to generate their son Horus. As on this statuette, Osiris is often depicted in his shroud with arms crossed and eyes open as a pledge of the rebirth he symbolises.

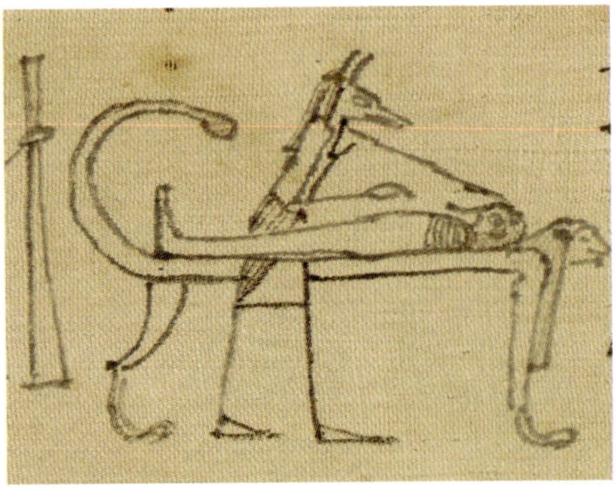

4

THE BOOK OF THE DEAD, A COMPENDIUM FOR ALL

The tradition of placing a papyrus scroll with texts and spells from the Book of the Dead in the tomb to ensure the eternal survival of the deceased began during the New Kingdom and lasted until the Roman conquest. More economical supports were sometimes used, like the linen shown here. This funerary strip of over three metres in length, bearing the name Psamtik-Mery-Neith, exemplifies a more popular art, the quality of the funerary material varying in relation to the social status of the deceased. There is no inscription, only figurative vignettes illustrating extracts from the Book of the Dead. This detail shows the jackal-headed god Anubis embalming the body of the deceased as he did for Osiris.

5

A SERVANT OF HIGH DEGREE

This statue of a funerary servant is exceptional by virtue of its size, the delicacy of its modelling and the quality of its intense blue glaze. As indicated by the royal cartouche in the middle of the text, it belonged to Seti I (c. 1290–1279 BCE), the father of Ramesses II. Even though he wears the royal *nemes* headdress and a rich *usekh* collar, the stylised agricultural implements he holds leave little doubt as to his function. Thus equipped, he will assist the deceased pharaoh in managing the fertile land granted him for all eternity.

6

UNDER THE PROTECTION OF THE GODS

The embalmers removed the internal organs of the deceased in order to limit the risk of putrefaction and facilitate preservation of the body. Lungs, liver, stomach and intestines were wrapped separately and placed in stone vessels that were then placed in the tomb beside the sarcophagus. From the period of the New Kingdom, the lid of each canopic jar was decorated with the head of one of the four sons of the god Horus, whose task it was to protect the organs they contained.

7

FUNERARY FIGURINES

Funerary figurines or *ushabtis* first appeared in tombs of the Middle Kingdom (c. 2033–1710 BCE) but underwent diversification and multiplication at the end of the New Kingdom. These small figures of stone, wood or glazed earthenware, as in this case, were servants responsible for performing the duties of the deceased in the afterlife. When inscribed, they bear his or her name, often accompanied by a protective formula. A tomb sometimes contained a whole troop of hierarchically arranged *ushabtis*.

4.
Mummy bandage: extract from the Book of the Dead
Egypt
c. 300 BCE
L. 310 cm; linen
LOUVRE ABU DHABI

5.
Funerary servant for Pharaoh Seti I
Egypt, Valley of the Kings
c. 1290 BCE
H. 22.9 cm; faience
LOUVRE ABU DHABI

6.
Canopic vases of General Psametiksaneith
Egypt
664–525 BCE
H. 56.2 cm; alabaster
MUSÉE DU LOUVRE

7.
Ushabtis, funerary servant figurines
Egypt
570–332 BCE
H. 10 to 20 cm; faience
MUSÉE DU LOUVRE

A MASTERPIECE
THE BURIAL TRAPPINGS OF HENUTTAWY

THE SEEMINGLY immutable system of Egyptian funerary practices and beliefs is actually an illusion, as they never ceased to evolve from the time of the Old Kingdom (2625–2130 BCE). At the beginning of the 1st millennium BCE, when Egypt underwent a period of serious political unrest, the pillaging of royal burial chambers in the necropolis of Thebes caused general anxiety and brought about a transformation of customs. One was an increase in the number of protective layers for the deceased and recourse to the gods to ensure the survival of the deceased in the afterlife.

This is why the princess Henuttawy, Pharaoh's daughter, was buried in an exceptional set of nested sarcophagi and a cartonnage case that enveloped her like a veritable cocoon, on both of which her name and titles were repeated continually. Henuttawy, "Venerated Mistress of the House", was the "Daughter of the king, Lord of the Two Lands, Sheshonq" and of "Shebet-Aset". Although we are unable to identify which pharaoh is mentioned as several named Sheshonq ruled Egypt at the start of the millennium, the name of the king immediately links this princess with the royal families of the 22nd Dynasty (945–715 BCE).

The body rested beneath richly decorated cartonnage representing the shroud of Osiris. The burial mask is made from gilded wood to imitate the imperishable flesh of the gods. The delicacy of the features and the large, elegantly underlined eyes attest to treatment reserved exclusively for the royal entourage. The numerous divinities depicted on the cartonnage include Maat, Osiris, Isis and Nephthys, as well as the four sons of Horus and the goddess Hathor, all of whom reinforce the physical and symbolic protection of the princess.

Three apparently modest wooden sarcophagi protected the princess's mortal remains. In an approximate reproduction of the shape of the princess's body, they gave no indication of the lavishness of the cartonnage inside.

The use of cartonnage increased during the Third Intermediate Period. Hugging the body of the deceased, it was moulded around a core made of mud, straw and several layers of linen, then covered with stucco and painted. A long slit in the underside allowed the body to be inserted once the core had been removed.

Sarcophagus of Princess Henuttawy: Coffins and mummy wrappings
Egypt
950–900 BCE
H. 180 cm; painted wood, stuccoed and painted cloth
LOUVRE ABU DHABI

The cartonnage of Henuttawy is remarkable for the vibrancy of the colours and the delicacy of its painted decoration. The princess's face, carved from wood and gilded, the refinement of her features, and her eyes in glass paste emphasised with kohl together endow the figure with striking presence.

Although Henuttawy has her fists closed on the outer sarcophagi, her fingers are long and tapering on the cartonnage case. Their slenderness and the detail given to the nails provide another instance of the skill of the craftsmen who worked for the royal family.

Maat, who can be identified by the feather she wears on her headdress, is seen beneath Henuttawy's large *usekh* collar. The goddess of justice was of primary importance in the Judgement of Osiris, when the soul of the deceased was weighed against the feather of Maat to see whether it would be allowed to enjoy eternal life in the afterworld.

Between the 3rd and 1st millennia BCE, from the Caucasus to the Atlantic and the Baltic to the Aegean, a largely rural world saw the emergence of a new aristocratic caste whose power rested on a set of shared values of a primarily military character. While the period was one of overall prosperity, as attested by the many trade networks that fostered the circulation of precious and exotic goods like ores, metals, salt, amber and glass, it also saw increased conflict over the sources and routes of supply. In these areas, where writing did not exist, the uprise in violence can be deduced from the development of weaponry in close connection with the new working of bronze.

RULERS AND WARRIORS
THE AGE OF HEROES

AS FROM 3000 BCE, copper and then bronze played an increasingly important role in the economy. By virtue of its hardness, bronze, an alloy of copper and tin or lead, soon became the chosen material for the manufacture of tools, weapons and jewellery in the 2nd millennium.
The extraction and diffusion of its constituent metals gave rise to new trading circuits. The copper mines of Oman and the Caucasus supplied Mesopotamia, while those of Cyprus and Sardinia focused on the Mediterranean area. The deposits in the Alps were the major sources of copper in Europe, while the British Isles supplied most of the tin. The repercussions of this trade extended far beyond the economic sphere, fostering the dissemination of skills and ideas, and radically transforming societies and their values.
Beginning in the 2nd millennium BCE, the continent of Europe, where the existence of cities was attested only on the Greek mainland, was organised in a network of chiefdoms of varying power located along the new trade routes. In order to establish their political power, the local chiefs or rulers surrounded themselves with warriors, who asserted their status by bearing arms and riding horses.
The emergence of this new and highly mobile warrior caste led to the growth of new classes of craftsmen and workers skilled in constructing wheels for chariotry, the breeding and breaking in of horses, and the manufacture of increasingly elaborate weaponry. Their movements contributed greatly to the spread of a shared ideology grounded in military values.
These powerful warriors, who recall the heroes with bronze weapons in Homer's *Iliad*, shared an assortment of ritual practices and disciplines, especially the art of war, but also hunting and the organisation of ceremonial banquets.

1

THE WARRIOR ELITE

Discovered in eastern France, this cuirass is one of nine placed in a votive cache near a spring. It consists of two pieces of hammered bronze to be donned separately. Decorative repoussé work imitated and emphasised the wearer's physique, thus expressing the prestige and power of this warrior elite. This technique is also seen on certain helmets produced in Denmark, Hungary and Italy during the same period. A helmet and greaves probably completed this armour.

2

FAREWELL TO ARMS

This vessel with painted decoration belongs to a category of prestige ceramics produced in Crete. The friezes of double-headed axes on the body are a characteristic motif of the Minoan civilisation. Sometimes associated with a mainland Greek goddess of war, perhaps Athena, double-headed axes were also a symbol of life and rebirth, especially when combined with plant motifs, as they are here. However, their use on prestige ceramics was in all probability for decorative rather than religious reasons.

1.
Cuirass
France, Marmesse
1000–800 BCE
H. 49 cm; bronze
MUSÉE D'ARCHÉOLOGIE NATIONALE

2.
Vase with double-headed axe motifs
Greece, Crete (?)
1500–1450 BCE
Diam. 21 cm; painted ceramic
LOUVRE ABU DHABI

3.
Axe blade
Iran, Luristan
1000–700 BCE
H. 20.5 cm; bronze
LOUVRE ABU DHABI

4.
Sword with decorated hilt
France, Vigneux-sur-Seine
1600–1400 BCE
L. 77.4 cm; bronze
MUSÉE D'ARCHÉOLOGIE NATIONALE

5.
Axe blade with animal motifs
North Ossetia, Koban
1000–700 BCE
L. 17.5 cm; bronze
MUSÉE D'ARCHÉOLOGIE NATIONALE

THE CLASH OF BLADES

Some semi-nomadic peoples attained an exceptional mastery of bronze in the mountains of Luristan, Iran, between 1300 and 650 BCE, as shown by this halberd, where the blade emerges from the mouth of a stylised lion while the tail of another lion, reclining on the socket, curves to form a loop. Although such weapons were divine attributes or emblems of power in the Elamite world at the beginning of the 2nd millennium, over a thousand years later this halberd had become no more than a ceremonial item.

3

MASTERS OF BRONZE

Discovered in the bed of the Seine, this sword with a crescent-shaped guard attests to the existence of highly skilled weapon makers in rural communities of the European Bronze Age. This type of weapon was made for rulers or warriors and helped ensure the protection of agricultural lands and the convoys transporting copper, tin and sometimes precious materials like gold, silver, amber and salt throughout the continent.

4

WARRIORS OF THE CAUCASUS

Excavations carried out in the Caucasus at the end of the 19th century revealed the existence of vast burial sites like the Koban necropolis in Georgia, which yielded remains of a culture that had blossomed during the 1st millennium BCE. The grave goods in the tombs of the men included numerous weapons, such as daggers, maces and axes, often with elements of horses' equipment, like bits, cheek plates and saddlery. Decked in rich accoutrements, the deceased were also provided with an abundance of earthenware or bronze tableware for banqueting.

5

The horse quickly acquired an image of prestige connected with the sporting and military values it embodies. It facilitated movement over the steppes and along the continental routes, and its use soon spread among the great civilisations of Eurasia. Adopted by nomadic and sedentary societies alike, the horse also found a place in the spheres of religion, mythology and shamanism by virtue of its strength and charisma.

HORSES AND RIDERS
CONQUERING EMPIRES

IN THE NEAR EAST and Egypt, the horse was the prerogative of sovereigns and the ruling class. It was by harnessing it to chariots that its strength and speed were first exploited. An expression of might and power, it was displayed in parades and ceremonies. Its use spread quickly in the second half of the 2nd millennium both in the hunt and on the battlefield. The battle of Qadesh in 1274 BCE is famous for their use, when the Hittite sovereign Muwattali faced to the troupes of Ramesses II of over 3,500 chariots. Cavalry made its appearance a few decades later with the expansion of the Assyrian kingdom.

While whole battalions of skilled workers were responsible for the selection, training and care of horses in the highly structured kingdoms of Mesopotamia and Egypt, a much closer relationship developed between horse and rider among nomadic peoples, where they were sometimes even buried together so that the former could guide the latter's spirit in the afterlife. Such practices are attested throughout the Eurasian continent, from the Iberian Peninsula to the China of the Shang dynasty (Anyang period) by way of the Altai region.

In Europe, where use of the horse was more limited, the prerogative of a privileged few, it acquired a symbolic and spiritual dimension sometimes associated with the course of the sun.

1

CHARIOTS, WARRIORS AND BANQUETS

The body of this *krater*, a vessel used for banquets and special occasions, is decorated with a scene of warriors with round shields on a light, two-wheeled, horse-drawn chariot. The noble vehicle *par excellence*, this type of chariot was reserved for a ruling class attested in mainland Greece and the kingdoms of the Levant, and can also be compared with those found in the Egyptian royal arsenals and the tomb of Tutankhamun. Homer described similar chariots in his tale of the Trojan War.

THE HORSE, A MARK OF DISTINCTION FOR THE GREEK ARISTOCRACY

This large vessel produced for export is another special piece made for use at banquets or symposia. Its painted black-figure decoration is arranged in two registers. The upper shows three riders with lances, round shields and plumed ceremonial helmets on mounts with disproportionately long legs. The chariot gradually became a thing of the past in Greece during the first half of the 1st millennium, whereas riding developed thanks to certain technical innovations such as the improved bit attributed to the Corinthians. Horseriding, however, remained a prerogative of the elite, and it became frequent for the aristocrats of Greek cities to have themselves portrayed on horseback in the 6th century BCE.

2

1.
Vase: chariot scene
Cyprus, Larnaca region
1300–1100 BCE
Diam. 32 cm; painted terracotta
MUSÉE DU LOUVRE

2.
Vase: animals and armed horsemen
Greece, Corinth (?)
590–580 BCE
Diam. 40.5 cm; painted terracotta
LOUVRE ABU DHABI

CAVALRY AT THE SERVICE OF ASSYRIAN POWER

The Assyrians extended their ascendency over the whole of the Near East between the 9th and 7th centuries BCE, even dominating Egypt for a period. This feat of conquest was made possible by an extremely modern army that turned the rules of war upside-down. Having first appeared a few centuries earlier, a cavalry of mounted archers and lancers accompanied the infantry, war chariots and siege engines. Protected by a helmet and sometimes a coat of chainmail, the cavalry rode bareback with no stirrups. The invention in the 8th century BCE of the martingale attached to the reins freed their movements and made them still more fearsome.

3

3.
Fragment of a low relief: horseman galloping
Iraq
645–640 BCE
H. 37, W. 40 cm; limestone
MUSÉE DU LOUVRE

Metallurgy experienced spectacular development in China between the end of the 3rd and the beginning of the 1st millennium BCE. Works in cast bronze demonstrate peerless technical mastery and inventiveness that reached their peak under the Shang (1600–1050 BCE) and Western Zhou (1050–771 BCE) dynasties. At a time when the first cities were coming into existence, this precious metal was used for the production of tools and symbols associated with the exercise of power by the reigning family. Weapons, chariots, ceremonial musical instruments and tableware were soon cast in large numbers. Metal plates played the key part in the rituals of religious ceremonies connected with the royal prerogatives. These utensils were reserved for the sole use of their owners and accompanied them into the tomb together with other valuable articles.

BRONZE AND ROYAL POWER IN ANCIENT CHINA

AT THE BEGINNING OF THE 2ND MILLENNIUM, under the Shang and then the Zhou dynasty, metal occupied a paramount place in the Chinese religious system. The bronze plate used by the ruling class in sacrifices, banquets and funerals was designed in particular for offering libations to the ancestors, a fundamental rite in the ancient Chinese religion. The Chinese did not worship a pantheon inhabiting a world distinct from that of the living but instead performed their sacrifices primarily to the spirits of ancestors directly related to the families and descendants of the living.

In northern China, bronze was first produced at Erlitou in the middle reaches of the Yellow River around 1900–1500 BCE, a period when large cities with palaces were coming into existence. The following Erligang period (c. 1500–1300 BCE) was marked by increased urbanisation and the development of metalworking, after which the Anyang era (c. 1300–1045) saw the growth of the last great Shang capital and the first evidence of writing in the form of divinatory inscriptions. The ruling class controlled both the supply of raw materials for metalworking and its production techniques. The performance of rites was the exclusive prerogative of the royal family, who took care to restrict access to the utensils involved. The numerous divinities and spirits addressed were attributed with power over the elements and of granting boons such as rain, good harvests and military victories.

The Shang rulers and nobles possessed an extraordinary series of bronzes with fantastic animal decoration of a magical nature, such as the *taotie* or gluttonous ogre mask. Certain vessels even became symbols of social status under the Western Zhou. Important burials sometimes contained a large number and the biggest could weigh over 800 kilos. With the transition to the Zhou dynasty, size and uniformity were to take precedence over originality of form and magical decoration.

1

FROM POTTERY TO BRONZE CASTING

The *li*, a container with three breast-shaped feet, is one of the oldest vessels in China and one of the three categories of cooking pots used for the cult of the ancestors. Whether made of earthenware during the Neolithic era or bronze from the start of the Shang dynasty, its shape ensured excellent exposure to the heat. Decorated in thread-like relief with a simple band of hooked spirals between two bands of circles, this item exemplifies the sober style of the Erligang culture.

2

A CLASSICAL VESSEL

This object epitomises the classical shape of the *jue*, a vessel used to heat beverages during the Anyang period. The principal decoration of an animal mask in flat relief is distinctly apparent, above all due to its protruding eyes. The form of this particular *jue* reflects the classical aesthetic balance attained shortly before the abandonment by the Zhou of customs connected with the consumption of fermented drinks, which entailed the disappearance of most of the vessels designed for such use.

3

ELEGANCE OF FORM

The chalice-shaped *gu* ritual vase became one of the key items in funerary inventories during the Erligang phase of the Shang dynasty in the 16th century BCE. Intended for the consumption of drinks, the *gu* was always associated with the *jue* and several exist among the various sets of vases. The decoration on this one stands out against a classical background of ribbons while long, narrow banana leaves unfurl on the flared cup of the chalice. The *gu* was characterised by this extremely slender and elegant shape before its disappearance under the Western Zhou.

1.
Li tripod ritual vase
China
1450–1200 BCE
H. 20 cm; bronze
MUSÉE NATIONAL DES ARTS ASIATIQUES – GUIMET

2.
Jue ritual vase
China
1200–1050 BCE
H. 21.5 cm; bronze
MUSÉE NATIONAL DES ARTS ASIATIQUES – GUIMET

3.
Gu ritual vase
China
1200–1050 BCE
H. 31.2 cm; bronze
MUSÉE NATIONAL DES ARTS ASIATIQUES – GUIMET

4.
Pair of ritual vases: ling gui
China
1100–1000 BCE
H. 25 and 28.3 cm; bronze
MUSÉE NATIONAL DES ARTS ASIATIQUES – GUIMET

4

HISTORY IN THE HEART OF BRONZE

The use of *gui* vessels for the cooking of cereals developed at the beginning of the Western Zhou dynasty (1046–771 BCE). The animal decorations of the previous period gave way to a new vocabulary of geometrical motifs clearly visible here in relief. An inscription of 111 characters appears inside each vessel describing the context of the casting and the history of this set commissioned by the Ling family. Produced thanks to a royal gift around 1000 BCE, these vessels celebrate a significant event commemorated on their metal walls.

Gold has been a material of prestige since it was first used during the 5th millennium BCE, and was soon elevated to the pantheon of precious substances by virtue of its gleam, scarcity, incorruptibility and malleability. Symbols of wealth and eternity, gold jewellery and ornaments were also expressions of power at the service of ancient rulers as well as the gods they worshipped.

GOLD TO ADORN THE BODY

BY VIRTUE OF ITS SCARCITY and unique lustre, gold is the noble metal *par excellence*. It is found in nature, both in its pure state and as an alloy. It can be transported in the form of flakes or nuggets in certain rivers like the Pactolus (today the Sart Çayı in Turkey) or found in seams in rock. Endowed with exceptional mechanical qualities, being malleable and ductile at the same time, gold can be easily worked cold by hammering, the process that led to the appearance in the 5th millennium BCE of the first ornamental objects in gold. Sceptres, diadems, pendants, bracelets and beads were thus found in abundance in the Varna necropolis on the Black Sea (present-day Bulgaria) at the time when copper working was also in its infancy.

Gold was present on the networks of precious materials in the form of nuggets, powder and ingots during the 3rd and 2nd millennia BCE. The ruling class of Mesopotamia, which was poor in raw materials, obtained supplies from the Indus Valley, the Arabian Gulf, Iran and Egypt, while the islands of the Aegean supplied the eastern Mediterranean. In Europe, the noble metal was found in abundance all the way from the Iberian peninsula to Transylvania by way of southern Gaul.

In the same period, the rise of copper and then bronze production involved genuine technological advances. Craftsmen developed highly sophisticated techniques both for shaping (hammering, lost-wax casting and repoussé work) and decoration (filigree, granulation, engraving and *cloisonné*). Their virtuoso skill, adapted to the art of goldworking, resulted in authentic masterpieces.

Gold enjoyed great prestige by virtue of its inalterable colour, often associated with the radiance of the sun. Whether rare or abundant, as in Egypt and Nubia, it was always the prerogative of the gods and the ruling class. Its gleam and incorruptibility endowed it with a magical dimension in Egypt, where the precious metal, likened to the flesh of the gods, was a pledge of eternal life.

In the Atlantic regions, most of the articles of jewellery manufactured in the 2nd millennium were massive, sometimes weighing as much as several hundred grams. Certain undecorated bracelets are almost closer to ingots, as the accumulation of jewellery was a way of storing wealth before the invention of money.

In its various forms, gold also circulated from one territory or community to another as spoils or diplomatic gifts. Techniques, forms and trends thus spread and were adopted or rejected by the cultures they encountered. The Celtic world, whose communities stretched from the Balkans to the Atlantic, thus took up models and techniques imported from the Mediterranean in the 5th century BCE. Celtic goldworking shunned the naturalism peculiar to the Greek world, however, in favour of jewellery and ornaments with exuberant, stylised motifs often borrowed from the plant and animal kingdoms.

1

THE GOLD OF THE CELTS

This bracelet, which epitomises the high point of Celtic jewellery, consists of two gold rings exuberantly decorated with highly stylised plant motifs. While displaying Mediterranean influences, this exceptional and princely item is adapted to the taste of the person for whom it was made, possibly one of the first Arvernian kings.

2

THE GLEAM OF THE STARS

Gold lunulae – necklaces or collars primarily produced in Ireland – spread throughout the Atlantic region of Europe during the late 3rd and early 2nd millennium BCE. Their crescent form is probably connected with the worship of heavenly bodies and light, the renewal of the day and the seasons. The geometrical motifs engraved on their surface may be related to the calendar. It can be deduced from their nature and shape alike that these lunulae belonged to priests or in any case to a social elite distinct from the warrior caste.

1.
Bracelet with plant motifs
France, Aurillac
200–100 BCE
L. 10.7 cm; gold
BIBLIOTHÈQUE NATIONALE DE FRANCE

2.
Crescent-shaped ornament
France, Brittany
1800–1500 BCE
Diam. 21 cm; gold
MUSÉE D'ARCHÉOLOGIE NATIONALE

3.
Pendant with addorsed animals
United Arab Emirates, Ras Al Khaimah, Dhayah
2000–1300 BCE
L. circa 10 cm; gold
NATIONAL MUSEUM OF RAS AL KHAIMAH

4.
Belt buckles and loops
China, Inner Mongolia
200–300 CE
H. circa 10 cm; gold
MUSÉE NATIONAL DES ARTS ASIATIQUES – GUIMET

AN EXCEPTIONAL PENDANT

In the United Arab Emirates, the inhabitants of both coastal villages and inland regions continued the use of communal tombs throughout the 2nd millennium BCE. However, some individuals were given special treatment, being buried with opulent jewellery like this pendant featuring addorsed quadrupeds. Cut and hammered from a sheet of gold, it was probably hung from a pearl necklace and worn over the chest.

3

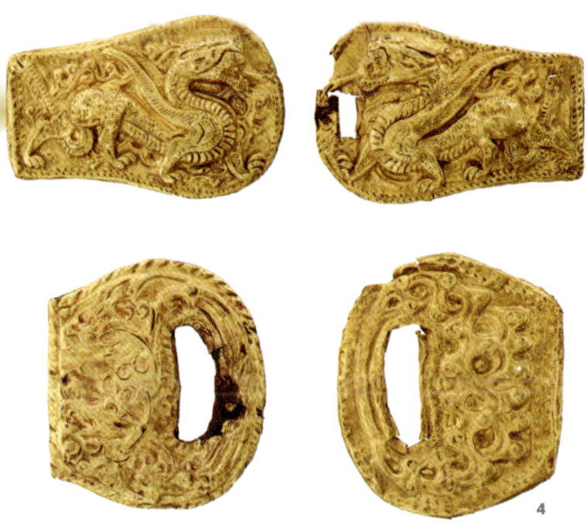

4

THE BELT, AN ARTICLE OF MALE ORNAMENTATION

Among the horsemen of many nomadic peoples, the belt is a favoured article for the wearing of male jewellery. This is the case with this superb set of accoutrements, which were made to be fixed with loops on a leather strap. The two larger pieces were placed horizontally, while the smaller ones allowed articles to be hung at the side. The decorative work on the larger pair shows a winged chimaera against a background of stylised clouds, typical of the animal art of the world of the peoples of China and the Asian steppes.

A MASTERPIECE
THE ZIWIYE BRACELET

BY DINT OF ITS MONUMENTALITY, iconography and style, this masterpiece of jewellery encapsulates the artistic synthesis that began in north-west Iran during the 8th century BCE, when craftsmen at the service of local rulers drew upon influences ranging from the Assyrian empire in the west to the kingdom of Urartu and the Scythian tribes in the north.

Discovered by chance by villagers in 1947, the bracelet is from an isolated tomb located above the village of Ziwiyé in the hills of Kurdistan. A wealthy person had been buried there at the very beginning of the 7th century BCE in a bronze sarcophagus, together with articles of finery in silver and gold, precious vessels and ceremonial articles.

The treasure included two striking gold bracelets, this one and its exact counterpart now in the museum of Teheran. Forming part of the long Iranian tradition of art with animal motifs, they constitute a virtuoso technical feat and an aesthetic manifesto at the same time. The body consists of a thick, gold bangle with mouldings that enhance the glow of the metal. It broadens in the middle of the curve to take the form of a lozenge on which two pairs of impassive lion cubs recline on either side of the centre line. The ends of the bracelet are in the form of menacing, bare-fanged lion heads that generate dynamic tension and contrast sharply with the hieratic pose of the cubs.

Only a powerful ruler could boast such finery. Was he a Mannaean king or a Median ruler, as certain scholars suggest? It is impossible to know in the absence of any archaeological context. In any case, with its form and stylised treatment, this bracelet heralds the later masterpieces of Achaemenid Persian jewellery.

The first bracelets with animal decorations at both ends appeared in north-west Iran at the end of the 2nd millennium BCE. While they soon came to enjoy great popularity, few can claim to be authentic masterpieces, as this one is.

Lion cubs are a very rare motif in the art of the ancient Near East, and in Iranian art in particular. Their hieratic character, enhanced by the symmetry, suggests that they can be regarded here as apotropaic figures, comparable to the lions that guarded cities, temples and palaces to protect them from harmful influences and external enemies.

A monument of expressive power, this roaring and threatening lion's head is detachable, being held in place by a small pin that could be removed to allow the hand through. The imposing size of the bracelet and the complexity of its decoration are such as to endow it with an almost sculptural quality and suggest that it should be regarded as an article of finery that was probably seldom worn. The lion was accorded pride of place among wild animals in the imaginary of the ancient Near East. This fearsome and majestic predator is sometimes associated with certain divinities like Ishtar, the Mesopotamian goddess of love and war, but also with the expression of regal power. Depicted on jewellery, ornaments and clothing, the noble beast magnified the power of the wearer.

Lion bracelet
Iran, Ziwiye
800–600 BCE
Diam. 9.5 cm; gold
LOUVRE ABU DHABI

Money appeared in the form of metal coins in the 7th century BCE in the kingdoms of Asia Minor, in what is today Turkey. A crucial innovation, this new tool ensured the fluidity of trade, fostered saving and hoarding, and made it possible to attribute value to objects. It was not confined to a purely economic role, however, but primarily took on a political dimension, enabling the states issuing it to centralise and control transactions, levy taxes, finance the construction of monuments, and pay soldiers and mercenaries. By minting coins, every city, kingdom or empire also proclaimed its sovereignty to all and sundry. Light and easily transportable, coins proved an ideal way to transmit the political image and religious beliefs of the realms issuing them. Their circulation, sometimes over very long distances, also fostered the dissemination and reinterpretation of their iconographic motifs.

COINS
IMAGES OF A NEW ECONOMY

OVER THE MILLENNIA prior to the invention of currency in the form of metal coins, many media were used to facilitate economic exchange. Mesopotamian texts from the 3rd millennium BCE and Egyptian paintings from the Old Kingdom make reference to the many means of payment used during these early periods: livestock, cereals and manufactured products were then employed indiscriminately as forms of currency. With the development of metallurgy, gold, silver and bronze were in turn incorporated in systems of exchange. At the end of the 3rd millennium, the authorities in the city of Mohenjo Daro in the Indus Valley struck ingots marked with a stamp to guarantee their weight. This practice, which was also current in the Near East in the 2nd and 1st millennia BCE, explains the late introduction of coins in these regions shortly after their conquest by Alexander the Great (356–323 BCE).

Was it the king of Lydia or of Argos that first came up with the idea of minting coins at the end of the 7th century BCE? While the question remains open, scholars agree that the westernmost part of Asia Minor was the cradle of this new invention. The first coins were simple calibrated lumps of electrum. Gold and silver soon replaced this natural alloy, the proportions of which are hard to control. In order to regulate their issue and ensure their authenticity, these metal discs were stamped with an emblem: a tortoise at Aegina and a lion's head at Sardis at the time of the reign of Croesus of Lydia (561–546 BCE).

The invention spread quickly through the Greek world. By the end of the 6th century BCE, all of the independent city states except Sparta minted coins stamped with their emblem or guardian divinity, e.g. the owl of Athena in Athens, the bee of Ephesus, and the face of the nymph Arethusa surrounded by dolphins in Syracuse. Coins were introduced in the Persian empire during the reign of Darius I (521–486 BCE), whose dual currency of gold and silver, the *daric* and the *siglos*,

1

AN AUTONOMOUS TRADITION

The independent monetary tradition that developed in China in the 6th century BCE was based primarily on cast bronze coins in a large variety of shapes – including of knives and spades and a form known as "ant nose" money – that reflected the many coexisting kingdoms. The emperor Qin Shi Huang began to standardise the coinage in 221 BCE and the Han dynasty continued his work. He established a single legal coin denominated in terms of its weight. It was round with a square hole in the middle, thus making it possible to string large numbers together, a tradition that was to continue throughout Chinese history.

2

3

THE BIRTH OF COINAGE

This disc made of electrum, from the kingdom of Lydia in Asia Minor, is one of the earliest examples of a struck coin. It encapsulates all the characteristics of coinage as conceived by the Greeks, being an object of legal tender to be counted and no longer weighed.

The value of coinage is set by the authority issuing it. Outside the territory concerned, it depends above all on the amount of noble metal contained but also on the reputation of the issuing state. The smaller denominations of bronze or copper were thus practically worthless outside the city or state in question, whereas coins like the Persian *daric*, the Athenian *tetradrachm* and the Macedonian *stater* circulated beyond their borders as unanimously recognised currency. Athens mainly issued silver coins due to its proximity to the mines of Laurion. Its tetradrachm circulated throughout the eastern Mediterranean region in the 5th century BCE as a standard currency for international trade.

4

INDIAN COINS, AT THE CROSSROADS OF WORLDS

The first locally produced coinage in India appeared during the Maurya empire, which unified the sub-continent for the first time between the end of the 4th and the beginning of the 2nd century BCE. They took the form of punch-marked bars, also called "bent bars", which may have been of foreign origin. The traditions of Greek coinage were then adopted in the Kushan empire (1st–3rd c. CE) with images of sovereigns and local Buddhist or Hindu divinities.

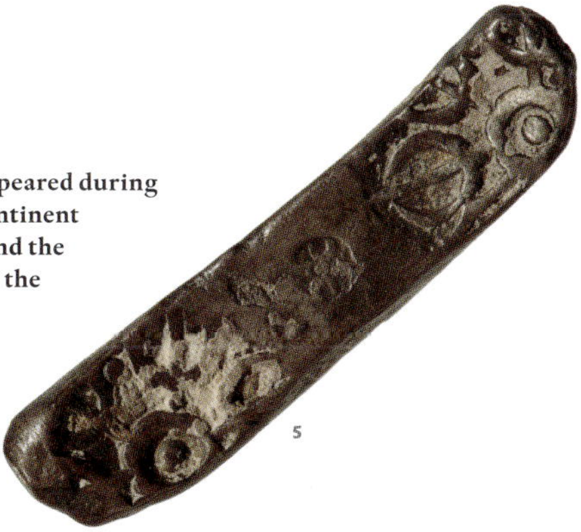

5

1.
Wuzhu: coin from the reign of the Wudi Emperor
China
115–113 BCE
Bronze
BIBLIOTHÈQUE NATIONALE DE FRANCE

2.
Coin from the kingdom of Lydia
Turkey, Sardis
c. 600 BCE
Electrum (alloy of gold and silver)
BIBLIOTHÈQUE NATIONALE DE FRANCE

3.
Persian daric from Sardis
Turkey, Lydia
500–485 BCE
Gold
BIBLIOTHÈQUE NATIONALE DE FRANCE

4.
Tetradrachm with an image of Athena
Greece, Athens
600–500 BCE
Silver
BIBLIOTHÈQUE NATIONALE DE FRANCE

5.
Bar coin with multiple punchmarks
North-west India (?)
600–303 BCE
Silver
BIBLIOTHÈQUE NATIONALE DE FRANCE

was issued in Asia Minor. It was in the second half of the 3rd century that silver coins appeared in Rome to supplement the heavy bronze coins first issued in previous decades.

The circular shape of the metal coins lent itself to the development of a specific iconography and the art of portraiture blossomed on it in the 5th and 4th centuries BCE. The quality of execution on certain coins in Sicily was such as to make them authentic works of art. In Syracuse, the artist-engravers Kimon and Euainetos even signed their designs. The Macedonian kings Philip II and Alexander the Great had the obverse of their coins stamped with the heads of Zeus, Apollo or Heracles, which was to make a lasting impression on coin production in the Celtic world. The art of official portraiture was inaugurated in Rome by Julius Caesar and quickly taken up by the Roman emperors to spread their image through the territories they ruled.

Light, manageable and easy to transport, Greek and then Roman coins circulated throughout the Mediterranean area as well as the Near and Middle East. The images they bore were often reinterpreted on the edges of the Hellenistic and Roman worlds, in the Balkans and India as well as Gaul and Arabia.

THE SYRACUSAN DECADRACHM, A MASTERPIECE OF NUMISMATIC ART

Founded in Sicily in 734 or 733 BCE by colonists from Corinth, Syracuse issued significant coinage in gold, silver and then bronze from about 520 BCE. The decadrachm of the Louvre Abu Dhabi constitutes the masterpiece of this abundant production. It bears the emblematic images of the Syracusan series, namely the *quadriga* or four-horse chariot, and the head of the nymph Arethusa, associated with the freshwater spring near which the city was founded. The contrast between the superb modelling of the nymph's ideal classical features and her tousled hair endows the portrait with rare expressive power. The signature of the engraver Euainetos appears beneath the nymph's head, thus acknowledging his status as an authentic artist who was renowned in Antiquity far beyond the city's boundaries.

6

THE ART OF MINTING

The production and issuing of coins from the end of the 7th century BCE was a political decision with numerous economic repercussions. The process required abundant supplies of metal, obtained by mining or melting down old metal coins, as well as skilled craftsmen employed in official mints, either mobile or permanently based.

The production techniques evolved little during Antiquity, the striking of coins being generally favoured as conducive to very large issues and superior durability. The coins were obtained by striking metal discs (blanks or planchets) between two dies, one fixed and the other mobile. These very resistant dies were engraved with inverse versions of the images to be printed on the obverse and reverse.

7

8

9

VARIATIONS ON A THEME

After seizing the area of the Pangaion Hills and its deposits of gold and silver, Philip II of Macedonia (359–336 BCE) began to issue important coinage in those metals. His staters circulated as far as the borders of Gaul in the west, where they were reproduced and then reinterpreted by the local peoples, as eloquently attested by this stater issued by the Aulerci Cenomani tribe.
Very widely distributed, the Macedonian currency reached the edges of the Hellenistic world, where it was sometimes reproduced and reinterpreted by local populations. Although the territories of the Parisii in Gaul were separated from the kingdom of Abi'el in the United Arab Emirates by almost 7000 kilometres, the coins of the two powers resemble one another extraordinarily, with their stylised and schematised head of Heracles-Alexander.

10

AT THE SERVICE OF EMPERORS

Roman coinage dates from the end of the 3rd century BCE, when Rome, under threat from Carthage and thus also from economic repercussions, began to mint gold coins. During the Empire, i.e. from 27 BCE, when Augustus became emperor, to the fall of Rome in 476 CE, its coins circulated through all of the territories under Roman rule. In addition to their economic role, they also provided particular support for the authority of the Roman emperors. Two busts appear on this medallion. The one on the left, in the place of honour, is of Severus Alexander, who became emperor at the age of thirteen. The juxtaposed image of his mother Julia Mamaea and the legend MATER AUG reflect the reality in terms of power, as Severus never broke free of her influence during the thirteen years of his reign.

11

6.
Decadrachm with an image of the nymph Arethusa
Workshop of Euainetos
Italy, Sicily, Syracuse
412–393 BCE
Silver
LOUVRE ABU DHABI

7.
Stater of the Parisii
France, Paris region
300–200 BCE
Gold
BIBLIOTHÈQUE NATIONALE DE FRANCE

8.
Posthumous stater of Philip II of Macedonia
323–315 BCE
Gold
BIBLIOTHÈQUE NATIONALE DE FRANCE

9.
Coin bearing the name of Abi'el
United Arab Emirates
250–100 BCE
Silver
AL AIN MUSEUM

10.
Stater of the Aulerci Cenomani
Workshop in central-western Gaul
300–200 BCE
Gold
BIBLIOTHÈQUE NATIONALE DE FRANCE

11.
Coin of Severus Alexander, Roman emperor
Italy, Rome
231–35 CE
Silver, traces of gilding
LOUVRE ABU DHABI

WING 1

GALLERY 3

CIVILISATIONS AND EMPIRES

Vast cultural and linguistic communities formed on most continents about 3000 years ago. The lasting imprint they left on their territories stimulated the cultural diversity that still defines the contours of the great historical areas of civilisation. It is thus possible to talk about the synthesis and dissemination of Hellenism, the Hellenisation of Greece and the Mediterranean, and the Indianisation of the subcontinent. We can also speak about Sinicity and Sinicisation for China, where rivalry between seven great states generated intense intellectual and artistic development. The same phenomenon affected all of the continents at the same time: Africa saw the appearance of the Nok culture, Oceania the extensive Lapita expansion, and Mesoamerica the birth of the Olmec culture, regarded as a formative phase of pre-Columbian art. While these cultural syntheses varied in nature, their internal evolution, contacts and clashes fuelled a major renewal of artistic forms, as manifested in the establishment of canons of human representation and philosophical thought. In the 5th century BCE, the two great imperial structures of the Achaemenid Persian empire and the conquests of Alexander the Great – "world empires" connecting Asia and Europe – appear to have inspired a move towards political unification in these cultural communities. These imperial undertakings coincide chronologically to a remarkable degree. Empires were thus founded in India by Chandragupta Maurya in 321 BCE and by the Arsacid Parthians between the East and Asia around 250 BCE. Rome became master of the Mediterranean at the end of the Punic and Greek wars, while China was unified in 221 BCE by the first emperor Qin Shi Huang. And in Central America, Teotihuacan came to dominate Mexico and established an influence over the whole of Mesoamerica that lasted until the Spanish conquest. The collapse of these empires then gave rise to new artistic syntheses that the universal religions later drew upon to convey their message.

After nearly four centuries of prosperity and intense commercial, diplomatic and intellectual exchange, the territories in the eastern Mediterranean area underwent radical transformation at the end of the 2nd millennium BCE. The collapse of the palatial civilisations in the Aegean world and Near East coincided with gradual disintegration of the power structure in Egypt. Contact between the Greek world and the peoples of the Near East resumed at the beginning of the 1st millennium, however, and led to an unprecedented revitalisation of artistic traditions all around the Mediterranean.

BETWEEN EAST AND WEST

THE ARCHERS OF THE GREAT KING

Shortly after coming to power, the Achaemenid king Darius I (521–486 BCE) had a palace built at Susa in south-west Iran. In accordance with Mesopotamian and local tradition, the walls were decorated with friezes of coloured brick showing countless archers in richly embroidered apparel, perhaps to suggest the scale of the reputedly invincible Persian army. The Great King's foundation deposit states that craftsmen from all over the Empire took part in the construction of the palace, including Ionian stonecutters, Median goldsmiths and Babylonian brickmakers.

1

IN THE FRONT LINE

With its characteristic rounded profile, almond-shaped eyeholes and straight nose guard, this helmet is representative of the military aesthetic of the Greek Archaic period. It was part of the equipment of the hoplite infantry that gradually came to replace cavalry from 700 BCE. Covering the face almost entirely, in combination with the cuirass, shield and greaves, it met the warriors' need for maximum protection.

2

GREEK VESSELS began to sail the Mediterranean once more in the 10th century BCE after a period of stagnation. Some merchants settled on the Levantine coast in places like the port of Al-Mina at the mouth of the Orontes and others, slightly later, at Naucratis in the Nile delta. Conversely, Syrian bronzeworkers fleeing Assyrian expansion settled in Crete and sparked a revitalisation of the arts of metalworking there. Between the 6th and 4th centuries BCE, as the Achaemenid Persian empire extended its power from the Mediterranean to the Indus, Ionian and Egyptian craftsmen as well as Greek scholars and physicians were drawn to the court of the Great King.

These exchanges fostered the transfer and renewal of artistic forms in the fields of technology and iconography alike. During the 7th and 6th centuries BCE, it was in Greece that the most radical upheaval took place. Previously confined to a purely geometrical style, Greek art discovered figuration, which it adopted and reinvented at unparalleled speed, through contact with the East. The Greeks also discovered the monumental architecture and sculpture of Egypt and soon abandoned their traditional perishable materials for stone – first limestone, then marble. The integration of all these borrowed techniques laid the foundations for the Greek art of the future.

At the same time, Achaemenid art, entirely devoted to the glorification of the Great King, also developed a synthesis of the traditions of the Iranian, Mesopotamian, Ionian and Egyptian regions over which Persian power extended. Embodying the immutability of the empire that dominated the Near and Middle East for over two centuries, it is characterised by its enduring quality. The Phoenicians, who settled in a multitude of independent cities along the narrow coastal plain roughly corresponding to present-day Lebanon, drew inspiration in turn from their experience of Egyptian sources before renewing their approach on contact with Greek art.

3

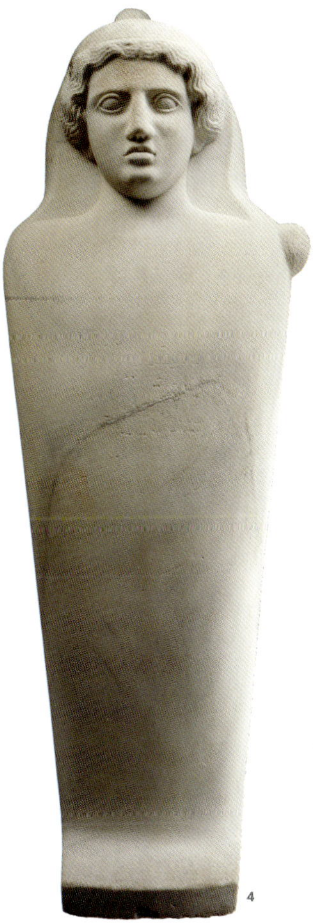
4

SCULPTORS UNDER THE INFLUENCE

The Phoenician cities were absorbed into the Achaemenid empire from the 6th century BCE. Renowned for the quality of their fleet, Phoenicians were enlisted in the Persian forces when Cambyses II (530–522 BCE) embarked on the conquest of Egypt in 525 BCE and soon adopted the burial traditions they discovered there. Initially reserved for the royal entourage, Phoenician sarcophagi, known as anthropoid due to their rudimentary human form, spread gradually and then underwent Hellenisation through contact with Greek art. The lids thus display a mixture of Egyptian hieratism and Greek naturalism.

1.
Military helmet
Greece
c. 550 BCE
H. 26 cm; bronze
LOUVRE ABU DHABI

2.
Persian archer
Iran, Susa
c. 510 BCE
H. 195, W. 78 cm; glazed brick
MUSÉE DU LOUVRE

3.
Sarcophagus lid in Egyptian style
Lebanon
c. 450 BCE
H. 220 cm; marble
LOUVRE ABU DHABI

4.
Sarcophagus lid in Greek style
Lebanon
450–400 BCE
H. 232 cm; marble
LOUVRE ABU DHABI

A MASTERPIECE
THE ARCHAIC SPHINX

A DAZZLING EXAMPLE of the archaic sculpture that blossomed in the Greek world of the 7th–6th century BCE, this sphinx already encapsulates the aesthetic revolution of the next century in embryonic form. While Greek sculptors still drew on Syro-Phoenician iconography, they had freed themselves from the yoke of abstraction to attain greater formal freedom.

The sphinx – a fearsome, fantastic creature that combines the body of a lion, the wings of a bird of prey and the head of a young woman – developed out of the Eastern bestiary imported into Greece in the 9th century BCE. While this composite image circulated primarily in its male form in the Near East, the Greek artists who adopted it emphasised its female and winged nature. Despite its incompleteness, this archaic sphinx displays all of the tensions running through Greek sculpture at the beginning of the 6th century BCE. Like the image, the material – a very soft, shelly limestone – belongs to the traditions of the previous century. Contact with Egyptian monumental sculpture at the beginning of the 6th century prompted Greek artists to abandon this for the far greater hardness of marble.

At the same time, however, various subtle details herald the aesthetic revolution that was to mark the next century. While the treatment of the wings is still purely geometrical, the muscles of the chest, legs and body appear to be taking real shape despite their fragmentary condition. Similarly, while the hair is still conventionally rendered, a living presence is already instilled by the softness of the features, alert expression and faint smile animating the face.

Like the archaic monumental statues known as *kouroi* and *korai*, the face of the sphinx bears an enigmatic smile on which much has been written. Does it suggest the good-natured affability of votive statues? It should also probably be regarded as a stylistic shortcut that avoids addressing complex areas of the face like the space between the mouth and cheeks. The archaic smile disappeared at the end of the 6th century BCE, when sculptors overcame these technical limitations and the "severe style" was born.

Sphinx, mythological creature
Greece or Italy
600–500 BCE
H. 57 cm; limestone
LOUVRE ABU DHABI

Initially adopted for its decorative qualities, the sphinx entered the mythological realm early in the 6th century BCE as a monster wreaking havoc in the Theban countryside. Oedipus alone was able to solve its riddle and free the land of its baleful presence, thus taking the first step towards fulfilment of the prophecies made by the Delphic oracle. Sphinxes performed a commemorative function in the Greek world. This one may have been perched originally on a tombstone to guard the deceased with its protective powers, but the frontality of the face suggests a votive monument. These funerary or votive hybrid creatures were widespread during the Archaic era but gave way to the primacy of the human figure and disappeared from the traditional repertoire of Classical Greece at the beginning of the 5th century BCE.

In an unstable world deeply shaken by the Median wars (490–479 BCE) and the fragility of the established political systems, Greek sculptors nevertheless found terrain conducive to the development of their art in the intellectual effervescence of the city of Athens. For the first time ever, representation of the human form lay at the heart of all artistic work and the artists themselves, in search of realism and ideal beauty, vied with one another in formal invention to capture the breath of life and to personalise the divine. Constituting the absolute manifesto of Greek art, the classical sculpture of the 5th century BCE marks a crucial turning point in the history of Western art.

MAN, THE MEASURE OF THE WORLD

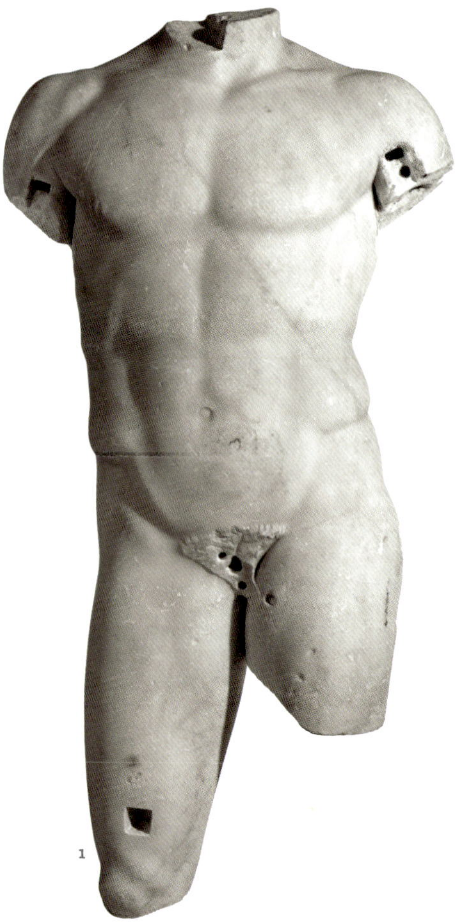

1

SEEKING THE IDEAL MAN

This incomplete statue is probably a copy of an original Greek bronze of the late 5th century BCE attributed to the Athenian sculptor Alkamenes. As from 450 BCE, under the influence of the sculptor Polykleitos, the still rigorously nude male statues adopted the dynamic posture known as *contrapposto* when at rest. In this, the weight of the body rested on one of the two legs, freeing the other and creating athletic tension.

IT WAS APPARENTLY through contact with the statues and colossi of the Egyptian world that Greek sculptors became aware of monumental figuration in the second half of the 8th century BCE and soon abandoned soft materials like limestone and sandstone for marble, numerous quarries of which existed in mainland Greece and the Cyclades. The use of iron tools like knives, chisels and drills soon enabled them to master this hard stone and achieve remarkable progress in the field of sculpture. The monumental statuary of the Archaic period from 650 to 480 BCE is divided into two major types of simple and symmetrical construction, namely the *kouros* (plural *kouroi*), a naked young man of athletic build, and the *kore* (plural *korai*), a young woman with elaborate hair and clothing. Whatever their function, funerary or votive, all these statues displayed the wealth of the aristocrats who commissioned them. The Athenian reformer Cleisthenes put an end to these ostentatious practices, however, by curbing the power of the great families at the end of the 6th century BCE. The 5th century marked the peak of classical sculpture. Athens, whose democratic regime fostered the blossoming of literature, philosophy and the arts while imposing its hegemony over the Greek world as a whole, was the primary centre of these revolutions. Having broken free of archaic rigidity and frontality, the sculptors gradually liberated the body and sought a realistic representation for the first time. In search of the most harmonious proportions, Polykleitos and others established a canon of representation based on an elaborate mathematical system. Technological progress in the casting of bronze, the material most favoured by Greek sculptors in the 5th century, also fostered this conquest of classical beauty, the embodiment of a physical and spiritual ideal.

2

GODS IN HUMAN IMAGE

The goddess of war *par excellence*, Athena is represented here in a peaceful aspect, as indicated by her benevolent pose, gentle expression and her *aegis* or shield slung over her shoulder. This statue is a freely interpreted Roman copy of an original Greek bronze from the 4th century BCE. From the 2nd century BCE, the increasing passion of the Roman ruling class for Greek sculpture led to countless copies that are now often the sole evidence of the lost Greek originals.

1.
Male torso (Roman replica of a Greek original)
Roman empire
1–200 CE
H. 141 cm; marble
MUSÉE DU LOUVRE

2.
Athena, tutelary deity of Athens (Roman replica of a Greek bronze)
Italy (?)
c. 100 BCE or 100–200 CE
H. 235 cm; marble
MUSÉE DU LOUVRE

3.
Nymph with a shell (Roman replica of a Greek original)
Rome (?)
100–200 CE
H. 62 cm; marble
MUSÉE DU LOUVRE

FROM ONE COPY TO ANOTHER

This Roman copy of a Hellenistic sculpture is actually a composite assemblage dating from the modern era. While the nymph's head is ancient, it appears too small for the body on which it rests. Similarly, the right arm, left hand and shell are all late reconstructions. The general pose suggests that the scantily clad young woman was actually playing knucklebones. Very popular in the Hellenistic era, this theme depicted a current practice related to the worship of Aphrodite whereby the marital fate of young women depended on a throw of the knucklebones. It is above all a pretext for the illustration of one of the everyday activities of which Hellenistic sculpture was particularly fond.

3

While representation of the human figure and a drive for realism triumphed in the Greek world of the 5th century BCE, it was animals and stylised forms that predominated elsewhere. Certain areas in Turkey, the Caucasus and Iran had already cultivated this figurative tradition for thousands of years but it extended to most of the Eurasian continent during the first millennium BCE.

ANIMAL BEAUTY

THE VAST TERRITORIES extending from the Atlantic to the Taklamakan Desert, and especially the steppes north of the Black Sea and the Caspian, were home to nomadic peoples known to us both from the ancient sources and through recent archaeological discoveries.

Including Celts, Germans, Thracians, Scythians and Saka, these highly mobile groups displayed surprising similarities despite the great distances between them. With regard to funerals, for example, their powerful chiefs were buried beneath monumental mounds with their parade chariots and sometimes even their horses. Luxurious tableware, often imported from the Greek world and sometimes from the Achaemenid empire in Central Asia, bears witness to the banquets that accompanied the burial ceremony. Swords, lances and daggers of bronze or iron also figure among the grave goods, as well as numerous collars, bracelets and ornaments of gold that confirm the privileged social status of the deceased.

These grave goods attest to the close link between these societies and the animal kingdom. Materials like wood, fabric, noble metals and even skin are marked with a host of polymorphic representations. Captured in often dynamic poses, deer, felines and birds of prey are stylised so as to accentuate their energy, strength and power. This bestiary of the steppes also includes fantastic creatures sometimes depicted in interaction with human beings.

The nomadic cultures were long regarded as marginal due to their peripheral location with respect to the better documented Greek and Achaemenid worlds. The latter were far from impermeable, however, and interaction was frequent both between the Mediterranean and eastern Europe, and between the Near East and Central Asia, especially through trading posts and satrapies. The circulation of goods and craftsmen fostered the transfer of techniques and iconography between areas to such a degree that it is sometimes very hard to retrace the complex interplay of influences.

1

COMPOSITE ANIMAL

This lion of solid bronze is an Achaemenid weight of four talents (121 kg) according to the system of measurements used at the time. While its form draws on earlier Assyrian traditions, details like the open jaws and the stylised muzzle and jowls recall the Ziwiye bracelet. An unprecedented synthesis of multiple artistic traditions, Achaemenid art also drew upon the art of the steppes, which drew upon it in turn.

A DIVINITY BETWEEN HEAVEN AND EARTH

This sculpture from the period of the Warring States attests to the new hope offered to the dead of a fate in the afterlife. While dogs were buried in tombs to chase away demons in northern China, representations of supernatural beings served this purpose in the kingdom of Chu. They owed their power to the antlers with which they were adorned and which appear to have connected them with the heavens. The snake-like body and monstrous head with dangling tongue are associated with an age-old shamanic tradition. They constitute a rare illustration of divinities and could also be honoured in ceremonies and banquets.

2

1.
Weight in the form of a lion
Iran, Susa
550–330 BCE
H. 29.5 cm; bronze
MUSÉE DU LOUVRE

2.
Hybrid creature, tomb guardian
China
400–300 BCE
H. 83.7 cm; wood, deer antler, lacquer
MUSÉE NATIONAL DES ARTS ASIATIQUES – GUIMET

3.
Amphora showing Heracles battling the Nemean lion
ATTRIBUTED TO ANTIMENES (POTTER-PAINTER IN ATHENS)
Greece
c. 520 BCE
H. 38.2 cm; painted terracotta
LOUVRE ABU DHABI

3

COMBAT BETWEEN MAN AND BEAST

The combat between Heracles (Hercules) and the Nemean lion, the first of his twelve labours, is seen in black figures on this krater. Attributed to the Antimenes Painter, the depiction captures the tension of the fight between the Greek hero and the supposedly invulnerable animal. After his victory, Heracles skinned the wild beast and inherited its strength and ferocity along with the pelt. This is a recurring theme in Greek art, sometimes interpreted as the triumph of civilisation over the wilderness embodied by the lion.

A MASTERPIECE
THE WINGED DRAGON

AN EXCEPTIONAL CREATION, this sculpture represents an extraordinarily powerful winged dragon. With muscular legs and clawed feet, its dynamic body is poised to leap forward. This masterpiece is an almost unique work of monumental animal sculpture from the Chinese pre-imperial period.

Although its precise function is unknown, it is probably from Yan Xiadu, a capital city of Yan during the period of the Warring States (475–221 BCE). It may have been a decorative element in a palace or tomb. By virtue of its geographical location, the state of Yan was long in close contact with the peoples of the steppes, who were very active along the northern borders. The development of realistic zoomorphic representations in China owes a great deal to the influence of the art of the semi-nomadic peoples of Central Asia, whose deep and age-old knowledge of the animal world accounts for their taste and talent for combining unfettered imagination with anatomical precision in images of creatures. Even though the winged dragon was produced in the Middle Kingdom, its aesthetic universe appears to have a distant kinship with certain Near Eastern representations, such as the frieze of griffins on the palace of Darius the Great (521–486 BCE) in Susa, created over a century earlier and also connected with the art of the steppes.

A mythic beast of good fortune associated with fertility and the East, the dragon was accorded paramount importance for centuries in China and Chinese symbolism. Entirely Chinese in its iconography, this winged dragon is a hybrid made up of various animals, with the hindquarters of a feline, the forequarters of an alligator, the antlers of a stag and the wings of a bird. Exceptionally large for an archaeological item of this period, it is also the largest freestanding sculpture of a dragon known to date in Chinese art.

Very few works compare with this in terms of dynamism, monumentality and aesthetic quality. The unique character of the winged dragon gives it an exceptional place and importance in the history of art. Its longstanding fame is due both to its aesthetic accomplishment and to the renown of its owner Adolphe Stoclet (1871–1949), who regarded it as one of the jewels of his collection. It would occupy a place of honour on a desk in the Palais Stoclet in Brussels for nearly a century.

The horned head has swept-back upright ears, a coiled snout with fangs protruding on either side and a resemblance to an alligator, an animal found in ancient China.

Feathered wings rise from the shoulders and thighs and curved fins run down the back to the tail. The skin is worked in light relief and covered with double volutes on a grained background. The clawed feet recall a bird of prey rather than a feline.

Winged dragon
Northern China
450–250 BCE
H. 48.5, W. 67 cm;
bronze
LOUVRE ABU DHABI

The dragon has a muscular neck with a spiked crest. The grained surface of the head and serpentine body suggest the texture of fur while the subtly undulating sides of the ears give the impression of cartilage beneath a thin layer of skin. This kind of naturalistic representation was very rare in the archaic era.

Places for exchange and conviviality but also an expression of power, banquets were an established social event used to bond communities in Antiquity. Whether the context was official or personal, sacred or profane, in the company of the gods, the living or the dead, communal feasts were frequent occasions in Eurasia throughout the 1st millennium BCE. In spite of their practical differences, banqueting in Greece, Etruria and China stimulated the development of ceremonial tableware that was often included in burial chambers.

DIVINE BANQUETS AND HUMAN BANQUETS

1

WATER FOR THE DEAD?

With its bulbous body, narrow neck and three handles, this large bronze jar looks as though it may have been used in banquets in the Greek world. A *hydria*, a jar used to hold the water used to dilute wine when, during the *symposion* after a meal, the guests would shift their attention to the entertainments and to drinking for pleasure. However, the decoration on the belly in the form of a siren suggests it should be considered in a very different light. This fantastic creature with the head of a woman and the body of a bird, borrowed from the iconography of the Near East, is a psychopomp whose function was to guide souls to the afterlife. In *The Odyssey*, the song of the sirens cast a spell over the companions of Ulysses and led them to their death. To judge by its decoration and by a sort of functional transfer, this hydria was probably used as a funerary urn to hold the ashes of the deceased.

2

1.
Hydria
Greece, Boeotia
450–400 BCE
H. 50 cm; bronze
MUSÉE DU LOUVRE

2.
Ceremonial vase with interlacing motifs
China
475–221 BCE
H. 48.5 cm;
bronze, silver
LOUVRE ABU DHABI

A PRINCELY VESSEL WITH CIVILISING VIRTUES

This four-sided jar with a curved body is one of the ritual vessels used for libations in ceremonies and banquets held in palaces and temples. Two rings held by fantastic animal masks are positioned on opposite faces and the surface is abundantly covered with a decoration of gilded metal, a tracery of hooked lozenges enclosing a repertoire of fantastic animals in simplified forms derived from the magical beasts of earlier times. They are drawn in an alloy inlaid into the thickness of the walls, a technique developed under the influence of the art of the steppes, which makes it possible to adorn these prestige items with metals of different and contrasting colours. In China banqueting was a political, military, religious and social rite practised on frequent occasions by the powerful. As much a social event as an opportunity for entertainments and spectacles, it was sometimes preceded by triumphs organised to celebrate military victories. Its activities might include dances, singing, sacrifices and archery competitions. As in earlier periods, the banquet was a custom addressed to the ancestors.

With the emergence of new ways of thinking that were destined to have a lasting impact, a crucial period of universal history was initiated between the 8th and 2nd century BCE. Great figures like Confucius in China (551–479 BCE), the Buddha in India (c. 563–480 BCE) and philosophers like Socrates (c. 469–399 BCE) and Plato (c. 428–347) in Greece, all lived during what the philosopher Karl Jaspers (1863–1969) identified as the *Achsenzeit* or "Axial Age". Whereas in Greece, following Socrates, Plato examined the disintegration of the ancient institution of the Greek city-state, in China the collapse of a political order and a certain world view accounts for much of Confucian thought. It was also the same type of questioning in northern India that led the future Buddha to shun an all too human life and devote himself to the pursuit of new wisdom.

CONSIDERING HUMAN DESTINY

THE CONCEPT of an Axial Age applies primarily to the history of philosophy and religion. It is clear that during the first millennium BCE a quantum leap occurred in various parts of the world in the way humanity reflected upon itself. While the notion of the Axial Age includes the three great civilisations mentioned above, it does not take contributions from other areas into account, disregarding, for example, the crucial developments in the Jewish world. The tangible character of the Axial Age is in any case given concrete shape to a remarkable degree by the simultaneous existence of sculpture that focused on human representation.

The concomitance of the evolution of artistic representation and philosophical thought concerning the human being in the second half of the 6th century BCE was a significant phenomenon in Greece. The emergence of figuration rejecting the symbolic hieratism of disembodied representation appears to go hand in hand with the philosophical examination of the nature of man as an individual and as a social being. The development, richness and beauty of this figurative art are known to us through numerous Roman copies.

The Warring States period (475–221 BCE) in China saw the spread of Confucianism. While anthropomorphic sculpture still remained very rare, the form of social and religious organisation inspired by this philosophy appears, however, to be related to the emergence of three-dimensional human representation. Figures sculpted in the round came to embellish purely utilitarian objects, the appearance and development of which were in turn connected with the proliferation of local courts that competed in magnificence in the construction and furnishing of their palaces.

Representations of the Buddha did not appear during his lifetime in India and only originated in the 1st century BCE. The figure was conceived as being in a state of perfect bodily and spiritual harmony, free of all desire, concentrated on a single point but of a nature so purified and contemplative as sometimes to become almost abstract and stylised. The Buddha was thus depicted in the act of preaching and teaching with an otherworldly character that sometimes deprives him of much of his tangible physicality. Despite the existence of certain features inspired by Graeco-Roman statuary, this model of an almost disembodied spiritual being remains a typically Indian creation.

1

A CONFUCIAN GENTLEMAN

The figure kneels on a cushion with arms outstretched holding a pole on top of which is a bowl used as a lamp. The Sinicised face is crowned with symmetrically arranged hair and a square hat secured with straps at the sides and under the chin. Clad in a long-sleeved tunic held at the waist by a broad belt, the figure can be seen as a gentleman intent on complying with the Confucian precepts. Like the veins of jade, whose course and arrangement determine the harmony of this stone endowed with magic properties, human compliance with the Confucian rules ensured the lasting harmony of the world.

2

A PSYCHOLOGICAL PORTRAIT OF SOCRATES

Greek art aimed at the creation of "physiognomic" portraits, capturing the real characteristics of its subjects and in particular their psychological traits. The Greek philosopher Socrates can be identified in this case on the basis of other portrayals in sculpture or painting. The face may have been copied from the posthumous seated statue of the philosopher created by the sculptor Lysippos around 318–317 BCE. According to the ancient sources, the now lost bronze original was commissioned by the Athenians and erected in the *agora* to express remorse for having sentenced Socrates to death.

THE IDEALISED BUDDHA

While no portrait of the Buddha appears to have been produced during his lifetime, the art of Gandhara proved particularly prolific in this field several centuries later. Located in present-day Pakistan, this kingdom had existed since the first millennium BCE and began its rise after the successors of Alexander the Great, in the 1st–3rd centuries CE, during the period of the Kushan empire. Its art, the best-known of the Graeco-Buddhist schools, offers one of the most significant combinations of Asian and European art. This large head no doubt belonged to a type of sculpture produced in monasteries, where the Enlightened One appears standing, devoid of princely attributes, in the simple robe of a monk.

3

1.
Candle holder in the form of a kneeling figure
China
475–221 BCE
H. 22.5 cm; bronze
LOUVRE ABU DHABI

2.
Portrait of Socrates (Roman replica of a Greek original)
In the style of Lysippos (?)
Roman empire
1–100 CE
H. 33.5 cm; marble
MUSÉE DU LOUVRE

3.
Buddha head
Pakistan, Gandhara
100–300 CE
H. 30 cm; schist
LOUVRE ABU DHABI

Human destiny was a subject addressed by three different thinkers in Greece, India and China, namely Socrates, Buddha and Confucius, at the same point in history around the 5th century BCE. This concordance was also manifested in the same synthesis of forms of artistic expression in different cultures and the establishment of conventions for representation of the human figure. Thus the sub-Saharan Africa of the Nok culture, the Mexico of the Olmecs and the Oceania of the Lapita saw the parallel formation of canons that have influenced the art of these continental regions until the present day. The term "formative cultures", drawn from pre-Columbian archaeology, is used to describe this phenomenon.

FORMATIVE CULTURES

THE NOK CULTURE, which appeared around 800–600 BCE in the area of present-day Nigeria, produced splendid anthropomorphic statues in terracotta that were the first monumental sculptures in Africa. This still largely unknown culture appears to have coincided with the spread of ironworking. The triangular eyes of these Nok faces are to be found up to the 20th century in the Yoruba sculpture of Nigeria. In more general terms, this aesthetic formula was to leave a lasting imprint on the statuary and visual arts not only of Nigeria but of sub-Saharan Africa as a whole, similar in scale to the influence of Greek sculpture in the West until it gave way to the Cubism of Picasso after his exposure to African statuary.

In Oceania, the Lapita styles of pottery spread through the Pacific at the beginning of the first millennium BCE with the island-hopping expansion and migration of peoples from New Guinea. Coherent in terms of their material culture in New Caledonia, the Lapita culture appears to have been the source of the Oceanian iconographic repertoire, especially in the art of *tapa* (beaten and painted bark), in which an overall motif features a subtle interplay of symmetry. The first instances of human figuration in the art of these areas have recently been discovered.

It is also around the beginning of the first millennium BCE that the Olmec civilisation appeared in the lowlands of present-day Mexico. Regarded as a formative and Preclassical phase of the Mesoamerican arts, the Olmec culture is exemplified by finely worked axes, human figures and other objects of jadeite, and above all by a singular form of statuary characterised in particular by colossal human heads that probably represent ancestors. The diffusion and influence of this statuary can be discerned in the subsequent Zapotec, Mayan and Teotihuacan civilisations.

These formative cultures spread through the absorption and reinterpretation of the cultures they encountered, thus also stimulating the expression of autochthonous cultures. Slightly more is known about the historical dynamics of these expansions, even though the archaeological evidence must often be drawn from sources that combine myth and fact to an equal degree. It was these cultures that gave rise to the great civilisations whose legacy is now shared by today's nations.

1

AN ETRUSCAN PRESENCE

This fragment of statuary is probably from an architectural decoration. The human figure, representing a hero, god or simple mortal, dominates the iconography of the Etruscan world, which was strongly influenced by Greek art. Evidence of this constant presence is provided in the funerary sphere by urns adorned with faces and sarcophagi with reclining figures of the deceased on the lid. The concentration on the human figure and the naturalism of its representation are connected with the development of sculpture in the Archaic and Classical Greek world, as well as with the social and philosophical context of the period.

2

A MAYAN FACE

This face is actually a vessel for liquid to be poured in through the open mouth and out through the spout of its hollow cylindrical hair. It was probably used for libations to placate divine wrath or entreat divine favour. The stylised features of the half-closed eyes and open mouth recall the death masks where life and death are joined forever, a fantastic formula peculiar to the art of Mesoamerica. This jar belongs to the Mayan culture, which was influenced by the Olmec.

1.
Head of a young man
Italy, Etruria
300–200 BCE
H. 18 cm; terracotta
MUSÉE DU LOUVRE

2.
Vase in the form of a human face
Guatemala
300 BCE–100 CE
H. 25 cm; terracotta
MUSÉE DU QUAI BRANLY – JACQUES CHIRAC

3.
Head of a man
Nigeria
500–100 BCE
H. 22.5 cm; terracotta
MUSÉE DU QUAI BRANLY – JACQUES CHIRAC

THE FIRST AFRICAN STATUES

This male head was originally part of a large sculpture of a standing or seated figure, the function of which is unknown. The hair, the triangular eyes with pierced pupils and the flattened nose and lips are characteristics distinctive of the Nok culture, which blossomed in the north of present-day Nigeria during the 1st millennium BCE and is still little known. These features endow the head with great presence. Possibly based on creations in other materials such as wood, these works appear to be the first in the long history of African statuary.

3

Unquestionably the most fascinating figure in Antiquity, Alexander the Great is still seen today as one of history's greatest conquerors. His fame rests as much on his youth, daring and bravery as on the extraordinary scale of his conquests and their fleeting nature. His legendary beauty and hair also fostered the development of a heroic figure, an authentic model for many rulers, Roman emperors and modern sovereigns ever since.

ALEXANDER THE GREAT
THE LINCHPIN OF UNIVERSAL HISTORY

THE SON OF PHILIP II of Macedonia and the Epirote princess Olympias, Alexander was born in 356 BCE in a prosperous, unified kingdom to the north of Greece. His tutor was the Greek philosopher Aristotle, who taught him the basic elements of Hellenic culture. At the age of sixteen Alexander rejoined his father, who initiated him into the government of the kingdom, entrusting him with administrative and military tasks. However, Philip was assassinated in 336 BCE while preparing to free the Greek cities of Asia Minor from the Persian yoke.

Proclaimed king of Macedonia at the age of twenty, Alexander inherited a battle-hardened army and a powerful war fleet. After subduing the revolts that accompanied his accession to the throne, he turned his ambitious gaze to the East. Endowed with rare political and military genius, in less than four years, between 334 and 330 BCE, he succeeded in toppling the Achaemenid empire, which had reigned for more than two centuries over the entire area of the Near and Middle East.

Drawn by the spell of increasingly remote regions, he continued his conquests to the borders of Central Asia and the heart of the Indus Valley. After this long and triumphant march, however, Alexander was unable to unify or stabilise these territories and died suddenly in Babylon with no heirs in 323 BCE. After his death, his generals – the *Diadochi* or successors – divided all of the young Macedonian king's conquests up more or less successfully into a series of rival kingdoms.

Alexander's legacy lay elsewhere. Regarding himself as heir to the Achaemenids, he was first and foremost the harbinger of the Hellenisation of the Middle East. The assimilation of conquered elites through mixed marriages, the founding of various cities in his name as settlements for colonists, and the spread of the Greek language and Macedonian coinage are all elements that left an indelible imprint on areas as far away from Macedonia as Afghanistan and Gandhara.

The Macedonian sovereign's memory took on a legendary dimension very soon after his death. Ancient authors like Pseudo-Callisthenes in Egypt took up the heroic figure from the 3rd century BCE and embellished the account of his lightning conquests with many fantastic episodes. His memory transcends centuries and regions. *The Romance of Alexander*, written in the 4th century CE, was one of the most popular works in medieval Europe. In the Iranian world, the adventures of the mythic Iskandar are among the most esteemed episodes of the *Shahnameh* or *Book of the Kings*, the great Iranian epic written by the Persian poet Ferdowsi around the year 1000.

1

COINAGE THAT CIRCULATED THE PORTRAIT OF ALEXANDER THE GREAT

Alexander had his first silver coins minted in 333 BCE while embarking on the conquest of the Achaemenid empire in Persia. Among the most important designs, the image of Heracles wearing the pelt of the Nemean lion as a headdress was soon confused with that of the Macedonian conqueror himself. Distributed on a vast scale to his Graeco-Roman mercenaries on their demobilisation, these coins constituted the monetary standard in the eastern Mediterranean and Near East for almost 150 years.

2

1.
Tetradrachm of Alexander the Great
Macedonia, Amphipolis
323–320 BCE
Silver
BIBLIOTHÈQUE NATIONALE DE FRANCE

2.
Bust of Alexander the Great, king of Macedonia
Greece, Delos
c. 100 BCE
H. 95 cm; marble
MUSÉE DU LOUVRE

THE PORTRAIT OF A CONQUEROR

According to the Roman historian Pliny the Elder, Alexander granted the privilege of portraying him to only three artists, namely the painter Apelles, the gem engraver Pyrgoteles and the sculptor Lysippos. Abandoning the traditions of the previous century, Lysippos inaugurated the new conventions of the Hellenistic royal portrait. In every case, in the form of a bust, full-length portrait or equestrian group, Alexander is shown young and beardless. He is always portrayed with an unruly mane of hair brushed back from the forehead to fall in a wreath around the face (the *anastole* style), his head turned slightly to the right and his gaze directed towards necessarily higher spheres. As all of these characteristics are to be found in the Louvre bust, it would be tempting to identify the subject as the young conqueror. Some scholars regard it, however, rather as a portrait of Mithridates VI, king of Pontus between 120 and 63 BCE. There were indeed many sovereigns that had themselves portrayed in Alexander's likeness even long after his death in order to assert their legitimacy or supremacy in the eastern Mediterranean, in Asia Minor and on the shores of the Black Sea.

At the end of the 3rd century BCE, when the Hellenistic kingdoms divided up the legacy of Alexander's conquests, a new power emerged in the Italian peninsula. Rome embarked on an expansionist policy after its victory over the Carthaginian troops of Hannibal in the Second Punic War (218–202 BCE), unifying the area from the western to the eastern shores of the Mediterranean for the first time ever in less than two centuries. In 27 BCE, after a century of republican civil wars, Octavian was invested with higher authority by the Senate and became Augustus. He laid the foundations of an empire that was to rule over a vast territory stretching from the Atlantic to the Middle East for the next four centuries.

THE IMPERIAL CULT IN ROME AND THE EMPIRE

Augustus and his successors concentrated all power in their hands. Designated by the people and the Senate, the Roman emperors exercised their authority over the command structure of the army and administrative hierarchies in the provinces. As the holders of executive, legislative and legal powers, their decisions had the force of law. Imperial authority was also enhanced with a religious dimension. The emperor or *princeps*, an exceptional and charismatic being, occupied a pre-eminent and almost providential position.

Instituted during the reign of Augustus, the imperial cult served to unite all the different peoples of the Roman empire, whose beliefs, religions and rituals varied from one region to another. The cult manifested itself throughout the cities of the empire in the erection of temples and altars as well as the creation of a special priesthood. Ceremonies, processions, banquets and spectacles organised in honour of the deified emperor were all opportunities to display one's loyalty to the ruler. This phenomenon also involved numerous artistic works, including the official portraits displayed in most of the Empire's public places. Like the coinage, they made the image of the emperor widely known and proclaimed the full extent of his power to all and sundry.

While the Hellenistic sovereigns, following Alexander, had themselves portrayed in idealised images, Roman imperial portraits were distinguished by facial realism. As proclamations of the higher authority embodied by the emperor, they translated the character and aesthetics of each reign into images, expressing qualities like serenity, energy, authoritarianism and pugnacity.

AUGUSTUS, OR THE RETURN TO ORDER

The portraits of Augustus, the first Roman emperor, reflect his authority and his almost superhuman charisma. He took particular care of his image all through his reign, combining the idealism inherited from Alexander the Great with the Roman realism of the republican portraits of the 1st century BCE. Recognisable by his carefully arranged locks, high forehead, prominent cheekbones and determined chin, Augustus displayed deliberately classical features. His stern expression suggests both the return to order that he championed and the majesty of the imperial function he embodied.

1

2

HADRIAN, A PHILOSOPHER EMPEROR?

A fascinating figure known for the breadth of his culture, his philhellenism and the scale of the reforms that marked his reign, Hadrian also regenerated the art of the official portrait. A well-read emperor, he wore a beard like the Greek philosophers but combined this image of wisdom with that of a true warrior chief by donning a cuirass adorned with the head of a Gorgon.

3

1.
Augustus, the first Roman emperor
Italy, Rome (?)
27 BCE–100 CE
H. 52 cm; marble
LOUVRE ABU DHABI

2.
Hadrian, Roman emperor
Crete, Heraklion
127–28 CE
H. 64 cm; marble
MUSÉE DU LOUVRE

3.
Head of a Roman emperor, fragment of a monumental statue
Italy, Rome
c. 200 CE
H. 44, W. 34 cm;
gilded bronze
LOUVRE ABU DHABI

PORTRAIT OF AN EPHEMERAL TIME

This imposing head, discovered in the river Tiber at the end of the 18th century, originally crowned a statue approximately four metres in height. Its monumentality and the use of the semi-precious material bronze both suggest that it should be regarded as an imperial portrait. The thick hair in dense ringlets and the treatment of the beard point to a work of the late 2nd century CE. The subject may have been one of the short-lived "emperors" who fought for power on the death of the cruel Commodus (161–192).

OBSERVATION OF THE RITES

The Roman emperor controlled the religious life of the empire as its *pontifex maximus* and took part in it by performing liturgical functions. This is how Tiberius, Augustus's successor, had himself portrayed at the head of a procession in this low-relief panel. With his head covered, he performs the rite prior to the sacrifice of the three animals shown behind him (a pig, sheep and bull) by offering incense on the altar. This sacrifice, known as the *suovetaurilia* and traditionally offered to Mars, was a rite of purification marking the end of a census or the start of a military campaign.

THE SPREAD OF CHRISTIANITY

The Roman empire fell into a major intellectual, moral and spiritual crisis at the end of the 2nd century. The spread of Eastern religions (of Isis, Cybele, Attis and Mithras) and the growth of Christianity, which promise their believers salvation in the afterlife, attest to the existential anguish affecting part of the population. In the funerary domain, cremation gradually gave way to the practice of burial and the walls of sarcophagi soon became the support for a new Christian iconography. Here we see a combination of five biblical scenes drawn from the Old and New Testaments. By refusing to recognise the imperial cult, the early Christians displayed disloyalty to Rome and were accordingly persecuted until Constantine established freedom of religion in the Roman empire with the Edict of Milan in 313.

4

5

4.
Fragment of an architectural relief: ritual sacrifice
Italy, Rome
15–16 CE
H. 90, W. 230 cm; marble
MUSÉE DU LOUVRE

5.
Side of a Christian sarcophagus decorated with Biblical scenes
Italy, Rome (?)
300–50 CE
H. 70, W. 217 cm; marble
MUSÉE DU LOUVRE

A MASTERPIECE
THE MAN WITH A CUP

OCTAVIAN'S VICTORY in the battle of Actium over the forces of Mark Antony and Cleopatra VII in 31 BCE sounded the death knell of pharaonic Egypt and resulted in its annexation into the nascent Roman empire. A few decades later, the reign of Tiberius (14–37 CE) was a period of unprecedented artistic synthesis between the Egyptian and Roman traditions, above all in the field of funerary portraiture. This depiction of a man with a cup is undoubtedly one of the most successful examples.

Clad in a Roman tunic and holding a myrtle branch and a cup filled with wine, a man in his prime looks out on us from ancient times. Probably painted during his lifetime, his serious, hollow-cheeked face is rendered with remarkable skill. All the nuances of the complexion are captured by the taut brushwork and handling of the paint by an artist trained in the school of Roman realism. While his long, straight, narrow nose, fleshy lips, moustache and beard are all details that lend individuality, his disproportionately large eyes and fixed and captivating gaze are directly derived from the Egyptian tradition of representation.

Even though cremation was the preferred Roman custom for dealing with the dead, the Romans who settled in Egypt, like the Greeks before them, adopted the Egyptian rituals of embalming and mummification. Very probably cut out after the subject's death for attachment to his mummy, this type of portrait replaced the funeral masks that had been in use since the pharaonic era. This development achieved two complementary aims: to preserve the face of the deceased for all eternity and to honour his or her memory in accordance with Greek and Roman practices.

Painting with encaustic on a wooden panel is a Greek technique regarded as the invention of the renowned Apelles, who painted Alexander's portrait. Introduced at the end of the 4th century in Egypt, where the dry climate was conducive to its preservation, it was one of the primary techniques used in Roman portraiture.

The opulent wine cup decorated with precious cabochons evinces the syncretism of Graeco-Roman and Egyptian funerary beliefs in the mixed society of Antinopolis, suggesting the funeral banquet shared by the deceased's close family and the traditional cult of Osiris, god of wine.

The "head and shoulders" format indicates that the portrait is from the city of Antinopolis, founded by Hadrian in memory of his favourite, Antinous, in 132 CE. Most of the Roman portraits known today are from markedly Hellenised areas, especially Fayum and Antinopolis.

The man portrayed with a cup wears the dress of the Roman aristocracy: a white tunic with purple stripes (*clavi*) running from the shoulders, a mark of high social status in Rome. Whether of Egyptian, Greek or Roman origin, this figure, today anonymous, was very probably a local dignitary.

His short hair, combed onto the forehead in a style recalling that of the emperors Gordian, Maximinus Thrax and Trajan Decius, makes it possible to date his portrait to the first half of the 3rd century CE. Imitation of the imperial hairstyle was a way of proclaiming loyalty to the Roman empire.

Funerary portrait of a man with a cup
Egypt, Antinopolis (?)
225–50 CE
H. 23, W. 12.7 cm;
wax paint on wood
LOUVRE ABU DHABI

The reign of Augustus paved the way for a period of peace and prosperity that lasted for nearly two centuries, despite sporadic political unrest. Rome imposed its administration, language and culture on a territory of unparalleled size that reached its peak under Hadrian (117–38 CE). Stretching from the shores of the Atlantic to the banks of the Euphrates, and from Britain to Sudan, the Roman Empire was a gigantic space for the circulation of people, ideas and goods. Peoples of different languages, beliefs and customs rubbed shoulders and their quickly Romanised elites adopted a largely shared lifestyle and values.

THE ART OF LIVING IN THE ROMAN WORLD

ROMAN DOMINATION was first manifested in the construction of a network of roads that ran through the subjected territories. Cities were adorned with public buildings and spaces common to the Roman world as a whole, such as monumental gates, triumphal arches, forums, theatres, amphitheatres and baths. Romanisation also affected domestic life, however, from Carthage to Antioch and Alexandria to Cologne, especially in the construction of luxurious private homes whose wealthy owners shared the same taste for the most sumptuous settings.

Back in the 2nd century BCE, long before the advent of Augustus, the wealthiest Romans adapted the model of the Hellenistic house to their own Etruscan-Italic traditions. The private Roman house (*domus* or *villa*) was then divided into two parts, one public and the other private. Whereas the master would receive his clients in the atrium, the private part was organised in the rear around the peristyle, an import from the Greek world consisting of a portico around a garden onto which the reception areas and bedrooms opened.

This model lasted for centuries, albeit with some variations, and spread throughout the Roman world. The architectural decorations of the domestic space, such as frescoes and mosaics, as well as the precious tableware and furniture, also attest this largely shared lifestyle and make it possible to identify the evolution of fashions generally inspired by the imperial models current in Rome. Nonetheless, this standardisation did not impair the variety of regional art, so that the mosaics produced in Italy, North Africa and Syria, for example, differed appreciably in iconography and style.

ROMAN SILVERWARE

Reserved for a privileged clientele, silver tableware also bears witness to the spread of the Roman taste and lifestyle throughout the empire. While sometimes used for domestic and funerary purposes, these luxury articles were especially designed for banquets and festivities, as attested by Petronius's savory descriptions in the *Satyricon* (XXXI). They were enormously popular in Gaul in the 2nd and 3rd century CE. The Graincourt Treasure, which was probably hidden by its owners during the Germanic invasions of the 3rd century, comprises nine pieces, of which three are shown here. The abundance of this prestige tableware reveals the widespread taste for Roman-style luxury among provincial dignitaries.

1

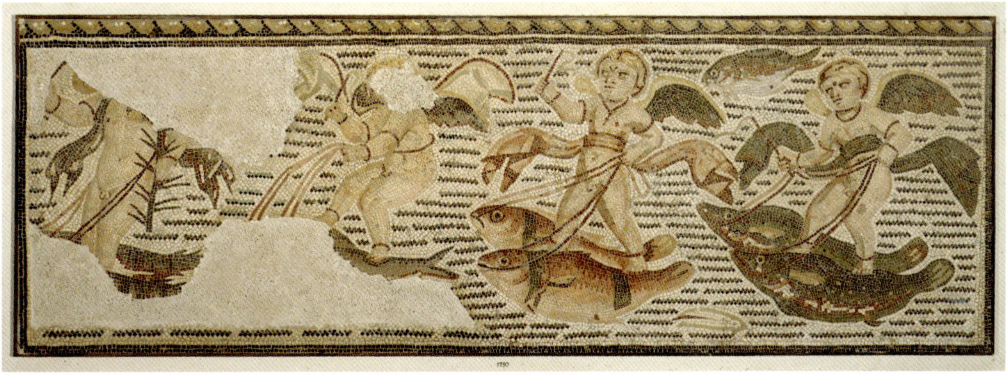

2

3

RICH HOMES IN THE PROVINCE OF AFRICA

The art of the mosaic was born in the Greek world long before the rise of the Roman empire, and spread throughout the Mediterranean area from the 4th century BCE. It was, however, in Roman times that it truly blossomed to constitute the decorative floor surface *par excellence* both in Rome and the provinces under its rule. Regional workshops and styles gradually took shape. While black and white geometrical patterns found favour in Rome and its surroundings, Levantine craftsmen created truly illusionistic pictures directly derived from Hellenistic painting. Figurative floors were also numerous in Africa, as attested by these two fragments, which probably decorated a *triclinium* or dining room. Revealing a taste for decorative scenes and parody, they illustrate a sort of circus procession of cupids riding fish and a music-playing monkey that may be a travesty of Orpheus, the Master of Animals.

1.
Set of luxury tableware
Northern France, Graincourt-lès-Havrincourt
150–250 CE
Partially gilded silver
MUSÉE DU LOUVRE

2.
Mosaic: procession of cupids riding on fish
Tunisia, Sousse
300–25 CE
H. 80, W. 228 cm; marble, limestone, glass paste
MUSÉE DU LOUVRE

3.
Mosaic: interlacing with animal motifs
Tunisia, Sousse
300–25 CE
H. 135, W. 251.6 cm; marble, limestone, glass paste
MUSÉE DU LOUVRE

1

1

These two monumental statues, one of a Roman patrician known as *The Orator* and one of a Gandharan bodhisattva, a benevolent intercessor in the Buddhist world, display striking stylistic similarities despite the geographical distance between their places of origin. While Rome was the historical and cultural heir of Greece, Gandhara was the historical region in the north-west of the Indian subcontinent, present-day Pakistan, where Indo-Greek kingdoms were founded in the wake of the expedition of Alexander the Great.

DIALOGUE AT A DISTANCE BETWEEN INDIA AND ROME

REALISM AND IDEALISATION

Although the link with Greece is tangible in the realistic folds of the garments and the modelling of the bodies, the naturalism of the faces reveals this common influence to a still greater degree. The features of the *Orator* are those of a man in the prime of life, aged around fifty, with a stern expression. This representation seeks to suggest moral qualities and especially *gravitas*, the dignified seriousness regarded as a cardinal virtue in Rome during the early period. The face of the bodhisattva is naturalistic with an element of idealisation. Shown with the eyes half-closed in an inward-gazing state of meditation, the figure bears an expression in keeping with the religious sensibility of the Indian world.

1

2

1.
Man dressed in a Roman toga, called *"The Orator"*
Italy
100–50 CE
H. 169 cm; marble
LOUVRE ABU DHABI

2.
Bodhisattva
Pakistan, Gandhara
100–300 CE
H. 136 cm; schist
LOUVRE ABU DHABI

FROM ONE GARMENT TO ANOTHER

One of the major convergences between these two works lies in the fact that they have a common source in Greek art. Their apparel, for example, shows similarities with the Greek himation; falling in full folds in front of the body, each work interprets it in its own way. In the *Orator*, the garment is transformed into a toga, illustrating a form of simplicity in keeping with the plebeian spirit of Roman art at that time, whereas the refined appearance and adornments of the bodhisattva enhance the princely character of the future Buddha.

Teotihuacan, whose name is today associated both with the civilisation and with the urban complex, was the most powerful city in Central Mexico between the 2nd and 4th centuries CE. While it has not been demonstrated that the site was the centre of a true empire, the vast city-state did control a large territory in the centre of Mexico. It appears to have maintained important economic relations with its neighbouring states, a fact that contributed to its rapid expansion, and thus attracted many craftsmen and merchants from different communities, making the city the most populous and cosmopolitan of its time. Its social and political organisation remains a mystery, however. As its original name is also still unknown, it now bears the one it was given centuries later by the Aztecs, who attached particular religious importance to the city as the birthplace of the gods. Recent archaeological excavations are, however, gradually supplying some answers.

THE GREAT MEXICAN CITY OF TEOTIHUACAN

WHILE ARCHITECTURE is the city's most spectacular artistic form, above all with the famous pyramids that dominate the site, Teotihuacan's sculptures are also emblematic of its culture. Their standardised production is evidence of specialised activity in workshops whose style was to influence distant areas and later cultures centuries after the city's abandonment. While most of the sculptures found on the site are of real or fantastic animals, anthropomorphic works are characteristic of the Teotihuacan civilisation. The sculptures are always schematic and static with no attempt at individualisation, unlike the contemporary art of the Mayan cities. This approach to art certainly tells us something about the nature of the society, where symbolic expression was preferred to a commemorative function of representation, and is indicative of highly developed ritualism.

Masks constitute a characteristic element of the artistic production of Teotihuacan. Generally triangular, some retain traces of paint or inlaid stone, shells or metals to emphasise details of the face such as the eyes or mouth. They all have pierced ears, probably for jewellery. Their excessive weight and the fact that the facial orifices were not pierced mean that they could not have been worn during ceremonies. None of these masks were found in a burial but some scholars suggest that they may have been placed on sculptures of perishable material or mummy bundles to represent ancestors, as was the case with the Aztec burial rites for dead warriors. As in the rest of Mesoamerica at different times, great symbolic importance appears to have been attached to green stones in Teotihuacan, probably in connection with the concepts of fertility and life. Particularly present in rituals, these objects appear to have been associated with human sacrifice, as suggested by the discoveries recently made beneath the Pyramid of the Moon. The figures are depicted in the murals as richly clad but the bodies are in fact generally naked, which, with their hieratic appearance, might indicate that they were sacrificed prisoners.

1

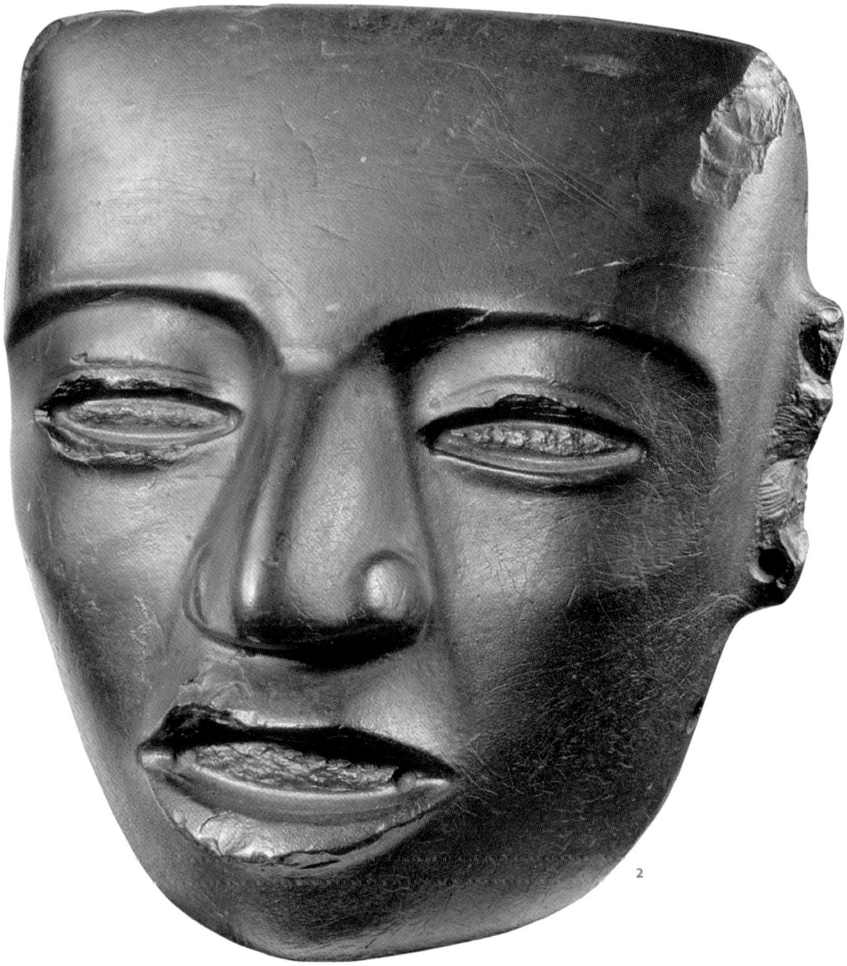

2

1.
Statuette of a standing figure
Mexico
150–550 CE
H. 70 cm; serpentine
MUSÉE DU QUAI BRANLY – JACQUES CHIRAC

2.
Mask with a human face
Mexico
150–550 CE
H. 18 cm; black stone
MUSÉE DU QUAI BRANLY – JACQUES CHIRAC

THE FACE OF ETERNITY

This characteristic Teotihuacan mask holds a particular place in the history of pre-Columbian art, as it belonged to the collection of the great Mexican mural painter Diego Rivera and appears in one of the works of his partner Frida Kahlo, *Mi Nana y Yo* (1937), as a reference to her pre-Columbian cultural heritage. Rivera later gave it to André Breton during his visit to Mexico in 1938. Mexican works were a major influence on the development of the Surrealist aesthetic.

THE SACRIFICE OF PRISONERS

Only a dozen sculptures of humans are held in museums. Archaeological discoveries made in the 2000s appear to confirm the hypotheses put forward about this category of works, where nudity indicates the condition of a captive about to be sacrificed. Unlike the neighbouring Mayan area, no sculpture of a leader has yet been discovered. During the ritual wars characteristic of this region, the warriors' priority was not to kill their adversaries but take them prisoner and sacrifice them to the gods within the framework of ritual ceremonies.

The advent of a unified empire in China took place in the 3rd century BCE with the conquests and then reign of Qin Shi Huang (221–210 BCE), the first emperor. This visionary political construct was to have a lasting and deep influence on the course of history in Asia. After the fall of the Qin, the Han dynasty (206 BCE–220 CE) was quickly founded by a soldier who took the name Gaozu. Based on a vast administrative system, this empire extended its rule over an immense area stretching from Central Asia to Korea, and from the steppes to Vietnam, and established the first trade route to the West.

THE WORLD-EMPIRE OF THE HAN DYNASTIES

PARALLEL TO THE ROMAN EMPIRE in the Mediterranean area, in many respects the Han dynasty constitutes a crucial historical period in China, during which the country's political, economic, social and cultural foundations were laid. Driven by its rulers and a cultured elite, the empire was underpinned intellectually and ideologically with Confucianism, while a powerful bureaucracy kept the entire territory under close control. The imperial domains were expanded through military conquests and trade, with the official opening of the silk roads being one of its spectacular manifestations.

The Han extended the Great Wall, a defensive work running from west to east as far as the mouth of the Yellow River, which became an authentic northern border. The increase in trade with foreign regions played a crucial role, with silk, furs, glassware, lacquer work, carpets and so on circulating over long distances. Several communication networks existed, of which the Eurasian continental route towards the Parthian and then Sassanid Near East was the best known. A sea route via the south of China to India made it possible to supply the Roman empire with luxury goods. The last period of the Han dynasty was marked by rebellions and revolts, especially those of the Yellow Turban religious sect, which led to the fall of the Han empire.

The unearthing of sumptuous funerary palaces has revealed a cultivated and sophisticated society. The works and goods placed in the burials of high-ranking individuals make it possible to reconstruct the refined universe of wealthy Han residences. Objects of everyday or magical use with simple, functional forms were created in rare materials such as jade and lacquer, and sculptural items like elements of architecture, servants and horsemen played a purely symbolic role indicating the social, administrative or military duties of the deceased in the world of the living.

1

2

THE LUSTRE OF HAN BANQUETS

The *erbei* or "ear cup" was one of the vessels used for the consumption of alcohol, especially during banquets, as its ear-like appendages made it easy to handle. Complete sets are often found in the rich burials of the time. While most were made of ceramics, there are also some rarer specimens made from lacquer, which offers protection against damp, high temperature and corrosion as well as a lustre seldom equalled. This cup of glazed earthenware was very probably made to imitate other materials such as bronze or more probably jade, which was particularly prized at the time.

3

SEEING FAR INTO A NEW WORLD

Designed to be constructed from moulded and assembled elements, this model of a building made from red earthenware is coated with an iridescent grey lead glaze. The base of the building rests on a circular basin with the foundations of a tower in the middle. Superstructures of two balcony platforms and two roofs with projecting eaves are stacked on top of one another. Watchmen are shown on guard at the bottom together with four harquebusiers placed at the corners of the platforms. These towers were used as defensive structures and observation posts in strategic places of the rapidly expanding Han empire. They may also have inspired the architecture of the later Buddhist pagodas.

1.
Drinking cup
China
25–220 CE
Diam. 10 cm;
glazed terracotta
MUSÉE NATIONAL DES ARTS ASIATIQUES – GUIMET

2.
Drinking cup
China
25–100 CE
Diam. 16 cm;
lacquered wood
MUSÉE NATIONAL DES ARTS ASIATIQUES – GUIMET

3.
Model of a watchtower
China
25–220 CE
H. 91 cm;
glazed terracotta
MUSÉE NATIONAL DES ARTS ASIATIQUES – GUIMET

4.
Statuette of a servant
China
200–100 BCE
H. 60 cm; terracotta
MUSÉE NATIONAL DES ARTS ASIATIQUES – GUIMET

5.
Bi disc with engraved decoration
China
300–100 BCE
Diam. 23.4 cm; jade
MUSÉE NATIONAL DES ARTS ASIATIQUES – GUIMET

4

TOWARDS A FORM OF CHINESE HUMANISM?

This sculpture of a servant perfectly illustrates the plastic art of the Han dynasty. The head displays fine, calm features as though plunged in a kind of reverie. The clothing, comprising three kimonos on top of one another, crossed left over right, is cut close to the body with a V neck. The fabric appears to be thick and the ankles are hidden by trousers. The supple, detailed modelling suggests a date in the 2nd century BCE. The realistic representation of the human figure, a characteristic of the sculpture of this period, allows the hypothesis of a form of humanism related to Confucianism in the Han period.

5

THE PERSISTENCE OF SYMBOLS

A distant descendant of Neolithic items, this *bi* disc of water-green jade was decorated using complex hollowing, cutting and engraving techniques. The surface is arranged in three concentric friezes, the outermost of which presents four groups, each decorated with two faces of snake-like animals, their bodies seen from the side, inspired by the ancient bestiary of the Warring States period. Traditionally associated with the heavens, *bi* discs continued to be used in the ritual practices of the dynasties of the Western Han (206 BCE–9 CE) and then Eastern Han (25–220).

In 224, Ardashir I, a sovereign of Persian origin, brought about the collapse of the Parthian kingdom and founded the Sassanid dynasty, which was to rule most of the Middle East until the Islamic conquest in 642. A link between worlds in the full swing of transformation, the Sassanid Empire prospered from the trade in luxury goods between Rome, Constantinople and Chang'an. During these four centuries, the Chinese and Roman worlds were, however, subjected to severe political, economic and social crises that deeply undermined the established order.

THE END OF THE GREAT ANCIENT EMPIRES

FROM THE COLLAPSE of the Han dynasty until the reunification under the Sui at the end of the 6th century, China went through a period of unrest marked by the proliferation of local dynasties and a series of foreign invasions. In this unstable political situation, intellectual and artistic life broke free of the Confucian yoke and, from the 4th century, drew sustenance from the growing influence of Buddhism. Through its mediation, the contributions of the Indian, Iranian and Hellenistic civilisations then filtered through into literature, art and science.

Europe too underwent major movements of peoples between the 4th and 7th centuries. Under the persistent threat of the Huns, a people of nomadic riders from the steppes of Central Asia, the Germanic peoples fled towards the Roman empire, which was weakened by internal political crises and soon no longer able to resist this demographic pressure. The Roman empire of the West collapsed in 476 and a new political landscape took shape. Western Europe disintegrated into a series of small kingdoms while Constantinople, capital of the Roman empire of the East, established itself as the heir to the ancient Graeco-Roman world.

In the heart of Iran, the Sassanid rulers instead abandoned the Hellenistic style carefully maintained by their Parthian predecessors. Equipped with a powerful army, a centralised administration and sumptuous princely palaces, they asserted above all their ties with their Achaemenid ancestors. The last manifestation of pre-Islamic Iran, the Sassanid empire broke up at the beginning of the 7th century, weakened by internal unrest as well as the constant pressure exerted by the troops of the Byzantine empire to the west.

Paradoxically, this troubled period was also one of great spiritual and philosophical richness. The movements of peoples fostered contact and the renewal of artistic traditions, manifested above all in the arts of metalworking.

1

A REINVENTED LEGACY

The Sassanid court is renowned for its splendour and its taste for sumptuous arts such as silks and jewellery. By its form and decoration alike, this vessel, a typical item of Sassanid luxury tableware, bears witness to the survival of the Graeco-Roman artistic heritage in the heart of the Iranian world. The four dancers adorning its body may still evoke the Dionysian world or, as their attributes suggest, the succession of the months and seasons. These precious and richly decorated vessels were probably used to serve wine during banquets celebrating the change of seasons, of which the *Nowruz* or New Year was by far the most important in the Sassanid world.

2

SASSANID SPLENDOURS

Sassanid prestige tableware was enriched from the 5th century with new forms through contact with the countries to the west of Iran and Mesopotamia. The often symbolic and allegorical images adorning the pieces promise their owner happiness and success. Wild animals are always associated with majesty and the bravery of warriors.

AT THE DAWN OF A NEW ERA

An iconic image of the period of "barbarian invasions", the Domagnano fibula is an exceptional piece in the Louvre Abu Dhabi collections. In a shimmer of gold and garnets from Gujarat in India, this sumptuous item of jewellery combines the ancient symbol of power of the eagle with the cross of the new Christian era. Dated at the end of the 5th century, it is probably contemporary with the fall of the last Roman emperor of the West and epitomises the rich and complex period that saw the meeting of ancient, barbarian and Christian traditions.

3

1.
Vase decorated with dancers
Iran
400–600 CE
H. 18 cm; silver gilt
MUSÉE DU LOUVRE

2.
Dish decorated with a tiger
Iran (?)
600–800 CE
Diam. 25 cm; silver gilt
BIBLIOTHÈQUE NATIONALE DE FRANCE

3.
Brooch in the form of an eagle
Italian peninsula, San Marino, Domagnano
450–500 CE
H. 12.1, W. 6.4 cm; gold, garnet
LOUVRE ABU DHABI

This luxurious fibula, originally worn with its symmetrical counterpart on the shoulder of a woman's robe, is in the majestic form of a bird of prey, probably a falcon, represented in full flight or perched on the hand of its owner. A circular medallion has a cross-shaped motif in the centre. The fibula illustrates the introduction of the new technique of cloisonné jewellery, a process imported from the areas north of the Black Sea by eastern Germanic peoples, possibly the Huns, whereby semi-precious stones and materials are inlaid in compartments made by soldering gold wires (more than 220 here) onto a flat piece of gold.

WING 2

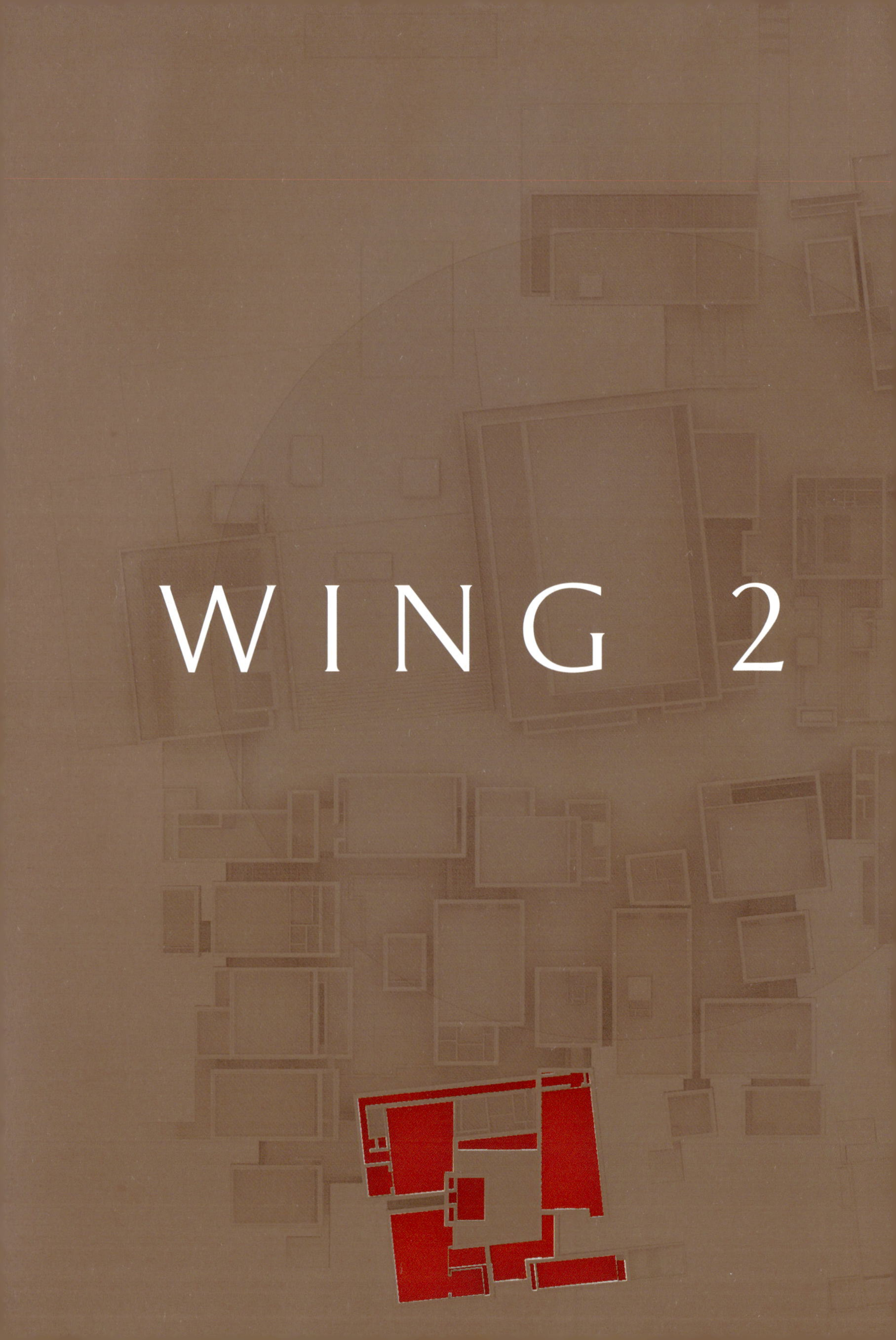

GALLERY 4

THE UNIVERSAL RELIGIONS

GALLERY 5

THE ASIAN TRADE ROUTES

GALLERY 6

FROM THE MEDITERRANEAN TO THE ATLANTIC

WING 2

GALLERY 4

THE UNIVERSAL RELIGIONS

The spread of the great religions with universal ambitions that began 2000 years ago radically transformed the old order inherited from the ancient world. Proposing a new form of transcendence and salvation for all, Buddhism, Christianity and Islam rose as missionary religions that in just a few centuries spread across most of the territories of the civilisations in Eurasia and Africa. The offshoots of older religions like Hinduism and Judaism, these new beliefs encountered others like Confucianism and Taoism in China and animism in Africa during their expansion. One of their primary characteristics is monotheism. The message of a single divinity is proclaimed on the earth by a prophet, the intercessor between god and believers. Developed in northern India from the teachings of Siddhartha Gautama around 600 BCE, Buddhism spread throughout the subcontinent in the following centuries and over China and South-East Asia during the early centuries of our era. Born out of the teachings of Jesus Christ, Christianity was long persecuted in the Roman empire before being tolerated by Constantine in 313 and then becoming the state religion in 380. Having survived the collapse of the Roman empire in the West, it was the paramount religion of medieval Europe. Islam came into being with the revelation of the Quran and the teachings and practices of Prophet Muhammad (PBUH) following his migration with his followers (Hegira, 622–32) from Mecca to Medina (then known as Yathrib), and spread very quickly over a vast area from the Atlantic to the Indian subcontinent. The universal religions share common values. Their art was marked during this period by little concern with the realistic representation of figures, its function being to express theological concepts rather than depict the real world. The importance of scriptures and the symbolism of light are also found in all the three faiths. As recognised by the Quranic formula *Ahl al-Kitāb* (People of the Book), Islam and Christianity draw from the same branch of the Jewish Old Testament. In this they take up the tradition of the Buddhist sutras, transcriptions of the Buddha's words. And light – filtered through the stained glass windows of cathedrals, shining from lamps in mosques or glittering on Buddhist statues of gold – is a powerful metaphor for all the universal religions.

Associated with prophecy and spirituality, light has been regarded since Antiquity as a visible manifestation of invisible powers. This universal metaphor is shared by the great philosophies and religions, which place it at the centre of sacred space, where it is perceived as a physical phenomenon endowed with an infinite spectrum of metaphorical religious images. In the culture of ancient Egypt, light was considered to accompany the original cosmic dawn. Light was therefore life and countered the darkness of death. At the origins of Hinduism, the Indian theology of the *Rigveda* regarded the divine creator Prajapati as a primordial sound exploding into countless gleams of light, creatures of harmony, while the founder of Buddhism was given the sacred title of the Buddha, the Enlightened One.

DIVINE LIGHT

UNLIKE THE PANTHEISTIC civilisations, which identify light with divinity itself, the Abrahamic religions see light as a symbol of the revelation and transcendence of God. In the biblical Old Testament, the first act of creation is the separation of light and darkness (Genesis, 1:3). In different ways, this metaphysical bond with light has informed the choice of new architectural designs, techniques and materials. A direct and impalpable expression of the divine in Islam, light is sanctified in the Al-Nur surah of the Quran (24:35), while in the West, the pursuit of large spaces, combined with the use of various metals, gave birth to the transparent chromatic art of stained glass. Particular importance is attached to light (*al-Nur*) in the Islamic world as one of the ninety-nine names of Allah and the subject of surah 24 of the Quran. Before he was chosen as the messenger of God, the prophet Muhammad was in the habit of seeking seclusion and meditation on Jabal Al-Nur, the mountain of light, near Mecca, where he received his first revelation from God through the Archangel Gabriel in Hira cave. *Allah is the light of the heavens and the earth. A parable of His light is a niche wherein is a lamp; the lamp is in a glass, the glass as it were a glittering star.* This verse from the Quran is frequently inscribed calligraphically on mosque lamps, where form is transcended by the word. In Christian theology, the vertical perception of light had a crucial influence on religious art and architecture, the basic principle of which associates the divine with natural light as opposed to darkness. This was expressed in particular through the new architectural techniques of the Gothic period, which made it possible to transform places of worship into authentic cathedrals of light, like the Basilica of Saint-Denis near Paris, conceived in the 12th century by Abbot Suger as an earthly representation of the heavenly Jerusalem. The stained-glass windows incorporated in the facades of cathedrals transform physical light into divine radiance, flooding the interior and shining on the congregation. The art of stained glass reached its peak in the 13th and 14th centuries with the windows of such places as the Sainte-Chapelle in Paris and the cathedrals of Reims and Regensburg.

THE LIGHT OF CATHEDRALS

In Gothic cathedrals, stained-glass windows, whose size increased as architectural techniques made it possible to reduce the solidity of walls, illuminate the interiors with glowing colour. The windows are decorated with scenes from the Old and New Testaments as well as the lives of the saints and sometimes everyday life, not so much in order to instruct the faithful as to dazzle them and present the divine all its glory. This stained-glass window shows St Nicasius, bishop of Reims, who was taken prisoner, tortured and beheaded by the Vandals in 407. Legend has it that the bishop then rose to his feet, picked up his head and walked to his grave, a miracle that terrified the barbarians into fleeing and thus saved the city.

1

BUDDHIST ENLIGHTENMENT

This classical Nepalese figure, produced by Newar artists from the Kathmandu Valley, shows Maitreya, the future Buddha, spreading the light of wisdom and placing the believer on the path to enlightenment. While light, represented here by gold, did not give rise to any specific developments in Buddhism, the Mahayana school of the Great Vehicle taught that divinities known as *bodhisattva* have the power to save living beings by leading them to the final enlightenment (*bodhi*). This imagery of light is reflected in the names of some of these divinities, including the celestial buddhas Vairocana, the Enlightener, and Amitābha, Immeasurable Light.

2

1.
Scenes from the life of St Nicasius
France, Soissons region
1200–25
H. 140, W. 154 cm; window: glass and lead
MUSÉE DU LOUVRE

2.
Maitreya, a Buddha in a time yet to come
Nepal
1100–1200
H. 52 cm; copper gilt, semiprecious stones
LOUVRE ABU DHABI

3.
Mosque lamp inscribed with the name of Emir Tankizbugha
Egypt or Syria
1386
H. 26.5 cm; blown, gilded and enamelled glass
MUSÉE DU LOUVRE

3

AL-NUR

Among the most spectacular achievements of the Mamluk period, mosque lamps were produced in very great numbers in the 13th and 14th centuries to illuminate mosques and religious complexes, where they helped to create the circular, horizontal setting of the divine space. Known since Antiquity, the technique of enamelled and gilded glass was revived and adapted to the Islamic symbolism of light by Syro-Egyptian glassworkers. The composition is given form by the monumental cursive style of calligraphy known as thuluth, used here to present the name and arms of the donor, Emir Tankizbugha, high chamberlain of Sultan Hassan (1334–61). The blue ground and the letters that were originally filled with gold dust echo the divine light that Allah shines on the universe through the Word.

The revealed religions suggest the presence of an absolute through symbolic forms that refer to a sacred episode or belief. These forms acquire unifying power through their abstract nature, becoming integrated into religious practice and contributing to the creation of signs, symbols and icons to which religious teachings refer. Signs and symbols proclaiming spiritual belonging thus become the support of a particular form of individual and collective worship. Initial disdain for anthropomorphic forms is something the universal religions probably shared. Unlike the Christian and Buddhist worlds, which gradually evolved towards figurative representations corresponding to their theological conceptions, Islam gave way to absolute aniconism embodied by the Word. The ancient societies of Mexico and the Greater Antilles instead developed conceptual representations combining abstraction and iconism to convey the cosmogony of the Mesoamerican peoples and their relationship with the Earth.

SYMBOLS OF THE DIVINE

1

PRESENCES OF THE BUDDHA

The striving for the state of *nirvana*, literally the extinguishing of the senses, lies at the heart of Buddhism. This unique and individual experience provided the origin of the first aniconic representations in Buddhist art and explains why there was no immediate attempt to represent the Buddha in human form. While symbols such as the wheel, throne, lotus, footprint and turban were used at first in the visual arts to evoke his presence, the evolution of religious feeling soon led to the appearance of human images of the Buddha at the beginning of the Common Era, first in northern India and then very quickly in the south-eastern region of Amarāvatī.

INSIGNIA OF POWER

Status and function were indicated in the highly hierarchical Aztec society by clothing and attributes decorated with precious stones and feathers of various colours. They derive in their flamboyance from a cosmic metaphor of the universe and suggest that the bearer – often an emperor – is a god on earth. This representation of an insignia of power consists of sixteen long feathers and four ornaments, each of which is made up of two short feathers, a bead and a long feather. These insignia were probably worn on the head or back or attached to a pole or sceptre.

2

SIGN OR SYMBOL?

Among the most important relics of Christianity, the instruments of the Passion and especially the Cross became objects of worship. This work, produced in central France during the 13th century, can justly be described as a "speaking reliquary" in that its cross shape of Byzantine origin – with two horizontal arms – indicates its content, namely some small fragments of the True Cross lodged in a cruciform compartment in the larger of the two arms. The sack of Constantinople in 1204 led to a flood of relics and a sharp increase in the production of such reliquaries.

3

4

DEFINING A SACRED SPACE

This fragment of architectural decoration comes from a Christian monastic complex dating from the 6th to 8th centuries that stood on the island of Sir Bani Yas off the coast of Abu Dhabi. It originally included a church decorated with stucco panels and lodgings for the monks. It was one of the earliest instances of what was probably a Nestorian cult in the south-east of the Arabian Peninsula.

ARCHITECTURAL METAPHOR

The *mihrab* is the niche indicating the *qibla* or direction of Mecca, which Muslims face in prayer, and as such a concrete and symbolic sign of bodily and spiritual orientation towards God. The form, inherited from the traditional Roman basilica, developed in Islam as an architectural metaphor of the divine light towards which the believer strives. The lamp in the centre is a reference to the Quranic surah about light (24:35).

5

A RIDDLE FROM THE ANTILLES

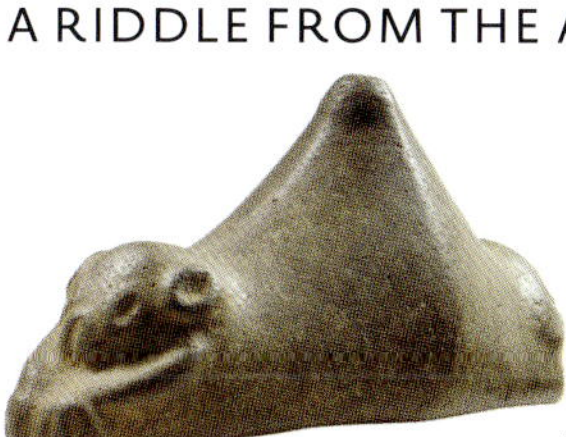

6

This three-pointed *zemi*, a strange, triangular object, is regarded as the representation of a supernatural spirit or divinity of the Taíno, Amerindian inhabitants of the Antilles. Zemis appeared in the first centuries CE and increased in size and complexity as from the year 1000. While some are purely abstract shapes, others are carved partially or completely in the form of human heads, animals or hybrid beings, as in the case of this specimen from the island of Puerto Rico, one end of which presents the head of an animal hard to identify in terms of shape and meaning alike.

1.
Stupa revetment plaque
India, Amaravati region
100–300 CE
H. 129.5 cm; stone
LOUVRE ABU DHABI

2.
Representation of a feathered symbol of power
Mexico, Basin of Mexico
1325–1521
Diam. 7.8 cm; volcanic stone
MUSÉE DU QUAI BRANLY – JACQUES CHIRAC

3.
Reliquary cross containing a fragment of the True Cross
France, Limousin
1250–75
H. 57.5, W. 21.2 cm; silver, copper gilt, gemstones
MUSÉE NATIONAL DU MOYEN ÂGE – THERMES DE CLUNY

4.
Frieze from a Christian monastery
United Arab Emirates, Abu Dhabi, Sir Bani Yas
500–800
H. 27, W. 16 cm; stucco
DEPARTMENT OF CULTURE AND TOURISM, ABU DHABI

5.
Fragment of a plaque in the form of a mihrab
Central Asia
1250–1350
H. 60, W. 62 cm; moulded lustreware
MUSÉE DU LOUVRE

6.
Three-pointed stone with the image of an animal
Greater Antilles, Puerto Rico
1200–1492
H. 15 cm; volcanic stone
MUSÉE DU QUAI BRANLY – JACQUES CHIRAC

With the notable exceptions of Judaism and Islam, in medieval times most religions expressed the presence of the divine through human forms. Their significance varied from one faith to another. Whether representing gods among men or man-gods, these figures, receptacles of the physical presence of the divinity, perform the function of making the mysteries of life comprehensible. The familiar, benevolent or mysterious presence of these supernatural beings makes them models to be adopted. The Christian world bases its doctrines on the incarnation of God in man, which lies at the root of many representations. The Indian religions, which spread into South-East Asia through naturalistic representations, encourage the meditations of the devout, preparing them for their meeting with the divine. The diversity of the African and pre-Columbian arts instead rests on formal characteristics of extraordinary imagination that reveal the omnipresence of the sacred.

FACES OF THE FAITH

1

THE AZTEC MAN-SNAKE

Distinguished by the earrings he wears, the face of a warrior emerges from the gaping mouth of a rattlesnake. This image is of Quetzalcoatl, the serpent with the green feathers of the *quetzal* bird, which occupies a central position in the Aztec pantheon. According to various legends, Quetzalcoatl was responsible for the creation of the world and human beings, who received corn and the ritual beverage *pulque* from him. The warrior face may be a reference to the myth of the king of Tula and ruler of the Toltec empire in the 10th century. Tricked by his enemy Tezcatlipoca into getting drunk and breaking his vow of chastity, this king, named Ce Acatl Quetzalcoatl, burned himself to death out of remorse but his heart rose from the ashes to become the morning star.

2

THE GODDESS OF CORN

The Aztecs had hundreds of gods, who could merge with one another or divide. Their carved or moulded images were not just representations but receptacles of the divine. The iconographic attributes that characterise them symbolise their qualities or powers. Chicomecoatl, whose name means Seven Snakes in Nahuatl, the Aztec language, is the goddess of harvests and protectress of corn, ears of which she holds in her hands. She taught human beings how to make *tortillas*, the basic food of the Mesoamerican peoples.

3

1.
Chicomecoatl, maize goddess
Mexico, Basin of Mexico
1325–1521
H. 83 cm; volcanic stone
MUSÉE DU QUAI BRANLY – JACQUES CHIRAC

2.
Quetzalcoatl, divinity in the form of a feathered snake
Mexico, Basin of Mexico
1325–1521
H. 49.5 cm; volcanic stone
MUSÉE DU QUAI BRANLY – JACQUES CHIRAC

3.
Ancestor figure
Mali
1200–1300
H. 95.5 cm; wood
LOUVRE ABU DHABI

HERMAPHRODITE DIVINITY

This hermaphrodite African sculpture, made during the pre-Dogon period before the 15th century, is thought to represent a mythic ancestor rather than a human being, as the latter would entail sexual differentiation. Figures of this type are still very present in Dogon iconography and mythology, where they figured in the initiation rites of adolescents. This one follows the tradition of the Djennenke style but is thought to have been produced in Mali by groups forced to take refuge in the cliffs of Bandiagara during the 11th century by the attack of Almoravid forces from Morocco.

4

5

A CHILD LIKE OTHERS

Derived from the Byzantine tradition, the iconography of the Virgin and Child was officially established in Western art by the Council of Ephesus in 432, when recognition of Mary as the Mother of God triumphantly asserted the union of divine and human nature in Jesus. This sensitive and moving incarnation of divinity is enhanced here by the representation of a chubby, naked Child. The Virgin's crown of fleurs-de-lis, blue robe and rich gilded mantle with an ermine lining suggest not only the greatness and nobility of the Queen of Heaven but also the illustrious and even royal status of the person who commissioned the statue.

THE MAN OF SORROWS

This monumental standing image is of the risen Christ wearing the crown of thorns of the Passion and displaying the wounds of the crucifixion. With this synthesis of the Man of Sorrows and the Christ of the resurrection, the sculpture triumphantly celebrates the incarnation of the Christian God at a time when individual piety was modelled on the figure and beliefs of Jesus Christ. Carved during the Late Gothic period by a German master or one of his followers, it vividly and colourfully presents the humanity of God, in keeping with the reference to Christ's sacrifice for the salvation of mankind, according to Christian belief. The work is a late artistic expression of the Christian faith imbued with sentiment and was produced shortly before the Protestant Reformation.

6

7

4.
Virgin and Child
France, Normandy
c. 1500
H. 162 cm;
painted stone
MUSÉE DU LOUVRE

5.
Christ Showing His Wounds
Germany (Bavaria) or Austria
1515–20
H. 183 cm;
painted wood
LOUVRE ABU DHABI

6.
Dancing Shiva, Hindu divinity
India, Tamil Nadu
950–1000
H. 76.2 cm; bronze
LOUVRE ABU DHABI

7.
Guanyin, Bodhisattva of Compassion
China
600–700
H. 138 cm; stone
MUSÉE NATIONAL DES ARTS ASIATIQUES – GUIMET

THE DANCE OF DESTRUCTION

The iconography of the Hindu god Shiva is particularly varied. Here, he appears in simultaneously human and fantastic form with four arms. A member of the divine triad with Brahma and Vishnu, respectively the creator and protector of the universe, Shiva is the agent of the universe's periodic destruction. An ambivalent god, he watches over the pious and destroys the world at the end of the cosmic cycle, crushing ignorance and guiding the universe towards liberation. Regarded as an ascetic and associated with the world of nature, he also is a husband and father *par excellence*. Among his many forms, one of the best known is as Nataraja, Lord of the Dance, as he is depicted here.

BODHISATTVAS, THE "SAINTS" OF BUDDHISM

In Buddhism, the original tendency towards aniconism gave way at the beginning of the Common Era to an evolution in religious thought and anthropomorphic representation of the Buddha. No longer the sole object of worship and representation in Mahayana Buddhism, he was now surrounded by a vast pantheon composed above all of bodhisattvas, intercessors who make it possible for all human beings to attain deliverance. While the Buddha has the appearance of a monk, the bodhisattvas are princely figures whose iconography was conceived in southern Asia but spread all the way to the Far East.

The creation of liturgical objects and the founding of sanctuaries offered a sphere of activity highly conducive to technical and artistic innovation. Above and beyond theological differences and stylistic variations, this relationship of mankind with the sacred is expressed through a set of universally shared practices, such as individual and collective prayer, burial rites, pilgrimage and the veneration of relics. Just as the relics of the Buddha became a characteristic theme of Buddhist iconography, this devotion, which rests on the transference of the holiness of the sanctified body to the faithful, gathered extraordinary momentum in the Christian West at the time the cult of saints developed. In Islam, particular devotion was dedicated to the prophet Muhammad, as well as to some imams or holy men. Thanks to the movement of people, pilgrimages to holy places and mausoleums – like the *Hajj*, a mandatory religious duty constituting one of the five pillars of Islam – fostered cultural exchange and interaction.

CULTS, SHRINES AND DEVOTIONS

SEEING IS BELIEVING

The development of private devotion in relation to Christian saints saw a vast increase in the production of body-part or "speaking" reliquaries during the Gothic period from the 13th century. Shaped like an arm (as in this case), foot, head and so on, they reflect the nature of their content, the corresponding bones of a saint's body. Dedicated to a saint whose identity is no longer known, this arm reliquary is surmounted by a hand in the act of blessing, in accordance with standard practice. A rectangular opening makes it possible to see the relic, thus strengthening its miracle-working power and responding to the fundamental need to see in order to believe.

1

2

EPIGRAPHIC DECORATION

Inscriptions account for a great deal of the architectural decoration in the Islamic world, where images are forbidden in religious art. This frieze from an Indian shrine consists of thirteen elements that reproduce verses 18–24 of surah 59 of the Quran, known as *Al-Hashr*, The Gathering. The text proclaims the supremacy of the new Islamic faith following the establishment of sultanates in northern India, a development that opened up a new political and artistic era in the late 12th and early 13th centuries. In a context that was still predominantly Hindu, contact between Arab calligraphy and the Indian tradition of stone sculpture produced some of the most important monumental decorations in Islamic art.

A FIGURATIVE IMAGE

The subject of this incomplete sculpture has been identified as Joseph of Arimathea, the disciple who asked Pontius Pilate for permission to bury the crucified body of Jesus. The posture with the slightly raised head, body turned to one side and outheld arms indicates that Joseph was reaching to receive the body of Christ taken down from the cross. The statue was thus originally part of a large sculptural group of the Descent from the Cross, with the figures of Christ, the Virgin, St John and Nicodemus. The faithful came, especially at Easter, to gather before these sculpted narrative decorations inspired by the Mysteries, which were very common in the churches of central Italy during the 13th century and in Gothic reredos.

3

1.
Arm reliquary
France
1400–1500
H. 30 cm; silver and semiprecious stones
MUSÉE NATIONAL DU MOYEN ÂGE – THERMES DE CLUNY

2.
Architectural frieze carved with Quranic verses
Northern India, Rajasthan (?)
c. 1200
Total length: 888 cm; sandstone
LOUVRE ABU DHABI

3.
Joseph of Arimathea
ATTRIBUTED TO THE DESCENT FROM THE CROSS WORKSHOP, TIVOLI
Central Italy
1230–40
H. 290 cm; wood, traces of paint
LOUVRE ABU DHABI

4.
Romanesque capital
France, Beauville, Bimont Church
1100–50
H. 75 cm; stone, traces of paint
LOUVRE ABU DHABI

4

IN THE HEART OF THE CHURCH

This capital, one of a set of four that crown half-columns, reflects the development and evolution of the choir, a central place in the Christian liturgy, in Romanesque architecture. The once richly coloured capitals supported the triumphal arch at the entrance to the choir, as in the small Romanesque churches of the Agen region in south-western France. They are decorated with a variety of themes characteristic of Romanesque art: a naturalistic plant motif derived from acanthus leaves, fantastic beings like sirens, and figures riding lions, creatures typical of the medieval bestiary.

A MASTERPIECE
THE STUPA RELIQUARY

DESPITE STYLISTIC DIFFERENCES and theological variations, Buddhist architecture is generally organised around the veneration of relics contained in a round building called a stupa. The circular form derives from the mound structure of pre-Buddhist monuments that covered the remains of an eminent individual. The importance given to the stupa in Buddhist art and practices is explained by the Buddha's wholly uncommon experience of *bodhi* or enlightenment and hence liberation from the cycle of rebirth. For him, this was marked by the end of physical existence and entrance into the state of nirvana, which literally means "extinction". The spherical and centred form of the construction indicates its cosmogonic function, while the display of parasols, a royal attribute, attests to the importance of the individual honoured. The parasols, symbols of protection and power, are attached to a central mast that symbolically constitutes a kind of *axis mundi* or cosmic axis. The stupa is a solid monument and the chamber housing the relics is not accessible. It is surrounded at ground level by an open-air walkway with a balustrade for the ritual of clockwise circumambulation. In some cases, the balustrade has sculpted porches facing the four main points of the compass and affording access to the stupa, which is encircled by another enclosure. Discovered early in the 19th century, the most famous site, with the oldest stone stupa in India, is Sanchi in the central Indian province of Madhya Pradesh. Several buildings, including the tumulus of the Great Stupa (no. 1), were built during the period of the Maurya empire, probably during the reign of Ashoka (c. 304–232 BCE).

The reliquary was found to contain over a hundred items, among which three reliquary caskets, one of silver, one of gold and one of steatite bound with gold ribbons, objects of rock crystal, pendants, a large number of gold bracteates, rings and beads made of semi-precious stones and even coral.

Lastly, an inscription on a gold plaque seven centimetres in length was also among the items discovered inside the object. The engraved text, written in the language that was then spoken in north-west India, refers to the sovereign Kujula Kadphises and thus makes it possible to date the object to the first half of the 1st century.

Reliquary in the form of a stupa, and its contents
Pakistan, Gandhara, Swat Valley (?)
20–30 CE
H. 78 cm; gilded schist, gold, crystal, coral, glass
LOUVRE ABU DHABI

This stupa reliquary takes the form of the architectural monument. Made of gilded schist, it is larger than most works of this kind and consists of various elements: a circular base, a drum, a dome and a superstructure that includes a platform supporting a mast with five parasols surrounded by a balustrade. The miniature edifice provides an early example of the correspondence between architecture and an artistic object, a frequent parallel in the Indian subcontinent.

Read, in the name of your Lord who created – Created man, out of a clot. Read and your Lord is the most bountiful, – Who taught by the pen – Taught man that which he knew not. THE QURAN (96:3)

The sacred texts are the scriptures that form the foundations of the three Religions of the Book – Judaism, Christianity and Islam, which share a common basis – and the non-revealed religions like Hinduism and Buddhism. Initially assembled in a corpus in accordance with an oral tradition or recitation, they were gradually consigned to writing. As the utterance of the divine word, a moral, social or legal code, a ritual treatise or prayer book, the Scriptures – comprising the Jewish Torah, the Christian Bible, the Muslim Quran, the Hindu Vedas and the Buddhist sutras – constitute the thread of the believer's life and manifestations of the divine when recited. Although they are based on different traditions of content, language, material support and expression, they all share in the search for transcendence common to the universal religions.

SACRED TEXTS

IT IS PROBABLY through the sacred texts and the value accorded to written text that dialogue has best been established between the three great monotheistic religions. The Book is regarded as a sacred unifying principle, as attested by the expression *Ahl al-Kitab* or "People of the Book" used in Islam to indicate Jews, Christians and Muslims. From the Iberian Peninsula to the Arabian Peninsula and the Yemenite tradition, the veneration of scriptures prompted the creation of books as works of art in terms of container and content alike, the prestige of which was reflected on the illuminator, painter and calligrapher.

The spread of parchment from Asia Minor led to the abandonment of older supports like potsherds (*ostraca*), shoulder blades of camels and turtle shells on which fragments of text were written down. The use of papyrus, known since the pharaonic era, survived until the 12th century for theological, administrative and legal texts before being replaced by paper, whose method of production, long kept secret by the Chinese, reached Europe through the Arab-Islamic world. While the goose quill was used in the West, copyists in the East used the *qalam* or reed pen, known in Islam both as the symbol of the written word and as the tool for the transmission of knowledge.

Contact between the Jewish, Christian and Islamic arts produced remarkable results in the field of ornamentation. The idea of colouring some rare Quranic manuscripts blue, yellow or green was borrowed from the Byzantine imperial codices, whose purple colour, symbolising life and power, was obtained from the murex sea snail. In spite of opposition from certain theologians, ornamentation became the norm to mark the beginning of the text and the chapters, as well as the pauses in the reading. The oldest illuminated Hebraic manuscripts, which date from the 10th century, share some stylistic features with Islamic art, just as Syriac Christian manuscripts are decorated with carpet pages of geometrical motifs in the pure Mamluk style.

Apart from the shared technical knowledge, the fundamental differences lie in pictorial issues and the relationship of text with image and calligraphy. While the Christian tradition made use of illustrations in the sacred text and the inclusion of narrative vignettes for teaching purposes, the Jewish and Islamic traditions favoured a non-figurative, conceptual approach. The second of the Ten Commandments, *Thou shalt not make unto thee any graven image,* was initially interpreted in the Jewish

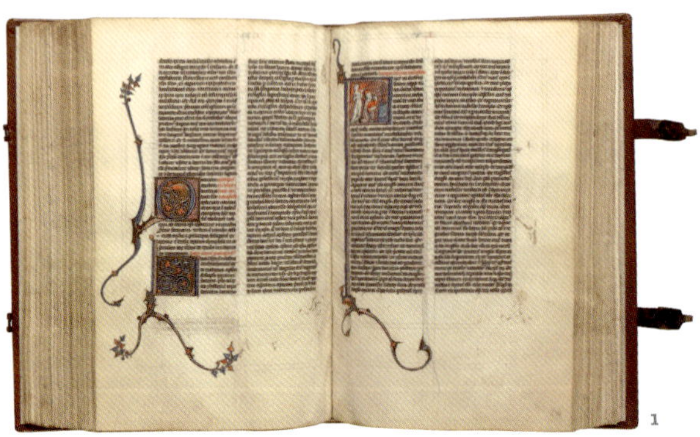

1

THE IMAGE OF THE CREATION

This two-volume Bible of 683 leaves, with 81 miniatures illustrating scenes of the Creation, is a remarkable example of late 13th-century Parisian Gothic production. The text, with the ruling still visible, is laid out in two columns beneath a title in blue or red ink and embellished with fine coloured filigree and phytomorphic motifs decorated with fantastic animals.

2

IN THE NAME OF GOD

The Mamluk dignitaries of Cairo and Damascus ordered a number of large-sized Qurans for religious institutions. This manuscript includes the last *juz* or section of a Quran in several volumes written in the elegant cursive *muhaqqaq* script. The *bismillah* ("In the name of God, the Most Gracious, the most Merciful") introducing each surah is written in gold letters. The titles of the chapters are in blue, as in certain Gothic Bibles.

3

A YEMENITE TORAH

Copied at the end of the 15th century, this manuscript – known as the *Taj* or "Crown" by the Yemenite Jews – was used as a model to copy Torah scrolls and venerated in the same way. Certain pages offer examples of decorative micrography. While the two-column layout of the text is also found in contemporary Gothic manuscripts, the geometrical decoration of the binding recalls the Mamluk artistic tradition, whose influence was felt in Yemen in the Arabian Peninsula from the 13th to the 16th centuries.

1.
Gothic Bible in two volumes
France, Paris
1250–80
H. 38.2, W. 28.5 cm; parchment
LOUVRE ABU DHABI

2.
Juz' Amma, 30th section of the Holy Quran
Syria, Damascus (?)
1250–1300
H. 47, W. 62 cm; ink, colour and gold on paper, leather binding
LOUVRE ABU DHABI

3.
Pentateuch and its binding
Yemen, Sana'a
1498
H. 30, W. 17 cm; ink on paper
LOUVRE ABU DHABI

tradition with varying rigour, depending on the time and place. It was this sublimated injunction that gave rise to decorative micrography of an abstract or geometrical nature, sometimes constituting a veiled form of figuration. The rabbis established the Massorah, a body of rules for the copying and ornamentation of the Torah, in the 6th century together with a system of vocalisation and marginal notes intended to help avoid mistakes in copies.
This work of canonisation of the sacred text by vocalisation took place almost simultaneously in the Islamic world, where the Quran was revealed in Arabic to the Prophet Muhammad in the 7th century. The development of Islamic calligraphy was derived from the close relationship between the divine word and the letters through which it is conveyed, as well as from the prohibition of figurative representations in religious art. The angular kufic style reached its peak in the 9th and 10th centuries from the Iranian world to the western tip of the Muslim sphere. The names of Ibn-Muqla in the 10th century and Yaqut al-Mutasimi and Ibn al-Bawwab in the 13th are connected with the development of various types of cursive script or *naskh*.
In Asia, where the most prolific cultural centres were located in the southern and easternmost regions, the scriptural supports were very numerous, as in Islam, stretching beyond the book itself to include engraved stones and wall texts. Certain fundamental innovations also radically transformed the framework of sacred texts there, such as the invention of paper in China in the 2nd century, soon making it possible to replace less practical and more expensive supports like wood and silk. Prized for its preciousness, silk continued, however, to be employed in the medieval period for calligraphic copies of the Buddhist texts. The production of paper soon spread to the rest of the continent, including Central Asia, Korea, Vietnam and then Japan in the 7th century, the end of which saw another crucial invention in China with the use of engraved woodblocks to print texts on paper. The new book form gradually came to compete with the paper scroll in the 8th century for both technical and intellectual reasons.
Buddhist books written in Sanskrit on bundles of leaves circulated with pilgrims from India through the rest of Asia. These *pothi*, which consisted of oblong palm leaves with writing on both sides simply pierced with one or two holes and tied together with string to avoid loss, gave rise to the Chinese accordion books, made by folding a scroll at regular intervals to create leaves. All these forms of the book fostered the spread of xylography without eliminating the scroll completely, and were put to specific uses, such as accordions for the Buddhist sutras and books with butterfly binding for popular works. The *pothi* survived in the Indian world and South-East Asia even in the 11th century, when movable type soon confined the use of calligraphy to the most precious manuscripts, the classic religious works being reproduced by printing from this time on.

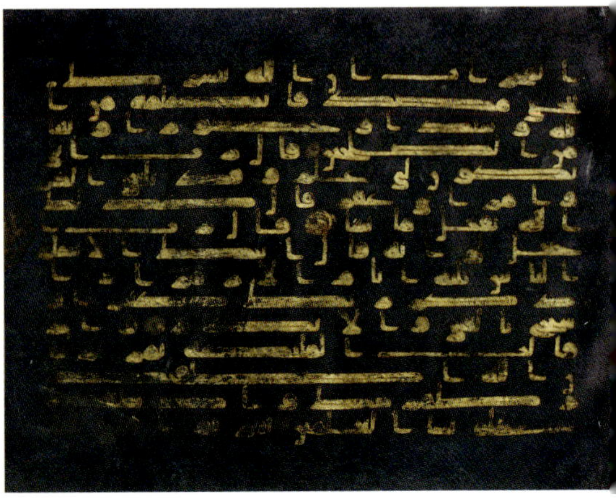

4

THE BLUE QURAN

This page is from the one of the most sumptuous ancient copies of the Quran to have survived to the present day. Consisting of seven volumes, it was probably produced in Kairouan, Tunisia, in the 9th or 10th century. The apparent simplicity of kufic calligraphy and the balance of the composition make it a work of great purity cadenced by the contrast between the gold and the midnight-blue background coloured with indigo. The idea of colouring was borrowed from the Byzantine imperial codices. The dark blue symbolises the celestial universe and the gilded letters the divine light spread by the word of God.

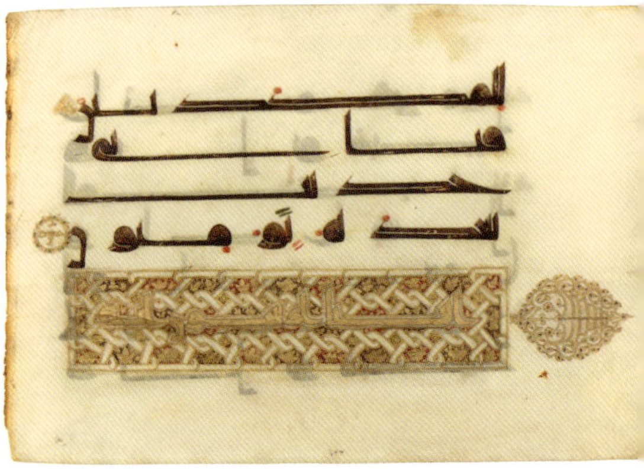

5

EARLY DEVELOPMENTS

The oblong "Italian" format was the norm in the Muslim West in the 9th and 10th centuries. Drawing on the Syriac and Byzantine traditions, it adapted to the use of *mashq* calligraphy, the horizontal stretching of letters characteristic of kufic script in the Abbasid period. Red dots are used to indicate vocalisation. The title of the surah is inscribed in a cartouche followed by a palmette, a motif associated with the cosmic tree, the symbol of the "good word" in the Quran (14: 24–26).

6

THE PREACHING OF THE BUDDHA

This accordion manuscript painted in gold on indigo paper is a version of the Sutra of Perfect Enlightenment, a Buddhist text whose translation into Chinese, attributed to the Indian monk Buddhatrata, dates from the Tang dynasty (618–907). Now regarded as apocryphal, the sutra is known in particular for its marked influence on Zen Buddhism. The text in twelve chapters focuses on the miraculous law of perfect enlightenment as preached by the Buddha to Manjushri and eleven other bodhisattvas.

A BUDDHIST BOOK IN SANSKRIT

This manuscript, dated to around 1191, is written on long palm leaves gathered in a bundle. Made up of 218 folios with coloured margins decorated with representations of small shrines, it presents a Sanskrit text that is one of the earliest and most important Buddhist sutras. Four series of three original illuminations painted in bright colours show divine beings seated on thrones in graceful poses.

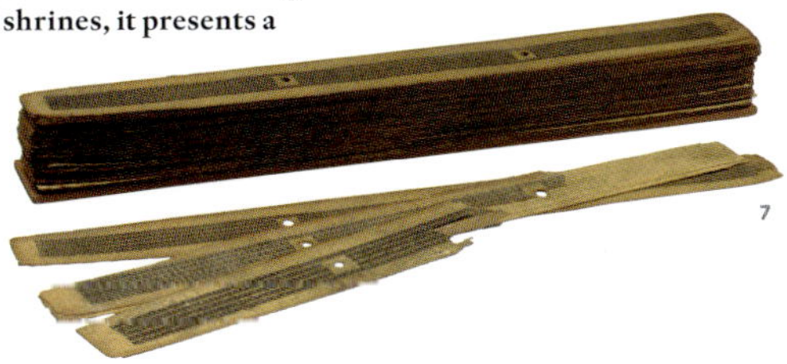

7

A CHINESE PRINTED WORK

The Taoist Canon is a compendium of 1412 sacred texts and writings designed to explain the doctrine. Its division into three sections is apparently inspired by the three "vehicles" of Buddhism. This corpus, which originated in the 5th century, was constantly expanded and the edition presented here is the earliest known. It is the result of two separate printings made using the original plates of the year 1445 and some from 1598. The first section of each series is decorated with an illustrated frontispiece. The accordion format was used exclusively in China for religious works.

8

9

4.
Page of the "Blue Quran"
North Africa
c. 900
H. 29.8, W. 34.6 cm; gold on dyed parchment
LOUVRE ABU DHABI

5.
Page of a Quran in kufic script
Levant or North Africa
c. 900
H. 16, W. 23 cm; ink and gold on parchment
LOUVRE ABU DHABI

6.
The Sutra of Perfect Enlightenment
China
1350–1400
H. 19, W. 41.2 cm; gold ink on paper
LOUVRE ABU DHABI

7.
The Sutra of the Perfection of Wisdom
Eastern India
1191
H. 11, W. 32 cm; ink and gouache on palm leaves
LOUVRE ABU DHABI

8.
Printing characters in Uyghur script
Western China
1350–1400
H. 28.5, W. 38.2 cm; wood
MUSÉE NATIONAL DES ARTS ASIATIQUES – GUIMET

9.
Zhengtong daozang, the Taoist canon
China
Edition of 1598, after an original of 1444–45
H. 35, W. 12.8 cm; ink on paper
BIBLIOTHÈQUE NATIONALE DE FRANCE

WING 2

GALLERY 5

THE ASIAN TRADE ROUTES

Through the formidable trading networks that became known as the Silk Roads in the 19th century, dialogue was established in medieval times between the great civilisations of the Middle Kingdom, the Indian and Islamic worlds, and the West. These overland and maritime links between China and the Mediterranean by way of Arabia, India and Central Asia are among humanity's oldest trade routes. Used by pilgrims and conquerors as well as merchants, they not only brought the civilisations of this vast geographical area into contact but also transformed them through the circulation of ideas, knowledge and forms of artistic expression. The Chinese empire of the Tang dynasty and then, in its wake, the vast domains of Islam established themselves as major actors in these exchanges through Asia Minor, the steppes of Central Asia and the Indian Ocean. After the battle of Talas in 751, which marked the maximum expansion of Islam eastward, the contacts intensified when Arab and Iranian navigators overcame the perils of the China Sea and the Arabian Gulf to establish trading posts in China. The *Pax Mongolica* imposed by Genghis Khan and his successors in the 13th century created favourable conditions for the circulation of people and manufactured goods, and ushered in what is regarded as the golden age of the Silk Roads. Diplomatic, commercial and cultural contact increased with a marked impact on the development of the arts. At the end of the century, merchants like Marco Polo could travel in complete safety from one end of Eurasia to the other. Fabrics, jade, lacquer, silk and ceramics circulated from the Middle Kingdom to the shores of the Mediterranean. When crossing Anatolia in 1331, Ibn Battuta gave a detailed description of the Chinese styles exported into the Arab, Turkish and Iranian worlds. The fall of the Chinese empire of the Yuan dynasty at the end of the 14th century sharply diminished the importance of these routes, while in the West the Turkish advance into Europe established the young Ottoman empire at the heart of the transcontinental networks that now handled products from the Far East and India.

Together with the maritime routes, the terrestrial links between Asia and Europe, collectively called the "Silk Roads", provided an extraordinary circuit of exchange for centuries, making it possible to transport raw materials and luxury goods in both directions and fostering the spread of ideas, technical innovations and artistic approaches. The development of these roads was accompanied by the rise of important cities, the hubs of mighty centralised powers. One of the strongest, the Chinese empire of the Tang dynasty (618–907), lay at the start of the development of these routes, which reached a peak between the 7th and 13th centuries, and led to Syria, the Byzantine Empire and Europe in one direction, Korea and Japan in the other.

CARAVANS AND SILK ROADS

THE TANG DYNASTY marked the beginning of a centuries-long era of unity across a domain whose dealings were prevalently with Central Asia. This creative civilisation absorbed foreign influences which it succeeded in melding in its cosmopolitan empire, whereas the later Song dynasty (960–1279) made the conscious effort to follow the aesthetic of a more literally Chinese art.

Li Yuan, the first of the Tang emperors, seized power by force and then abdicated in 626 in favour of his son, Taizong (r. 626–49), who proved to be an eminent statesman and astute strategist. He pacified the borders in the north-east and focused his attention on the enormous expanses of the west. The imperial armies began to develop a powerful cavalry in the middle of the 7th century to ensure the defence of the empire. Regarded as an essential resource, the horse enabled the empire to extend its power along the caravan routes and especially over the Silk Roads. Relations between China and the Arab-Muslim world were intense under the Tang. Trade flowed by land and sea and a large variety of exotic foodstuffs and products reached China, including glass, ivory, pearls and coral, as well as medical and aromatic substances, dates and other kinds of fruit.

The splendour of the Tang dynasty reached its peak in the first half of the 8th century. Its capital Chang'an, then the world's most populous city, was the centre of a cosmopolitan civilisation in which artistic influences from Central Asia, India, Iran and soon the Arab world all mixed, as attested in the fields of jewellery, ceramics, glass production and metalworking. It was a golden age for classical poetry and Buddhist studies. Princely tombs were filled with countless small funerary sculptures called *mingqi*. Painted cold or enamelled, these

A MASTERPIECE OF TANG CRAFTSMANSHIP

This item exemplifies the splendour of the creations of Chinese craftsmen during one of the most magnificent periods of Asian art, where the influence of the metalworking of ancient Iran still made itself felt. This multifoil bowl of partially gilded silver has a splayed ring-shaped base and a flat lid that fits perfectly into the rim. The ribbing on both the exterior and interior frames five different finely engraved compositions of fruit and flowers characterised by fertile imagination and the utmost delicacy.

1

2

3

THE CARAVANS OF THE SILK ROADS

The Bactrian camel is an animal adapted to life in cold deserts. With its endurance and stamina, it belongs to the world of the steppes and was the favoured means of transport for all those travelling or living on the Silk Roads. Merchants, monks, acrobats and other roamers of the vast expanses were able to circulate in both directions between eastern and western China thanks to this hardy beast. As from the Tang dynasty, it is often depicted in realistic poses, not devoid of a certain humour, sometimes accompanied by a foreign groom of exotic appearance.

sculptural masterpieces of spontaneous character reflect the refinement of the life of the court in great detail.

Dark clouds gathered all through the second half of the 8th century. The Tibetans harried the Chinese empire from the west and the Arabs reached as far as Turkestan. Ignorance of the danger was feigned in the imperial palace until 756, when the rebel general An Lushan seized Chang'an almost by surprise, whereupon China withdrew into seclusion, abandoning the west to the nomadic empires. Far from having the results expected by the secular authorities, the persecution and dissolution of the Buddhist creed embarked upon in 845 led to the disintegration of the State. The exhausted Tang dynasty gradually lost control of the Silk Roads, and in 907 was deprived of its celestial mandate.

4

AN EXAMPLE OF HYBRID INFLUENCES

This wide-necked, egg-shaped vessel of gilded silver with a flat base and two small handles belongs to a very small group of Central Asian or Tibetan works probably produced by craftsmen of the Persian-speaking Sogdian people settled on the trade routes of Central Asia. Its quality clearly indicates an aristocratic context, perhaps as part of the grave goods in a royal Tibetan tomb. Its rich iconography borrows from the syncretic religious universe peculiar to this area during the 1st millennium CE.

1.
Dish decorated with plant motifs
China
c. 800
Diam. 24.5 cm; gold, silver
LOUVRE ABU DHABI

2.
Bactrian camel
China
700–800
H. 37, L. 34 cm; terracotta
MUSÉE NATIONAL DES ARTS ASIATIQUES – GUIMET

3.
Foreign groom
China
700–800
H. 52 cm; enamelled ceramic
MUSÉE NATIONAL DES ARTS ASIATIQUES – GUIMET

4.
Jar decorated with hunting scenes
Central Asia or Tibet
400–600
H. 38.5 cm; silver gilt
LOUVRE ABU DHABI

Surviving works from the Tang period (618–907) demonstrate the prosperity and increased trade all along the commercial routes leading to Chang'an, the prestigious capital of the empire. The cultural richness of the era is reflected and enhanced by the decorative arts in general and ceramics in particular, as illustrated by the presence of *mingqi* funerary figurines to accompany the dead in their final resting place. Precious vessels, figures of the court, familiar animals and luxury objects inhabit an afterlife modelled on our own world. Potters thus became authentic artists and created extremely realistic models. At the same time, a revolution took place in the use of colour in the second half of the 7th century with the introduction of vitreous glazes coloured with sometimes precious metal oxides, like the intense cobalt blue imported from Iran and used with browns and greens in the creation of "three-colour" (*sancai*) ware.

AT THE COURT OF THE TANG

1

FROM IRAN TO CHINA

This mirror was an object of everyday use for the aristocracy. It is round in shape with one side polished and the other decorated with a figurative scene and a knob with a hole for attachment to a dressing table. Two figures hunting wild animals create a dynamic decoration based on a Sassanid tradition, indicative of the foreign influences that arrived in China during the Tang dynasty.

2

FROM CHINA TO JAPAN

This inlaid Chinese box from the Japanese imperial collections of Shoso-in in Nara, attests to the great achievements made in the decorative arts at the peak of the Tang dynasty and especially during the reign of Xuanzong (r. 712–56), when such objects were the gifts of choice for official exchanges between the empires of Japan and China. It also provides an excellent illustration of the peak attained in craftsmanship, characterised by the elegance of an ornamental repertoire that gradually extended to the production of all luxury goods – precious mirrors, silks and jewellery – and spread towards Sassanid Persia and Japan alike.

THE HORSE, A CENTRAL ELEMENT IN TANG SOCIETY

Initially accompanied by a groom, this harnessed, standing horse with a well-kempt mane reflects the importance of this animal in Tang society. The fact that horses were bred systematically from the 7th century confirms the importance of their military and artistic role throughout the period, when the dynasty owed most of its victories to the cavalry and the game of polo was taken up by the Chinese aristocracy under the influence of Central Asian customs. Images of female polo players in action can be seen on the *phalerae* or discs adorning the harness of this animal. The horse became a very important motif in ceramics and sculpture, as well as painting.

3

4

SCENE FROM EVERYDAY LIFE

This statuette with an excellent three-colour glaze depicts a falconer, even though the bird perched on his hand does not look like a falcon. Might it be a bird used as bait to train a falcon? In any case, the work reflects the Tang custom of recalling moments in the worldly life of high-ranking dignitaries in their final resting place. Hunting and falconry were the pursuits of a wealthy society that revolved around the court and included foreigners dressed in the style of Central Asia.

5

COURTIER OR COURTESAN

This earthenware statuette with a cobalt blue glaze was made during a stylistic phase characteristic of the peak of the Tang dynasty. The lady's ample figure is wrapped in a long tunic coloured dark blue by a cobalt paint imported from Iran. The broad face with prominent cheekbones dominated by fine, arched eyebrows balances the bulky hairdo. The fashion for images of stout women is thought to have originated in the supposed taste of Emperor Xuanzong (r. 712–56) for plump ladies like the concubine Yang Guifei. The proliferation of this type of image dates in fact from the 740s.

1.
Mirror decorated with hunting scenes
China
750–800
Diam. 15 cm; bronze
MUSÉE NATIONAL DES ARTS ASIATIQUES – GUIMET

2.
Octagonal box
China
700–800
Diam. 38.5 cm; wood, tortoiseshell, mother-of-pearl, amber
LOUVRE ABU DHABI

3.
Bactrian horse
China
700–800
H. 57 cm; glazed ceramic
LOUVRE ABU DHABI

4.
Falconer
China
700–800
H. 38.5 cm; glazed ceramic
MUSÉE NATIONAL DES ARTS ASIATIQUES – GUIMET

5.
Lady of the court, called the Blue Lady
China
700–800
H. 39 cm; glazed ceramic
MUSÉE NATIONAL DES ARTS ASIATIQUES – GUIMET

India was one of the major centres of creation in Asia between the 5th and the 15th centuries. Accompanying the advance of the Buddhist and Hindu religions towards the south and east of the subcontinent, religious works also spread far beyond India's borders towards Central Asia, China and South-East Asia. The arrival of these aesthetically original and unfamiliar icons from a faraway land gave rise to major stylistic and iconographic diversification on contact with the religious and artistic traditions of the cultures encountered. These long-range relations with India weakened after the 13th century with the Mongol invasions and Islamisation of the subcontinent.

RELIGIOUS SCULPTURE FROM INDIA TO EASTERN ASIA

THE INDIANISATION of Asia began more or less with the Common Era as a peaceful phenomenon following the expansion of maritime trade, with Buddhist missionaries and Hindu Brahmans probably travelling in the wake of Indian merchants. Works and artists circulated through the Indian subcontinent and across the Bay of Bengal to South-East Asia. Beyond the Himalayan countries and Central Asia, artistic models were transmitted as far as Japan and thus pervaded the whole of the Far East. The result was artistic experimentation that went beyond the bounds of even what had been possible in India itself, and it has often been said that the greatest creations of Indian art took place in South-East Asia, for example, in Khmer art.

Of all the artistic creations of the subcontinent, it was the sculptural forms that enjoyed greatest success in Asia. Monumental statues for buildings, more refined religious sculptures, low-relief panels, architectural friezes and paintings underpinned familiar philosophical and religious concepts with a strictly hierarchical iconography, stimulating and supporting the pious in their meditations and preparing them for their encounter with the divine through the temple's architectural programme. These sculptures performed an educational role, with low-reliefs illustrating the lives or legends of the figures worshipped.

Each generation of image-makers contributed aesthetic improvements and modifications over time. While striving for fidelity, reproduction registered gradual change with the rapid assimilation of foreign themes. The sculptors of the Gupta period between the 4th and 6th centuries excelled in capturing the serenity, majesty and restrained ardour of the divine figures and their assistants. However, a trend towards the overwrought, mannered and dynamic soon manifested itself and the medieval schools were to adopt a new kind of stylisation, hardening the facial features and accentuating the curves of the body, as in the temples of northern India.

1

INDIAN REPRESENTATION OF THE BUDDHA

The aesthetic of Gupta art represents the Buddha in a state of inward-looking meditation, with eyes half-closed and downward gaze. In this, one of the earliest monumental portrayals of the figure, the Buddha still faces his disciples but is already no longer of this world. Carved in the red sandstone of the Sikri quarries, this larger than life-size head is highly representative of the artistic production of the Mathura area. The topknot is partially incomplete but all of the iconographic and stylistic characteristics are in place, including locks of hair curled towards the right, elongated ear lobes and doubly arched eyebrows.

2

THE KHMER ARTISTIC TRADITION

The iconographic type of the Buddha protected by the *naga* (serpent) refers to the episode that took place at Bodhgaya during the sixth week after his Enlightenment. This subject was accorded broader and more symbolic significance in Cambodia and enjoyed particular development in sculpture. The ornamented appearance of this Khmer Buddha largely derives from that of medieval India, associated with the deification to which he was subjected to a greater or lesser degree in the schools of art in northern India and South-East Asia. The representation of royal ornaments emphasises the idea of the Buddha being distinguished from ordinary mortals and reveals him to the faithful as the ruler of the spiritual realm.

AN IMAGE OF SOUTHERN INDIA

Vishnu the preserver or protector, the second god of the "Hindu trinity" with Brahma the creator and Shiva the destroyer, is recognisable here by his four arms. On his right side, the lower arm makes the gesture of fearlessness while the upper carries a wheel, the symbol of spiritual power. On his left, the lower arm rests against his hip while the upper holds a conch, the symbol of creation. He wears a tall tiara and is adorned with elaborate finery, including earrings, the sacred thread, bracelets and belt. This sculpture is typical of the style of the Chola period in southern India.

3

1.
Buddha head
Northern India, Mathura region
400–500
H. 38.6 cm; red sandstone
LOUVRE ABU DHABI

2.
Meditating Buddha protected by the naga, king of the snakes
Cambodia
1100–50
H. 111 cm; sandstone, traces of red lacquer
MUSÉE NATIONAL DES ARTS ASIATIQUES – GUIMET

3.
Vishnu, Hindu divinity
India
1200–1500
H. 195 cm; granite
MUSÉE NATIONAL DES ARTS ASIATIQUES – GUIMET

4.
Buddha head
Northern China
530–80
H. 51 cm; white marble
LOUVRE ABU DHABI

4

THE BUDDHA IN HIS CHINESE REPRESENTATION

This work was produced during the construction of the first wave of great Buddhist sanctuaries in northern China during the 5th–6th century. The introduction of Buddhism into China from India by pilgrims and the merchants of the Silk Roads led to the creation of huge monastic complexes hewn out of the jagged mountains in the north of the country. This Buddha's head comes from a temple or chapel belonging to a monastery. Its style closely resembles many of the sculptures recently unearthed at Qingzhou in Shandong and is representative of 6th-century Buddhist art, even though works of such plastic quality are rare.

The cultural and commercial links between the Sinicised and Islamic worlds are addressed here through the prism of ceramics, the object of intense trade along the overland and maritime routes of the Silk Roads. Of all the means of artistic expression, ceramics and textiles were the goods most sensitive to the reciprocal influences between China and the Islamic world. Historical chronicles and archaeological discoveries confirm uninterrupted contact from the beginning of the Arab conquest, stimulating potters to develop technical and aesthetic innovations that transformed simple earthenware crockery for everyday use into authentic works of art.

THE CERAMIC ROADS

FORMS, THEMES, materials and know-how all bear witness to the scale and regularity of these exchanges and reveal that entire currents of ceramic art were marked by the potters' attraction to Tang, Song, Yuan and Ming wares, and the desire to imitate, improve upon and surpass them.

The use of brown, yellow and green glazes, as well as the development of the faience technique, destined for large-scale distribution above all in Europe, attest the links existing during the Abbasid era between Chinese and Islamic ceramics.

It is by way of the Indian Ocean and the Red Sea, or via the ports of the Gulf and the overland routes, that these manufactured goods imported from China reached the Islamic world and the Mediterranean region. As from the 9th century, from Bahrain to Fustat by way of the Sinai peninsula, Chinese porcelain penetrated the Middle Eastern market. Moving in the opposite direction but with less organisation and in smaller quantities, ceramics from the Middle East were exported to South-East Asia and the Malay world while Chinese stoneware with a pale green or brown glaze was highly appreciated in Asia, especially Korea and Japan.

In the middle of the 13th century, the Mongolian conquests had a marked impact on flows of trade by land and sea. The deportation of entire pottery workshops from one end of the empire to the other, and especially of Chinese potters towards the Middle East, left a lasting imprint on ceramic art. The Sinicising repertoire enjoyed unprecedented popularity and Islamic art appropriated the dynamic forms of Chinese art, giving rise to decorative interpretations and sometimes masterly imitations of the jade green colour and milky appearance of Chinese celadon or greenware. Chinese motifs and their conventional representations spread from the East to the West. Adapted to local tastes, lotus flowers, peonies, clouds, phoenixes and other fabulous creatures were established for centuries as elements of an internationalised iconography adopted not only in ceramics but also in manuscripts, precious glassware and other decorative works.

1

2

HERITAGE AND INNOVATION

Porcelain imported overland from China has been found in Abbasid urban sites but also in Egypt. Susa is no exception and its own production displays a sometimes very high degree of assimilation. In the 9th and 10th centuries an offshoot of Chinese *sancai* or three-colour ware was developed in the Iranian-Iraqi area. Pottery with a thin beige slip was then decorated in colours derived from oxides of iron, copper and sometimes manganese. In the provinces of Khorasan, and later on the island of Cyprus, the ware was embellished with the incised decoration now known as *sgraffito*.

3

4

A SINGULAR COLOUR

The pale green of the glaze is characteristic of greenware produced during the Yuan dynasty as compared with the blue-green of the Song era. These items, to which protective virtues are attributed, are coloured with iron oxides and fired in a reducing kiln (with little oxygen). Celadons were particularly prized in the Iranian world, where they were exported from the end of the 12th century, and then in the West until the 18th century.

ASSIMILATION AND TRANSFORMATION

This dish of a jade green colour and relief effect based on Chinese greenware clearly illustrates the influence of a production particularly prized in the Islamic world as from the end of the 12th century. The precious decoration and the subtle hue of the glaze indicate that it was an article of prestige. Sinicising motifs like the central fish symbolising good fortune and the circle of lotus petals are combined with a cursive inscription and a pseudo-inscription peculiar to the Islamic vocabulary. The circle of fish characteristic of the Mongolian repertoire symbolises the source of life. This mixture illustrates the absorption of Chinese art in the Iranian world, which shared this taste with the Syro-Egyptian area, where the production of pseudo-celadons continued until the end of the 14th century.

A SOPHISTICATED WORK OF SURPRISING COLOUR

The lavender blue of this bowl is characteristic of the celadons of the Song era and especially those produced in the kilns of Jun. The polylobate shape draws on Tang silverware and the bowl undoubtedly served to contain a teapot and keep it hot. Tea was in fact very popular in China as from the first millennium and its colour was even evoked by the blue-green glazes of the ceramics.

5

1.
Bowl with splashware
Iran, Susa
800–1000
Diam. 21.4 cm; ceramic with splashes of glazes
MUSÉE DU LOUVRE

2.
Standing bowl with sgraffito decoration
Cyprus, Lapithos workshops
1400–1500
Diam. 14 cm; sgraffito ceramic with splashes of glazes
CITÉ DE LA CÉRAMIQUE – SÈVRES & LIMOGES

3.
Dish with dragon pattern
China
1300–1400
Diam. 35 cm; stoneware with celadon glaze
MUSÉE NATIONAL DES ARTS ASIATIQUES – GUIMET

4.
Dish with a circle of fishes
Iran
c. 1300
Diam. 35.3 cm; ceramic with painted and gilded overglaze decoration
MUSÉE DU LOUVRE

5.
Polylobed bowl
China
1000–1100
Diam. 11 cm; stoneware with celadon glaze
MUSÉE NATIONAL DES ARTS ASIATIQUES – GUIMET

6.
Ewer with a phoenix head
China
600–900
H. 33 cm; stoneware underglaze
MUSÉE NATIONAL DES ARTS ASIATIQUES – GUIMET

INSPIRED BY THE DISTANT EAST

This type of pitcher holds a special place in Chinese ceramic art by virtue of its decoration of phoenix and floral motifs in relief, which belongs to the repertoire of lead-glazed funerary ceramics. The head of the phoenix is moulded in detail to represent the mythical creature regarded since Antiquity as a bird of good omen. The neck presents a simple curved profile while the handle, suggesting plant-like flexibility, splays at the lower end. The relief decoration comprises rosettes and flowers seen in profile as well as a rider at the centre of the side panel. The general form draws on the Sassanid Iranian silverware considered exotic in China at the time, as indicated by the presence on the belly of a mounted archer turning round to shoot an arrow in the Parthian fashion.

7

7.
Rooster-headed ewer
Iran
1100–1300
H. 29 cm; ceramic with openwork decoration and underglaze painting
LOUVRE ABU DHABI

THE CONTINUITY OF FORMS AND MYTHS

Bird's-head ewers have existed in the Middle East since pre-Islamic times. Crafted in silver in the Sassanid era, their shape was taken up in China in the ceramics of the Tang dynasty and in Syrian and Iranian workshops in the 13th century. The rooster crowing to herald the new day, its staring eye like a pledge of protection, had long been a central element in a complex web of divinatory practices and beliefs. This ewer is one of the rare specimens that presents a double reticulated wall in imitation of the metalwork of Khorasan. The neck bears an inscription in Arabic wishing the owner good fortune and a quatrain in Persian ending in this benedictory couplet: "I have held our love in the depths of my soul and discussed the slightest things with it, until the lover embraces the world to bring your love to it. May the Creator grant his protection to the owner of this ewer, wherever he may be."

THE SPREAD OF A COLOUR

THE BLUE AND WHITE DECORATIONS emblematic of the vogue for Chinese porcelain were, however, first mastered in the Islamic world during the Abbasid period, when the blue of cobalt from the mines of Kashan, chosen and prized for its ability to withstand high temperatures, was used in glazes. The use of this blue was rare in the Tang era but spread in China after the Mongolian conquests, when Jingdezhen soon became the unchallenged capital of production under the Yuan dynasty. Unlike the Abbasid process, the decoration was painted on the unfired clay with no leeway for correction. Combined with the talent and skill of porcelain painters, this major innovation contributed to the success of blue and white ware outside of China at the end of the 14th century.
The 15th century saw an increase in the trade of blue and white ware towards South-East Asia on the one hand and Europe on the other. Painted with secular and religious scenes, these items eventually took the place of noble metals on the tables of the European elites and came to enrich the collections of the Renaissance.

1

2

A REFLECTION OF THE MOON'S RADIANCE

This fine-walled cup, made from a white porcelain-like stoneware, is typical of the wares produced in the kilns of Xing for its whiteness and the translucency of its glaze. A type of ceramic that appeared during the middle of the Tang dynasty, it was used at court and soon exported, both as commercial commodities and diplomatic gifts. Highly prized in Asia, they were sent even further, as far as the Abbasid court in Iraq, where they inspired poets to compare their whiteness to the lustre of pearls or the radiance of the moon.

THE FIRST FAIENCES

Prompted by their attempts to imitate the whiteness of Chinese ceramics, Abbasid potters succeeded in perfecting the first pieces of faience in the history of pottery in the late 8th and early 9th centuries. From a technical standpoint, the term faience is a clayey-paste ceramic covered with a lead-based glaze rendered opaque by tin oxide. Described as "ornaments of ink and snow", it is in faience wares that the blue of cobalt mined in Kashan in Iran, which remained a monopoly of the Arab-Islamic world until the 14th century, made its first appearance in pottery decoration.

3

4

SPRINGTIME IN PORCELAIN

This dish in blue and white porcelain adorned with rich iconography was perhaps made for a Middle Eastern client. The central area is decorated with a painted scene, while the surrounding decoration is arranged in concentric circles. The rim is lined with images of waves and the inner border with peonies. The central image is of a banana tree with four leaves growing behind a small rock, with melons, bamboos, vine branches and convolvulus plants. Together they represent a sort of paradisiacal garden that exudes serenity and purity, as though the observer were enveloped in an eternal springtime.

BETWEEN THREE WORLDS

Vessels with *lajvardina* decoration present all the characteristics of prestige ceramics. Luxury ware set off with gold, they owe their name to their characteristic deep blue – *sang-i-lajvard*, the Persian name for lapis lazuli, which indicates the colour of the cobalt oxide used in the glaze. The type of decoration was clearly influenced by China following the Mongolian invasions of the 13th century, and the eight sides of the object are thus decorated with a royal crane with outspread wings. The white gadroons emerging from the petals of the stylised lotus flower on the base of the vase are also of Chinese inspiration, while the pseudo-inscription in lanceolate kufic on the neck is derived from a classical tradition. The chamfered shape of the jar is of Mediterranean origin.

5

THE FRESHNESS OF VIETNAMESE PORCELAIN

The use of cobalt blue for the decoration of porcelain began in Vietnam during the 14th century. While the type of decoration reflects the reinforcement of the Chinese cultural presence between the late 14th and mid-15th century, inspiration and execution gave Vietnamese ware a lightness and freshness that distinguish it from the sometimes conventional and rigid appearance of certain Chinese items. These articles were probably commercial products for export aimed at the markets of South-East Asia and the Middle East.

1.
Footed drinking cup
China
700–800
Diam. 8.5 cm;
porcelain stoneware with translucid glaze
MUSÉE NATIONAL DES ARTS ASIATIQUES – GUIMET

2.
Bowl with inscription in kufic style
Iraq
800–900
Diam. 19 cm;
earthenware with painted blue overglaze
LOUVRE ABU DHABI

3.
Dish with plant and floral decoration
China, Jingdezhen
1300–1400
Diam. 45 cm;
sandstone, porcelain with blue decoration
MUSÉE DES ARTS DÉCORATIFS

4.
Chamfered vase with royal crane motifs (Lajvardina decoration)
Iran
c. 1300
H. 34.2 cm;
ceramic with blue glaze, enamel colours and leaf gilding
LOUVRE ABU DHABI

5.
Dish with lion
Vietnam
1400–1500
Diam. 38.2 cm;
siliceous ceramic with blue cobalt decoration underglaze
MUSÉE NATIONAL DES ARTS ASIATIQUES – GUIMET

The arts of Islam are those of a civilisation in which the Muslim religion, which dawned in the 7th century in the mountainous area of Hijaz, imposed itself as the dominant factor on peoples of very different races, ethnicities and cultures. In the space of a hundred years, from Spain to India, the Islamic conquests gave birth to a vast empire where a singular aesthetic emerged distinct from the Coptic, Byzantine, Parthian and Sassanid traditions whose legacy it initially took up. Stimulated by new trade routes and princely commissions, mobiliary art acquired a new status. Long perceived in the West as the product of a simple decorative art, the object in Islam is endowed with meaning, a shared and subjective imaginative universe capable, through ornamentation, colour and form manifest and embracing "a more complex infinity", to quote the art historian Jean David-Weill.

THE SPIRIT OF DESIGN IN ISLAMIC ART

IN SPITE of its great variety of origins and traditions, the singularity of the arts of Islam is that they share a common basis characterised by a marked taste for abstraction. The religious tradition and the universe of poetry and literature underlie creation. Arabic, the language of the Quran, became a crucial factor of unity and the close connection between the divine word and writing helped to forge a particular identity that marks every aspect of the material culture. Copyists, ceramists, metal craftsmen and weavers all attached special importance to calligraphy.

This highly developed sense of abstraction gave rise in particular to the stylisation of plant forms. Derived from the ancient *rinceau* or vine motif, palmettes and acanthus leaves underwent endless decomposition starting from a rhythmic division of the circle. Used as a central motif or split into medallions, the circle was the cornerstone of composition. Its perfect form became a solar metaphor, the symbol of divine glory and majesty.

1

As the prohibition of figuration laid down in the Quran applied only to the strictly religious field, numerous figurative representations were used allegorically in the medieval period to magnify the majesty of the sovereign and the pleasures of the court. The zoomorphic motifs drawn from Mediterranean and Asian bestiaries also moved towards abstraction and graphic ornaments came to replace realistic details like feathers and hair. Wild animals, birds of prey, sphinxes, harpies, unicorns, qilins, dragons and phoenixes conjured up a supernatural universe, *'ajib wa gharib*, echoing the fantastic world of storytelling and literature.

It is the transition from narration to figuration and then from figuration to suggestion that saw a departure from the pre-Islamic traditions. Objects now conveyed a musical harmony, a repeated collective memory that made the Creator's will manifest. Fashioned by the human hand, it expressed the unity and vastness of the cosmic order as against the individual creative effort characteristic of the West.

THE LITERARY IMPRINT, THE EPIC SWEEP OF THE SHAHNAMEH

Carried along by the rhythm of language, tales, poems and wondrous accounts occupy a key place in the artistic imagination. In the Iranian world, the historical epic of the *Shahnameh* or *Book of Kings*, written in Persian around the year 1000 by the poet Ferdowsi, was abundantly illustrated on objects, which constituted pictorial supports in their own right comparable to manuscripts. Here, the material function of the candlestick as an object of light is underscored by the episode illustrating the triumph of good over evil through the fight between King Fereydun and Zahhak, the personification of evil, recognisable by the snakes growing out of his shoulders as a punishment for parricide.

2

A TASTE OF PARADISE

This cup with a tall conical stem, made of chased white bronze inlaid with black vitreous paste and silver, is decorated with an epigraphic frieze on the lip and foot, and by floral motifs and *rinceaux* on the body. The inscription of verses by the Persian poet Hafez-e Shirazi, born in the period 1310–37, gives the object all its meaning. It celebrates wine, a very fitting subject for this drinking vessel, and illustrates the search for the source of life undertaken by Iskandar, the name by which Alexander the Great was known to Arabs and Persians.

1.
Candlestick decorated with scenes of the Shahnameh
Iran, Fars
c. 1300
H. 26.7 cm;
brass, silver
MUSÉE DU LOUVRE

2.
Cup decorated with birds and florets
Central Asia
1350–1400
H. 13.7 cm;
white bronze, silver, black paste
BIBLIOTHÈQUE NATIONALE DE FRANCE

3.
Platter with drinkers and musicians
Al-Jazirah (northern Syria and north-west Iraq)
1250–1325
Diam. 53.2 cm;
copper alloy, silver, gold
LOUVRE ABU DHABI

LUXURY TABLEWARE

Used in sumptuous banquets, this platter attests the settlement and success of artists from Mosul (Iraq) in Syria, Egypt and Iran between 1220 and 1260, when metalworkers began to sign their works with their name followed by the *nisba* (adjective indicating geographical origin) *al-Mawsili*. The inner rim bears a formula of good wishes addressed to the owner in naskh script in accordance with a characteristic of the Islamic aesthetic. Even though the dedicatee is not named, the central rosette surrounded by twelve medallions evoking an astral theme indicates a princely commission. The allegorical image of the sovereign as the sun is combined with an imaginary garden filled with birds, drinkers and musicians.

3

A MASTERPIECE
THE EWER DECORATED WITH ASTROLOGICAL SIGNS

THIS EWER is a remarkable example of ornamental metalwork from the late 12th or early 13th century, when the town of Herat in present-day Afghanistan and the neighbouring province of Khorasan became the principal centres of production. Apart from the separately cast and attached handle, it was made from a single sheet of hammered copper. Silver inlay work, little practised at the beginning of the Islamic era, developed between 1140 and 1220.

The overall decoration in superimposed registers consists of rich figurative motifs and votive inscriptions in kufic, cursive and animated scripts. Each of the twelve sides is adorned with a different sign of the zodiac and its dominant planet.

During the 12th century, growing interest in *ilm ahkam al-nujum* (astrology) led to the introduction of an astrological iconography into the art of metalwork, as exemplified by the precious item presented here. The first objects of metal with astrological decorations appeared during the century in an area stretching from Jazira (northern Syria, Iraq and south-east Anatolia) to Khorasan. These motifs are later found on objects made in Syria and Egypt in the 13th and 14th centuries.

Starting from the left of the handle, we recognize the constellation of Aries, represented by Mars, the warlike planet, illustrated with the attributes of a sword and a severed head. Taurus is associated with Venus playing the oud. The twins of Gemini hold one another around a rod with heads of monsters at the top and bottom.

Next is Cancer, associated with the crab, whose pincers form the shape of a heart, and Leo, the solar sign since Antiquity. Virgo holds ears of corn. Venus in Libra is represented between the two plates of a pair of scales. Scorpio brandishes scorpions. Sagittarius is illustrated by a centaur with bow and arrow, and Capricorn by an ibex ridden by Saturn, a bearded old man holding a tool. Aquarius waters the earth from a well built of brick. On the bottom of the handle, Jupiter is represented by a figure with crossed legs holding a fish in either hand.

The three couchant lions adorning the neck and spout were fashioned using the ancient *repoussé* technique, a skill that consists in hammering a sheet of metal into relief from the reverse side.

The neck, body and shoulder bear what are known as "animated" inscriptions, in which the stems of the letters end in human heads. This type of script, limited in use to the second half of the 12th century and the first third of the 13th, combines figurative representation with the powerful graphic impact of lettering.

The combination of the sunburst inscription and the symbolic representation of the universe on this luxury article intended for an eminent individual, establishes the recipient in a cosmogony where the figure of the prince, identified with the sun, occupies a central place.

Ewer decorated with the signs of the zodiac
Afghanistan, Herat
c. 1220
H. 38 cm; copper alloy, silver
LOUVRE ABU DHABI

Observation of the ewer from above reveals that the calligraphy combines script and figurative imagery to create a solar symbolism on the flat shoulder as a whole. Elongated letters fill the space, stretching from the human heads around the neck out towards the edge. Libra or *al-Mizan* is represented by the figure of Venus, the dominant planet, holding a balanced rod from which the two scales hang, The surface of each is decorated with a human face, one happy and one sad. The one with the happy expression, on the right, seems slightly heavier than the other.

From the first centuries of the Islamic conquests, Muslim potters greatly expanded their technical and artistic experimentation and came to occupy a place of importance on the world's ceramics trade routes. They developed decorative glazes and perfected innovative techniques like tin glazing and metallic lustreware, which were to enjoy great success in Europe by way of Spain and Sicily. Above all, they began in the 12th century to master the use of soft or siliceous pastes, which were almost as solid as the porcelain imported from China. The same period also saw the appearance in the Iranian world of the delicate, low-fired technique known as *minai* or *haft rang*, which uses successive firings to broaden the chromatic range. Replacing tableware made of silver and gold, the transformed raw material of pottery endowed both luxury and ordinary objects with nobility and an almost spiritual dimension made up of the regular lines and vibrations of light peculiar to the Arab-Muslim aesthetic.

MASTERS OF CERAMICS

1

THE TRADE IN SECULAR OBJECTS

Produced in Syria and Egypt, these albarellos or medicinal jars of the Mamluk era were exported to Europe with their content of pharmaceutical products or perfumes. The blue and white decoration draws on Chinese porcelain of the Yuan era. The cursive inscriptions in thuluth calligraphy accompanying the decoration vary with the function of the item. In this case, we have a text on impotence praising the virtues of the aphrodisiac product contained in the jar.

2

POEMS ON CERAMICS

The shape of this jug, with its round body, tubular neck and handle at a right angle, draws on earlier works in metal. The all-over decoration and its arrangement in superimposed registers are typical of the Kashan style. Stylised plant elements are combined with script painted on a white background or left exposed by the glazed background. These inscriptions are propitiatory formulas and poetic verses in Persian and Arabic, above all wishing the owner a long life or observing that "Good endures even if time is miserly with it and that evil is the most ignoble stock you can gather".

3

THE LETTER AND THE WORD

This cup belongs to a remarkable series produced in Khorasan and Transoxiana, the eastern provinces of the Iranian world through which the Silk Roads ran. These items, made for a cultured clientele, are decorated with proverbs (*amthal*) in Arabic, sometimes drawn from the sayings of Ali, more rarely from the *hadith*. Here the contrasting decoration is painted with black or brown slip on a base of white slip and suggests the work of an experienced calligrapher. The circular composition and the sobriety of the decorative and lexical vocabulary enhance the power of the inscription.

THE FIRST ZOOMORPHIC INSCRIPTIONS

Objects with zoomorphic inscriptions combining animal images and letters are rare, only a dozen pieces of this quality being known today. This cup, in the form of a flattened cone, is decorated with two monumental birds in which image and text are melded. Their bodies enclose a protective formula in kufic that can be read as *baraka* (blessing). Their long split tails elegantly follow the curve of the cup while the streaked plumage accentuates the graphic character of the composition. Associated with good fortune and glory in the sacred texts of pre-Islamic Iran, birds retained these symbolic connotations in the Islamic world, closely connected with flight as a metaphor of the soul's divine journey to God.

4

THE EMERGENCE OF A MINIATURIST STYLE

In the 12th century, the *minai* or *haft rang* low-fired technique made it possible to enrich the ceramic palette with the seven basic colours of brick red, white, black, green, blue, brown and, more exceptionally, gold, as on this dish, whose form and grisaille colouring are rare. A miniaturist style of considerable range in the Turkish and Iranian worlds developed in the workshops of Kashan and Rey. Drawn from the field of book production and displaying authentic pictorial art, the decoration combines kufic and cursive inscriptions – often not deciphered – with scenes recalling the illumination of manuscripts and the Asian aesthetic. The subjects are taken from the life of the court, as in the case of these juxtaposed riders on either side of a tree symbolising the ancient tree of life.

5

1.
Apothecary jar (albarello) with calligraphic design
Syria, Damascus
1300–1400
H. 36 cm; ceramic with underglaze painting
CITÉ DE LA CÉRAMIQUE – SÈVRES & LIMOGES

2.
Jug with poetic inscriptions
Iran, Kashan
c. 1200
H. 25.3 cm; ceramic with lustre painting
LOUVRE ABU DHABI

3.
Bowl with two-colour inscription
Central Asia
900–1100
Diam. 25.3 cm; ceramic with underglaze slip decoration
LOUVRE ABU DHABI

4.
Bowl decorated with birds enclosing the inscription "blessing"
Central Asia
900–1000
Diam. 25 cm; ceramic with underglaze slip decoration
LOUVRE ABU DHABI

5.
Dish with horsemen (seven-colour decoration, called haft rang)
Iran, Kashan
1170–1220
Diam. 19.5 cm; ceramic with white glaze, enamel colours and leaf gilding
LOUVRE ABU DHABI

And the LORD said unto Moses, Take unto thee sweet spices, stacte, and onycha, and galbanum; sweet spices with pure frankincense: of each shall there be a like weight; and thou shalt make of it incense, a perfume after the art of the perfumer, seasoned with salt, pure and holy. EXODUS (30:34-35).

The new economic circuits established between the 5th and the 15th centuries boosted the trade in ivory and incense from the powerful kingdoms of Africa and the mountainous borders of the Arabian Peninsula. They also enabled other precious materials like gold, myrrh and various aromatic products to be transported in larger quantities to the princely courts of the Mediterranean, western Europe and the Far East.

THE INCENSE ROADS AND THE IVORY TRADE

THE OBJECT of a thousand-year-old trade that brought prosperity to Yemen and the Nabataean city of Petra, incense was sold at a higher price than gold for use in the religious and domestic spheres. The precious resin, which releases fragrant smoke when burnt, was used in mosques, temples, churches and palaces for its soothing virtues and in liturgical prayers, invocations and rituals of purification. At the end of the 8th century, Asian chronicles report a flourishing trade between Arab, Iranian and Malayan merchants, while frankincense and ivory appear among the articles brought to the Chinese emperor as tributes during the Song dynasty (1279–1368).

Prized as a rare material comparatively easy to carve, ivory became the object of a dedicated commercial circuit between the Byzantine empire, the Arab-Islamic world and the Latin West. Workshops concentrated around the Mediterranean, where the roads of silk, spices, incense and ivory ended, produced cylindrical and rectangular caskets to contain gems and aromatic substances that were greatly in demand in the Christian West, especially as princely wedding presents and diplomatic gifts. The tradition continued into the 12th century in southern Italy and Sicily, where a culture that blended Greek, Byzantine, Norman and Arab characteristics developed. The workshops then spread throughout western Europe, especially in Paris, where production attained great sophistication of execution with the flamboyant Gothic style in the 14th century, and then Venice in the 15th century.

THE GLOWING EMBERS OF FAITH

Censers, like this 14th-century Tuscan work and the one held by the angel in the painting, are bowl-shaped receptacles for glowing embers on which incense is placed. The upper section is perforated so as to let the smoke out and they can be hung or swung on a chain. This crucial object in the liturgy was a source of inspiration for artists. This example draws on Gothic architecture to represent the heavenly Jerusalem, the ideal city where the blessed will live forever.

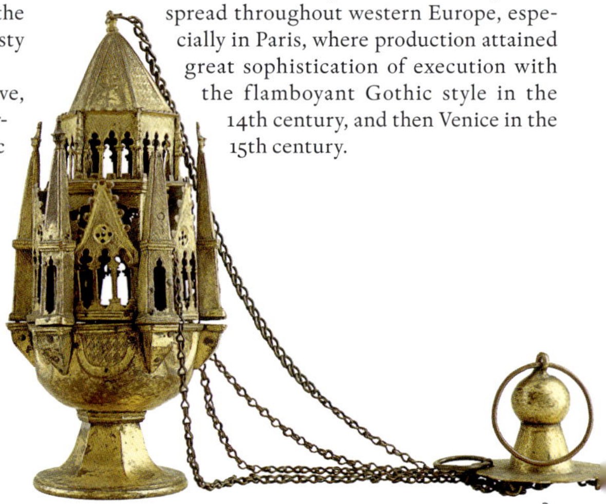

2

1

INCENSE, THE SYMBOL OF PRAYER

Inherited from the religions of pagan Antiquity, where its smoke was already a gift from mankind to the gods, in the Christian liturgy, incense became the material form of the believers' prayers rising to God. Numerous thurifer angels – depicted with a thurible or censer like the acolyte during ceremonies – are to be found in the Bible and in religious iconography as intercessors between God and man. This one, painted by the great German Primitive artist Bernhard Strigel, is shown in an attitude of adoration with finely painted smoke rising towards Heaven.

3

4

THE LEGACY OF SICILIAN-ARAB CRAFTSMANSHIP

This small cylindrical box or pyxis with its carved ivory panels is linked to the early 12th-century Siculo-Arab ivories. These caskets were used in a secular context to hold precious stones, jewellery or perfumes. Greatly prized in the West, where they were initially used in the liturgy and as reliquaries, they began to appear in the iconography of the Magi as receptacles for myrrh and frankincense during the 12th century.

PORTABLE IMAGES OF CHRIST

The arrival of African ivory on a massive scale in Europe between 1250 and 1400 made Paris the capital of Gothic ivory work. Artists and craftsmen there produced small devotional objects, especially diptychs with scenes from the life of Christ or the Virgin in horizontal bands. At a time when religious practice was being individualised, a wealthy aristocratic and upper-middle-class clientele, eager to display their riches and piety, commissioned these portable works above all to accompany them in their travels, on pilgrimages and even to war.

5

THE FASHION FOR PERFUME BURNERS

Very popular on the Chinese market, this piece of Qingbai ware (*qingbai* means "bluish-white") was also produced for export and is attested as far away as Europe in the 14th century. The form of these items, with a conical, openwork lid, is based on the ancient mountain-shaped *boshanlu* perfume burner, probably intended to suggest the isles of Taoist myth inhabited by the immortals with fantastic creatures and winged beings. The greeny-blue translucent glaze, its simplicity interrupted only by a few stains of copper oxide, recalls jade, a material attributed with magical powers since ancient times.

6

IN THE ABSENCE OF IVORY

When supplies of elephant ivory ran low, as happened sporadically from the 10th century, other materials capable of imitating it were used instead. This casket carved by a Byzantine workshop is made entirely of thin sheets of bone attached to wood. Its decoration, as painstakingly executed as though carved in ivory, presents mythological scenes that recall the attachment of Byzantine art to the models of classical Antiquity.

1.
Thurifer angel
BERNHARD STRIGEL
Germany, Swabia
c. 1520
H. 68.5, W. 78.6 cm; oil on panel
LOUVRE ABU DHABI

2.
Censer in architectural form
Italy, Tuscany
1350–1400
H. 24.2 cm; copper gilt
MUSÉE NATIONAL DU MOYEN ÂGE – THERMES DE CLUNY

3.
Pyxis with animal motifs
Italy, Sicily
1400–1500
H. 15.8 cm; ivory, copper alloy
MUSÉE DU LOUVRE

4.
Diptych with Scenes from the Life of Christ
France or Germany
1350–75
H. 21, W. 24 cm; ivory
LOUVRE ABU DHABI

5.
Perfume-burner in the form of a mountain
China
1200–1300
Diam. 12 cm; stoneware porcelain with greenish-white decoration
MUSÉE NATIONAL DES ARTS ASIATIQUES – GUIMET

6.
Casket decorated with mythological scenes
Turkey, Constantinople
950–1000
H. 16, W. 27 cm; bone and copper gilt on a wooden body
MUSÉE DU LOUVRE

A fragile material highly characterised by the techniques, aesthetics and customs peculiar to each culture, cloth has, however, often been traded over vast distances. Great social importance was attached to it between the 5th and 15th centuries, especially in nomadic societies in the Middle East and Asia, but also in Europe, where the pinnacles of the power structures were sometimes itinerant. Precious and highly prized, textiles were valuable goods sometimes used as a monetary standard, which is why the Eurasian trading circuits were known as the Silk Roads. This trade was the object of major economic efforts to control production and markets, and to supply very remote cultural areas through the development of overland and maritime networks. Despite attempts to keep certain manufacturing techniques secret, they slipped out, and decorative motifs spread, like a fashion, from their place of origin.

WOVEN MASTERPIECES

THE TERM "TEXTILES" refers to the whole range of woven fabrics and in particular those manufactured out of vegetable and animal fibres and metal thread. On a loom, a shuttle weaves the weft threads through the warp threads. The colouring of the yarn makes it possible to vary the shades and decorations. The first transcontinental trade in textiles was between China and the Mediterranean during Antiquity. Silk, transported along the commercial routes, long constituted a currency of exchange on the roads of Central Asia as far as the Roman Empire. The Byzantine Empire then played a key role in the production and distribution of silks of outstanding quality.

Silk has a history thousands of years old in China, where it has seen numerous technical and aesthetic improvements. The ancient period saw the production of brocaded fabrics on looms, a technique that in time developed to create multicoloured cloths with floral or geometrical motifs. The rich fabrics of specialised workshops, especially during the Tang dynasty (618–907), were produced for the court, Buddhist rites and the privileged few able to purchase them. The brilliant period of the Song dynasty (960–1279) is characterised by its brocaded gauze, silk satins enhanced with gold thread or embroidery, while the Yuan empire of their Mongolian successors (1279–1368) saw a sharing of motifs and techniques with the worlds of Central Asia and Islam.

Textiles also occupy an important place in the Arab-Islamic world, strengthened in the era of the caliphs by princely commissions and army requirements. The great centres of production of Late Antiquity, such as Alexandria, Tyre and Antioch, strongly influenced by the Byzantine and Sassanid traditions, remained active after the Islamic conquest in the 7th century. The raw materials circulated and the iconography inherited from Antiquity and manufacturing processes were transmitted over a vast area that covered Spain, Egypt, Syria, Anatolia, the Iranian world and India.

1

2

Traditional materials like wool and flax were joined by cotton and silk. Silkworm breeding intensified in Andalusia, for example, while the technique of weaving coloured samite gradually gave way in the Middle East during the 11th century to that of lampas using threads spun from silk and noble metals. The repeated pattern of stylised figurative and plant motifs was developed within masterfully designed geometrical frames or compositions and was embellished with inscriptions in kufic or cursive calligraphy, prized for their auspicious significance and graphic qualities alike.
At the meeting point of the nomadic and urban worlds, textiles constituted the bulk of furnishings in the form of hangings and cushions. Draperies, door curtains and carpets configured space and characterised areas devoted to meditation, rest or pleasure. The Abbasid and Fatimid chronicles describe luxurious palaces of fabric, recalling the nomadic origins of the ruling class. Every festivity gave rise to an extraordinary deployment of carpets, parasols, banners and liveries. Precious fabrics constituted a kind of gold reserve, with wages and rewards often being paid in textiles, as recalled by the Arab word *khizana*, meaning both wardrobe and treasury.
With the advent of the Crusades, around the year 1000, Europeans once again came into contact with the magnificence of these textiles, and in particular with the silk that Byzantine weavers and embroiderers had been using for centuries. Medieval chronicles attest to the crusaders' astonishment on their arrival in Constantinople, where they marvelled especially at the "cloth of gold". The demand for these materials that quickly developed in Europe lay at the origin of the fortunes of Venice, which first organised their importation and trade and then acquired and exploited the techniques of their production from the 14th century.
In Europe traces of fabrics woven from wool have been found dating from the first millennium BCE, especially in northern Europe. During the Middle Ages, wool, together with flax, remained the textile fibre most commonly employed. The great powers traded and even went to war for control of this market. Wall hangings made it possible to improve the rudimentary comfort of living quarters, provide thermal insulation and offer a pleasant setting for conversation. The decorations consisted of plant and animal motifs, profane and religious scenes of life, and heraldic symbols. Tapestries were displayed in palaces during public ceremonies and sets of hangings were highly-prized nuptial or diplomatic gifts.

3

1.
Painting on silk of a bodhisattva
China, Central Asia
900–1000
H. 82.5, W. 49.1 cm; painted silk taffeta
MUSÉE NATIONAL DES ARTS ASIATIQUES – GUIMET

2.
Silk decorated with medallions of animals
China, Central Asia
1000–1300
H. 50, W. 63 cm; silk taffeta, gold threads
MUSÉE NATIONAL DES ARTS ASIATIQUES – GUIMET

3.
Buddhist painting on silk of a standing Bodhisattva
China, Central Asia
700–1200
H. 73.5, W. 18.3 cm; paint on silk
MUSÉE NATIONAL DES ARTS ASIATIQUES – GUIMET

5

A MONGOLIAN WORK OF ISLAMIC INSPIRATION

A diamond-pattern lattice presents a quincunx of lines of birds seen from the front with their heads turned alternately to the right and the left. The highly stylised bird resembles both an eagle and a parrot, both of which belong to the iconography of textiles. The combination of this animal and geometrical decoration is indicative of the marked influence of Islamic art on this work produced in central Asia, probably in the Mongolian empire.

4

ROYAL SILK

Despite its fragility, this medieval silk banner is one of the very few to have survived practically intact. Its meticulously executed composition employs a broad palette of rare and expensive pigments. Painted on a gauze fabric, it presents the image of the guardian of the East, one of the four heavenly kings of Buddhism, in armour, holding an arrow and trampling on a demon. Classical in form, the painting is surmounted by a triangle and has a long ribbon on either side as well as "legs" below held with a stretcher.

THE EASTERN INFLUENCES OF VENETIAN SILKS

This fragment is decorated with lions, dragons and birds in gold thread on a red background. The formula of pairs of animals taken up here is of Near Eastern and Sassanid origin. Italian fabrics drew on this repertoire, mixing real and familiar animals with exotic and fantastic beasts, and revealing the influence and indeed imitation of Eastern silks, especially those produced in the Mongol empire.

6

7

TAPESTRY, SECULAR AND RELIGIOUS DECORATION

The idea of medieval tapestry conjures up large works with flowery backgrounds presenting figures from courtly literature or illustrating religious or historical scenes. Exquisitely woven items of smaller size could, however, also be used as domestic decorations or altarpieces, as was perhaps the case of this *Crucifixion* with Christ, Mary and St John. The landscape is of the Netherlandish type exemplified by the work of Jan van Eyck in the period 1420–40. The grassy meadow dotted with bushes and small flowers was a traditional feature of tapestry all through the 15th century.

8

THE ART OF THE TIRAZ

This rare Andalusian fabric illustrates a specific aspect of Arab-Islamic textiles, namely the *tiraz*. The word indicates the state institution in control of production from the early centuries of Islam but also decorative bands, like this one, bearing an inscription to adorn the robes of honour worn by the sovereign or offered to high-ranking dignitaries. Linen was often used as a support for the inscription, which was regarded as an emblem of sovereignty and mark of quality at the same time.

4.
Painting on silk of Dhṛtarāṣṭra, king guardian of the East in the Buddhist pantheon
China, Central Asia
850–900
H. 72, W. 17.5 cm; ink and colours on silk
MUSÉE NATIONAL DES ARTS ASIATIQUES – GUIMET

5.
Silk with animal and geometric decoration
Central Asia
1200–1400
H. 55, W. 18 cm; silk lampas and gold thread
MUSÉE NATIONAL DES ARTS ASIATIQUES – GUIMET

6.
Fragment with lion motif
Italy, Venice (?)
1250–1300
H. 60, W. 65 cm; samite made from silk and gold thread
MUSÉE NATIONAL DU MOYEN ÂGE – THERMES DE CLUNY

7.
Crucifixion of Christ (Calvary)
Belgium, Brussels
c. 1520
H. 105.5, W. 70 cm; tapestry made from wool, silk and gold thread
MUSÉE NATIONAL DU MOYEN ÂGE – THERMES DE CLUNY

8.
Tiraz, embroidery inscribed with Arabic letters
Spain, Andalusia, Almería
1000–1100
H. 22, W. 60 cm; linen embroidered with silk
MUSÉE NATIONAL DU MOYEN ÂGE – THERMES DE CLUNY

A MASTERPIECE THE USHAK CARPET

WHILE THE CARPET already had a long history before the arrival of Islam, its range of decorative possibilities and association with both religious worship and court protocol made it one of the emblems of the Islamic arts. Whether as a domestic carpet, prayer mat or luxury article like this one, it marks out a space and determines its function.

Historical sources mention carpets brought as tributes to the Abbasid caliph Al-Mustansir in the 9th century and fragments datable to the 13th century have been found in the Turkish city of Konya, the nearby town of Beyshehir and the modern city of Cairo. With the advent of the Ottoman dynasty, carpet production underwent unprecedented growth as well as renewal of its decorative vocabulary. The Uşak region in western Anatolia was then established as the principal production centre for articles commissioned by the sultans, a position it maintained until the end of the 17th century. Large carpets were produced from cartoons provided by the royal workshops of the *naqqashkhane* or design centre, where an imperial aesthetic closely related to the seraglio was developed. These royal studios created new patterns for major decorative works whose highly elaborate character gave birth to some remarkable items close to the style developed in the contemporary Persian world. For centuries the Ottomans and their Venetian neighbours dominated the trade with Europe, where large, knotted carpets – with a velvet pile, unlike the woven rugs of the kilim type – were greatly prized by monarchs of the Renaissance era. Henry VIII of England (1491–1547) had more than five and appears in numerous portraits either enthroned or standing on an Ushak carpet. These sovereign allegories are masterfully served by the contrast of forms and colours, and the separation of planes offers metaphors of the throne and the heavens. As a result of the financial crisis that struck the Ottoman empire at the end of the 17th century, large carpets became rarer as the flow of major commissions dried up.

This rim on a red background is not very common. Its vegetal arabesques, consisting of *rumi* half-palmettes, are reinterpreted here by the Ottoman pattern designers in accordance with a formal script of a simultaneously severe and open nature peculiar to the arts of Islam.

The centred composition and star-shaped medallions recall the pattern of the tiles of the Green Tomb (Yeşil Türbe) in Bursa (1421) and the Blue Mosque in Tabriz (1465) built by the Kara Koyunlu Turkoman tribes. This reference to illustrious buildings was transmitted by the tribes in their westward movement and by itinerant artists trained in Samarkand.

In the intermediate space, a host of yellow peonies and stylised vegetal arabesques stand out in contrast against the midnight blue background characteristic of the earliest production. The stylised plant motifs and the wavy line of the star-shaped medallions are of Far Eastern origin.

While numerous carpets on a red background are recorded, only about twenty of the older kind with a blue background survive in public and private collections, half a dozen of which, like this one, are spectacular works over six metres in length.

Medallion carpet
Turkey, Ushak
c. 1480
L. 273, W. 653.5 cm;
wool
LOUVRE ABU DHABI

WING 2

GALLERY 6

FROM THE MEDITERRANEAN TO THE ATLANTIC

The Mediterranean lies at the western end of the commercial and cultural routes from Asia and Africa. The influences connecting the Byzantine Empire, the Islamic world and Christian Europe spread from the shores of the Mediterranean to eastern Europe. After the fall of the Roman Empire of the West in 476, the empire of the East, known as Byzantium, became the direct heir of Antiquity and transmitted its cultural values to Christian Europe and, to a certain extent, to the Islamic world. Except for the periods of iconoclasm between 726 and 843, the human figure was paramount in Byzantine art, where it appeared in mosaics and paintings on a gold background conveying the idea of divine timelessness. Divided between Islam and Christendom, the Iberian peninsula, known as al-Andalus by the Arabs, became a fertile terrain of cultural interchange. Hispano-Moresque art, thinkers like Averroes of Cordoba and Andalusian poetry represent an unprecedented cultural synthesis with a lasting impact in the Islamic world and on European arts. North of the Mediterranean, the Christian order reigned from the end of the Roman Empire of the West. Political and religious differences with the Islamic world did not prevent the cities of Venice and Genoa from developing fruitful cultural and commercial relations with it. In Europe, the omnipresence of the human figure in the arts, long dominated by the images of Christ, Mary and the saints, accorded ever-greater importance to the donor. This marked evolution in the iconography of the 14th and 15th centuries is indicative of a shift towards secularisation and the rise of the individual as a social actor. Rivalry between Christian kingdoms appears to have been the constant driving force of development in technology as well as commercial and cultural activities. Improvements in navigation enabled Christopher Columbus, a Genoese explorer working for Isabella of Castile and Ferdinand of Aragon, the Catholic Monarchs of Spain, to sail across the Atlantic Ocean and reach America in 1492. This crossing, which established contact for the first time between the civilisations of Eurasia and the Americas, has became a symbol of world history. Despite its universal historical importance, however, the destruction of age-old civilisations to which it gave rise in the space of a few generations reminds us that the globalisation it heralded is double-edged.

Byzantine art developed over the vast territories of the Eastern Roman empire in Asia Minor, the Balkans and the Near East. Greek, Roman and imperial, it was also fundamentally Christian and Eastern, characterised by a melding of the canons of classical art and the tendency towards abstraction derived from the empire's oriental traditions.

BYZANTIUM AN EMPIRE BETWEEN THE EAST AND WEST

DESPITE POLITICAL and religious rivalry and a gradual loss of territory, Byzantium remained a point of reference both for the Latin West and for the new Arab and Turkish conquerors until the fall of Constantinople in 1453. In the West, it was through the Norman kingdoms of Sicily and later Venice that the Byzantine influence reached Europe. This became crucial after the sack of Constantinople by crusaders in 1204, when a vast quantity of artworks, manuscripts, paintings on wood, items of jewellery, ivories and small statues poured into the West. In the East, with the Arab-Islamic conquests, artists, craftsmen and administrators adapted their skills to the requirements and aesthetic of the new ruling class. Infused with the Byzantine taste for opulence, Islamic art adapted the basilica layout of an axial nave to the Arab mosque and adorned it with columns, capitals and mosaics on a golden ground, where motifs inherited from Antiquity like the acanthus and the vine occupied a key position. Byzantine and Islamic art also had a point in common in the domain of aniconism, as the two periods of iconoclasm – the prohibition and destruction of images – between 726 and 843 led to the predominance of geometrical forms, plant motifs and the symbol of the cross in Byzantium.

MARKETS AND MERCHANTS

The Byzantine coinage consisted of one unit each of gold, silver and copper and their fractions. Inherited from Antiquity, it inspired in turn the fiduciary system of the early centuries of Islam. Found all over the empire's territory, these coins were struck with square or cruciform monograms, sometimes with the image of an important official, the bust of a prefect, more rarely that of the emperor or the imperial couple. Placed under the protection of the gods, they also served to disseminate the image of imperial authority.

1

2

A ROMAN IMPERIAL TRADITION

The sculptural portrait was a key element of imperial policy in Byzantium and thus a continuation of the Roman tradition. This full-relief work is a female head with huge, hypnotic eyes and a strange air accentuated by pursed lips, with no real attempt at capturing a likeness. The two-pointed headdress with rows of pearls or large gems covering the hair has prompted some to identify the subject as the Empress Ariadne, daughter of Leo I, emperor in the East from 457 to 474. Others see this as the portrait of a "barbarian" princess who played a political role in Italy at the time of the fall of the Eastern Roman empire. Though found in Rome, it belongs to the series of Constantinopolitan portraits and documents the transition between late imperial and fully Byzantine sculpture.

3

THE ART OF THE ICON

The icon is the most significant of the various artistic forms passed down by Byzantium. A sacred image and an object of worship, whose origin goes back to the portrait of the Virgin Mary painted by St Luke, the icon encapsulates the characteristics of the Byzantine Christian dogma with respect to divine representation. At the end of the second period of iconoclasm in 843, icons spread throughout the Byzantine empire and their popularity far outlived the history of Byzantium itself, as shown by this later crucifixion. Taking up the traditional formal approach, this rigorous and dramatic composition is a work of the school that flowered at the end of the 15th century on Crete, which came under Venetian rule after the fall of Constantinople in 1453.

4

CONSTANTINE I, FOUNDER OF CONSTANTINOPLE

This official portrait pays conventional homage to the emperor who chose Constantinople as his new capital in 330 and granted freedom of worship to Christians in 313, before Theodosius made Christianity the state religion in 380 with the Edict of Thessalonica. Marked by the crude realism of popular and provincial art, it employs the traditional methods of polishing and engraving of Classical Antiquity and shows Constantine wearing the imperial diadem, though with no detail revealing his conversion to Christianity.

5

BYZANTIUM, A MODEL FOR VENICE

Long regarded as a Byzantine work of the 11th century, this marble is a Venetian *formella* of the 12th or 13th, a low-relief panel to be set in the wall of a civil building. It shows a lion reviving a lion cub (?) with its breath while being attacked by an eagle; this is in turn surmounted by a second eagle in combat with a lion. While it is not known whether this is a reused piece of material, an import or the creation of a Byzantine artist active in Venice, it does provide remarkable evidence of the close artistic connections between Italy and the Byzantine empire before the sack of Constantinople by mutinous crusaders in 1204.

1.
Coins with the effigy of Byzantine emperors
Constantinople
527–1195
Gold
BIBLIOTHÈQUE NATIONALE DE FRANCE

2.
Ariadne (?) Byzantine empress
Constantinople or Rome
500–600
H. 25.7 cm; marble
MUSÉE DU LOUVRE

3.
Icon showing the Crucifixion
Greece, Crete
c. 1500
H. 31, W. 25 cm; oil on panel
MUSÉE DU LOUVRE

4.
Architectural relief with animals fighting
Italy, Venice
1100–1300
H. 60, W. 30 cm; marble
MUSÉE DU LOUVRE

5.
Bust of Constantine I
Constantinople
306–37
H. 9.2 cm; chalcedony, bronze gilt
BIBLIOTHÈQUE NATIONALE DE FRANCE

A MASTERPIECE
THE BONIFILIUS BASIN

THE FUNCTION of this large sculpted basin is clearly indicated by the Latin inscription *luterem* on the upper edge. This term, which can mean a fountain or phiale (a bowl used in rituals) is derived from the Greek *loutron*, which indicates the basin used for cleansing in the entrance courtyard of an Orthodox monastery.
The basin provides valuable evidence of the role played by Venice in the meeting of forms and materials between the East and West at the turn of the 13th century. The marble from which it was sculpted was probably imported from Constantinople by colonists or crusaders. Carved by Bonifilius, an artist of Italian origin, who engraved his name on the rim, the basin is decorated with an animal frieze that recalls ancient works while also illustrating the passion of Western Romanesque art for zoomorphic iconography and confirming its purificatory liturgical function and Byzantine inspiration. Like the ancient basin reused as a baptismal font at the entrance to the Hagia Sophia in Constantinople, it is decorated with dragons, which alternate here in pairs with lions, and a rare image of a porcupine. Inside the basin, as though at the bottom of the water, there is also a salamander, a symbol of purification. Used for ablutions, the basin was probably placed at the entrance to a religious building in northern Italy during the 13th century.

Of the greatest artists in the world, he is the second. The world applauds him who skilfully sculpted this famous basin, whose talent is so greatly praised and blessed. His name is Bonifilius. **The inscription proclaims the artist's talent and popularity, even though no other works by his hand have been identified.**

Distinguished from the other animals in the frieze by its stiffer treatment, the porcupine was a rare subject in Western art before the period 1220–30 and one probably discovered by Christians in the Near East at the time of the Crusades. It appears in the medieval bestiary as a pest and a symbol of avarice.

Carved inside the basin, the salamander encapsulates the complexity of animal symbolism in medieval imagery. Though generally perceived as venomous, it assumes a positive significance in water. So cold by nature as to have no fear of fire, it triumphs over any flame and in particular the burning heat of vice. Its presence therefore reinforces the symbolic purifying powers of water.

Basin inscribed with the name of Bonifilius
Northern Italy
c. 1300
Diam. 137 cm; marble
LOUVRE ABU DHABI

The lions with highly stylised manes and dragons are sculpted in a plunging movement that suggests the discharge of water through their mouths. Symbols since Mesopotamian and Egyptian times of strength and power, dragons – which were really thought to exist in medieval times – and lions were supposedly endowed with apotropaic or protective virtues and therefore frequently placed in places of transit and entrances to sanctuaries. Markedly inspired by Near Eastern civilisations, these terrifying creatures were widely adopted by Western artists.

A spring of which the righteous servants of Allah will drink; they will make it gush forth in abundance. THE QURAN (76:6)

With its powerful symbolism of purification, water occupies a special place in the artistic universe of the great religions and medieval societies as the source of life and image of abundance. From Hindu purification in the Ganges to Christian baptism, by way of Muslim ablutions and the initiatory rites of Shinto monks, many practices were accompanied in medieval times by the production of objects and works magnifying the importance of water and endowing it with powerful symbolic significance. From Christian Europe to the Islamic world, the circulation of artists, models and techniques engendered the creation of basins, ewers, aquamaniles and fountain spouts, whose manufacture was closely related to the power structure.

AQUA VIVA

1

THE LION OF GOOD FORTUNE

This fountain spout found at Monzón in the Spanish province of Palencia belonged to the painter and fashion designer Mariano Fortuny (1871–1949), a renowned collector of Islamic art. Water flowed from a pipe beneath the animal's belly into the body and out through the mouth. The beautiful inscription in floral kufic engraved on the bronze, which makes it possible to date the spout to the 12th–13th century, wishes the owner full blessing and grace (*baraka kamila / ni'ma shamila*). This particular spout, one of the few to have survived, belongs to a series of full-relief animal-shaped works from the bestiary that existed in the western Islamic world in medieval times.

IN ISLAM, water in the form of a flowing spring or fountain is mentioned in about thirty verses of the Quran as an image of a paradise awaiting the individual believer alone. Also symbolising prosperity, fountains were often associated in the Islamic world with the figure of the brave and fearless lion. One of the best-known examples is the fountain in the Courtyard of Lions in the Alhambra in Granada, named after the twelve marble lions that support a large basin decorated with verses by the 14th-century poet and vizier Ibn Zamraq.

The late 10th and early 11th century saw the production in Spain, Egypt and North Africa of a whole series of full-relief aquamaniles (vessels containing water for the washing of hands, especially in a liturgical context) and fountain spouts in the shape of animals, including deer, birds and wild beasts. This production finds surprising parallels in 13th-century Germanic metalwork, where lion-shaped aquamaniles are regarded as inspired by the work of Andalusian craftsmen. As a result of their expansionist policy in the Mediterranean, the rulers of the Holy Roman Empire established numerous commercial links between Europe and the East, and it is probably the inspiration of Islamic art, through exchanges between East and West via the Iberian peninsula and the Crusades, that led to the appearance of vessels of zoomorphic and mythological form in Europe during the 12th century.

Aquamaniles also performed an important function outside the liturgical context. At a lord's table, washing one's hands was more an act of symbolic than hygienic significance, a sign of conviviality and upbringing. The varied shapes of the aquamaniles drew on the real or imaginary creatures of the medieval bestiary. Among the most popular, the lion symbolised royal authority and power.

2

1.
Lion-shaped fountain spout
Spain, Monzón
1100–1300
H. 31.5 cm; bronze
MUSÉE DU LOUVRE

2.
Lion-shaped aquamanile
Northern Germany
c. 1200
H. 29 cm;
patinated bronze
LOUVRE ABU DHABI

THE BEAST AND THE MONSTER

Again dating from around the year 1200, this lion-shaped aquamanile is a splendid example of northern German production. While the lion has a hypnotic gaze and stands proudly upright, the zoomorphic handle suggests a monster pouncing onto its back. Although it is impossible to prove, this Germanic creation appears to have drawn inspiration from eastern Islamic and even Chinese forms. In the Christian context, the hybrid combination of monster and lion may represent the powers of darkness defeated by Christ, here neutralised and converted to the useful and positive function of the washing of hands and, by extension, the purification of the soul.

The Iberian peninsula played a crucial part in the political, social and cultural history of the medieval world due to its geographical location and natural borders. A link between the African continent, the East and the West, it was – with Byzantium and Italy – an important area of contact between the Latin and Islamic worlds, which engaged in fruitful exchanges despite their political and religious rivalry. From the beginning of the 8th century to the end of the 15th, it found itself in a singular situation in Europe, characterised by territorial clashes between Christian kingdoms in the north and Muslim realms in the south, but also by very dynamic scientific research and cultural and commercial contacts.

KINGS AND CALIPHS

ANDALUSIA experienced unprecedented development during the Muslim era, and Cordoba, the great rival of Baghdad, became one of the most active artistic centres in Europe. The kingdom of al-Andalus then had a vast network of schools and libraries continuing the translation and summarising of ancient knowledge begun in Baghdad. Between the 11th century and the 13th, cities like Salerno, Toledo and Murcia bore witness to this scholarly vitality and Arabic became the language of communication used in al-Andalus by learned figures such as the physician Ibn Sina (Avicenna, 980–1037), the theologian, philosopher, poet and lawyer Ibn Hazm (994–1064), the commentator on Aristotle and philosopher Ibn Rushd (Averroes, 1126–1198) and the rabbi, philosopher and physician Maimonides (1135–1204), the best-known Jewish intellectual in Muslim Spain. After Toledo fell to Alfonso VI in 1085, the provinces regained by the Christian kings saw the birth of an original art imprinted with references to Islamic culture. The architectural decorations of the 14th-century Alcázar in Seville mark the prolongation of this synthesis of forms and techniques of different origins. This culture was kept alive in the Iberian peninsula by Muslim craftsmen, whose articles of inlaid wood, polychromatic tiles and lustreware long found eager customers in the Christian ruling class.

The expensive, complicated technique of lustreware, which entails successive firings, involves the application in a reducing atmosphere (with little or no oxygen) of silver and copper oxides, whose colours, ranging from light gold to dark red, are enhanced with metallic gleams when struck by light. Initially experimented on glass during the Roman period and then in Coptic Egypt between the 4th and the 6th centuries, metallic lustre was applied to ceramics by Iraqi potters during the late 8th and early 9th century. The first examples in Spain date from the 10th century and, by the end of the 12th, Muslim potters in Malaga were producing high quality pieces of tin-glazed lustreware characterised by blue gleams obtained through the use of cobalt oxide. Imports of lustreware from Malaga are registered in Italy in the 12th and 13th centuries, and Pope Clement VI engaged specialists from the city one century later to create tiled floors for certain rooms in the Papal Palace in Avignon. At the end of the 14th century, despite the fall of the Nasrid kingdom of Granada, production showed no decline. The first pieces attributable to the workshops of Manises, Paterna and Valencia then appeared and dominated European trade until they were faced with competition from Italian ceramics in the following century.

1

THERE IS NO VICTOR BUT GOD

This sword, whose original carved or inlaid blade was replaced with one of German manufacture stamped with the Passau wolf, belongs to a set of weapons of similar period and workmanship, mostly held in Spanish collections and all known as Boabdil swords after the last Nasrid sovereign of Granada, defeated by Isabella of Castile and Ferdinand of Aragon on 2 January 1492. The leather scabbard embroidered with silver thread bears the Nasrid motto *There is no victor but God*, while the solid silver handle combines coloured cloisonné enamel and gold filigree, a technique used in Byzantium and the medieval West.

METALLIC LUSTRE, A MARK OF INTERNATIONAL PRESTIGE

After initially imitating the polychromatic production of Malaga, lustreware gradually adapted to the taste of the European clientele, as this platter with the arms of Maria of Castile attests. The decoration around a central escutcheon surrounded by medallions takes up a geometrical pattern and motifs imitating Arabic script inherited from Islamic works. These objects of prestige, that show no trace of use, are seen in numerous paintings of the period.

2

3

BYZANTINE AND ISLAMIC INSPIRATION

This type of casket was used by Muslims and Christians alike. When part of a church's treasure, it could be used as either a reliquary or a pyx. The rectangular shape and pyramid-shaped lid hark back to earlier Byzantine models. The same structure is also found in caskets of ivory and worked metal made during the Islamic period in the imperial workshops of Cordoba and Madinat al-Zahra.

4

1.
Sword of "Boabdil", the last emir of the Nasrid kingdom of Granada
Spain, Toledo
1475–1525
L. 31 cm; steel, silver, silver gilt, enamel, leather
BIBLIOTHÈQUE NATIONALE DE FRANCE

2.
Dish decorated with armorial bearings and inscriptions imitating Arabic script
Spain, Manises
1415–30
Diam. 44 cm; ceramic with lustre painting
CITÉ DE LA CÉRAMIQUE – SÈVRES & LIMOGES

3.
Basin decorated with armorial bearings
Spain, Manises
1400–50
Diam. 48 cm; ceramic with lustre painting
MUSÉE NATIONAL DU MOYEN ÂGE – THERMES DE CLUNY

4.
Casket with lions and chimerical animals
Spain
1300–1400
H. 15, W. 48 cm; gilded pewter and lead on a wooden body
MUSÉE NATIONAL DU MOYEN ÂGE – THERMES DE CLUNY

A MASTERPIECE
THE MARI-CHA LION

ASSOCIATED WITH IMPERIAL AUTHORITY, or as the guardian of the throne, a temple or a tomb, the lion is one of the most universal symbols of courage, majesty, strength and power. This one, known by the name of its former owner, is exceptional in terms of size and function, and constitutes one of the most important medieval works of the Islamic tradition in the Mediterranean area. Created at the meeting point of the East and the West, it is generally regarded as a product of Islamic Spain but could also be the work of itinerant artists in the part of Italy under Norman rule. Metallographic analysis of this bronze, cast in one piece by means of the lost-wax method, has established that the copper came from a Cypriot mine known in ancient times to Arab craftsmen and geographers. Comparable only to the Andalusian Pisa Griffin as a piece of animal statuary, it displays a combination of accentuated stylisation and Arabic inscriptions that encapsulates the attraction and the particular role of the arts of Islam in Sicily, North Africa and Spain in the late 11th and early 12th century, one of the most creative periods in their history. Various hypotheses have been put forward as to the function of this monumental statue. The tubular orifice in the mouth, the opening in the belly and the hollow body may suggest part of a fountain like those at Madinat al-Zahra and the Alhambra, or a monumental perfume-burner of the kind found in the Iranian province of Khorasan. A more recent theory based on the internal structure shows, however, that the lion was a kind of mechanical toy designed to emit sounds. With the hollow body acting as a resonance chamber, the air escaping from a tube connected to the mouth would have produced a sound similar to the roaring of a wild beast. Similar devices are attested in the Byzantine era, when the courts were filled with mechanical toys such as "singing" silver trees teeming with twittering birds, and howling animals worked by a pneumatic system. Arab texts and chronicles describe the fascination of scholars with these automata. Al-Jazari, one of the most famous, provided an illustrated description in the 13th century of complex water clocks and other hydraulic or pneumatic devices that were to inspire still more sophisticated automata during the European Renaissance, like those of Leonardo da Vinci.

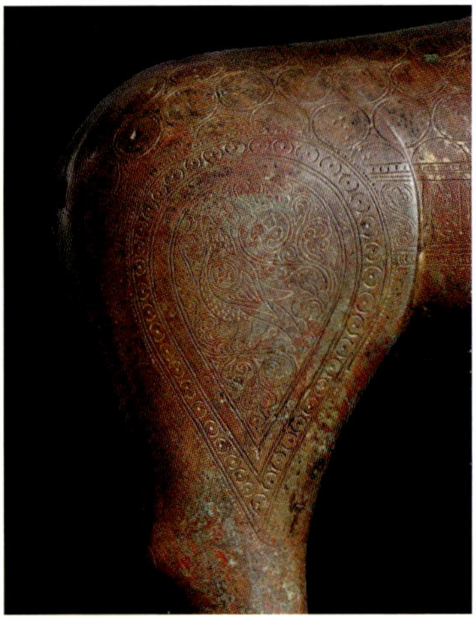

The highly stylised head has staring, wide-open eyes and nostrils of a more realistic character. The jaws, snout and ears must have been originally inlaid with another material such as enamel or ivory. The small square elements placed at regular intervals around the neck indicate the channels through which the metal was cast. They may also have allowed an ornament to be attached. The all-over decoration is cold engraved in accordance with a syntax characteristic of the arts of Islam. The mane is worked in stylised locks and the back with arabesques imitating the pattern of a saddle blanket.

The inscription in flowery kufic script, known as *du'a* (دعاء) is a classic blessing in Arabic:

نعمة وبركة وعافية
وسلامة وسعادة ويمن
وكرامة وبقا لصاحبه

Grace, blessing and well-being
Peace, happiness and prosperity
Dignity and long life to the owner.

The body bears marks probably caused by musket balls. The hips, emphasised by shield-like cartouches, are decorated with animals against a ground of stylised plant motifs, a griffin on the front legs and a parrot and a bird of prey on the rear legs.

"Mari-Cha" lion
Spain or southern Italy
1000–1200
H. 73 cm; bronze
LOUVRE ABU DHABI

From the time of the Carolingian era (8th–9th centuries), contacts between the Islamic world and the Latin West were fuelled by rivalry and trade alike. Military confrontation coexisted with maritime links, cultural and commercial contact, the study and translation of scientific and philosophical texts, and, from the 13th century on, the teaching of Eastern languages in Europe. While the exchange of ambassadors, as in the legendary case of Harun al-Rashid and Charlemagne, fired the imagination of chroniclers, the faraway East constituted a veritable treasure trove for the Western medieval imagination.

FROM EAST TO WEST ATTRACTION AND RIVALRY

ABOVE AND BEYOND the armed conflict, the period of the Crusades and the founding of short-lived Frankish states in the Levant took tangible form in increased trade between the Latin West and the Islamic East. Pilgrimages to the Holy Places, especially Jerusalem, gave new impetus to the veneration and traffic of relics. Many Islamic objects regarded as precious were taken back to Europe for use in palaces or places of worship. Fabrics, enamelled glassware and objects made of rock crystal were thus found in religious contexts as far afield as England and Sweden. The movement of luxury articles was often accompanied by a change in usage or status from secular to religious, but also by an adoption of themes or forms, as in the case of confronted animals, calligraphy or *albarello* medicinal jars.

The prestige and influence of Syro-Egyptian workshops for objects made from metal and glass stretched all the way from Yemen to Europe. Commissions were placed with those in the Near East, with the Latin sovereigns of Cyprus serving for a time as intermediaries. Rare surviving specimens are evidence of diplomatic relations between the House of Lusignan on Cyprus, the last Christian stronghold in the eastern Mediterranean after the fall of Acre in 1291, and the Mamluk dynasty in power in Egypt, Syria and Palestine (1250–1517).

From the 12th century, the combination of the rapid growth of the ports and capital cities in the Islamic world with the development of Italian and then Catalan maritime trading companies provided essential links for the commerce of silk, pearls, spices, jewels and other goods from the East. The 14th century saw the start of large-scale production of articles for export to Europe in the Islamic world, among which the ceramics and carpets, as seen in the works of northern European and Italian painters, appear to have been exported in great quantities.

1

A "ROYAL" COMMISSION

This basin with a bilingual inscription reveals the relations between Christian and Muslim sovereigns around the Mediterranean. It was apparently made for Hugh IV of Cyprus. Despite the loss of their possessions in Palestine, the House of Lusignan continued to regard itself as king of Jerusalem, as shown by the escutcheons on the outside of the basin and the French inscription in Gothic lettering on the rim: *Most high and mighty King Hugh of Jerusalem and Cyprus, may God preserve him*. The Arabic inscription in thuluth script on the outer wall reads as follows: *Made by order of Hugh, the favoured [of God], who rides in the vanguard of the elite troops of the Frankish kings, Hugh of Lusignan*.

GOLDEN GLEAMS

Over the centuries, the technique of metallic glazing spread from Baghdad and Samarra, centres of Abbasid power, to the western and eastern areas of the Islamic world along a route that followed the course of Islamic expansion, stretching from Iran to the Christian West by way of Egypt and North Africa. From the middle of the 15th century, this type of prestige vessel played a key part in the transformation of Western taste. Apart from the transfer of the technique, lustreware became a direct competitor to European prestige metalwork, ceramics having previously been confined to a less affluent clientele and to kitchen utensils.

2

THE TRADE IN RELICS

This casket from the treasure of the Cathedral of Moûtiers-en-Tarentaise in Savoy was probably used as a reliquary. Fitted with a precious casing of gilded silver typical of northern French metalwork around 1200–10, it was actually created for another purpose in Fatimid Egypt during the 10th century. The panels of rock crystal engraved with confronted animals, characteristic of Islamic art, are adapted here to the Christian cult of relics and the religious changes of the early 1200s, which stressed greater closeness of the faithful to God. The translucent material enabled worshippers to see the object of their devotion. Like the stamped frieze on the base, the convex, oval rock crystal on the lid is a late 19th-century addition.

3

4

NOMADIC OBJECTS, ARTICLES PUT TO NEW USES

This chalice combines elements of metalwork with a vessel of Fatimid rock crystal originally used for secular purposes but now transformed into an object of the Christian liturgy. It reveals the fascination felt since Antiquity for rock crystal, which was described by Pliny the Elder as "permanently frozen water" and attributed with esoteric properties by the Fatimid dynasty of Egypt (969–1171), renowned for their objects of luxury. With the founding of the Frankish states in the Levant, specimens from Egypt arrived in the West. Preserved in medieval treasures, they are among the earliest examples of objects connecting the Islamic and Latin worlds.

1.
Basin inscribed with the name of Hugh of Lusignan, king of Cyprus
Syria or Egypt
1324–59
Diam. 57.5 cm; copper alloy with decoration in silver and organic matter
MUSÉE DU LOUVRE

2.
Footed bowl decorated with an eagle
Spain, workshop in Manises or Paterna
1400–50
Diam. 48 cm; lustre-decorated faience
CITÉ DE LA CÉRAMIQUE – SÈVRES & LIMOGES

3.
Reliquary casket made with Fatimid rock crystal plaques
Northern France (mounting) and Egypt (crystal plaques)
1200–10
H. 11.3, W. 14.8 cm; silver gilt, rock crystal, precious stones, ivory
MUSÉE NATIONAL DU MOYEN ÂGE – THERMES DE CLUNY

4.
Chalice carved from Fatimid rock crystal
Egypt (foot), Meuse (cup), Paris (mounting)
c. 1100 (foot), 1225–50 (cup), c. 1600 (mounting)
H. 21.8 cm; rock crystal, silver gilt
MUSÉE DU LOUVRE

The art of the medieval West is generally marked by its religious dimension and an attachment to the representation of the human figure inherited from Graeco-Roman Antiquity. Through a number of secular and everyday objects, it also developed and transmitted an ideal image of chivalry as warlike and courteous. The tapestries, illuminated manuscripts, devotional panels, portraits, ivory caskets and mirrors, aquamaniles and jewellery commissioned by the ruling classes all proclaimed the client's status and the glory of the realm. Models, techniques and influences were all bound up in a vast exchange of forms and iconography that fueled formal variety and endowed the whole of the Christian West with cultural unity from the eastern banks of the Mediterranean to the urban centres of northern and central Italy.

CHRISTIAN CHIVALRY AND THE ART OF THE COURT

DIVIDED in accordance with an immutable and intangible hierarchy of divine origin into the three orders of those who pray, those who fight and those who work, Western and Christian society appears to have been highly codified. The privileged members of the first two orders – ecclesiastical prelates and nobles – sought to commission and display articles demonstrating their rank. Though largely linked with the religious sphere, artistic production also developed secular subjects expressing the codes of the powerful. They pursued an ideal of warlike and gallant chivalry based on piety, justice and bravery that manifested itself socially in the appearance of knightly confraternities like the renowned Order of the Golden Fleece. In many princely capitals and courts, rulers and nobles were personally involved in major programmes of creation that they also financed, thus vigorously asserting the legitimacy of their power. The patronage cultivated in the kingdom of France and the duchy of Burgundy was stimulated by the rivalry between their princes, which in turn prompted the growth of workshops, above all in Paris and the towns of Flanders. The gradual growth of a society reaping the fruits of rapid economic development led to the proliferation of private donors and the rise to power of the secular world. In palaces of highly innovative architectural form, patrons surrounded themselves with established artists, whose fame now counted for as much as their talent. With them and through a vision of the world shared with other societies, the courtly art of the West underwent gradual hybridisation in its techniques and motifs.

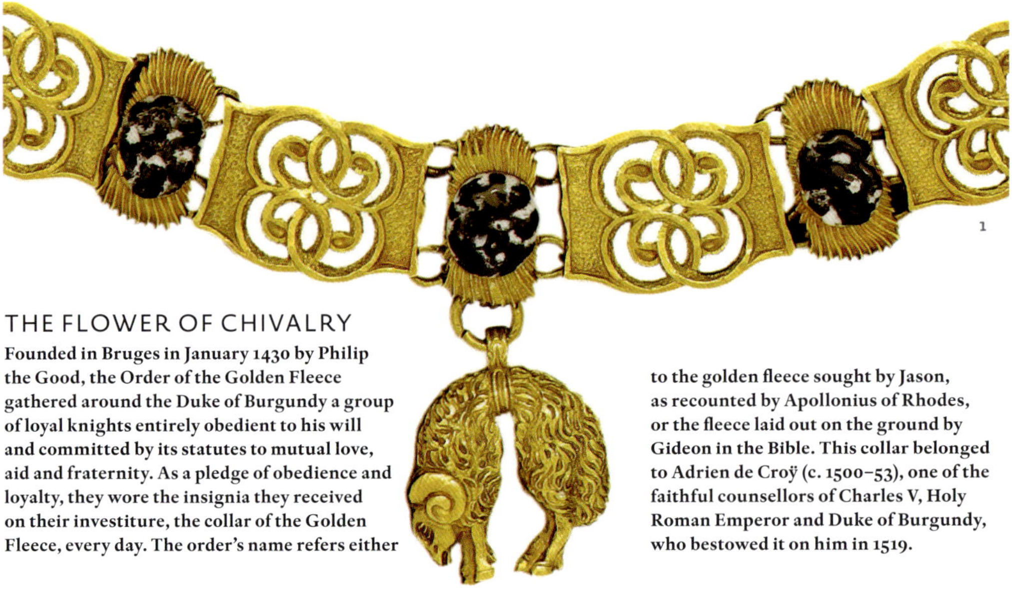

1

THE FLOWER OF CHIVALRY

Founded in Bruges in January 1430 by Philip the Good, the Order of the Golden Fleece gathered around the Duke of Burgundy a group of loyal knights entirely obedient to his will and committed by its statutes to mutual love, aid and fraternity. As a pledge of obedience and loyalty, they wore the insignia they received on their investiture, the collar of the Golden Fleece, every day. The order's name refers either to the golden fleece sought by Jason, as recounted by Apollonius of Rhodes, or the fleece laid out on the ground by Gideon in the Bible. This collar belonged to Adrien de Croÿ (c. 1500–53), one of the faithful counsellors of Charles V, Holy Roman Emperor and Duke of Burgundy, who bestowed it on him in 1519.

2

TAPESTRY, A PORTABLE INTERIOR DECOR

This tapestry illustrates an episode from the Bible. On the right, the prophet Daniel stops the army of Nebuchadnezzar from massacring the sages of Babylon. On the left, he listens as Nebuchadnezzar recounts his dream of an idol with feet of clay. The decorative motifs, costumes and representations characteristic of the early Renaissance can be seen in this subject of religious inspiration. In domestic use, tapestries served to insulate the walls from the cold and constituted a colourful decor that was quick to install and easy to transport. Like the carpets imported from the East, they circulated throughout Europe.

3

NOBLE DISTINCTIONS

In this princely portrait, Jean le Belliqueux, Duke of Cleves and nephew of Philip the Good, Duke of Burgundy, wears the collar of the Order of the Golden Fleece as the sole mark of his rank and temporal power. Elevated by this insignia to the highest sphere of European nobility, he wished to present himself in sober and elegant dignity. Rogier Van der Weyden (1400–1464), official portrait painter to the dukes of Burgundy, was renowned for the representation of aristocratic virtues, as attested by this portrait, which was probably produced in his workshop.

1.
Collar of the Order of the Golden Fleece
Flanders (today northern France, Belgium and the Netherlands)
1500–1600
L. 118 cm; gold and enamel
LOUVRE ABU DHABI

2.
Tapestry of Daniel and Nebuchadnezzar
Southern Netherlands
c. 1520
W. 347 cm; wool, silk
MUSÉE NATIONAL DU MOYEN ÂGE – THERMES DE CLUNY

3.
Portrait of the Duke of Cleves, Knight of the Order of the Golden Fleece
Belgium, workshop of Rogier van der Weyden (?)
After 1451
H. 49, W. 31 cm; oil on panel
MUSÉE DU LOUVRE

VASSAL OF THE HEART

Produced in the Levante workshop during the 1540s, this dish is rare for its figurative decoration. In a flowery meadow, a lady holds a bow with which she has just shot an arrow into the throat of a smaller-sized man with crossed legs. Probably made for a specific commission, this unique scene demonstrates the survival well into the Renaissance of the feudal ideal of courtly love, in which the relationship between men and women rests on principles of chivalry, so that the knight is the vassal or servant of his lady.

4

THE LADY WITH A FALCON

Mirror cases decorated with scenes from courtly literature were often given as presents by lovers and enjoyed great popularity with ladies of the court in the 14th century. Here we see four figures riding in a wood: a gentleman with a falcon on his wrist, apparently embracing a lady who feeds another hawk, a servant blowing a horn and a young woman holding a lure slightly in front. The combination of the themes of the lovers' ride and the hunting party with falcons was one of the commonest metaphors of amorous pursuit in medieval texts.

5

6

IN THE EASTERN FASHION

Bearing the heraldic decoration of an escutcheon with a gold eagle, this dish is typical of the lustreware produced in Manises near Valencia. A major invention of Muslim craftsmen in Iraq during the 9th century, lustreware was highly prized by the Christian princes of Spain in contact with the Islamic civilisation. The region of Valencia became an important centre of production in the 14th century and supplied the European courts, especially in Italy, with an abundance of these luxury articles.

FROM THE EAST TO LIMOGES

The bowls for washing the hands known as gemellions were traditionally made in pairs, one with a spout so that water could be poured out of it and over the hands into the other. This one presents interior decoration composed almost exclusively of escutcheons but with no real heraldic meaning. As in the great majority of such cases, it is simply a decorative motif responding to the marked taste of the time for armorial bearings. Produced in Limoges all through the second half of the 13th century, these basins of chased enamel were probably based on a model taken back from the East by crusaders.

7

THOSE WHO PRAY

A representative work of the sculpture in Paris during the 1250s, this head of a bishop was originally part of a statue adorning the Cathedral of Notre-Dame de Paris. The image of the bishop, identifiable by his mitre, was endorsed by the ecclesiastical authorities to assert his pivotal role in the religious organisation. In the codified vision of medieval society and by virtue of his role in shepherding the flock, the bishop came after the pope in representing "those who pray". The status of this dignitary of God is in this case also conferred by the individualisation of the solemn, hieratic features of his face.

8

4.
Dish decorated with a woman shooting an arrow at a young man
Spain, Manises
c. 1540
Diam. 39 cm; ceramic with lustre painting
MUSÉE DU LOUVRE

5.
Mirror case: hunting with a falcon
France, Paris
1330–50
H. 10, W. 10 cm; ivory
LOUVRE ABU DHABI

6.
Dish decorated with an eagle
Spain, Manises
1450–1500
Diam. 47.5 cm; ceramic with lustre painting
MUSÉE NATIONAL DU MOYEN ÂGE – THERMES DE CLUNY

7.
Emblazoned gemellion
France, Limoges
1250–1300
Diam. 22.5 cm; copper gilt, chased enamel
LOUVRE ABU DHABI

8.
Head of a bishop, from Notre-Dame cathedral
France, Paris
1250–60
H. 32 cm; limestone
MUSÉE NATIONAL DU MOYEN ÂGE – THERMES DE CLUNY

The art of the book, whether illustrated with miniatures or encased in a binding of great quality or both, was one of the most widespread artistic expressions of the medieval period. Scientific, historical and literary works display the many facets of this prestigious form of production that developed in parallel with the growth of literacy, libraries and universities. A tool for the dissemination of knowledge, the book was also a work of art in its own right, with painters, calligraphers and master craftsmen all involved in its creation.

SCHOLARS, PHILOSOPHERS AND POETS

1

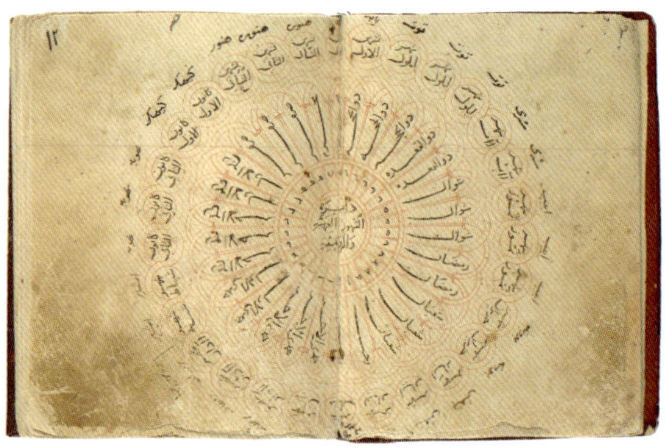

2

A WORK OF PHARMACOPEIA

Of the many scientific works written during Antiquity that were translated, adapted and commented on in Arabic, the *De Materia Medica* (*Khawass al-Ashjar* in its Arabic translation), which was originally written in Greek in the first century by Dioscorides, a physician from Cilicia, is the one that was to have the most influence on Byzantine, Arabic and Western pharmacopeia in medieval times. The work was translated into Arabic on the basis of an initial Syriac translation during the reign of the Abbasid caliph Al-Mutawakkil (r. 847–61) by Istifan ibn Basil (Stephen, son of Basil). As a result, Arabic became the paramount language of science. This page is from a version produced in Baghdad at the beginning of the 13th century. The text here is accompanied by an illustration of a plant but the activities of gathering and the preparation of remedies are also represented.

ASTROLOGY AND ASTRAL FORECASTS

This work concerns the astrologically propitious moments for a whole variety of actions like journeys by land and sea, accession to the throne, waging war, treating illnesses, the education of children, trade, the transfer of property, the construction of buildings, taking purges and visiting the baths. Comprising 79 sheets of text, diagrams and illustrations, it is divided into two sections: "The Choice of Propitious Moments for All Kinds of Actions" and a "Book on the Reliable Way to Read Signs so as to Deduce Unspoken Thoughts". Produced at the court of the last Abbasid caliph Al-Musta'sim (1213–1258) probably for one of his sons, as stated in the dedication, the manual bears witness to the close links between astrology and astronomy in the medieval period.

3

THE ART OF HUNTING

Gaston Fébus, Count of Foix and Viscount of Béarn (1333–1391), wrote his *Livre de la chasse* on the basis of personal experience. Inspired by *De Arte Venandi cum Avibus*, the treatise on falconry written by the Hohenstaufen emperor Frederick II in the mid-13th century, this realistic description of the art of hunting expresses the passion of the aristocratic elite for an activity that was their exclusive prerogative. Richly illustrated with twenty-eight realistic miniatures, the book is a compendium of the knowledge of the time.

COURTLY LOVE

The *Roman de la Rose* ("Romance of the Rose"), a work of 22,000 verses written around 1230 by Guillaume de Lorris and then completed around 1280 by Jean de Meung, is the most remarkable example of the courtly literature that appeared in princely courts from the beginning of the 12th century. The manuscript relates the allegorical dream of the relationship between a young man, the Lover, and a young woman, the Rose. It is one of the 300 copies that have survived to the present day. This highly codified literature draws upon sources from Antiquity, Celtic legends and Occitan lyricism. Its popularity was such that the *Roman de la Rose* became the work most read in France for nearly three centuries and no self-respecting bibliophile or scholar could fail to have read it or at least to have a copy in his library.

4

5

A WOMAN OF LETTERS

This chronicle of the Babylonian kings written in the 4th century BCE, translated into French and richly illuminated, was given as "a book of love", in the tradition of medieval betrothal gifts, to Anne de Graville, lady-in-waiting to the wife of Francis I of France and the daughter of Louis Malet de Graville, Admiral of France and one of the greatest French bibliophiles of the Renaissance. The work is evidence not only of the intellectual rivalry that spread from Italy through the European courts at the end of the 15th century, but also of the desire of the ruling class, and especially ladies, to make the literature of Antiquity their own through the rediscovery of *humanitas*.

1.
"De materia medica", a pharmacopeia of plants
PEDANIUS DIOSCORIDES
(40–90 CE)
Iraq, Baghdad
Arabic edition, 1200–1300
H. 25, W. 16.8 cm; ink and paint on paper
LOUVRE ABU DHABI

2.
Treatise on calendars, a study of astrological calculations
Iraq, Baghdad
c. 1200
H. 24.5, W. 18.1 cm; ink on paper, leather
LOUVRE ABU DHABI

3.
Livre de la chasse (Book of the Hunt)
GASTON FÉBUS
France
1445–50
H. 29, W. 23.5 cm; ink and watercolour on parchment
BIBLIOTHÈQUE NATIONALE DE FRANCE

4.
Roman de la rose (Romance of the Rose, a work of courtly literature)
G. DE LORRIS AND J. DE MEUNG
Illuminator: MASTER OF THE ROMANCE OF THE ROSE OF GENEVA
France, Paris
1352
H. 31.5, W. 24.5 cm; ink on parchment, gold highlights
BIBLIOTHÈQUE NATIONALE DE FRANCE

5.
Chaldean History, chronicle of the kings of Babylon
BEROSUS
(active c. 300 BCE)
France, Paris
Latin edition of 1505
H. 25.4, W. 18.7 cm; ink and gouache on parchment, gold highlights
LOUVRE ABU DHABI

The iconography of the Virgin Mary and the Infant Jesus enjoyed great popularity as a new and intimate image of private devotion from the Byzantine era to the Renaissance. From the 11th to 13th century, Mary was shown enthroned with the Child on her knee as the *sedes sapientiae* or Seat of Wisdom. The figure of the Madonna or Virgin and Child became a central figure in religious iconography in the 13th century. The Christ Child was depicted with the head of an adult to represent divine wisdom. Artists of the late medieval period preferred a more realistic nude or scantily clad Infant Jesus with a chubby body to show the divine mystery incarnate in a child in accordance with their patrons' wishes.

DIVINE GOLD

1

BYZANTINE AND GOTHIC INFLUENCES

The appeal of the icon and its remarkable power as a devotional image gradually led, in the West and Italy in particular, to the replacement of relics with painted works. The reredos made its appearance, accompanied in Italian painting by the theme of the *Maestà*, in which the Mother of God, the preferred intercessor of the faithful, plays the central role. This *Virgin and Child*, painted by the Pisan artist Francesco Traini (active 1321–65) as a panel of a now dismantled polyptych, also demonstrates the attachment to the Byzantine legacy – the gold background, subject and composition – and to the birth of the new Gothic influence spread by the Sienese School in the first half of the 14th century. A very fluid line is thus combined with volumes of great concision, while the taste for precious detail, the richness of the colours and the subtlety of the modelling contribute to a new form of representation imbued with emotion. The work encapsulates all the characteristics of the great revolution initiated by the Italian Primitives that heralded the Renaissance.

A MADONNA ON A BLACK BACKGROUND

Probably dating from the early 1480s, this work is very representative of the early Venetian Renaissance and the art of Giovanni Bellini (1430–1516). The technique of oil painting was at the time an innovation that distinguished Venice from the other centres of Italian art. Among the many depictions of the Madonna and Child painted by the artist throughout his life, this one is characterised by the elegance of the gestures, the graceful faces, the strength of the colouring and the exceptional finesse of the drawing and modelling. The intensity of colour is accentuated by the use of a monochrome black background rather than the usual landscape, something rare for Bellini. The Virgin is shown with her hands joined in prayer before her son. The Christ Child sits on his mother's red mantle, the colour of the Passion but also of her love for him. His right hand rests on a book, which symbolises the Holy Scriptures and thus his destiny already written.

2

3

THE VIRGIN OF TENDERNESS

This *Panagia Glykophilousa*, Virgin of the Sweet Kiss, is connected with the great Marian icon of the Virgin of Tenderness and attests the vitality of icon painting in the Venetian colony of Crete around 1500. Mary is shown on a gold background suggesting divine radiance, with a red veil over her head and shoulders, and three stars symbolising her virginity on her face and shoulders. The presence of the two angels in the upper section, their hands concealed in prayer, is frequent in Cretan models based on forms inherited from the Palaiologos dynasty (sense of movement, emotion and contrasting light) while developing new characteristics of their own, such as fine draughtsmanship, the tender expression of the Virgin and subtle use of white highlights on prominent parts of the body. The decorative element of halos executed with a punch is instead based on Italian Renaissance models that circulated through Venice.

1.
Virgin and Child
Francesco Traini
Italy
c. 1325
H. 67.5, W. 56 cm; tempera on wood panel
LOUVRE ABU DHABI

2.
Virgin and Child
Giovanni Bellini
Italy, Venice
1480–85
H. 109, W. 85 cm; oil on wood panel
LOUVRE ABU DHABI

3.
Virgin and Child, called the *Virgin of Tenderness*
Greece, Crete
c. 1500
H. 47, W. 37 cm; oil on wood panel
MUSÉE DU LOUVRE

After the arrival of peoples from Asia around 50,000 BCE, original civilisations developed in the Americas in isolation from other continents. Despite their diversity, the styles and forms created by Amerindian civilisations over the centuries all reveal the close links between art and religion. The importance of the human, animal or hybrid figure attests the existence of a common cosmology filtered through the rich mythology and cultural specificity peculiar to each region. The European conquest at the end of the 15th century disrupted the lives of these peoples irrevocably. Although European aesthetic criteria were asserted, the indigenous or mixed-race artists invented an art that still bears traces of ancestral Amerindian traditions and conceptions beneath the foreign codes.

THE ART OF THE AMERICAS

RELIGIOUS IMAGES are omnipresent in Mesoamerica, a cultural area stretching from Mexico to Costa Rica. Used in the many rites of the numerous cults, they have been found not only in temples but also in caves, mountains, lakes, houses and other places considered sacred.

On their arrival, the Spaniards were struck by the highly developed ritualism of this people, whose daily life was ruled by the calendar in all its aspects, thus giving rise to a great diversity of representations. While the carving techniques used remained very simple, the artists attained great sophistication in their compositions and the naturalistic rendering of details.

The vast majority of the works are anthropomorphic, the divinities being primarily anthropomorphic, zoomorphic or hybrid. The attributes adorning their headdresses and clothes or held in their hands proclaim the nature, character and powers of the figures within a complex cosmography, in which each being has a clearly defined place. Sculptures were regarded as vessels of the divine. Once completed, they were subjected to rituals to imbue them with the divine presence, during which they were venerated and also fed. Their power was such that some peoples stole them from their enemies as trophies of war, for example, the Aztecs, who kept them in a special temple in the ritual enclosure in the heart of their cities.

Sculpture and ceramics were also facets of a courtly art for the ruling class, as shown by the many objects found in tombs in the cities of the Maya. The ceramics in particular denote the life of cultured societies living in well-ordered and luxurious environments.

1

AZTEC VIRTUES

The Mexica or Aztecs were a people of nomadic hunter-gatherers that left the deserts of northern Mexico to settle in the Valley of Mexico around 1325. There they founded the city of Tenochtitlan, which was to become the capital of a powerful empire in the space of a century. The Aztecs portrayed themselves in works of carved stone made to adorn their many temples and sacred places. This strong, slim young man probably represents the ideal of male physical beauty but also the ethical model of a humble, unassuming, hard-working youth courageous and daring in war.

2

SECRETS OF THE TOMBS

This female sculpture from the state of Nayarit in western Mexico belongs to what is known as the shaft tomb culture. Even though most of the artistic production of the area appears to come from burial contexts, the gestures and details of the various figures represented also provide information about the life of these communities and above all their rituals. The clothes and jewellery of the small figure, shown with a vase in her hands, are precisely captured.

FEMALE TATTOOS

The Casas Grandes culture that developed in the north of Mexico played an important role as an intermediary between Mesoamerica and the Pueblo cultures in the south of the present-day United States. Once again, anthropomorphic sculptures occupied a central place in the artistic production. As shown by this work, artists took care to emphasize the sexual attributes of the figures.

3

4

A SHAMANIC THRONE

This ceremonial throne is an object of prestige characteristic of the cultures of Central America. It was probably reserved for chiefs and shamans, whose ritual functions were essential to ensure the cohesion of the group. The iconography appears to represent the stylised head of a caiman, a dangerous animal living in the area, and probably suggests the shaman's ability to turn into an animal during a trance so as to acquire its powers. It combines human elements like the ears with features characteristic of caimans, like the round eyes and the sharp fangs represented by a zigzag line.

ROYAL SCENE ON PAINTED CERAMIC

The Mayan civilisation developed in southern Mexico and north-west Honduras, reaching its peak between the 3rd and the 8th centuries. Several city states vied with one another over a vast territory but shared a common courtly art designed to legitimise the power of the ruling classes by keeping the memory of their deeds alive or referring to mythical episodes. The ruler is shown in a large plumed headdress sitting on a bench covered with a jaguar skin and bearing an image of the personification of lightning and royal power on his breast. This scene is characteristic of the representations of the payment of tribute by subject cities. Pottery was one of the most commonly used media for the writing developed by the Maya.

5

1.
Statue of a young man
Mexico, Basin of Mexico
1325–1521
H. 65 cm;
volcanic stone
MUSÉE DU QUAI BRANLY – JACQUES CHIRAC

2.
Seated female figure holding a bowl
Mexico
100 BCE–600 CE
H. 34.5 cm;
painted ceramic
MUSÉE DU QUAI BRANLY – JACQUES CHIRAC

3.
Vessel decorated with a tattooed woman
Mexico
700–1500
H. 18.5 cm;
painted ceramic
MUSÉE DU QUAI BRANLY – JACQUES CHIRAC

4.
Ceremonial seat with a caiman
Costa Rica
1200–1520
H. 30 cm;
volcanic stone
MUSÉE DU QUAI BRANLY – JACQUES CHIRAC

5.
Container for chocolate decorated with a court scene
Guatemala
600–900
Diam. 18 cm;
painted ceramic
MUSÉE DU QUAI BRANLY – JACQUES CHIRAC

Pottery appeared in the Andes in 1800 BCE and became, together with textiles, an essential support for the dissemination of a rich iconography and mythology. Most of the decorated ceramic items were found as grave goods in the tombs of the ruling class, even though some do bear traces of use. Representations of supernatural beings, ancestors, warriors and, more rarely, women are all found on vessels of simple shape, presenting a culture with beliefs focusing on agricultural fertility and the forces of nature on which its fate depended.

COMMUNICATING WITH THE SPIRITS

BETWEEN the 3rd century BCE and the 1st CE, the installation of intensive irrigation systems made agriculture and the growing of various crops possible in formerly barren areas. Despite their lack of a system of writing, the Andean cultures produced a vast quantity of decorated pottery documenting their beliefs and activities as well as scenes of hunting and rituals. This ceramic art is distinguished in particular by an interest in the individual extending to the production of authentic portraits, something unparalleled in pre-Hispanic Andean art. Various subjects are tackled in these complex iconographies, especially the themes of ritual execution, predation and shamanism. Ritual sacrifice appears to have had a long history in the central Andes, beginning in the pre-ceramic era before 1800 BCE and continuing up to the Inca civilisation (1450–1532 CE). Various cultures appear to have engaged in ritual war serving to capture prisoners for sacrificial purposes, as the iconography suggests. Shamanic practices, which were widespread all over the continent, are also a marked presence in the iconography. The ceramics show male shamans with the power to intercede between different worlds and beings in order to enlighten or preserve the community.

1

2

THE ART OF THE SHAMAN

This two-part vessel shows a feline pouncing on a warrior, whose high rank is suggested by the details of his apparel. The meaning of this iconography remains unclear. It could illustrate the treatment meted out to prisoners and sacrificial practices or be a symbolic representation of the death of a high-ranking figure or the process whereby a deceased person becomes an ancestor.

THE POWER OF NOCTURNAL CREATURES

The numerous animal images illustrate the fauna of all the natural environments known to the Moche, comprising river valley, ocean, tropical forest, desert and highland. They display various degrees of stylisation, the animals sometimes appearing in a humanised form that suggests the mythical beings and fabulous creatures of the supernatural universe of the Moche culture. After felines, owls are among the animals most frequently represented. These nocturnal birds of prey are often associated with the activities of healers and shamans on account of their exceptional night vision and predatory character.

3

4

PORTRAITURE IN THE MOCHE CULTURE

These typical portraits of the Moche culture depict male heads or full-length figures with varying degrees of anatomical accuracy, with a primary focus on the face and a sometimes striking degree of naturalism. Systematic study of portrait vessels has revealed the same face portrayed on different items. While the use of moulds facilitated the reproduction of a model, the copies are nevertheless not exact replicas as the painted and applied decoration was executed freehand.

5

THE BIRTH OF A HYBRID ART

This vessel in the shape of a flat-bottomed drinking cup was used for libations during various rituals. Its decoration is arranged in three superimposed registers. The principal scene shows two chiefs sitting face to face on either side of an emblem planted in the ground, each beneath a parasol held by a slave. Despite the major social upheavals suffered by the Andean region in the wake of the Spanish conquest launched in 1532, goblets of this type, known as *kero* in the Quechuan language, were produced until the 18th century. The persistence of this tradition demonstrates the continuing strength of its importance in the hybrid new world then taking shape.

1.
Vessel with a feline pouncing on a warrior
Peru
200–700
H. 12.8 cm;
painted ceramic
MUSÉE DU QUAI BRANLY – JACQUES CHIRAC

2.
Owl-shaped stirrup-spout bottle
Peru
100–700
H. 24.5 cm;
painted ceramic
MUSÉE DU QUAI BRANLY – JACQUES CHIRAC

3.
Vessel in the form of a cross-legged man
Peru
100–700
H. 29 cm;
painted ceramic
MUSÉE DU QUAI BRANLY – JACQUES CHIRAC

4.
Stirrup-spout bottle in the form of a man's head
Peru
100–700
H. 18 cm;
painted ceramic
MUSÉE DU QUAI BRANLY – JACQUES CHIRAC

5.
Ceremonial vessel
Peru
1700–1800
H. 18 cm;
painted wood
MUSÉE DU QUAI BRANLY – JACQUES CHIRAC

COSMOGRAPHIES

Man travelled around the world for the first time in the 15th century. With the voyages of the Morrocan Ibn Battuta, the great maritime expeditions of the Chinese Zheng He, the Genoese Christopher Columbus and the Portuguese Vasco da Gama, direct connections were established between lands once separated from one another. Previously unknown or known only through travellers' tales, these places now interacted and civilisations whose relations were once confined to proximity gradually entered a worldwide system of trade. The great expeditions were made possible by unprecedented scientific and technological advances, such as the development of mathematics, the building of fast, lightweight vessels like the caravel, and the creation of navigational instruments like the astrolabe, portolan charts and plans for mapping every part of the world. Printing, as invented by Gutenberg in Germany around 1450, played an essential role in the dissemination of knowledge. Accounts of voyages and discoveries were published and enjoyed success also outside of aristocratic courts and intellectual circles. While the meeting of different worlds sometimes gave rise to incomprehension, it also aroused wonder and great curiosity about distant horizons. In Europe, princes, scholars and lovers of science collected exotic objects and hybrid articles brought back by the new international trade in cabinets of curiosities. Arising out of the questions about other peoples and lands and the meaning of the universe that were prompted by the circumnavigation of the globe, these miscellaneous collections were the first stage in the process that led to the universal museum.

In medieval times, various Arab thinkers ensured the continuity of the legacy of ancient knowledge, study of which underlay the discoveries that preceded the "modern" science developed by Europeans from the 15th century. Characterised by a mathematical approach that proved essential for the knowledge of the period as a whole, and stimulated by contacts around the world, this development crucially altered the course of world history.

THE MATHEMATISATION OF THE WORLD

THE GRAECO-ROMAN WORLD was regarded by the Islamic world as a storehouse of accumulated knowledge to be drawn upon within the boundaries of the Prophet's revelation. Al-Kindi (801–873), Avicenna (Ibn Sina, 980–1037) and Averroes (Ibn Rushd, 1126–1198) were among the great Arab thinkers that initiated the rediscovery of the writings of Plato and Aristotle, which they translated into Arabic and accompanied with commentaries. These developments came about in the context of a renewal of metaphysics focused in particular on mathematics, which embodied the abstraction sought by religious thought. The transmission to the West of the discoveries made by the Pythagoreans and Euclid was the work of Arab scholars. After the Arabs lost Toledo in 1085, renowned translators continued to work there under the enlightened protection of the French bishop Raymond de Sauvetat. It was there that the Italian Gerard of Cremona made the first ever translations from Arabic to Latin of seventy-one fundamental works, including the *Physics* and *Posterior Analytics* of Aristotle, *On Regimen in Acute Diseases* by Hippocrates, Avicenna's *Canon* and Ptolemy's *Almagest*, the most complex astronomical treatise of Antiquity. In medieval Europe, where the classical tradition had been built up within the orthodoxy of the Church, the circulation of ancient texts calling a certain number of religious dogmas into question gave rise to an unprecedented theological debate, fostering a Neoplatonic conception of ancient thought that paved the way for the Renaissance. Besides transmitting ancient knowledge to the West, the Islamic world benefited from its geographical position to be able to propose a major advance in mathematics. In the 9th century the Arabs adopted algebra and the Hindu numeral system, both of which had originated in India. The ancient mathematics constructed on a geometrical basis, where each number must correspond to a tangible value illustrated by the natural numbers (1, 2, 3, 4...), was replaced by a more abstract study on an algebraic basis in which numbers are conceptual symbols and can also be negative (-1, -2, -3, etc.). The words "zero" and "algebra" were taken from Arabic: *sifr*, صفر (cipher), meaning "void", which became *zefiro* in Italian, and *al-jabr*, الجبر (algebra), "connection". They entered the European languages in the 11th century following the circulation of the writings of the Persian mathematician Muhammad ibn Mūsā al-Ḵwārizmī.

Progress in mathematics had decisive repercussions on the sciences in general. In astronomy, the rereading of disparate contributions like Ptolemy's *Handy Tables* and the Sanskrit treatise *Surya Siddhanta* (4th–5th century) gave rise to an original tradition that was the source of numerous scientific and technological discoveries. In medicine, focus on the mathematical ratios that govern biology revitalised the ancient tradition and enabled Europe to lay the foundations of a new approach developed in the Arab schools of Salerno and Montpellier.

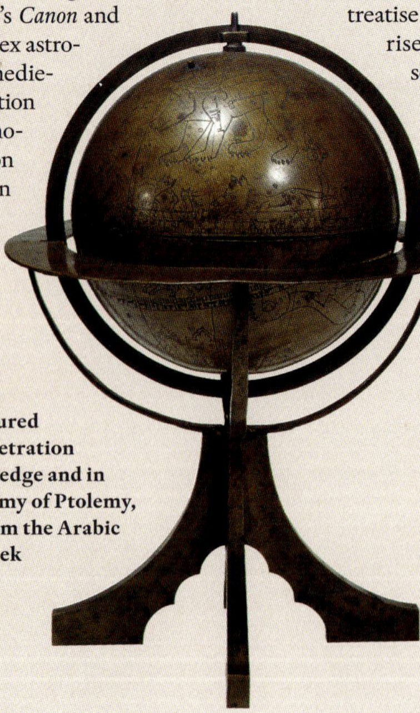

1

CELESTIAL GLOBES

The production of instruments like this Arab celestial globe, manufactured around 1080, demonstrates the penetration of Islamic culture by ancient knowledge and in particular the 2nd-century astronomy of Ptolemy, whose *Almagest*, a name derived from the Arabic *al-Magisṭī*, an adaptation of the Greek Μεγίστη meaning "great" (Great Treatise), established the vision of the Earth as the centre of the universe that lasted until the Copernican revolution.

2

ANTIQUITY RE-EXAMINED

The astronomer Abd al-Rahman al-Sufi was commissioned to write this treatise in 965 by his pupil the Emir Adud al-Dawala of the Buyid dynasty, rulers of a vast area encompassing Iran and Iraq. The ancient legacy is condensed here within the Islamic framework. The Ptolemaic idea of a universe with a perfect form dominated in the centre by the spherical Earth was fully in line with the theology of Islam. The zodiacal constellations are anthropomorphically represented so that the universe is seen as a divine prototype of social relations.

1.
Celestial globe
Morocco (?)
c. 1080
H. 35, Diam. 18.8 cm;
bronze
BIBLIOTHÈQUE NATIONALE DE FRANCE

2.
Book of Fixed Stars
ABD AL-RAHMAN AL-SUFI
1266–67
H. 27, W. 18 cm;
ink on paper
BIBLIOTHÈQUE NATIONALE DE FRANCE

3.
Astrolabe
MUHAMMAD IBN AHMAD AL-BATTUTI
Maghreb
1726–27
Diam. 22 cm; cast and engraved brass, silver nails
LOUVRE ABU DHABI

THE LASTING SUCCESS OF THE ASTROLABE

The astrolabe, which represents the celestial sphere in a flat projection, makes it possible to determine the altitude of heavenly bodies above the horizon. It is a Greek invention and the first known specimens, regarded as the work of Hipparchus of Nicaea, date from the 2nd century BCE. The existence of a 4th-century treatise by Theon of Alexandria enabled the Arabs to adopt this instrument, which penetrated Europe during the invasion of Spain and Sicily. This late specimen (18th century) is demonstrative of the instrument's lasting success.

3

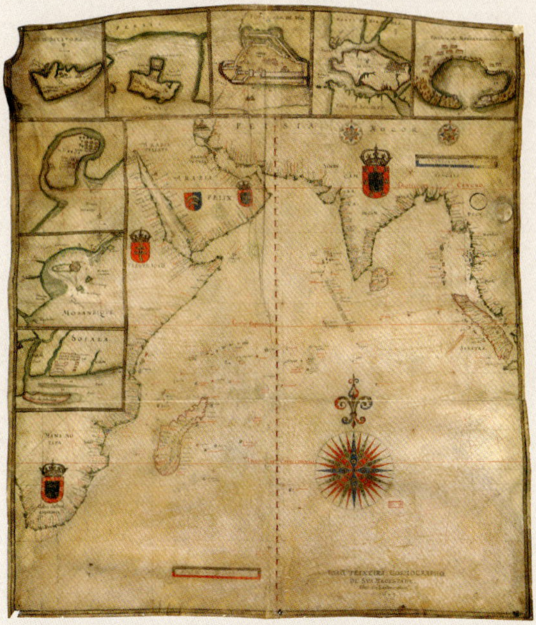

4

DRAWING THE WORLD

The medieval and Arab synthesis of ancient knowledge made possible the development of portolans and portolan charts, invented in Italy during the 13th century, the earliest of which is the *Carta Pisana* now in the Bibliothèque nationale de France. This later specimen (17th century) shows the coasts of the Indian Ocean, then much visited by merchants. Portolans represent the world not as described by theologians but as travelled by merchants of the period, who were more practical and more concerned with the material requirements of voyages.

5

ARITHMETIC AS A WOMAN

Commissioned by the Flemish banker Nicolaas Bjongelinck from painter Frans Floris (1517–1570) of Antwerp, this canvas presents the activities of arithmetic as personified by the seated female figure on the right, whose intellectual attributes are indicated by two books on the ground. One bears the name of the prophet Abraham, regarded by the Roman historian of Jewish origin Flavius Josephus as responsible for the introduction of arithmetic and astronomy into Egypt. These branches of knowledge were then passed to the Greeks, as indicated by the name of Pythagoras on the other book. Finally, the Arab synthesis is indicated by the numbers painted on the edge of the tunic worn by Arithmetic herself. Bankers and merchants, the collectors through whose hands the painting passed, represent the circles in which the knowledge of mathematics was greatest.

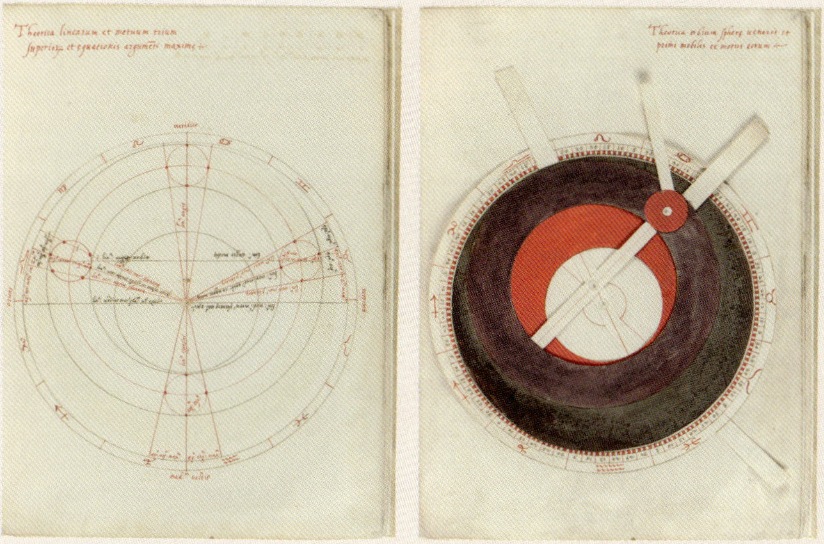

6

A ROUND PLANET

This manuscript is one of the three surviving 16th-century copies of the astronomical theories of Ptolemy (100–168 CE). This compendium of ancient science, founded on observation of the heavenly bodies, calculation and measurement, comprises 55 diagrams, 11 of which are removable. Forgotten in the Middle Ages, Ptolemy's work was rediscovered by the Arab-Muslim world. Contrary to the concurrent theories of medieval Europe, the astronomer of the 2nd century saw the Earth as a round planet and assumed that it was possible to travel all the way round it.

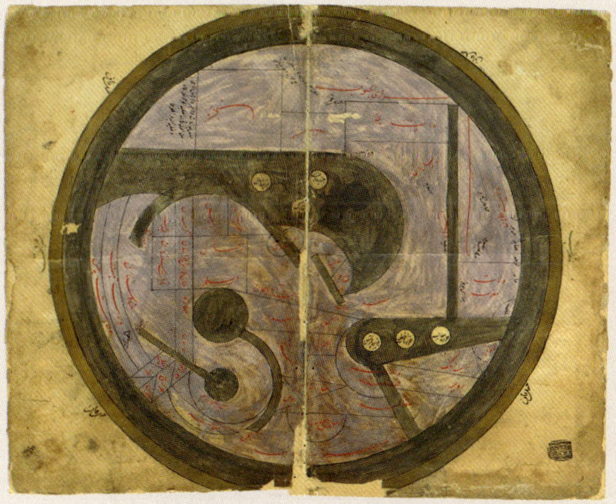

7

A DIFFERENT CENTRE OF THE WORLD

This double sheet from a cartographic manuscript titled *Le Livre des routes et des royaumes* (The Book of Roads and Kingdoms) is deeply indebted to the Ptolemaic view of the world as round. The focal point of commercial and cultural exchange, the Gulf occupies the most important place in this highly geometric representation borrowed from the theological symbolism of Arabic mathematics.

4.
Navigational chart (portolan) of the Indian Ocean
João Teixeira Albernaz
Portugal (?)
1649
H. 84.5, W. 70.5 cm;
ink on parchment
BIBLIOTHÈQUE NATIONALE DE FRANCE

5.
Allegory of Arithmetic
Frans Floris
Belgium, Antwerp
1557
H. 146, W. 250 cm;
oil on canvas
LOUVRE ABU DHABI

6.
Astronomical treatise restating the ancient theories of Ptolemy
Italy, Verona
1580–1600
H. 40.6, W. 29.5 cm;
ink and colours on paper
LOUVRE ABU DHABI

7.
Map of the world
Iraq
1400–1500
H. 27.5, W. 33 cm;
ink and gold on paper
LOUVRE ABU DHABI

Whether in search of better living conditions, rare resources or knowledge of the world, travel is a constant in human life. The scientific and technological discoveries between the 13th and 15th centuries led to a pace of development that had never previously been experienced.

TRAVEL AND EXPLORATION

EXPLORATION, TRAVEL and discovery are not peculiar to the modern world or to the West alone. Knowledge of distant lands is demonstrated in the ancient Mediterranean region by travelogues and portable maps, the most renowned of which is the *Tabula Peutingeriana*, a road map of the Roman empire extending as far as India. Evidence of the extensive trade between peoples in the Middle Ages is provided by the Coptic vessels, cloves from the Maluku Islands, shells from the Indies and garnets from Gujarat found by archaeologists in Merovingian and Carolingian graves. In 1225 Zhao Rugua (1170–1228), a Chinese supervisor of maritime trade and author of a *Description of Barbarian Peoples*, wrote of "*Mu-lan-pi* [Spain] and a thousand other kingdoms beyond the western sea of the Arabs". He also displayed detailed knowledge of Sicily and the Arab possessions in Europe, thus demonstrating the role of mediation between East and West played by the Islamic culture.

The travels of the Chinese explorer Zheng He (1371–1433), who sailed the Indian Ocean in various directions as far as the coasts of Africa in the 15th century, were no less extraordinary than those of the Venetian Marco Polo (1254–1324) a century earlier. The Moroccan Ibn Battuta (1304–1368/77), another of these emblematic travellers, visited sub-Saharan Africa, India and China and conferred scientific dignity on the nascent study of "ethnography" through his accounts. His intellectual approach to the experience of travel was then taken up by the Tunisian Ibn Khaldūn (1332–1406) in his *Muqaddimah* ("Introduction") and *Kitāb al-'Ibār* ("Book of Lessons").

While overland routes had been the primary channel for the circulation of goods and merchandise since Antiquity, technological development then made transport by sea more advantageous. Use of the astrolabe, an Islamic invention, to establish one's position at sea by measuring the height of the stars and to read the time from the position of the stars or sun, was a critical innovation.

In combination with improvements in the techniques of shipbuilding, these instruments enabled the Portuguese Vasco da Gama (1460/69–1524) and the Genoese Christopher Columbus (1450/51–1506) to accomplish unprecedented feats. New types of vessel like the Spanish *nao*, English carrack and Portuguese caravel, guided by nautical charts of ever-greater accuracy and then planispheres and atlases, made it possible to reach present-day Colombia across the Atlantic Ocean in 1492 and to round the Cape of Good Hope in 1497.

Unlike the expeditions led by other peoples, European navigators adopted the role of conquerors and civilisers. Columbus was the first to represent the importance of the "discovery" of America by the resources it held, knowledge of which was diffused widely by the nascent printing industry. Before Europe's "discovery" of Australia in 1606, these travellers gave mankind an initial overall image of the planet.

COSMOPOLITAN SEAS

This image of what is probably an English warship from the Elizabethan period on a dish produced in Iznik in Turkey demonstrates the extent of the trade and reciprocal familiarity between the seafaring peoples of the Ottoman world and Europe. The specimen belongs to a long series in fashion during the 17th century, in which the decorative motifs used by the factories of Iznik were ships of all kinds and provenances that sailed the Mediterranean to the ports of Anatolia.

1

2

GLOBAL KNOWLEDGE

The Venetian cartographer and encyclopaedist Vincenzo Coronelli (1650–1718) made his first globes for the Duke of Parma around 1680. Representing the apex of the geographical skills and knowledge of his time, they earned him such renown that Cardinal d'Estrées, the French ambassador in Rome, commissioned two monumental specimens for Louis XIV. Smaller in size, this globe from the Bibliothèque nationale de France bears all the hallmarks of Coronelli's production, especially his ability to combine the cartographic representation with geographical, political and ethnographic data, demonstrating his interdisciplinary understanding of the modern world.

A WORLD NOT SO NEW

In Brazil between 1637 and 1644, Frans Post (1612–1680) was the first European to paint the landscape of the New World from real life. In this painting of a sugarcane plantation, the artist revitalises the genre of landscape painting by incorporating the exoticism of unknown nature in a revised classical setting. The sombre atmospheric perspective, compositional presentation of sky and land in equal proportions and, general characteristics of the landscape are, however, so influenced by European taste as to suggest the Southern Netherlands. The fact that the subject is a new land is revealed only by a few anecdotal details like the trees and plants on the left, scholastically depicted in accordance with taxonomic descriptions of the time. The stylistic coding is culturally oriented here to the point of showing how the discovery of the new necessitates processes of cultural redefinition of the self in order to achieve pertinent description.

3

1.
Dish decorated with a European ship
Turkey, Iznik
1625–50
Diam. 30 cm; ceramic with painted underglaze decoration
LOUVRE ABU DHABI

2.
Illustrated terrestrial globe
VINCENZO CORONELLI
Italy, Venice
1697
H. 146, Diam. 107 cm; wood, copper, paper, plaster, canvas
BIBLIOTHÈQUE NATIONALE DE FRANCE

3.
The Residence of a Sugarcane Planter in Brazil
FRANS POST
Netherlands, Holland
1650–55
H. 112, W. 146 cm; oil on canvas
MUSÉE DU LOUVREE

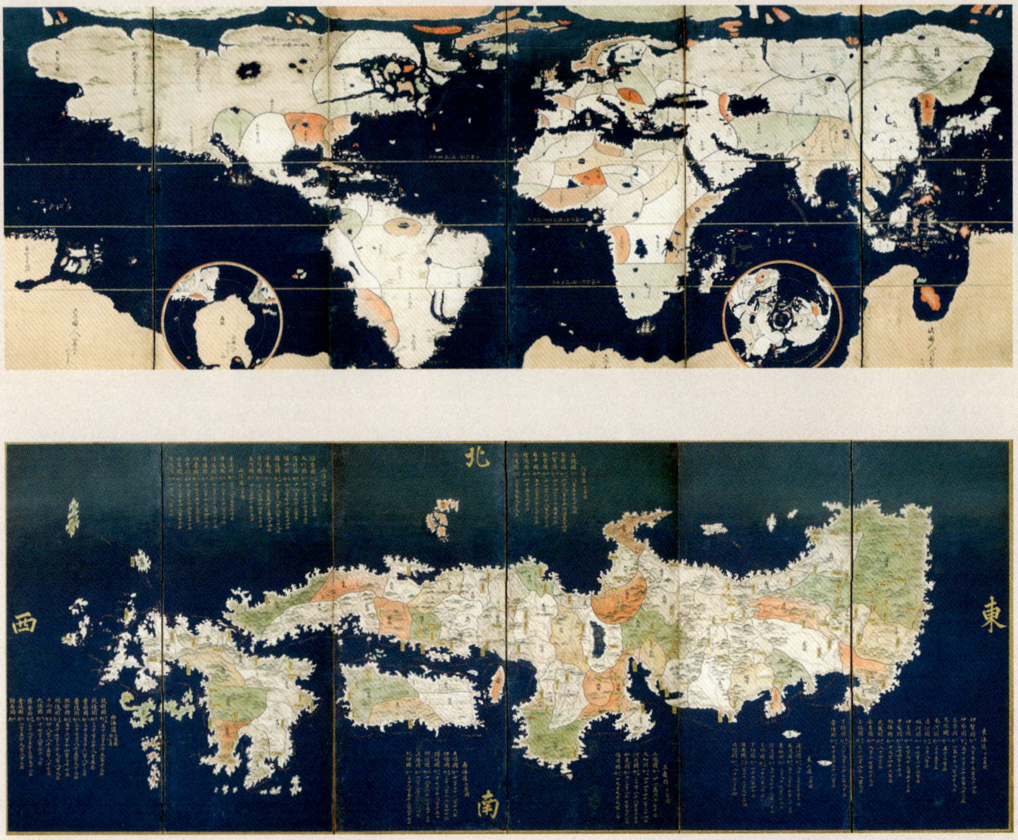

4

JAPAN AND THE WORLD

These folding screens painted in bright colours on an indigo background form maps more than 2.5 metres long. They are indicative of the global circulation of knowledge during the pre-modern era and the fact that Japan had been included in the circuit following the Portuguese and Spanish expansion into Asia and the missionary expeditions of the Jesuits. One screen shows a planisphere, the other the Japanese archipelago. The maps injected innovation into Japanese mapmaking with their adoption of a Western vision of the world. In so doing, they asked the universal question of the place of the individual in a world that was suddenly being opened to new horizons.

5

THE SCIENCE OF MAPMAKING

The discovery of the Americas and hence the new need for a mastery of transoceanic navigation gave rise to crucial developments in cartography. The first planisphere to indicate the New World was the work of Juan de la Cosa, who had sailed with Columbus. It was followed by printed versions, like the Cantino planisphere, produced in Venice or Florence in 1502. This one, dated 1645, by Jean Boisseau (16??–after April 1657) is a far more elaborate example, due to the introduction of mathematical knowledge into the field of cartography.

6

TREATISE ON NAVIGATION

Titled *Useful Information on the Fundamentals and Principles of Nautical Science*, this treatise was written in the 15th century by Ahmad Ibn Mâjid, a member of a seafaring family from old Julfar (present-day Ras Al-Khaimah) in the United Arab Emirates. Its twelve sections address the origin of navigation and its development since the time of Noah, the constellations of the zodiac, the principal stars, navigation around the coasts of the Arabian Peninsula and in the Indian Ocean, typhoons and monsoons. The author discusses the use of the compass, which he calls the "home of the needle". A poet, navigator and cartographer, he is said to have helped Vasco da Gama find the way to the Indies. The Portuguese supposedly made use of his works to sail between the coasts of Africa and India.

4.
Pair of folding screens with maps of Japan and the World
Japan
c. 1690
H. 104.5, W. 267 cm;
ink, colours and gold on paper
LOUVRE ABU DHABI

5.
Mappamondo in two hemispheres
Jean Boisseau
France
1645
H. 120, W. 287 cm;
ink on paper
BIBLIOTHÈQUE NATIONALE DE FRANCE

6.
Navigational treatise: al-Fawâid fi Usûl Ilm al-Bahr wa al-Qawâid
Shihâb al-Dîn Ahmad ibn Mâjid al-Dîn Ahmad
United Arab Emirates, Ras Al-Khaimah
1490
H. 27.5 cm;
ink on paper
BIBLIOTHÈQUE NATIONALE DE FRANCE

Whereas all cultures have shown particular interest in rare or exotic objects, the wonder they arouse constitutes a driving force of knowledge. Unknown objects, which began to be collected from the time of the great expeditions, stimulated the imagination and curiosity about civilisations that appeared on the map of the world.

WONDERS

WELL BEFORE the creation of modern collections, treasure-houses that included gems, works in gold and silver, and precious stones are attested in ancient literature. In the Greek and Roman world, they existed in temples and sometimes in private homes, where they were displayed alongside collections of manuscripts and works of art. Similarly composed, the treasure of the Shōsō-in temple in Nara, which dates back to 751, is one of the oldest and most extraordinary collections to have survived intact. It consists of silks, objects in gold and silver, carpets, musical instruments and glassware brought to Japan along the Silk Roads from a variety of distant places, including Persia, Bactria, India and the rest of Asia.
In the Islamic world, the treasures of the Fatimid dynasty in Cairo and the Safavid in Iran were the most magnificent. While the former were scattered, part of the latter is still preserved in the Central Bank in Teheran. These collections were made up of pieces considered miraculous, which made the existence of God tangible through their extraordinary nature. In Europe, this tradition is attested by the treasures created by Abbot Suger for the Basilica of Saint-Denis, today housed in the Louvre and the Bibliothèque nationale de France, and the treasure of St Januarius in the cathedral of Naples, which is probably the latest manifestation of this kind of collection in Europe.

In 1492, with the arrival of Europeans in America, and in 1543, with the publication of *De revolutionibus orbium coelestium* by the Polish astronomer Copernicus, the West became progressively aware of the breadth of creation and of the fact that knowledge of it was only partial. The discovery of entire continents threw doubt on the capacity of Christian theology to explain the secrets of the world alone and sparked the desire for empirical knowledge. The grounds on which collections were built up were overturned, with greater importance being given to the natural sciences. This development brought about a new type of collection organised on the basis of modern scientific classification.
Italian *studioli*, like that of Francesco I de' Medici (1541–87), and German *Wunderkammer*, of which the one belonging to Emperor Rudolph II (1552–1612) was the largest, were enriched with objects from all over the world in the pursuit of exhaustive knowledge. The first typological divisions into *naturalia*, curiosities of nature, and *artificialia*, produced by man, heralded the categorisation of modern museums. These exercises in classification for encyclopaedic purposes, inspired by the discovery of the new and designed to reproduce the variety of the world in miniature, paved the way for the modern museums.

HYBRID SALT CELLAR

This extraordinary object is a salt cellar, probably commissioned by Portuguese merchants and thus attesting to their activities on the Indies route and to trade between Europe and Africa in the 16th century. Probably produced by craftsmen working for the royal family of Benin, it demonstrates the artistic skill of African workshops as well as the self-glorifying intent of the clients, whose portrait, crowned by a stylised representation of their caravel, constitutes the iconography of the item. An object of great quality, it belongs to the series of products known as Afro-Portuguese or more correctly Luso-African ivories, items highly prized by the merchant elite.

1

WHAT THE IVORY SAYS

This ivory canister tower sculpted by Achilles Hermansreyt belonged to the *Wunderkammer* of the princely German house of Thurn und Taxis. Next to its maker's signature is the inscription HOC OPVS CENTRALE / INGENIO SVO PRIMVS EXTVLIT, which extols his intellectual qualities rather than his manual skill. These items appeared in cabinets of curiosities not only as extraordinary objects but also as tangible evidence of the human ability to defy God with our genius, not least because ivory is a material endowed with great biblical significance as a symbol of purity.

A PERFECT SYNTHESIS

Because of their perfect form, nautilus shells constitute one of the exotic wonders of the animal kingdom, and on which human intervention can achieve a perfect synthesis of *naturalia*, *exotica* and *artificialia*. Brought back from the Maluku Islands in massive quantities by the Dutch as from 1599, they featured in all the cabinets of curiosities. This nautilus shell is worked like a piece of jewellery, with an engraved scene showing two divinities – Bacchus and the bathing Diana – associated with nature and the instincts.

3

4

EL DORADO: BETWEEN MYTH AND REALITY

This gold breastplate is from the Muisca people of eastern Colombia, the region where the legend of El Dorado originated. In *El Carnero*, a description of a journey undertaken in 1636, the writer Juan Rodríguez Freyle described rituals that made massive use of gold. This gave rise to the myth of a civilisation endowed with enormous natural wealth and alchemical knowledge, a belief also fuelled by the biblical reference to Ophir, a land rich in gold and the location of King Solomon's mines. This was in line with the idea that geographical discovery constituted a challenge for the West, predestined for redemption through a return to the earthly paradise. However, the reality engendered by the Eldorado myth was a time of conquest by Spanish soldiers avid for gold.

JAPANESE REFINEMENT

The refined decoration of this small chest sprinkled with gold dust in the *maki-e* technique was practised in Japan in the Momoyama era (1568–1600) and at the start of the Edo period (1600–1868). These objects made from lacquer include inlays of mother-of-pearl and gold paint. Like other *namban* works produced for export, they reflect Western taste and were often based on European prototypes. Such chests, with a rounded lid, were used to store clothes in European homes and ships and were very highly prized.

5

1.
Salt cellar with four Portuguese soldiers and a caravel
Nigeria, ancient kingdom of Benin
c. 1600
H. 26 cm; ivory
MUSÉE DU QUAI BRANLY – JACQUES CHIRAC

2.
Canister tower with its case
Achille Hermansreyt (?)
Central Europe, Holy Roman Empire
1657
H. 64.2 cm; ivory, case in leather and velvet
LOUVRE ABU DHABI

3.
Nautilus shell decorated with mythological scenes
Cornelius van Bellekin
Netherlands
1600–1700
H. 15 cm; nautilus shell, wood, bronze gilt
MUSÉE DU LOUVRE

4.
Pectoral with four toucans' heads
Colombia
1000–1600
Approx. H. 20, W. 20 cm; gold and copper alloy
MUSÉE DU QUAI BRANLY – JACQUES CHIRAC

5.
Casket decorated with animal scenes
Japan
1573–1603
H. 39, W. 67 cm; lacquered and gilded wood, mother-of-pearl, copper gilt
LOUVRE ABU DHABI

A MASTERPIECE
A PAIR OF NAMBAN SCREENS

PORTUGUESE MERCHANTS landed in Japan in 1543 and soon chose the port of Nagasaki as their trading base. Their interest in the archipelago was connected not only with the importation of rare goods but also with their role as mediators between the Spaniards in the Philippines and the regional powers of China and India. The economic and cultural meeting of these worlds gave rise to hybrid objects referred to in Japan as *namban*, from *naban-jin*, "southern barbarians", the disparaging local term for Westerners. First produced in Kyoto around the beginning of the 17th century, these namban screens soon became fashionable for the exoticism of the foreigners depicted. The arrival of these strangely clad, bearded Westerners made a deep impression in Japan, and painted screens like these became typical status symbols for the commercial elite of the port cities.

These two carefully composed items in an excellent state of preservation each present a clear and vivid scene with a vessel, first being loaded at a wharf in an imaginary foreign country, possibly China, and then unloading its cargo in the port of Nagasaki on the west coast of Kyushu, the southernmost of the four main islands of the archipelago.

What country is the setting of the first scene, the beginning of the story? The very particular tiled roofs, verandas with balustrades and rocky outcrops suggest China or Macao, as do the women in Chinese clothing seen in some of the buildings. A group of Portuguese sit on chairs by the wharf around a dignitary protected from the sun by a huge parasol held by a dark-skinned servant squatting behind him. Also visible are strange edifices crowned with a cross and two priests crossing the main square. The commercial voyages of the Portuguese were in fact systematically accompanied by Jesuit missions, as illustrated by the case of Francis Xavier, one of the founders of the Order, who arrived in Japan in 1549.

The captain has gone ashore and is walking down the main street under an enormous parasol of Indian or Indonesian fabric held by a servant. He has already made some purchases and displays his new fan. The artist exaggerates the size of the foreigners and accentuates the width of their trousers, known as *bombacha*. Nor does he forget distinctive characteristics such as large noses, strange headgear, cloaks, white handkerchiefs with frills and pleated collars.

This large vessel is a three-deck carrack, a ship of about 1600 tons, with a large and exotic crew that aroused curiosity and astonishment on its annual visit to Nagasaki. The carrack set sail from Goa on the west coast of India, the centre of Portugal's Asian empire, to trade with Japan and Macao. The cargo of the vessel and its passengers are being transported to land in four small boats, where the curious locals gather in the streets to greet them. Elephant tusks can be seen among the luxury goods for sale to the Japanese, great lovers of exotic articles. The merchants display their wares and courtesans show themselves too, one playing the *shamisen* on a balcony above the water within earshot of the disembarking sailors.

Pair of folding screens showing the arrival of Portuguese merchants in Japan
Japan
c. 1625
H. 171, W. 376.8 cm;
ink, colour and gold on paper
LOUVRE ABU DHABI

WING 3

GALLERY 7

THE WORLD IN PERSPECTIVE

GALLERY 8

AT THE COURT OF THE PRINCE

GALLERY 9

A NEW ART OF LIVING

WING 3
GALLERY 7

THE WORLD IN PERSPECTIVE

The great voyages and discoveries of the 15th century opened up new horizons for societies and offered them a new vision of the world. Maritime channels of trade developed an increasingly complex network around Europe and gradually replaced the old overland routes. After Vasco da Gama opened the way to the Indies in 1498, the great demand for silk and ceramics led to imitations and reinterpretations in places like Manises and Venice, soon followed by Delft. While these trade contacts triggered a process of hybridisation affecting all the continents, Europe went through a phase of authentic cultural effervescence. The influx of Byzantine scholars into Italy after Constantinople fell to the Turks in 1453, and the arrival in the peninsula, especially Florence, of Arab works in the scientific field, especially those of Ibn al-Haytham (Alhazen) on optics, had a major impact on the history of the arts. In the Islamic world, geometry or *handasa* made manifest the mathematical structure of the universe and led to the boundless multiplication of vision. In Europe, it was instead applied to the observer's axis of vision to generate perspective, which was also to become atmospheric with the large-scale adoption of oil paints making it possible to suggest the depth of planes through subtle gradations of colour. This perspective vision of the world at the human level, synonymous with the new humanism, was expressed in the naturalism of representation. Human figuration was no longer solely allegorical or symbolic but sought to capture the individual as such. The pursuit of this aesthetic ideal by artists in ancient works – hence the use of the term *renaissance* or "rebirth" in Europe – also took place in China during the Ming and Qing dynasties, giving rise to a radical renewal of forms. The return to the fountainhead of Chinese art remained a constant for the imperial rulers, who thereby sought to assert their legitimacy, like their counterparts in Europe. This period also saw the artist acquiring new status as an actor in this new representation of the world, upon which he imposed his subjective vision. The names of Leonardo da Vinci, Raphael and Michelangelo became synonymous with absolute genius.

In the arts of Islam, geometry inspires a vision of the world determined by the idea of order, balance, precision and measure. This formal grammar is composed of fundamental forms – the square, circle and triangle – and geometrical constructions – tracery, symmetry and repetition – which, endlessly reiterated and combined with light and colour, transcend ornament and reveal the power of the image to open the way to contemplation.

A GEOMETRICAL AESTHETIC

THE BEGINNING of the 16th century and the growth of the three modern empires that dominated the Islamic world – the Mughal, Safavid and Ottoman – marked a break with the previous periods. While decoration continued to draw on geometry, the motifs and compositions broke away from a strict framework, the curve came to predominate and naturalistic trends took root.

Geometrical patterns, plant motifs and calligraphy all formed part of a mathematical component that underlay the final image with a stress on order, uniqueness and multiplicity. Broken down, reassembled and interwoven in a regular rhythm, the motifs were no longer static, as they had been in Antiquity, but open forms capable of generating other figures, thus paving the way – as in musical theory and poetic versification – for a universe extending endlessly beyond the visual boundaries.

While artists and craftsmen mastered a practical form of geometry empirically and often intuitively, little is known of their relations with scholars and mathematicians, whose contribution was, however, essential to the development of this new formal language. Alhazen (Ibn al-Haytham), the best known of these figures, confirmed the theories of the Greek physician Galen on vision and laid the foundations of an experimental approach. In his *Kitab al-Manazir* or *Book of Optics*, completed around 1027, he showed that light travels in straight lines and explained the principle of reflection and mirrors.

THE RULER AND THE COMPASS

Geometry can be combined with architecture and interior decoration alike, extending the construction through abstract projections. On these doors, the general structure of the pattern is based on a star surrounded by almond-shaped motifs (*lawz*) and streaked rods generating polygons of various sizes. The radiating composition, which proves restful rather than challenging to the eye, extends in an ingenious geometrical pattern that engenders an endless assemblage of motifs in inlaid ivory characteristic of Mamluk decorative art (1250–1517).

1

2

THE LANGUAGE OF SYMMETRY

The mid-16th century marked the beginning of the great decorative programmes in Iznik ceramics. Designed to beautify the interiors of mosques, palaces, mausoleums and sometimes even boats, these tiles are decorated with organic elements that unfurl in geometrical progression. Older forms like the hexagon gave way to the square, making it possible to develop one pattern over a number of tiles.

ORNAMENTAL GEOMETRISM

The carved decoration of this door belongs to an earlier Andalusian tradition from which it is distinguished by its strictly ornamental formal character. A flexible and dilated geometry animated by the fluidity peculiar to the arts of Islam gives way here to cold geometrism, where the general structure and polygonal forms are determined by the prolongation of crosses instead of the classic branching stars of Arab decoration. The technique also differs from that of wood inlaid with mother-of-pearl or ivory, as practised in the Arab-Islamic world.

3

4

THE SAZ STYLE, AN ENCHANTED, COMPOSITE UNIVERSE

The interwoven plant decoration is made up of a central flower in cross-section, based on the lotus, and long serrated leaves from which blossoming branches emerge in spirals. It is characteristic of the Saz style developed around 1530 in the Ottoman imperial workshops. The half-flowers abutting the frame on the four sides suggest endless prolongation, echoing the primary meaning of the Turkish word *saz* as an imaginary forest inhabited by wondrous creatures and animals.

THE RHYTHM OF COLOUR

The decorative motifs of varied origin and inspiration on architectural elements, objects, manuscripts, fabrics and carpets alike reflect the Ottoman taste for rhythm and colour, which reached its peak in Turkey during the 16th century. Subsequent attempts to broaden the chromatic range with turquoise, pink, purple and green led to the birth of the renowned Iznik red, which appears on this tile as the ground for a phytomorphic composition of *rumi* motifs developed out of small stylised leaves in a twisting pattern later known in Europe as arabesques. The phytomorphic arabesques in the decoration are equally structured by symmetry and proportion, convolutions and geometrically ordered growth.

5

1.
Door panels with geometric motifs
Egypt
c. 1500
H. 164.4, W. 32 cm;
wood, ivory
MUSÉE DU LOUVRE

2.
Tiles with lotus flowers and leaves in the Saz style
Turkey, Iznik
1575–80
H. 62.4, W. 62.4 cm;
ceramic with painted underglaze decoration
LOUVRE ABU DHABI

3.
Door with geometric decoration and a coat of arms
Spain, Valencia, Palacio Sorell
c. 1500
H. 207, W. 110 cm;
wood
MUSÉE DU LOUVRE

4.
Panel with lotus flowers and leaves in the Saz style
Turkey, Iznik
1575–80
H. 38, W. 61 cm;
ceramic with painted underglaze decoration
LOUVRE ABU DHABI

5.
Tile with volute decoration on a red ground
Turkey, Iznik
1575–80
H. 15.3, W. 24.4 cm;
ceramic with painted underglaze decoration
LOUVRE ABU DHABI

The European artistic movement known as the Renaissance marked a new way of conceiving and representing the world. Whereas during previous centuries the image had primarily served as a form of mediation for the comprehension of a theological message, with the advent of new humanistic ideas painting became the preferred medium, reflecting knowledge through observation and the meticulous reproduction of reality.

FROM ARAB GEOMETRY TO EUROPEAN PERSPECTIVE

THE INVENTION of perspective, which makes it possible to represent three-dimensional images in two dimensions (the plane), is one of the major achievements of European art. A new desire to "measure" the world led to the development of compositions of geometrically rigorous draughtsmanship. Paradoxically, this European advance, which makes human vision central to the image, is based on the theories of optics developed in the Arab world, where anthropomorphic images are rare and an aesthetic of geometric abstraction predominates. Expounded mainly in the works of Alhazen (Ibn al-Haytham, Basra, 965–Cairo, 1039), these Arab-Muslim theories were already circulating within the restricted world of European academia when the invention of mechanical moveable type printing by Gutenberg led to their dissemination from 1468 on and hence to major advances in the sciences. But while Alhazen saw geometry as reflecting the perfect harmony of divine creation, for European artists it gave vision material form through the vanishing lines of perspective in the composition. It was with this end in mind that the principle of the *camera obscura* was developed. Already conceived by the ancient Greeks and perfected by Alhazen, it became an essential tool to 16th-century scholars and painters in the construction of perspective in their compositions.

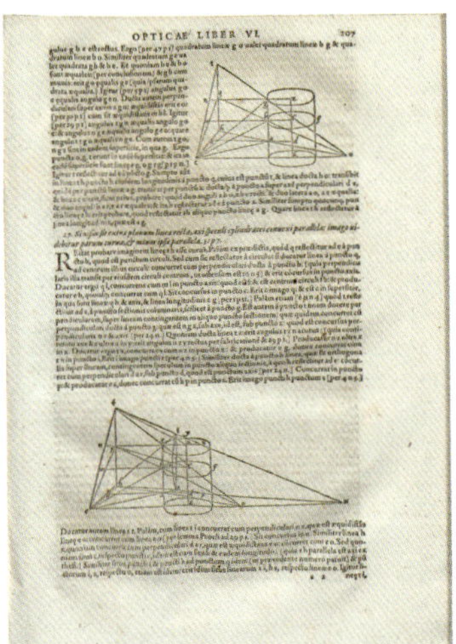
OPTICAE LIBER VI 207

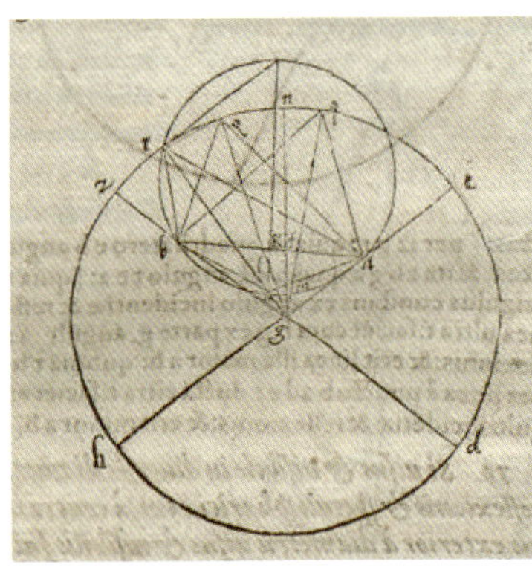

1

LIGHT THAT DRAWS THE WORLD

Written between 1015 and 1021 by the Arab scholar Ibn al-Haytham, known in Europe as Alhazen, the *Book of Optics* is a work in seven volumes addressing various fields of science. Its critical reading of the Aristotelian theories of vision in particular led to crucial advances in the understanding of the physical nature of light, the laws of refraction and the visual process. The author's experimental methods fully entitle him to be regarded as the father of modern optics. In the field of art, his discoveries played a key part in the development of theories of perspective by European artists.

2

3

THE REPRESENTATION OF SPACE

As from the 17th century, tiles representing the Great Mosque of Mecca, *Al-Masjid al-Ḥarām*, were produced in the Ottoman empire for attachment on the Qibla wall in mosques elsewhere so as to make the holy shrine visually present in the prayer space. It is shown in a central layout in accordance with graphic conventions combining elements in plan and elevation. The topography is accurately rendered with the cube-like construction of the Kaaba, Islam's holiest site, in the middle of the open courtyard surrounded by various buildings, gates, holy places (*maqâm*), fountains and minarets.

PERSPECTIVE AND THE EFFECT OF DEPTH

The theories of perspective developed since the 15th century in Italian treatises and widely known in Europe are perfectly illustrated in this work by Dirck Van Delen (1605–1671), a painter of the Dutch Golden Age who specialised in architectural settings and interiors. His buildings draw on the engraved illustrations of Serlio's treatise and the perspective construction of the chequered paving creates a geometrical effect of depth. Despite its striving for naturalism, however, the work is not a faithful reproduction of reality but rather a symbolic composition of an urban landscape with a scene of the human comedy being performed in the foreground.

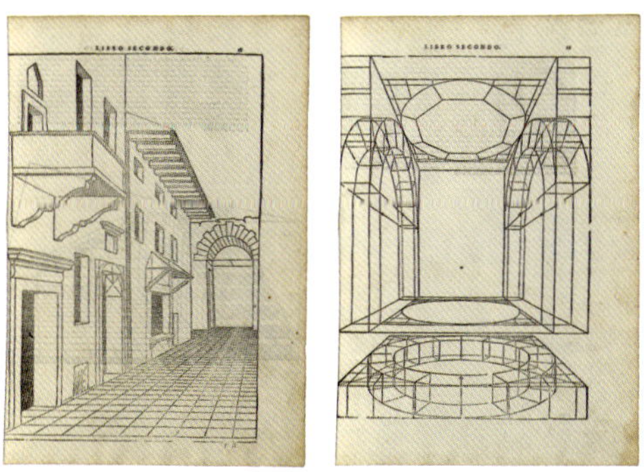

4

THE WORLD ON A PAGE

Serlio's eight-volume *Treatise on Architecture* was for a long time a point of reference for architects and artists alike and enjoyed broad circulation in Europe. It drew on the rules of ancient art as formulated by Vitruvius, whose writings were rediscovered at the beginning of the 15th century. The first and second volumes are devoted to perspective and illustrated with engravings that take up and develop the theories put forward by Leon Battista Alberti in his *De pictura* a few years earlier.

1.
Latin translation of the treatise in Arabic "Kitab Al-Manazir" (Book of Optics)
ALHAZEN
Switzerland, Basel
Latin edition of 1572
H. 30, W. 21 cm;
ink on paper
BIBLIOTHÈQUE NATIONALE DE FRANCE

2.
"Mecca" panel showing the holy mosque Al-Masjid al-Harām
Turkey, Iznik
1650–1700
H. 81, W. 54 cm;
ceramic with underglaze decoration
MUSÉE DU LOUVRE

3.
The Royal-Tennis Players
DIRCK VAN DELEN
Netherlands, Arnemuiden
1628
H. 32, W. 54 cm;
oil on panel
MUSÉE DU LOUVRE

4.
Treatise on architecture "Libro primo d'architettura"
SEBASTIANO SERLIO
Italy, Venice
1560
H. 41.5, W. 21.7 cm;
ink on paper
BIBLIOTHÈQUE NATIONALE DE FRANCE

The return to the principles or forms of Antiquity was regularly taken up by powers that wished to identify with the period considered a golden age. At a time when the great centralised powers were establishing themselves around the globe, many rulers took the empires of the past as models in order to invest their universal ambitions with legitimacy.

THE PAST FOR THE PRESENT

THE RENAISSANCE IN EUROPE was a period of archaeological discoveries and renewed appreciation of ancient art, henceforth regarded as an aesthetic ideal that every artist sought to attain or indeed surpass. The idea of Antiquity became a timeless era of hazy boundaries where Greek and Roman art, jumbled together, laid down the rules of proportion, sobriety and majesty towards which art should strive. The key importance attached to the study and copying of classical works in artistic apprenticeship made Rome the capital of the arts for centuries. Artists quickly departed from the traditional canons of ancient beauty, however, in search of greater humanity and emotion. The initially Italian Renaissance soon became Europeanwide due to trade with the north, especially France, the Low Countries and the Holy Roman Empire, and the increased mobility of artists.

In China, a similar return to ancient models characterised a part of artistic production during the Song dynasty (960–1279) from the reign of Huizong (r. 1100–26), who had archaeological excavations carried out and copies made of ancient works in order to legitimise his social and cultural authority. Ancient works were sometimes subjected to transformation, or to reconstruction with the addition of other parts or even the engraving of a poem. The emperors of the Ming (1369–1644) and then Qing (1644–1911) dynasties continued and developed this approach. Thus a work of ancient art may have been subjected to transformation or recomposition with the addition of complementary pieces, or have a poem engraved upon it.

While the art of primarily Greek and Iranian classical antiquity directly inspired the formal vocabulary of the early centuries of Islam, the growth of great modern empires like the Ottoman and Safavid contributed the new aesthetic visions peculiar to each. This link with ancient times was developed above all through numerous references to the literary sources and great historical epics rather than by means of a return to the artistic forms of the past. In keeping with the idea of revelation and a new society bound up with the birth of Islam, the great principles of the beginnings were perpetuated and remained a point of reference to which artists constantly returned in order to establish their cultural and political legitimacy.

THE WEDDING OF CUPID

The mythological subject of the wedding banquet of Cupid, god of love, and Psyche, at which all the gods of the Graeco-Roman pantheon gathered, is depicted here in grisaille on a refined enamel dish. The source of inspiration is a fresco painted by Raphael in the classical style at the Villa Farnesina in Rome at the beginning of the 16th century. Extremely fragile and expensive, enamelled grisaille painting on copper, a speciality of the workshops in Limoges since the Middle Ages, was reserved for objects of great prestige.

1

AUGUST IMPERATOR

The age of Augustus was seen in the Renaissance as the highest point in the history of Rome. The first Roman emperor, Augustus encouraged art and literature and had numerous monuments erected, drawing inspiration in turn from the earlier golden age of classical Greece. This bust is a 17th-century copy of a Roman original inspired by Greek sculpture but also already distinguished from it by its typically Roman realism.

2

3

BEAUTY IN UTILITY

This bronze door knocker takes the shape of the head of a satyr between a triton and a siren, a typically Renaissance composition inspired by the vocabulary of the ornamental items used in ancient Rome to adorn villas. The quality of the cast iron and the decoration proclaimed the owner's status right from the entrance of his home.

4

THE TASTE FOR THE ANCIENT IN THE MIDDLE KINGDOM

This five-piece set of altar accessories in cloisonné enamel, comprising perfume burner, candle sticks and bowls for libations, dates from the period of the Qing, the last Chinese dynasty, but takes up archaic forms. The Kangxi (r. 1661–1722) and Yongzheng (r. 1722–35) emperors encouraged the production of numerous objects of high quality as gifts to the Buddhist temples of Beijing, and the Qianlong emperor (r. 1735–96) promoted the production of monumental articles for the furnishing and decoration of palaces as well as altar accessories for places of worship, all designed to assert his authority.

1.
Platter with the Wedding Banquet of Psyche
Jean Court
France, Limoges
1550–75
H. 39.3, W. 53 cm; enamel on copper
LOUVRE ABU DHABI

2.
Emperor Augustus (copy of an ancient original)
Italy, Rome
1600–1700
H. 55 cm; bronze, gilding
MUSÉE DU LOUVRE

3.
Door knocker with mythological figures
Italy, Venice or Mantua
1500–50
H. 32.5 cm; bronze
LOUVRE ABU DHABI

4.
Items of altar ware inspired by ancient models
China
1750–95
H. 28.5 cm; cloisonné enamel
MUSÉE NATIONAL DES ARTS ASIATIQUES – GUIMET

SIMILAR BUT DIFFERENT

This Roman relief, which probably decorated part of a building built in the reign of Hadrian (r. 117–38), was set above a door in the main gallery of Villa Borghese in Rome in the 17th century. A copy made by François Anguier for Louis XIII in 1641 was cast in bronze the following year as a decoration for the Louvre. The subtle differences between the ancient relief and the copy attest to the adaptation of the model to the aesthetic canons of the time: the missing parts are filled in, the heads and bodies are more slender and elongated, and the decorative qualities are accentuated.

5

5.
Low relief, "Les Sacrifiantes"
Italy, Rome
100–200 CE
H. 68, W. 150 cm; marble
MUSÉE DU LOUVRE

6.
Low relief, "Les Sacrifiantes" (copy of the ancient original)
François Anguier, Henri Perlan
France
1642
H. 72, W. 154 cm; bronze
MUSÉE DU LOUVRE

6

A MASTERPIECE
THE BELVEDERE APOLLO

THE BELVEDERE APOLLO, one of the most famous statues of Antiquity, was originally a Greek bronze made during the 4th century BCE. It is known to us today through the Roman copy made in marble during the 2nd century CE that is today in the Vatican Museums. Discovered at the end of the 15th century, it soon became an object of immense admiration throughout Europe and an ideal of male beauty, its female counterpart being the *Diana of Versailles*, now in the Louvre. The two works, between which parallels have often been drawn, were tentatively attributed to the sculptor Leochares. The *Apollo* was displayed from 1511 in the courtyard of the Belvedere Palace in the Vatican among the ancient sculptures in the collection of Julius II, by means of which the pope asserted his cultural authority and political power in Rome and among the nations of Europe.

The possession of ancient treasures became essential for Christian princes to bolster their image but also to provide models for the artists and craftsmen called upon to add lustre to their reign. Impressed by the magnificence of the collections in Rome, Francis I of France invited the greatest artists of the Renaissance, mostly Italian, to decorate the interiors of his castle at Fontainebleau and build up a series of masterpieces. He sent Francesco Primaticcio (1504–1570) to Rome in 1540 and 1545 to buy ancient sculptures and make casts of the best-known works, among which the great classical pieces in the Vatican. The delicate and very costly operation of producing bronze copies from plaster casts boosted the sovereign's image and served as an authentic allegory of power, but it also marked a key stage in the dissemination of the canons of classical art. This movement, born in France, drew upon the sobriety of ancient Graeco-Roman art, as it was perceived in the first centuries of its rediscovery, in an effort to represent truth, order and power. Primaticcio's copies for Fontainebleau constituted the first instance of the international recognition of a set of aesthetic values grounded not in an abstract concept – "Antiquity" – but in precise works, on canons in the process of becoming models. In this development, the religious significance of the original work was replaced by a new aesthetic and symbolic value.

In its idealisation, the head of Apollo is characteristic of classical Greek art. As J.J. Winckelmann wrote around 1756, "No human beauty can produce this effect. His stature is loftier than that of man, and his attitude speaks of the greatness with which he is filled. His movement is as though borne on the elusive wings of the wind."

The body is not anatomically realistic but rather expresses an idea, a concept of perfect beauty: "Neither blood vessels nor sinews heat and stir this body, but a celestial essence, flowing like a gentle stream, seems to fill all the contours of the figure that it itself forms." (Winckelmann, c. 1756)

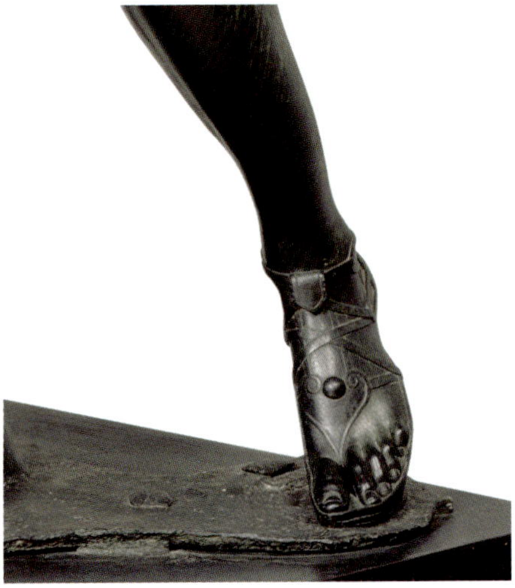

The Belvedere Apollo (after an ancient original)
FRANCESCO PRIMATICCIO
France
1542–43
H. 218 cm; bronze
CHÂTEAU DE FONTAINEBLEAU

Apollo is portrayed larger than life in a pose of restrained movement. He originally held a bow, only a fragment of which can be seen here in his hand, probably as an allusion to his slaying of Python, the earth dragon of Delphi, and Niobe's children. In addition to these episodes, the pose is also that of the sun god, his arrows symbolising its beams.

The rediscovery of the art of Antiquity was accompanied in Europe by the spread of the Graeco-Roman sciences and philosophy that place the human individual at the centre of their study. Critical reading of the works of the Ancients fostered the development of humanism, a current of thought founded, from the 15th century, in the conviction that human improvement is made possible by greater understanding of ourselves and all that surrounds us.

SUBLIMATION OF THE REAL

HUMANISM WAS EXPRESSED in the arts by the development of naturalism, a form of representation in which the artist attempts to reproduce as realistically as possible what the eye perceives. In this context, artists were no longer simple craftsmen but had acquired new status by virtue of their ability to grasp the rational structure of things, and to capture and sublimate life. During the Renaissance, man was not only an observer but also an object of observation, of interest for reasons of his singularity, body and soul. Seldom practised since imperial Rome, portraiture regained all its importance. Artists did not confine themselves to representing the social status or physical appearance of their subjects but produced authentic psychological portraits that express all the complexity of their subject, the master of his or her destiny. The focus of the artists' interest was the individual behind the image.

Various technical and artistic innovations took place in Europe during this period that made it possible for artists to translate their new ideas and approaches into painting, sculpture and architecture. In academies and workshops, the imitation of nature became the basis of the draughtsmanship taught in both the decorative and the graphic arts. Unlike the symbolic representations of the Middle Ages, figurative art was judged on its resemblance to nature. While apprenticeship focused on imitation, however, only a few were then able to attain skills in composition, the invention of convincing images, and thus the status of a true artist. Oil painting was one of the key technical developments that made it possible for artists to reach higher levels of illusionism, especially in the details and the handling of light, thus endowing figures with volume and life.

In the Islamic world, where imitation of the Creator's work was forbidden, reality was suggested in imaginary or fanciful form. As from the 16th century, however, the combination of movements of artists like Gentile Bellini, who was summoned to the Ottoman court in Constantinople in 1479, exchanges with the princely courts of the Renaissance, and the establishment of the first Jesuit missions opened up new horizons for the artists of the Arab Muslim world. The development of a naturalistic approach was also fostered by the personal interest of sovereigns in the observation of nature.

1

A MARTYRED MONK

This powerfully expressive bust of a Dominican monk by Andrea della Robbia, a great sculptor of the early Florentine Renaissance, is striking in its naturalism. The subject, already dead for two and a half centuries, appears before us as in a realistic portrait, the illusion of life enhanced by the colouring of the eyes, lips, cheekbones and hair in enamelled terracotta.

AN ENGLISH SOLDIER

The German artist Hans Holbein the Younger became the portrait painter to the court of Henry VIII and high society in London. This work represents a daring balance between classical idealism and the naturalism of the period. Timeless in its exclusive focus, the profile of Sir Thomas Wyatt the Younger, an English noble beheaded for treason at the age of 33, recalls an ancient bust or medallion. Simplicity of composition is combined with the precision of detail and sophistication of the rendering that were characteristic of the northern schools.

2

1.
St Peter, Christian martyr
Andrea della Robbia
Italy, Florence
c. 1490
H. 59 cm; enamelled ceramic
LOUVRE ABU DHABI

2.
Portrait of Sir Thomas Wyatt the Younger
Hans Holbein the Younger
United Kingdom
1540–42
Diam. 32 cm; oil on panel
LOUVRE ABU DHABI

3.
Woman with a Mirror
Tiziano Vecellio, called Titian
Italy, Venice
c. 1515
H. 118.5, W. 105 cm; oil on canvas
MUSÉE DU LOUVRE

4.
Portrait of a Man
Giovanni di Lutero, called Dosso Dossi
Italy
1518–20
H. 95, W. 77 cm; oil on canvas
MUSÉE DU LOUVRE

3

AN INTIMATE SCENE

While the Renaissance initially developed in Florence and Bruges, Venice became a primary centre of art in the 16th century. Here Titian exemplifies the painter's ability to endow a portrait with warmth, softness and substance. The young woman anoints her hair with perfume from a bottle in her left hand while observing its appearance from behind in two mirrors held by a young man. This sumptuous work is characteristic of Venetian painting's glorification of beauty, which, though sublime, remains real and accessible.

NOBILITY AND NATURALNESS

The subtlety of the realistic rendering of the face, the living quality of the expression, the sense of volume in the handling of the bust, the expressive hands, the general balance of light and shadow, and the harmony of colour built up in shades of grey and beige make this a fine example of the naturalistic portraiture of the Renaissance. The half-length view seeks to create a feeling of intimacy with the young man represented, whose impression of life is thus enhanced.

4

A MASTERPIECE
LA BELLE FERRONNIÈRE

LEONARDO DA VINCI EPITOMISES the Renaissance more than any other artist and his works are still icons universally admired today. The technological and aesthetic innovations of this polymath – an artist, humanist, writer, scientist, engineer, inventor and botanist – played a major part in the evolution of art in Europe.
His works are based on the observation of nature and empirical analysis of the world. He developed brilliant models of pictorial composition in which the *sfumato* effect of atmospheric perspective accentuated by delicate nuances of shadow is the most notable characteristic. Initially an apprentice in the workshop of the artist Andrea del Verrocchio, Leonardo left Florence around 1482 to work for the Sforza dynasty at the ducal court of Milan as an artist and engineer. The annexation of the duchy by Louis XII of France led him to return to Florence by way of Mantua and Venice before moving to Rome, where Michelangelo and Raphael were then working. He entered the service of the French king Francis I in 1517, and died in France in 1519.

The Italian master's small but exceptional body of paintings includes *La Belle Ferronnière*, an authentic icon of the Renaissance. In addition to the painter's technical skill in reproducing nature as he saw it, the work demonstrates his intention to create a genuine psychological portrait. The viewer is challenged by the deep and steady gaze of the young woman, an impression heightened by the neutral monochrome background.
She does not look the viewer in the eye, however, but gazes beyond, refusing admittance to the pictorial space. This distancing is accentuated by the illusionistic parapet in the foreground, which separates pictorial space and real space while also enhancing the majesty of the young woman.
The painting was an immediate success and arrived in France soon after its completion. It is mentioned in the inventory of the royal collections compiled in 1683 by Charles Le Brun, first painter to Louis XIV and director of the Royal Academy of Painting and Sculpture. It hung in Versailles in the 18th century and has been in the Louvre since 1797.

The identity of the model remains a mystery and subject of debate, with some experts identifying her as Beatrice d'Este, the wife of Ludovico Sforza, duke of Milan and patron of Leonardo da Vinci, and others as his mistress Lucrezia Crivelli. Given this uncertainty, the work is currently named after the *ferronnière* or pendant jewel worn by the young woman on her forehead.

The movement of the body lends the portrait great dynamism and brings the figure to life. This impression is strengthened by the way she looks to one side, as though surprised. The master thus departs from the frontality of the standard portrait and extends the space of the painting into the space of the viewer, who is prompted in turn to follow her gaze in an effort to solve its mystery.

The several strands of the necklace and the pleats in the sleeves of the Renaissance dress are rendered with virtuoso skill in a delicately nuanced palette. The slight twist given to the young woman's torso creates the effect of depth and volume.

Portrait of a Woman, called *La Belle Ferronnière*
LEONARDO DA VINCI
Italy, Milan
1495–99
H. 63, W. 45 cm; oil on panel
MUSÉE DU LOUVRE

Despite its fragility, pottery was one of the products most traded all around the world. The principal technical and artistic innovations long remained a Chinese monopoly, including the manufacture of blue and white porcelain, one of the most highly prized luxury goods. Motifs circulated from one world to another, often reinterpreted in the taste and spirit of the recipient culture. Thus, in Iznik, the major manufacturing centre for ceramics in the Ottoman empire from the 15th century, the earliest items bore decoration in the Chinese style before the development, at the very beginning of the 16th century, of the naturalistic floral style that was to become its hallmark. Iznik ware was in turn imitated and then adapted by Western manufacturers, especially in Venice.

THE ART OF CERAMICS
CIRCULATION AND INFLUENCES

1

2

THE SUCCESS OF CHINESE PORCELAIN

This large porcelain dish with blue underglaze decoration bears a concentric floral pattern in the two innermost areas. The large central medallion presents a bouquet of lotus flowers and leaves bound with a ribbon, and the flat rim a border of crashing waves. The piece is a characteristic product from Jingdezhen during the reign of the Yongle Emperor (r. 1402–24) at the beginning of the Ming dynasty, when the manufactories, returned to production by the new rulers, created pieces of great pictorial freedom. Highly prized beyond the national frontiers, they soon became emblematic of Chinese porcelain throughout the world.

FROM CHINA TO THE OTTOMAN EMPIRE

Chinese porcelain, which entered the empire through trade or as diplomatic gifts, had a crucial influence on Ottoman ceramics in the 15th century. Dishes, bowls and jugs imported from China for the sultan's table constituted models whose motifs, like the lotus here, were reinterpreted with greater or lesser freedom. This dish is an almost exact copy of a Chinese prototype, some examples of which are now in the Topkapi Palace. The decoration, painted in cobalt blue on a white slip under a transparent glaze, recalls the harmony of Chinese blue and white ware but lacks its texture and resonance.

4

5

3

1.
Blue and white dish with a knotted bouquet
China, Jiangxi province
c. 1350
Diam. 44.3 cm; painted porcelain
CITÉ DE LA CÉRAMIQUE – SÈVRES & LIMOGES

2.
Blue and white dish with a lotus bouquet
Turkey, Iznik
1570–75
Diam. 30 cm; ceramic with a painted underglaze decoration
LOUVRE ABU DHABI

3.
Dish with four flowers
Turkey, Iznik
c. 1575
Diam. 28.3 cm; ceramic with a painted underglaze decoration
LOUVRE ABU DHABI

4.
Dish with a trophy of arms
Jacomo Da Pesaro
Italy, Venice
1530–43
Diam. 46.5 cm; painted faience
LOUVRE ABU DHABI

5.
Dish with tracery and the bust of a woman
Jacomo Da Pesaro
Italy, Venice
1534–43
Diam. 45.2 cm; painted faience
LOUVRE ABU DHABI

THE LANGUAGE OF FLOWERS

This dish with a wide *tabaq* illustrates the unprecedented development of Iznik ceramics and the naturalistic style of bouquets in vogue during the 16th century. While the jig-saw form of the inner border and the decoration of stylised waves are Chinese in inspiration, the floral composition of roses, tulips, carnations and hyacinths is from the local repertoire. This "four flowers" style, a departure from the earlier geometrical patterns, is based on species grown in the gardens of Istanbul. Certain flowers also had particular symbolic significance, such as the tulip, whose Turkish name *lale* is an anagram of the word designating Allah, and the rose, which is associated with Muhammad.

EUROPEAN CERAMICS

The decorative motifs and technique used in the production of Venetian faience make this an art apart in the Italian Renaissance. They were in fact influenced by Venice's commercial and military contacts with the East, which made it possible for objects very rare in the West to arrive there first. The workshop of Jacomo da Pesaro, one of the two most renowned in Venice, developed the technique of the light blue-grey enamel known as *berettino*, a milky glaze that covers the earthenware, seeking to imitate the white backgrounds of Chinese porcelain and, above all, the siliceous paste of Iznik faience. These two dishes, identifiable as objects of prestige by virtue of their size and the richness of their decoration, bear motifs drawn from the vocabulary of 16th-century Italian Mannerism.

WING 3
GALLERY 8

AT THE COURT OF THE PRINCE

Contact between different worlds led to unprecedented rivalry between sovereigns, which manifested itself simultaneously on all the continents from Europe to China by way of the Muslim empires and the kingdoms of Africa. The magnificence of princes was expressed in the display of the symbols of their power and in majestic representations of their person and court. Codified compositions such as the triumphant king on horseback presented the monarch in all his power and glory. His armour became an article of finery recalling his role as guardian of the people against their enemies. Sovereigns competed for the finest artists, commissioned new decorative works and spent huge sums on the building of palaces like Versailles and churches of unprecedented size. At the same time, academies were founded to develop and govern the arts as instruments at the service of the ruling class. The 17th century saw the creation of great collections of paintings now freed from any didactic or symbolic functions, which became tools for education and contemplation and definitively acquired the status of works of art. The diversity of national schools bears witness to the ambitions invested in this major art. The art of the Baroque that developed in the Catholic countries was designed in many respects to present the Catholic faith. The Protestant Dutch Republic instead developed a form of genre painting and portraiture of great diversity in response to the aspirations of a new society made rich by intercontinental trade. The synthesis of the Baroque and the northern schools achieved by France in the form of Classicism was so successful that it made the city the new capital of the arts. The attraction of painting also manifested itself in the Islamic world with the evolution of miniatures. With the development of the format of the album and the appearance of significant collections, this also became one of the pillars of the education of princes by virtue of the themes illustrated. Paintings were not solely for the ruling class in the Far East but collected also by scholars and thinkers as objects of contemplation, especially in the case of landscapes.

In the context of the global economy developed between the 15th and 18th centuries, rulers made art – ranging from urban architecture to sumptuous apparel – an essential tool of government and the display of power. Ceremonial portraiture played a key role in presenting the image of might in its circulation from one court to another, above all within the framework of the constantly proliferating embassies.

ART AT THE SERVICE OF POWER

IT WAS WITH THE THREE EMPIRES of the modern period that glorified representations of sovereigns appeared in the Islamic world. The many portraits of Suleiman the Magnificent and his successors by Turkish and Western painters attest to the European influence in this field. While realistic representation and the pursuit of truth characterise the Ottoman style, a specific tradition developed during the 16th century in north-western India around the figure of the ruler and dynastic portraits. The ruler generally appears in profile or three-quarter view in a static composition reflecting the strict ceremonial and formal etiquette of the court. This genre gradually spread through the rest of India and as far as Iran, achieving real success in the 17th century in the form of album paintings. In Europe, with the aim of exalting the individual, portraiture became a major art. Princes and monarchs used representation of their physical being as a primary and omnipresent means of self-glorification. Under the guidance of art academies, portraiture was subjected to codification, such as the official portrait in three-quarter profile, which offered the element of dynamism and aristocratic ease required to present the ruler as a man of action. The theatrical use of sumptuous settings and drapery as a backdrop to set off the figure imparted a simultaneously realistic and timeless quality suggesting the dream of eternal rule, while the monumentality of the paintings reinforced the impression of superior power.

ALLEGORY OF POWER

This portrait of a French monarch exemplifies the image of royal power in the 17th century. It shows Louis XIII (1601–1643) triumphant, clad in armour and holding the baton of command. A theatrical red curtain delimits the scene so as to focus attention on the sovereign. The two graceful and sensual female figures are not portraits of real young women but personifications of the kingdoms of France and Navarre, joined by Henry IV, father of Louis XIII. The French sovereign is presented in a quasi divine pose as the protector of the two allegorical figures at his feet.

1

2

THE PORTRAIT IN INDIAN MINIATURES

The first realistic representations of monarchs appeared during the 17th century in album paintings in both India and Iran, where they enjoyed great success. After more than a century of formalism, the artists developed a stylistic innovation by concentrating almost exclusively on the face in more or less conventional terms.

3

PORTRAIT OF A DYNASTY

Shuja'al Duala (1729–1775), nawab of the province of Awadh and Grand Vizier to the Mughal emperor, is shown with his eldest son in Faizabad, the capital, in 1772. This work by the English painter Tilly Kettle, one of the first European artists to go to India, illustrates the development of an Orientalist style exemplified by the fanciful Eastern architectural setting and the carpet, an object seen in Europe as emblematic of the Arab-Muslim world.

4

THE HORSES OF THE SUN KING

Louis XIV established the centre of his power in Versailles, where artists worked at his behest on an artistic programme in which everything was designed to glorify the royal image. The palace and its grounds thus embody the development of a total art at the service of the sovereign. In its architecture, interior decoration, furniture and even gardens, everything was aimed at magnifying the greatness of the king, who did not hesitate to identify himself with the god Apollo and take the sun as his emblem. The sculptural group of the *Horses of the Sun*, a mythological subject and an allegory of the royal virtues, comes from the gardens of Versailles, where it originally stood in a faux grotto.

1.
Louis XIII between Two Women Symbolising France and Navarre
Simon Vouet
France
1630–40
H. 163, W. 154 cm; oil on canvas
MUSÉE DU LOUVRE

2.
Portrait of Rao Ratan Singh of Bundi
India, Kotah
c. 1700
H. 10.7, W. 8.8 cm; gouache on paper
LOUVRE ABU DHABI

3.
Shuja'al Duala, Vice-Roy of the Mughal Empire, and his Son
Tilly Kettle
India, Faizabad
1772
H. 243, W. 167 cm; oil on canvas
MUSÉE NATIONAL DES CHÂTEAUX DE VERSAILLES ET DE TRIANON

4.
Horses of the Sun
Gilles Guerin
France
1668–75
H. 179 cm; marble
MUSÉE NATIONAL DES CHÂTEAUX DE VERSAILLES ET DE TRIANON

Ancestral tales in most civilisations feature heroes on horseback. In a period of incessant wars between empires and the need to bolster a ruler's authority, the equestrian portrait asserted itself as a symbolic representation of a glorious prince. In such images, the horse performed the role of a pedestal for its rider, whose domination of the animal became a metaphor of his power over men.

THE PROTOTYPE OF THE EQUESTRIAN PORTRAIT

FROM THE RENAISSANCE, the equestrian portrait of the prince and military commander in Europe drew on the art of Antiquity and in particular on the statue of Marcus Aurelius that was installed on the Capitol in Rome in 1538. Monumental equestrian statues were placed in city centres so as to mark out his territory and suggest that the world was organised around him. He was thus depicted as a military commander, the defender of his people and the guarantor of the stability of the kingdom. This highly codified iconography, shared by all the European sovereigns of the 18th century, was perpetuated by Napoleon and other rulers until the industrial age.

While importance was attached to the horse in the Islamic world, the equestrian portrait did not appear there until comparatively late in the art of the miniature. It was in the north-west of India that it became recurrent during the 16th century and especially in the Mughal empire, confirming the close bond between this dynasty of Turkish-Mongolian origin and the horse. Indian artists employed it to illustrate the sophistication and imposing presence of the ruler. The model enjoyed great popularity in the 17th and 18th centuries but gradually degenerated to a conventional style lacking the depth and expressive power that had made the Mughal portraits of half a century earlier great works of art.

EQUESTRIAN PORTRAITS IN ROYAL MINIATURES

In India maharajas were often represented in miniatures on horseback, hunting or in intimate scenes set in the gardens of their palaces. The official portraits combine the classic codes of the Arab-Muslim world with Western perspective. The landscape is barely outlined. Originally based on engravings of European paintings known at the court since the 16th century, these works soon departed from the models to define their own codes. The warlike clothing and lance thus include numerous details that accentuate the great sophistication of the finery after the fashion of Islamic miniatures. These images were intended to assert the legitimacy of the recently established Muslim dynasties with respect to the Hindu elite.

1

A EUROPEAN MODEL

The vocabulary adopted to glorify the monarch in Europe drew both on sumptuous realism and on allegorical imagery. The equestrian portrait of Philip V of Spain, grandson of Louis XIV, was produced by the Italian sculptor Lorenzo Vaccaro (1655–1706) for the city of Naples, of which Philip was also king. It shows the sovereign on his horse in a costume inspired by ancient Rome but wearing a heavy, leonine wig characteristic of the French court. His facial features are carefully captured in this magnificently worked bronze.

2

1.
Maharana Ari Singh II of Mewar on Horseback
India
1775–80
H. 22.8, W. 15.5 cm; gouache with gold highlights on paper
LOUVRE ABU DHABI

2.
Equestrian Portrait of Philip V, King of Spain
LORENZO VACCARO
Italy
1702–05
H. 100 cm; bronze
LOUVRE ABU DHABI

3.
Equestrian Portrait of Louis XIV, King of France
RENÉ-ANTOINE HOUASSE
France
c. 1674
H. 255, W. 200 cm; oil on canvas
MUSÉE NATIONAL DES CHÂTEAUX DE VERSAILLES ET DE TRIANON

3

THE CONQUERING KING

The magnificently dressed rider is shown masterfully occupying the space so as to suggest the greatness of a monarch at the height of his glory. While the fighting in the background cannot be identified as any precise episode, there is clearly no doubt of its victorious outcome. The serene attitude of this warlike king also expresses the mastery and authority of an absolute monarch. Louis XIV had many official portraits painted during his reign by artists of the Royal Academy of Painting and Sculpture, founded in 1648, who were required to present the most flattering image possible of him.

The powerful kingdoms of sub-Saharan Africa are mentioned in Arab-Muslim sources from the 10th century onwards, thereby attesting the dynamism of the trade between the two civilisations. Kingdoms like Ghana and later Ife played a key role as intermediaries between Arab-Muslim merchants and areas of Central Africa for the export of luxury goods like gold, ivory and spices, as well as the slave trade. The authors of these accounts underline the splendour of the African courts, the only surviving evidence of which is provided by rare objects.

IN THE COURT OF THE OBA

IN THE 15TH CENTURY the lure of rare raw materials led representatives of the Chinese empire to reach the eastern coasts of Africa by sea in the vain hope of fostering direct trade. It was finally the Portuguese who, having disembarked on the coast of Guinea at the end of the century, created direct trading routes with Europe through the mediation of the great empires of West Africa. Ancient Benin, in present-day Nigeria, was one of the most flourishing and was the object of unanimous wonder on the part of Europeans.

In Ife, the kingdom's capital, art served a primary role in the worship of the ancestors, the linchpin of the political system and the guarantee of the ruler's authority and communal cohesion. Artistic production was used essentially to serve the glory of the *oba* (the ruler) and his lineage. For this purpose, the *oba* employed a guild of craftsmen gathered together in a particular district of the city, who were responsible for embellishing his palace – the seat of power and centre of the world – above all with works in ivory or metal. African raw materials and products were traded with European merchants for *manillas* of copper or brass, which soon came to serve as money in the kingdom. As in neighbouring kingdoms, in parallel with the production of sumptuary goods for the *oba*, artistic objects produced expressly for exportation were progressively developed to meet the demand from Europe.

During the 18th century the power of Benin gradually gave way to pressure from the Yoruba in the west, the British in the south and the Nupe in the north, but rose again with the trade in palm oil during the 19th century. In 1897, however, the British launched a punitive raid on the city of Benin that resulted in the loss or destruction of thousands of works and the annexation of the kingdom into the British empire.

1

COMMEMORATING THE ANCESTORS

The arts of Benin owed their fame to the bronze trophy heads placed on altars in the king's palace to represent royal ancestors, not as realistic portraits but as manifestations of the royal figure of divine origin, whose head was the seat of his wisdom. While remaining clearly recognisable, their style evolved over time, especially in details such as crowns and collars. Produced using the lost-wax technique, trophy heads also served as a base for engraved elephant tusks, which were fitted into a socket in the top.

THE ART OF THE PALACE

The brass obtained from the Portuguese served to adorn the *oba*'s palace with figurative metal plates whose iconography illustrates the life of the court. The compositions are highly symbolic and the size of the figures indicates their role and status. The *oba* or king dominates the scene in the centre, adorned with the regalia and flanked by two military leaders of nearly the same size. Two disproportionately small musicians complete the scene. Thousands of decorative plaques of this kind were scattered in Europe after the punitive expedition of 1897, which destroyed most of the city.

2

1.
Commemorative head of an Oba
Nigeria, ancient kingdom of Benin
1800–50
H. 51 cm; bronze
LOUVRE ABU DHABI

2.
The Oba Surrounded by Warriors and Musicians
Nigeria, ancient kingdom of Benin
1500–1700
H. 52, W. 37 cm; brass
MUSÉE DU QUAI BRANLY – JACQUES CHIRAC

3.
Portuguese Soldier
Nigeria, ancient kingdom of Benin
1500–1700
H. 36.2 cm; brass
MUSÉE DU QUAI BRANLY – JACQUES CHIRAC

4.
Altar sculpture of a rooster
Nigeria, ancient kingdom of Benin
1700–1800
H. 42.5 cm; copper alloy
LOUVRE ABU DHABI

3

MERCENARY TROOPS OF THE OBA

Portuguese mercenaries, greatly feared for their muskets, entered the service of the *oba* in the first half of the 16th century. Before being replaced in the 17th by Dutch troops, they helped to establish a form of relations and trade that made Benin a key partner of Europeans in West Africa for centuries.

THE ROOSTER OF BENIN

Also placed on the altar of ancestors in the Oba's palace, this rooster pays tribute to the Iyoba or Queen Mother of Benin. It represents the sacrificial offerings made during the rites devoted to ancestors. This animal also alludes to the powers of the Iyoba, which she shares with men. From a formal viewpoint, it illustrates the high level of artistic and technical development attained in the old kingdom of Benin. The incisions simulating feathers and the mastery of casting techniques contribute to the aesthetic and symbolic power of this work.

4

One of the characteristics of the period was the display of the power of the mighty through the development of a system of commissions and patronage on a large scale. The art collection, and especially the gallery of paintings, became a place of delight and education, as well as a tool asserting the legitimacy of political authority.

THE PRINCE AS PATRON OF THE ARTS

ROYAL COLLECTIONS in the Islamic world consisted primarily of official gifts, spoils of war and commissioned works. The Ottoman sultans developed a particular taste for Chinese porcelain and built up one of the greatest collections outside China in the Topkapi Palace. Parallel to this, the 16th century saw the emergence of a taste for the graphic arts and miniatures in the eastern part of the Islamic world, as attested by the princely collections of albums of painting, drawing and calligraphy. While drawings took on greater realism, colours became richer as a result of technical progress.

From the time of the Italian Renaissance and then throughout Europe, the great royal families built up collections of objects of all kinds. Over the centuries, the popes in Rome amassed collections in their palaces that were the envy of all Europe's rulers. The glory of the sovereign was then partly allied with his capacity to engage the services of the greatest artists. With growing interest attributed to painting and the beginning of the commercialisation of art, a new relationship arose between painters and their clients. The figures of the collector, the art lover, the simple observer of art and the artist as a creative individual, as we understand them today, came into being, while the profession of the art dealer and gallery owner made their appearance. Religious iconography provided an opportunity for the production of works that were simultaneously devotional images and feats of technical prowess intended for aesthetic pleasure.

At the same time, collecting in the Far East saw the emergence of a specific category of experts that included cultured officials, artists and political figures, who practised and contemplated painting and calligraphy in surroundings equipped with sophisticated furnishings and objects. The purpose of these objects was to create an ideal universe based on an aesthetic characterised by a taste for the ancient and rejection of the superfluous, as attested by the austere style of the Zen paintings that were particularly admired from the 17th century on.

CARDINAL RICHELIEU'S COLLECTIONS

Laurent de La Hyre (1606–1656), one of the founders of the Royal Academy of Painting and Sculpture, painted his numerous biblical and mythological landscapes for a clientele of great collectors. This large work was painted to adorn the guards' room in the Palais-Cardinal in Paris, the residence of Cardinal Richelieu. Hung on the rear wall with two other works by the same artist (now lost), it prolonged the architecture of the room, decorated with Doric columns, through its composition. It shows the young Theseus discovering the weapons and sandals of Aegeus, king of Athens, beneath a stone and learning from his mother that Aegeus was his father. The classical theme of the hero learning of his destiny was very popular in the 17th century.

1

PRINCELY GIFT

This dagger is one of the most magnificent examples of the production of the Ottoman imperial workshops to have survived. The associated historical and symbolic references establish it as a masterpiece of craftsmanship from the second half of the 16th century, when the Ottoman empire reached its peak under Suleiman the Magnificent and his successors Selim II and Murad III. Inspired by the Chinese bestiary, the dragon heads adorning the guard symbolise spiritual sovereignty and temporal power, while the round pommel surmounting the hilt is suggestive of the *gladius* of the Roman legions. This feature appeared in the Islamic world during the 15th century on Nasrid and Mamluk swords and was introduced into Ottoman Turkey by craftsmen who emigrated to Istanbul after the conquest of Egypt in 1517.

2

WEDDING GIFT

Gold- and silverware figured prominently among the precious objects collected by great families. Beneath the appearance of articles of everyday use lay authentic treasures. This ewer and basin of gilded silver, also known as vermeil, were produced in Danzig as a gift for a wedding between scions of the two noble families whose armorial bearings are engraved on the basin. The exuberance of the ornamentation is typical of late Renaissance Mannerism.

3

4

THE EDUCATION OF SULTANS

The six-volume manuscript *Siyar-i Nabi* or *Accounts of the Life of the Prophet* was produced by the calligrapher Mustafa ibn Vali for the twelfth Ottoman sultan Murad III (r. 1574–95) to instruct his sons. Murad III had a great collection of manuscripts, the most important of which were the *Siyar-i Nabi* and the *Surname-i Hümayun* (*Imperial Festival Books*). Produced in the *naqqashkhane* or imperial workshop, this work comprised 814 miniatures. Drawing on both Quranic sources and the popular oral tradition, this epic account of the life of the Prophet Muhammad was composed in Cairo in the second half of the 14th century. The sobriety and legibility of the compositions, the economy of detail, the compact rendering of the groups of figures and the flat planes of contrasting colour are all characteristic of the Ottoman style.

1.
Theseus Finding His Father's Sword
Laurent de La Hyre
France, Paris
1639–41
H. 205.4, W. 162 cm; oil on canvas
LOUVRE ABU DHABI

2.
Ceremonial dagger
Turkey
1530–50
H. 26 cm; steel inlaid with gold
LOUVRE ABU DHABI

3.
Ewer and basin with decorative scenes
Reinholt Von der Rennen (?)
Poland, Danzig
c. 1610
H. 33 cm, Diam. 52 cm; silver gilt
LOUVRE ABU DHABI

4.
Illustrated page of Siyar-i Nabi (Accounts of the Life of the Prophet)
Ottoman imperial workshop
Turkey, Istanbul
1594–95
H. 37, W. 27 cm; gouache, ink and gold on paper
LOUVRE ABU DHABI

The hierarchy of the arts established in Europe during the 17th century with the creation of academies saw painting recognised as the foremost art form, with narrative history painting as its primary genre. In parallel, previously less esteemed genres like portraiture, landscape and still life acquired new legitimacy. The value of art no longer depended on the richness of the materials employed or the subject addressed but on composition, brushwork and style.

THE PRIMACY OF PAINTING

DURING THE 17TH CENTURY, Europe saw an unprecedented development of artistic theories, institutionalised by academies that laid down the rules of art and taste. Regarded as the "grand" genre *par excellence*, history painting became the preserve of the finest artists and the most illustrious collections. Based mostly on ancient history, Greek and Roman mythology and the Bible, the works were designed to stimulate meditation and introspection through their subject matter and the emotions aroused.

Faced with the rise of Protestantism in northern Europe during the 16th century, the Roman Catholic Church chose painting to become the primary channel of religious propaganda. The Baroque style then being developed in Italy became quickly established not only in Europe but also in the Americas and in certain parts of Asia, above all through the work of missionaries. While artists adapted this style to the taste and culture of their societies, the Baroque is characterised everywhere by theatrical effects and the accentuation of movement. Paramount importance was attached to the rendering of light to endow figures with life and substance, and to structure the composition. A classical style characterised by balance, sobriety and harmony of forms, whose most illustrious representative is Nicolas Poussin, found favour above all in France. Though strongly associated with Roman Catholicism, the Baroque style was also to have an influence in the Protestant countries, as exemplified by the work of Rembrandt in the Netherlands. Holland saw the blossoming of a genre painting of great richness developed through investigation of the realities of the world, more in line with the taste of patrons and clients who owed their wealth to international trade.

THE EMOTIVE NATURE OF THE BAROQUE

Jacob Jordaens, a great master of Flemish Baroque painting, here depicts one of the most dramatic moments in the biblical episode of the Good Samaritan. The figure clad in a turban and rich Eastern attire comes to the aid of a hapless traveller left stripped and wounded on the road by robbers, thus exemplifying the virtues of generosity and compassion. The highly theatrical composition is built up on the dynamic diagonals characteristic of the Baroque. The narrow focus and the depiction of the traveller's body, which slumps forwards almost as though to emerge from the frame, directly address the viewers as witnesses to the scene and prompt them to question their own values.

1

2

CLASSICISM AND IDEAL BEAUTY

This painting was owned by André Le Nôtre, the landscape architect in charge of the royal gardens of France, who presented it to Louis XIV in 1693 to complete the king's collection of works by Poussin, now in the Louvre. The gestures and attitudes of the figures in this painting all combine to ensure the overall coherence of the scene. The landscape, an evocation of ideal nature, plays its part in the narrative through the feelings it arouses in the viewer and the air of mystery it confers on the scene. This work by Poussin epitomises the spirit of the artistic movement known as Classicism, whose inward-looking, intellectual character was diametrically opposed to the spirit of the Baroque.

1.
The Good Samaritan
Jacob Jordaens
Belgium, Antwerp
1615–16
H. 185.5, W. 173 cm;
oil on canvas
LOUVRE ABU DHABI

2.
St John Baptising the People
Nicolas Poussin
Italy, Rome
1635–37
H. 94, W. 120 cm;
oil on canvas
MUSÉE DU LOUVRE

3

A RELIGIOUS PASTORAL

The story of Jacob and his journey back with his family, as told in Genesis, the first book of the Bible, is only a pretext for the depiction of animals, figures and clothing in a composition that no longer has anything to do with religion. In this canvas by Jacopo Bassano (1510–1592), a brilliant example of Renaissance painting in Venice, the draughtsmanship is dissolved in painting with subtle variations in colour and visible brushstrokes.

4

A GLOWING DREAM

In the Bible, the story of Jacob (who appears in the Quran as Ya'qub, one of the great prophets) comprises numerous episodes. The story of his dream illustrates the relationship between the celestial and terrestrial worlds, as Jacob saw a ladder stretching up to heaven and God at the top of it promising him the land he was lying on. The ladder with angels ascending and descending is depicted in a dream-like glow. The divine light pierces the darkness in a Baroque effect characteristic of the Spanish Golden Age of painting, to which Murillo (1617–1682) belonged.

5

LIFE AND DEATH

Still life was one of the most popular genres in Europe during the 17th century, figuring worthily in private collections alongside landscapes and genre scenes. Its decorative character should not mask its allegorical meaning, which refers to abundance but also to the transience of nature and human vanity. The quarter of beef and the items of game thus prompt a meditation on death just as the bread and wine evoke the divine presence. The strength of this painting lies not in its subject but in its rendering and visual effect.

THE STORY OF ESTHER

Inspired by the Venetian Masters, Jean-François de Troy (1679–1752) here depicts a biblical story in a decorative style with great attention to the rendering of materials.
The young Esther, a Jewish exile in Babylon, beseeches her husband Ahasuerus, king of Persia, to spare her threatened people and reveals her origins. Ahasuerus decides to countermand his own orders and punish those who had advised him to issue them. The monumentality of the figures, the power of the architectural setting, the use of chiaroscuro and the brushwork are all characteristic of the Baroque style. As with the work of Jordaens, the composition makes the viewer a witness to the scene.
De Troy was the author of seven large paintings of episodes in the life of Esther intended as models for the royal Gobelins factory in Paris, which produced the tapestries to adorn the royal palaces or serve as gifts to enrich the collections of foreign sovereigns.

6

3.
Jacob's Journey
Jacopo Bassano
Italy, Venice
1565–70
H. 62.5, W. 96.3 cm;
oil on canvas
LOUVRE ABU DHABI

4.
Jacob's Dream
Bartolomé Esteban Murillo
Spain, Seville
c. 1665
H. 108.8,
W. 180.5 cm;
oil on canvas
LOUVRE ABU DHABI

5.
Still Life in a Pantry
Jérémie Plume
France
1628
H. 105.5, W. 200 cm;
oil on canvas
LOUVRE ABU DHABI

6.
Esther Fainting Before Ahasuerus
Jean-François De Troy
France, Paris
1730
H. 227, W. 180 cm;
oil on canvas
LOUVRE ABU DHABI

While landscape painting was an ancestral major genre in Asia, it did not become an independent subject in Europe until the 16th and especially the 17th century. Despite a resemblance that questions the meaning of the images, the two paintings below, one Dutch and one Chinese, are the outcome of different ideas about the place of mankind in the world.

LANDSCAPE PAINTING FROM CHINA TO EUROPE

IT IS THE ILLUSION of realism that appears to be the objective in Western landscape painting, whereas Eastern culture accords priority to gracefulness of gesture. In both pictorial traditions, the landscape is never simply imitative but a poetic space of freedom in which the artist's subjectivity, state of mind and feelings towards nature find expression. The landscape is like a timeless moment that expresses the invisible by engaging the emotions rather than reason.

In Europe, in line with the humanistic ideas of the Renaissance, landscape painting became marked by a new concern with realism to show the extent and variety of nature. Like a window open onto the world, the composition seeks to create the impression of depth on canvas through a succession of planes. In contrast, in Asia a few lines suffice to capture the essence of the landscape. Depth is suggested by the interplay of washes underscored by a few notes of colour. The landscape is a key subject of Taoism, which expresses the pursuit of harmony in mankind between the spiritual life and the material environment, leaving an important place for reverie.

While European landscape painting frees itself from the narrative approach of history painting to create a timeless image conducive to contemplation, it is nonetheless human beings and human action that organise nature. The house, though discreetly placed behind the large oak, draws the eye to the centre of the work. The paths give form to vanishing lines that invite the viewer to enter the painting, like a dream determined by the human presence. In Asian landscapes, if man is sometimes present, it is only as one element of the organic whole that is nature. In this work the centre of the composition is occupied by two weeping willows whose melancholy poetry reminds mankind that we are just part of a far greater whole.

MELANCHOLY

Wang Hui's work in ink on paper exemplifies the style of the Four Wangs, a group of artists with the same surname distinguished by their fidelity to the ancient culture and models. The artist expresses himself here with a melancholic poetics by means of the technique of ink drawing with faint touches of colour. Two weeping willows and a small island between two branches of a river recall the landscapes of the Southern Song period (1127–1279). Wang Hui combines the painstaking care of professional painting and the free poetry of cultured painting.

1

MEDITATION ON THE MOUNTAIN

The landscape in ink by the Japanese artist Ike no Taiga (1723–1776) is developed in a narrow vertical format. The artist drew thick, wet outlines and used pigments combined with ink washes. While the theme and technique constitute an implicit reference to the painting of the Chinese Southern School, Taiga also drew inspiration from Western painting he had seen during his youth. By virtue of lyrical emotion and sophisticated decorative effects created by the design and colour, the artist transcends the art of citation and unifies these borrowings in a personal and mystical vision of the mountain.

2

3

THE ACUTENESS OF A HAIKU

The paintings of Hakuin Ekaku (1685–1769) evoke the path of knowledge. In artistic terms, Hakuin is primarily known as a calligrapher and the author of the very short poems called *haiku*. While his portraits are often distinguished by humour and even sometimes caricature, this landscape surprises us above all by its sensitivity. We see a pilgrim setting off from a tall cliff covered in pines to cross a river, a journey symbolising the search for a deeper understanding of existence.

1.
Winter Landscape
WANG HUI
China
c. 1700
H. 39.3, W. 50.5 cm;
ink on paper
MUSÉE NATIONAL DES ARTS ASIATIQUES – GUIMET

2.
Picking Herbs by a Stream
IKE NO TAIGA
Japan
1760–70
H. 133.9, W. 38.7 cm;
ink on paper
MUSÉE NATIONAL DES ARTS ASIATIQUES – GUIMET

3.
Pilgrim on the Bridge of Mama
HAKUIN EKAKU
Japan
1700–68
H. 66, W. 111.6 cm;
scroll, ink on paper
LOUVRE ABU DHABI

4.
The Farm in the Woods
MEINDERT HOBBEMA
Netherlands, Holland
1662
H. 82, W. 103 cm;
oil on canvas
MUSÉE DU LOUVRE

4

REVERIE

This painting in oil on canvas by Hobbema (1638–1709) shows the countryside of northern Europe. The effects of light and shadow construct the space in depth which draws the eye to the man-made element of a red-brick cottage half-covered by vegetation. A few figures animate the setting and establish its scale. The play of light and the rendering of vegetation create a pantheistic vision of nature that transcends the rustic scene.

This room of the museum presents the woodwork and panelling from an aristocratic mansion of the 17th century, recreating the volumes and appearance of an interior during the *Grand Siècle*. It was in this period that a sophisticated art of living inspired by the life of the court led to the division of the spaces in aristocratic mansions into living rooms and reception rooms, chambers and antechambers, galleries and studies.

THE SANCTUARY OF A PRINCE
A PARISIAN STUDY

THE STUDY WAS A PRIVATE SPACE for the master of the house to work but also to keep his precious objects, books and paintings, which made it also a place open to art lovers. The decor of this study consists of a ceiling, low panelling and four doors. The rest of the wall space would have been covered with material, generally silk in a plain colour to set off the paintings.
This interior was probably designed by an architect in a sort of synthesis of the arts, as its creation drew upon the skills of a whole range of craftsmen organised on the basis of his working drawings: carpenters and cabinetmakers for the structures to support the work of upholsterers, sculptors and stucco workers with ornamentalists and gilders to put the finishing touches, and painters to add works often of an allegorical nature. The most sophisticated interiors sometimes required craftsmen specialising in marquetry or the imitation of Chinese lacquer.

ADMITTING NATURE
The decoration of the base presents an alternation of small landscapes and bouquets with small carved and gilded cartouches and grotesque heads. Medallions illusionistically painted in grisaille like busts in low-relief represent figures of ancient Rome, such as Cornelia and Julius Caesar.

THE IMAGE OF ANTIQUITY
The four door leaves are decorated with paintings of Roman figures in grisaille on a golden ground, frames with laurel decoration and painted overdoor panels. Most of the decorative motifs are drawn from the books of engravings of ornamentation through which the taste for Antiquity that originated in Italy during the 15th century spread throughout Europe.

ASCENDING TO THE HEAVENS

The richly carved and gilded ceiling crowns the whole room with a large allegorical painting of Nobility borne on a cloud as its centrepiece.

Parisian woodwork, panelling and ceiling, with an Allegory of Nobility
France, Paris
c. 1650
H. 314.4, W. 392.5 cm;
wood, painted decoration, gold
LOUVRE ABU DHABI

Warfare was a constant factor in the life of kings and numerous treatises on the art of war describe the kinds of weaponry and armour used by army divisions as well as principles governing their use. In the modern era, the armour of rulers became ceremonial attire recalling their role as protectors of the people against hostile powers.

ARMOUR OR FINERY?

THE WEAPONS AND EQUIPMENT of war and hunting in the Arab-Muslim world are precisely described in manuscripts. The plate armour characteristic of Central Asia spread in particular throughout the Islamic world between the 8th and 14th centuries with the Turkish conquests. Particularly effective on the battlefield, it was flexible enough not to hamper movement and thus enabled riders to be quick and nimble, especially in hand-to-hand combat. This armour also offered spiritual protection, however, being often combined with talismanic shirts worn beneath the coat of mail or by mirror plates supposedly endowed with protective powers to ward off the evil eye.

European monarchs were initiated at a very early age into their duties as commanders of the army. The history books written for the education of princes are rife with episodes of warfare and their prestige rested on military glory. From the time of the Renaissance, armour became thicker to withstand the new firearms. The great delicacy of the engraved or inlaid decoration of armour worn during important ceremonies contrasts with armour's military function and emphasises its symbolic importance within the framework of royal pomp and circumstance.

The armour developed from the 9th century onwards in Asia remained practically unchanged until the arrival of firearms with Western troops in the 16th century necessitated its reinforcement. Often very expensive, it was the prerogative of fortunate warriors who personalised it according to their rank, wealth or power.

1

BLOOD AND IRON

The armour of sovereigns served not only for fighting but also, by virtue of its finery, to celebrate the wearer's power and to glorify victorious violence. This suit, once thought to have belonged to Henry IV of France, is adorned with mythological and allegorical figures and decorative motifs deriving from ancient Greece and Rome, as was customary among European princes, who modelled themselves on ancient heroes, gods and emperors. Symbols of power and precious objects, princely armour of this quality was used only for ceremonial purposes or as diplomatic gifts which were subsequently added to collections.

MUGHAL SPLENDOUR

This type of Indo-Persian armour appeared in Iran early in the 15th century and spread quickly in Mughal India with the reign of Akbar the Great (1542–1605). The different kinds of armour display many similarities, which sometimes make it difficult to distinguish their origins. Here the semi-spherical shape of the helmet is borrowed from Safavid Iran while the decorative arabesques and flowery lozenges of the metal plates are typically Mughal. The term "four mirrors" (*cha har'a ina* in Persian) used to describe this type of armour refers to the metal plates that protect the wearer's vital organs. They are worn over a coat of mail to create a light and flexible suit that allowed great freedom of movement.

2

BEAUTY AND STRENGTH

From the beginning of the 17th century in Japan, a period of feudal wars between different clans was followed by the 250-year reign of the Tokugawa shoguns. While the peace that then reigned in the archipelago did not put an end to the production of armour, its function as a mark of rank and power became paramount. The aesthetic appearance of the armour took priority over its purely utilitarian and protective role, and the makers performed veritable feats of technical prowess. This remarkable complete suit of armour was made for Shishido Tamaki, an important figure in the Môri clan of Hagi in Nagato.

3

1.
Ceremonial armour, decorated with grotesques
France
c. 1570
H. 121 cm; iron
MUSÉE DU LOUVRE

2.
Mail and plate armour, called "four mirrors" armour
Mughal India
1600–1800
H. 135 cm; iron and copper alloy, gold, leather, cloth
LOUVRE ABU DHABI

3.
Ceremonial armour with the coat of arms of the Shishido family
Japan, Kyoto
1550–1868
H. 270 cm; iron, copper gilt, lacquered wood, silk, leather
LOUVRE ABU DHABI

While armour turned into finery, many objects of prestige were instead adorned with warlike iconography, thus attesting to the association of the image of the powerful with their role as defenders of the people. Feats of technical and artistic prowess by artists were practised on weapons far too fragile and sophisticated for use on the battlefield. At the same time, objects of everyday life like dishes were used to celebrate the glory of the warrior prince and embellish his palace.

ARMS OR FINERY?

1

THE BADGE OF THE CLAN

This helmet, known as *kawari*, meaning "eccentric", because of its shape, dates from the Momoyama period in the late 16th and early 17th century, during which conflict was particularly intense in Japan. Above the functional elements of the helmet itself and the neck guard stands an authentic sculpture of dried lacquer like a bolt of intricately folded silk. This served to make the warrior's clan recognisable from afar and to intimidate his adversary.

WARLIKE PROFILE

The image of a warrior can be found on numerous objects, including coins, medals, paintings and sculptures, but also on decorative or ceremonial articles like this large dish, decorated with a 16th-century soldier in helmet and armour after the fashion of the Roman imperial profiles. In a period when Italy was torn by wars between neighbouring principalities, such warriors were the leaders of mercenary companies and even became rulers in some cases, like Malatesta da Verucchio in Rimini.

2

3

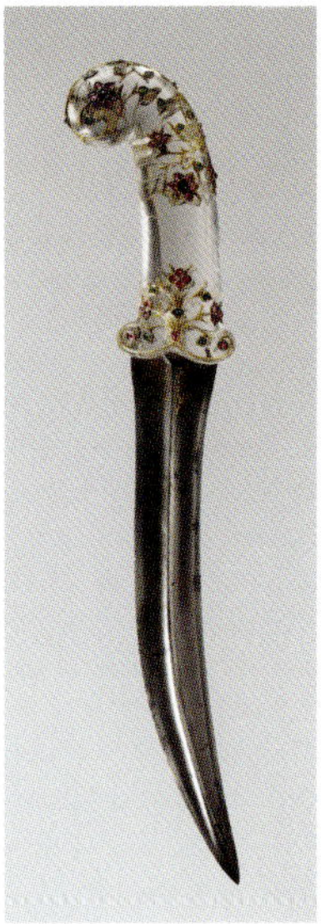

4

5

6

ART TRANSCENDING WAR

Ornamental weapons were particularly prized in the Arab-Muslim world, especially in the Ottoman, Mughal and Safavid empires, where they were minutely described and illustrated in chronicles and travellers' accounts. Dating from between the 17th and 19th centuries, these ceremonial daggers with carved pommels of precious materials reflect the opulence of the Indian courts and the diversity of the artistic traditions of the Mughal realms of the north and the kingdoms of the south. Daggers of this type were closely related to the royal status of the person for whom they were made and served as diplomatic gifts for European courts from the time of the Medici.

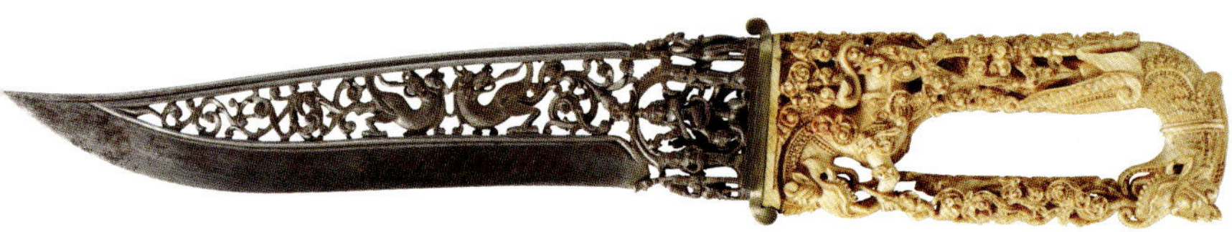

7

A SYMBOLIC WEAPON

This ceremonial dagger, made in southern India for Thirumalai Nayak (r. 1623–59), ruler of Madurai, constituted an offering to a Hindu temple. The carved ivory handle is entirely covered in leaf and bead motifs and tiny elephants. The pommel is in the shape of a *yali*, a mythical protective creature of the Hindu religion, lion, horse and elephant at the same time, with bird-like features. Fearsome even though never intended for use, the openwork blade is finely chased with phytomorphic tracery and mythical birds. At its base, the god Shiva brandishes a trident and tramples on a dwarf demon as a sign of the king's power over people and animals.

1.
Helmet of a warrior
Japan
1573–1603
H. 54 cm; lacquer, iron, rope
LOUVRE ABU DHABI

2.
Ceremonial dish with a helmeted warrior
Italy, Deruta
1500–25
Diam. 41 cm; ceramic, painted and glazed decoration
CITÉ DE LA CÉRAMIQUE – SÈVRES & LIMOGES

3.
Ceremonial dagger with a volute-shaped hilt
India
1600–1700
H. 32 cm; steel, jade, precious stones, gold
LOUVRE ABU DHABI

4.
Ceremonial dagger with a volute-shaped hilt (Khanjar)
India
1600–1700
H. 38 cm; steel, rock crystal, precious stones, gold
LOUVRE ABU DHABI

5.
Ceremonial dagger with horse-head hilt
Northern India
c. 1870
H. 55 cm; steel, green nephrite, precious stones, gold
LOUVRE ABU DHABI

6.
Ceremonial dagger
India
c. 1650
H. 48.5 cm; steel, white nephrite, precious stones, gold
LOUVRE ABU DHABI

7.
Royal dagger carved with Hindu figures
India
1600–45
H. 35 cm; steel, ivory
LOUVRE ABU DHABI

A MASTERPIECE THE TURBAN HELMET

THIS IS ONE of the most beautiful and important Islamic helmets to have survived to the present day. It belonged to the Orientalist painter Jean-Léon Gérôme, now regarded as one of the leading figures in the Western discovery of the Islamic arts, at the end of the 19th century. The helmet was shown in 1903 at the first great exhibition of Muslim art in Paris, a crucial landmark at the time for collectors.

Bulbous in shape and of exceptional size, the dome was forged in a single piece with broad twisted grooves to suggest the folded fabric of a turban. The camail of chain mail, through which a detachable nasal or nose guard passes, protected the neck, ears and face. The knob on the top originally served to hold a plume adorned with jewels. This item belongs to a group of helmets decorated with vertical or spiral gadroons worn in the Iranian world and Anatolia from the 14th to the 16th century. Their shape, inspired by the turbans of the dervishes, and inscriptions evoke Sufi mysticism, which recommended "little sleep, little food, few words, introspection". Long regarded as Mamluk helmets, they are now recognised as originating in Anatolia and specifically in the Turkoman Ağ Qoyunlu or White Sheep tribe in Diyarbakir, which extended its power in the 14th and 15th centuries over most of eastern Turkey, northern Iraq, Iran and Azerbaijan.

Numerous turban helmets were seized as spoils of war during the Ottoman conquest of the Caucasus and began to appear in European collections after the collection housed in the arsenal was broken up by Sultan Abdülmecid in 1839.

The decoration of inlaid silver on a ground that still bears traces of gilding is made up of phytomorphic tracery and two cursive inscriptions in thuluth calligraphy characteristic of the second half of the 15th century. Praises and blessings addressed in Arabic to the sultan are imbued here with strong symbolic meaning. Calling for moderation, they implore divine protection for and swear allegiance to a *khagan* or emperor.

The nasal bears the inscription:

الله

Allah

Turban helmet
Turkey
1450–1500
H. 61 cm; steel with silver inlays, traces of gold
LOUVRE ABU DHABI

On the upper register:

العز في الطاعة
الغنى في القناعة
والذلة في [...]

Glory lies in obedience, wealth in satisfaction and good fortune in [...]

On the lower register:

مما عمل برسم الملك السلطان
الاشرف الأعظم خاقان
المعظم مالك رقاب
الأمم مولى ملوك العرب والعجم

[...] The king, the noblest sultan, the glorious *khagan*, master of the peaks of the nations, sovereign of the kings of Arabs and non-Arabs, the shadow of God.

WING 3
GALLERY 9

A NEW ART OF LIVING

In the new world-wide economy, the affluence of princes spread to an ever-growing section of society. Trade made quantities of exotic goods accessible to more and more people, not only in Europe but also in Japan and the great cities of the Islamic world, and this recent and relative prosperity manifested itself in the evolution of tastes and the multiplicity of fashions. The 18th century was characterised by the sophistication of the decorative arts in apartments, now more comfortable and preferred to vast, impersonal halls of state. Opulence was expressed in a taste for precious materials and fashions in clothing and furniture. Open to a whole range of sources of inspiration, craftsmen and artists readily appropriated foreign themes, techniques and objects to develop their own creations. Exotic materials and fantastic images of faraway places were part of this dream of a gentler and more hedonistic world, with mankind at the centre of the universe. On all continents, the arts reflected the new importance attached to the private sphere, the individual and the family, in which women gradually acquired a new status. While it was still primarily in the domestic space that they imposed their vision, they were able to give free rein to their taste for carefree elegance and entertainment. The ever-greater circulation of goods and people was also conducive to the dissemination of ideas that questioned and revolutionised the values of society. The arts saw a return to ancient models with Neoclassicism, a vehicle of moral values. Europe was conquered by the Enlightenment, a philosophy of progress that spread an idea of reason and personal freedom according to which every individual can play a part in history. At the end of the century, the outbreak of revolution in France and in Great Britain's American colonies had a great impact on the course of world history, and proclaimed values of individual and collective emancipation. Whereas history produced the individual citizen, two great figures of the time, Napoleon and Washington, showed that individuals can also make history.

The emergence in courts and cities of a new way of life characterised by the primacy of the private sphere and the increasing pursuit of comfort coincided in the 18th century with the advent of new ideas spread by philosophers, scientists and scholars that challenged and overturned the traditional values of society.

THE PRIMACY OF THE PRIVATE SPHERE

FROM ASIA TO EUROPE by way of maritime South-East Asia or the Indian Ocean, the world's great trading centres saw the emergence of a merchant middle class in pursuit of luxury and comfort. It was also ideas that circulated. Following the example of Voltaire, who championed freedom of thought and tolerance, especially in the religious sphere, these philosophers urged everyone to develop a critical spirit so as to become free and enlightened. This led to the emergence of the concept of the individual as someone free to think and entitled to enjoy the pleasures of the senses. The new ideas spread through the whole of Europe and Russia before reaching America.

These significant social changes are reflected in the art of portraiture, which became the modern genre *par excellence*. No longer reserved for celebration of the mighty, it also captured the image of a broader section of society and in particular the rising middle class. Gentlemen of the court, scholars, philosophers, merchants and art lovers delighted in being portrayed in a new private setting surrounded by selected objects. These portraits endeavoured to emphasise the individuality of the subject while complying with the rules of the social comedy.

At the beginning of the 18th century, art no longer pursued the sole mission of spiritual edification but sought to attract the viewer and afford pleasure. With its winding curves and soft colours, the Rococo style enjoyed great success in Europe and invaded interiors. The compositions aimed more at charm than meaning, at the expense of the narrative venerated in the previous century. People in Europe now asserted their right to be happy on earth in accordance with the numerous philosophical treatises describing a society built on the principle of public happiness. The image thus became the vehicle of propaganda for immediate felicity and presented life as a light, happy spectacle made up of anecdotes. Beneath the lightness of the images, however, a certain melancholy and sometimes even anxiety can often be discerned with respect to the unstable and transitory nature of human reality.

A parallel phenomenon emerged in Japan during the Edo period (1615–1868), a time of peace and prosperity that saw the blossoming of an extraordinarily rich, varied and sophisticated culture. Artistic production expanded beyond the framework of official patronage and religious institutions to accompany urban and social development. An autonomous and innovative school arose and presented the pleasures of the capital through the production of prints known as "images of the floating world". Aimed at the commercial middle class and the populace alike, these works were reproduced in series for large-scale circulation. In India, the range of subjects addressed in painting was considerable and the recurrent underlying themes often appealed to a particular sense of intimacy. Scenes of princely pleasures such as hunting, music and the harem were thus comparatively frequent in Mughal and Rajput painting and enjoyed great popularity between the 16th and 19th centuries.

ACTS OF TENDERNESS

The prints of Utamaro (1753–1806) are mostly portraits of women, mothers with children and beautiful courtesans. His draughtsmanship is characterised by apparent simplicity and great sensitivity. In the print of a young mother playing the *shamisen*, Utamaro uses a special orange ink made with copper that emphasizes her soft clothing and contributes to the feeling of tenderness evoked by the scene.

1

2

THE PRESENTATION OF THE COUPLE

This portrait of a young English couple playing chess, then a fashionable pastime, attests to a growing interest in private married life. Francis Cotes (1726–1770), then at the peak of his glory, was the portrait painter to the British royal family and London's high society. The bright colours, sumptuous materials and sophisticated setting endow this intimate portrait with a certain degree of modernity. Attention is focused on the mahogany table on which the pieces are reflected. The endgame here is highly symbolic, as only the two kings remain on the board, which means that neither husband nor wife can win.

1.
Portrait of William and Penelope Welby Playing Chess
FRANCIS COTES
United Kingdom
1769
H. 135, W. 152 cm;
oil on canvas
LOUVRE ABU DHABI

2.
Young Mother Playing the Shamisen
Series of the Fashionable Seven Komachi
KITAGAWA UTAMARO
Japan
c. 1798
H. 39, W. 25.7 cm;
ink on paper
LOUVRE ABU DHABI

3

4

A FAMILY SCENE IN AN INDIAN PALACE

The secular and intimate theme of this painting is drawn from a verse in the *Gathassatai*, a traditional anthology of poetry. In a landscape with a monsoon sky, a man kneels before his wife to beg forgiveness. Despite her state of real or feigned anger, she seems unable to repress a smile as the child perched on her husband's back pulls at his turban.

A MUSICAL SCENE IN A PERSIAN GARDEN

This depiction of a youth in a turban playing a pipe was part of an interior decoration made up of large ceramic tiles. The neck of a bottle can be discerned in the foreground as well as a bowl filled with pomegranates and quinces to accompany the drinks enjoyed by the young people. This type of depiction, presenting poets and scholars together in a public or private space around a banqueting table, is related to princely entertainments. Widely used in Safavid Iran during the 17th century for the decoration of palaces in Isfahan, the tradition was taken up again in a more conventional manner under the Qajar dynasty.

5

A COUPLE FACE TO FACE

This canvas by Van Loo (1707–1771) presents the French high superintendent of arts and architecture, brother to Louis XIV's favourite Madame de Pompadour and one of the most important figures at the royal court. Facing his young wife, who is seated at a dressing table in a negligee, the Marquis is leaning on a cue used for billiards, a fashionable pastime among the nobility.

6

3.
Panel with a flute player
Iran, Isfahan or Qazvin
1680–1730
H. 72.7, W. 24 cm; ceramic
MUSÉE DU LOUVRE

4.
Family Scene
Rajput painting
PAHARI SCHOOL, ARTIST FROM KANGRA
India
c. 1800
H. 25, W. 17.6 cm; gouache with gold highlights on paper
LOUVRE ABU DHABI

5.
Portrait of the Marquis de Marigny and His Wife
LOUIS-MICHEL VAN LOO
France
1769
H. 130, W. 98 cm; oil on canvas
MUSÉE DU LOUVRE

6.
Portrait of Voltaire
NICOLAS DE LARGILLIÈRE
France
1718
H. 81, W. 65 cm; oil on canvas
MUSÉE NATIONAL DES CHÂTEAUX DE VERSAILLES ET DE TRIANON

7.
Bust of Voltaire
JEAN-ANTOINE HOUDON
France
1778
H. 45.5 cm; marble
MUSÉE DU LOUVRE

VOLTAIRE, THE SPIRIT OF A CENTURY

François-Marie Arouet, better known as Voltaire, epitomises the Enlightenment. These portraits show two faces of the same man sixty years apart and bear witness to the radical changes in art and society that disrupted the 18th century. The painting by Largillière (1656–1746) shows him at the age of 24, when he regained the Regent's favour after being imprisoned in the Bastille. He presents himself proudly, wearing a powdered wig and luxurious clothing, in a pose asserting his social position. In the uncompromising portrait of 1778 by the sculptor Houdon (1741–1828), he appears instead bare-headed and balding with a gaunt face and pursed lips on his return from years of exile at the age of 84. Houdon takes the busts of ancient philosophers as his model here, thus associating Voltaire with these great and now immortal thinkers.

7

In response to the increasing demand for comfort, refinement and privacy, the art of living became more sophisticated in the 18th century. At the court and in urban homes, rooms on a human scale took over from huge halls of state and were filled with everyday or simply decorative objects. As a result, the decorative arts saw unprecedented growth characterised by feats of technical skill and a taste for exotic materials.

INTIMACY, LUXURY AND COMFORT

WITH THE DEVELOPMENT of corporations like the British East India Company and the Compagnie française des Indes orientales, the growth of world trade led to the introduction of many imported goods into Europe. The refinement of articles from China, Japan and India, which flooded the Middle East as well as Europe, fascinated local artists and prompted attempts at appropriation. In China, the imperial manufactories located in the south were reorganised by the first emperors of the Qing dynasty to meet a growing demand for silk, ceramics and lacquer for the home market as well as exportation. The decorative arts then attained a very high level of virtuoso skill admired the world over.

In this competitive situation, the imperial workshops of the Islamic world and great royal manufactories of Europe responded and established themselves as remarkably dynamic creative forces in the field of the decorative arts. So successful were they that the intensification of relations with Europe in the second half of the century marked an artistic turning point for the Islamic world, eclipsing the fascination previously felt for the decorative arts of the Far East. Through the development of local production, silk, the universal symbol of luxury, thus came to express the refinement peculiar to each culture and was no longer perceived as something exotic. The Asian, Turkish and European chronicles of the time provide information on the extraordinarily strict rules of dress laid down for dignitaries and personages of high degree, above all during audiences, processions and festivities.

Europe's fascination with the East and the Far East was expressed in different forms. In addition to the influence of iconographic themes, it took shape in the adaptation of imported articles, as exemplified by the addition of metal frames and mountings to ceramics and the incorporation of lacquer into furniture. Attempts were soon made to imitate Asian articles, whose production techniques remained unknown, as attested in Europe by the frenzied search for the trade secrets of porcelain that led to the invention of vernis Martin, which simulated the surface effect of lacquer with less quality but at lower cost.

1

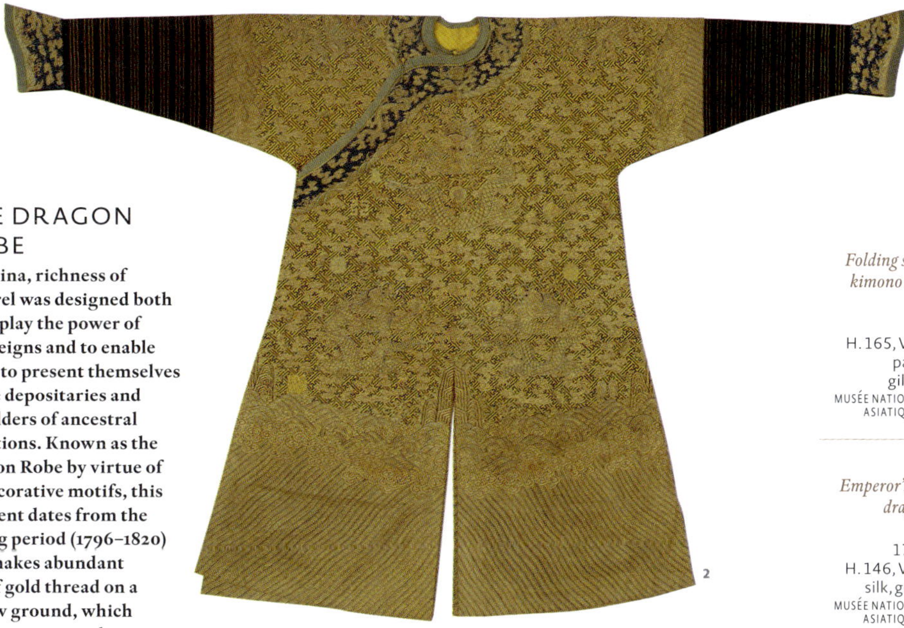

2

THE DRAGON ROBE

In China, richness of apparel was designed both to display the power of sovereigns and to enable them to present themselves as the depositaries and upholders of ancestral traditions. Known as the Dragon Robe by virtue of its decorative motifs, this garment dates from the Jiajing period (1796–1820) and makes abundant use of gold thread on a yellow ground, which indicates imperial use. The traditional dragon appears in the midst of stylised clouds accompanied by twelve symbols of imperial authority.

1.
Folding screen with kimono decoration
Japan
c. 1650
H. 165, W. 350 cm; painted and gilded paper
MUSÉE NATIONAL DES ARTS ASIATIQUES – GUIMET

2.
Emperor's robe with dragon motifs
China
1796–1820
H. 146, W. 224 cm; silk, gold thread
MUSÉE NATIONAL DES ARTS ASIATIQUES – GUIMET

3.
Man's coat, waistcoat and breeches
France
1780
H. 113 cm; velvet, silk, buttons
MUSÉE DES ARTS DÉCORATIFS

THE SECRET OF THE KIMONOS

The subject of this folding screen, a characteristic object of Japanese interiors, is drawn from the classical poem *Tagasode* ("Whose sleeves are these?"). The artist takes us into the privacy of the home of a rich merchant of the Edo period. Rather than showing sumptuously clad women, the astonishingly modern composition suggests the presence of an unknown lady through the garments hanging on the rack.

3

THE ART OF DRESS

In the 18th century, dress was strictly governed in Europe by fashion. The models laid down at court circulated among the aristocracy and the middle class alike, above all through the fashion magazines that appeared in this period. Dress was therefore part of the presentation of the individual in an increasingly urban world. The wearers displayed their ideas and social status through its style and the costliness of the materials used. Both women's and men's garments were covered with rich decorative motifs in accordance with the rococo style in vogue at the time.

BVRB, A FRENCH CHEST OF DRAWERS WITH CHINESE LACQUER

This chest of drawers is the work of Bernard II van Risenburgh (c. 1696–c. 1766), one of the great cabinetmakers active in Paris during the reign of Louis XV. Born into a family of craftsmen of Dutch origin, he was the first to embellish his pieces of furniture with panels of Chinese lacquer set off by frames of gilt bronze. He produced five similar items around 1750 but only two with genuine lacquer panels, the three others being imitations made with the cheaper local product called vernis Martin.

4

5

THE SPLENDOUR OF OTTOMAN VELVETS

Symbols of splendour and status, velvets, mainly designed for upholstery, were particularly prized by the Ottoman courts and a clientele of rich individuals. Made with threads of silk and metal, this cushion cover is from either Bursa or Istanbul, the two great manufacturing centres of Ottoman textiles. The composition is created by the repetition of floral motifs in a pattern characteristic of the most successful periods of Ottoman art.

4.
Commode decorated with red lacquer from China, with detail
BERNARD II VAN RISENBURGH
France, Paris
1753–56
H. 84, W. 116 cm;
wood, lacquer, bronze gilt, marble
LOUVRE ABU DHABI

5.
Carpet from a diwan
Turkey
1600–1700
H. 67, W. 123 cm;
silk, cotton, metal thread, figured velvet
MUSÉE DES ARTS DÉCORATIFS

6.
Vases in Chinese style, called "vases Japon"
JEAN-ARMAND FALLOT
France, Manufacture royale de Sèvres
1774
H. 29.5 cm;
hard-paste porcelain
LOUVRE ABU DHABI

6

THE RUSH FOR WHITE GOLD

The Sèvres manufactory joined in the rush for "white gold", i.e. hard porcelain from China, whose production technique was not mastered in France until around 1770. These jars, which attest to a more archaeological approach to chinoiserie, are modelled directly on ancient vessels present in the catalogue of the Chinese imperial collections compiled between 1735 and 1751 by order of the the Qianlong emperor. Both the shape and the decorative motifs are drawn directly from Chinese vases of chased metal. The use of the appellation *Japon* in this connection is surprising and evidence of a still hazy perception of the Far East.

A MASTERPIECE
THE FOUNTAIN FROM A HOUSE IN DAMASCUS

THIS FLOOR is a fine example of the architectural decoration used in the Syrian area during the 12th century, as exemplified in Aleppo by the courtyards of the Great Mosque and the Madrasa al-Firdaws. The alternation of white and coloured stone takes up an old technique first used for the lower rows in two-coloured masonry of Byzantine buildings and then in the geometric patterns of the floors of Arab-Norman palaces of the 12th and 13th centuries.

In the Islamic world, this technique was first employed during the Zengid dynasty (1127–83) and continued uninterruptedly through the Ayyubid (late 12th – mid-13th century), Mamluk (mid-13th – early 16th century) and Ottoman (early 16th – 20th century) eras. A hallmark of Syrian architecture, initially public and then also private, it was used for the decoration of internal façades, courtyards, fountains and walls. From the late 17th to early 19th century, Syrian decoration involved two complementary techniques: *ablaq* for the mineral elements or stone and *ajami* for the woodwork of walls and ceilings.

Designed for coolness during the summer, the floor and fountain were originally part of the inner courtyard or, more probably, the main hall of an 18th-century residence in Damascus. In Syria more than anywhere else in the Islamic world, inner courtyards constituted the central point of houses and palaces with the rooms extending off them. In the contemporary light-flooded setting of the Louvre Abu Dhabi, the fountain regains something of its traditional symbolic importance as the reflection of the celestial vault represented in architecture in the form of a dome or cupola.

Made up of square and rectangular panels repeated in diagonal symmetry on either side of the basin, the floor consists of stones in different colours hewn and arranged so as to form a geometrical pattern of stars, rosettes, squares and polygons, a hallmark of Damascene decoration from the Mamluk period to the appearance of vegetal elements in the 19th century.

Two small panels present motifs based on the letter *mim* in geometric kufic. Repeated four times in a mirror-image composition, the letter – the first in the word ماء meaning water – alludes to the function of the fountain. It could also be the cryptic signature of an artist whose name begins with *mim*, like Muhammad.

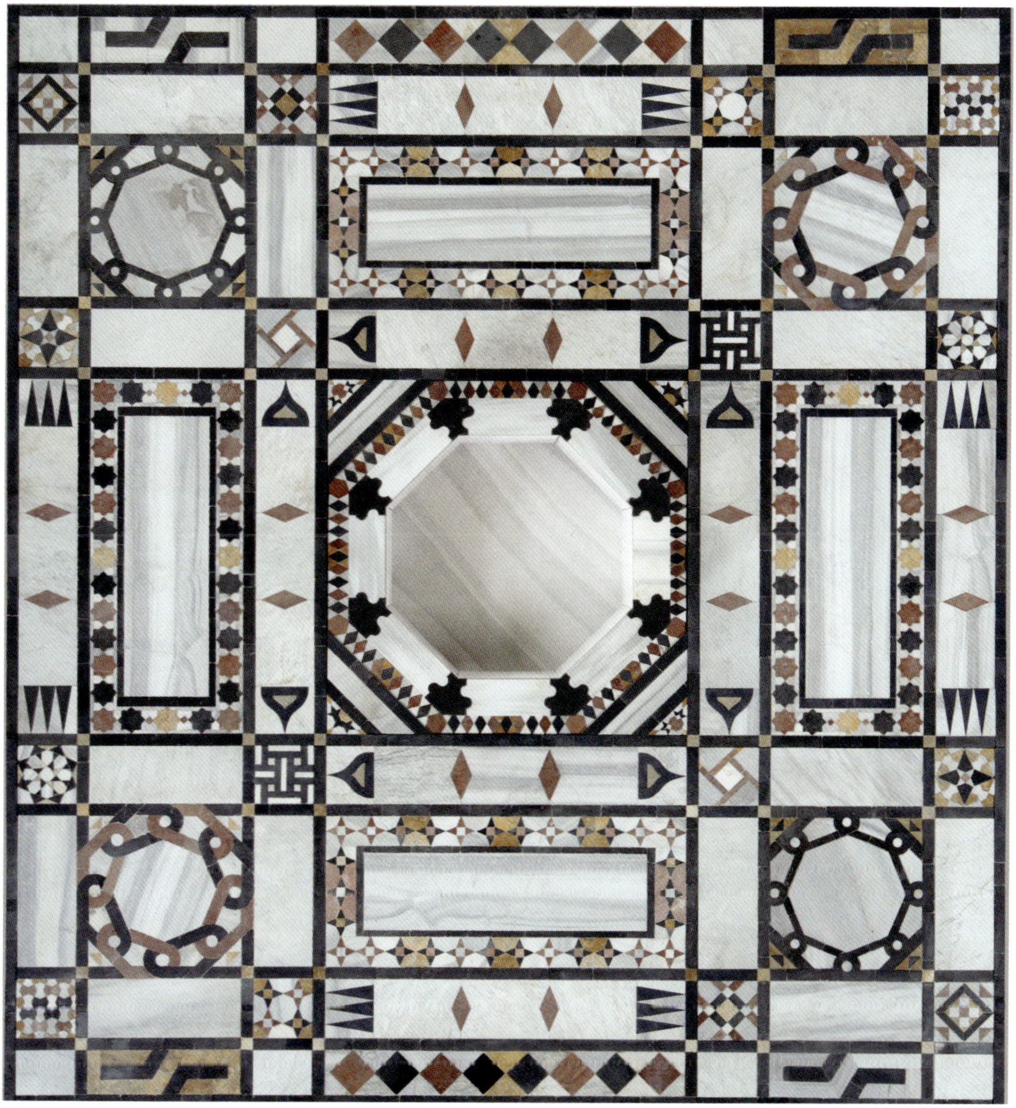

In Islamic decoration, backgammon (elongated S and chain-and-knots) motifs first appeared in the Mamluk era on the pavement of the courtyard of the Mosque-Madrasa of Sultan Hassan (constructed 1356–63) and in the Sultan al-Ashraf Qaytbay funerary complex (1472–74) in Cairo. They are also frequently found in the Ottoman architecture of former Mamluk territories in Syria and Egypt. The presence of the rarer circular chain-and-knots motif makes it possible to date the work to the beginning of the 18th century.

Octagonal fountain and its flooring
Syria, Damascus
1700-1800
L. 548, W. 509 cm; marble, limestone, slate
LOUVRE ABU DHABI

This period of closer international relations saw the creation of numerous embassies, which became points of contact and dialogue that increased the circulation of ideas. They also held fairytale receptions revealing the splendours of foreign courts. Travel books and images brought back from faraway lands broadened the iconographic repertoire considerably.

DISTANT SHORES

THE VOGUE for turquerie and chinoiserie that invaded Europe in the 17th and 18th centuries on a wide variety of supports expresses an unprecedented longing for faraway places. Although the iconography drew on the engraved illustrations of travel books, the works are often fanciful evocations far removed from any pursuit of ethnographic realism.

Exoticism first appeared as a formal vocabulary whose primary function was to charm, responding to the characteristic 18th-century taste for theatre, festivities and masquerade.

Exotic scenes of life transport the viewer to a moral universe free from the constraints of Western society, giving free rein to sensual imaginings or critical irony. The outlandish representations then proliferating also served in social satire as a distorted reflection to castigate the flaws of contemporary European society. China in particular became a point of reference for Europe in the political field because it was seen by the philosophers of the Enlightenment as a model of sound government and religious tolerance.

In the Arab-Muslim world, the Ottoman, Safavid and Mughal courts also held great fascination for other cultural areas of the same religious persuasion, which sought to imitate their great refinement. Similar exchanges also existed between Islamic and Hindu courts, as in the case of Deccan, where Persian influences are particularly identifiable. The illustrations of the Polier album, which show a Persian-style harem as imagined by Indian artists, thus illustrate a multifaceted exoticism. Scenes of life in the harem, a place shrouded in mystery, enjoyed great popularity in Europe too and became emblematic of a certain exoticism and a fanciful vision of the Middle-Eastern female universe.

1

THE LUSTRE OF EMBASSIES

The Mughal court in northern India was a cosmopolitan centre where a stylistic vocabulary was developed under the combined influences of local tradition, the world of the steppes and Islamic culture. This page from the Fraser album shows a Burmese embassy visiting the Mughal court in a style very characteristic of Western art. The artist precisely depicts the specific dress of each figure in accordance with their differing ranks.

A PRINCE SETS SAIL

This late 17th-century hanging radically renews the traditional decorative and artistic repertoire characterised by classical mythology with a more decorative style influenced by the recent vogue for the East in European courts. While the background suggests a Chinese city, the fanciful architecture in the foreground is suggestive of Gothic vocabulary rather than any Chinese style. The emperor appears on a vessel similar to a junk decorated with dragons and garlands before the eyes of an empress enthroned beneath a canopy.

2

1.
A Burmese Delegation at the Mughal Court
India, Delhi
1815–20
H. 32, W. 27 cm; gouache and gold on paper
LOUVRE ABU DHABI

3

THE SOPHISTICATION OF AN AMBASSADOR

Jean-Étienne Liotard (1702–89) embarked on a long Mediterranean voyage in 1738 that took him to Constantinople for five years. This portrait is characteristic of his fine and elegant art, which recalls Eastern miniatures in many respects. The artist took particular care to render the quality of the different materials in the dress of this ambassador of the Habsburg Empire, intended also as the representative of European refinement. Count Ulfeldt is depicted in a Turkish interior holding his letter of accreditation signed by the reigning sultan, Mahmud I.

2.
The Embarkment of the Emperor of China
PHILIPPE BÉHAGLE
France, Manufacture royale de Beauvais
c. 1700
H. 396, W. 269 cm; wool, silk
LOUVRE ABU DHABI

3.
Count Corfiz Anton Ulfeldt in an Ottoman Interior
JEAN-ÉTIENNE LIOTARD
Turkey, Istanbul
1740–41
H. 31.3, W. 22.7 cm; gouache and watercolour on parchment
LOUVRE ABU DHABI

4

DREAM-LIKE CHINA

In the bucolic setting of a fanciful Eastern garden, three characters engage in what appears to be a rite of devotion to the ancestors, as suggested by the bust on a pedestal in the middle ground. Their dress is not so much Chinese as a figment of the imagination. Only the cone-shaped hat of the figure on the left recalls the headgear of southern China near present-day Vietnam, a region engaged in trade – especially the silk trade – with Europe. The building in the background could indeed be a silk manufactory.

5

6

IN THE PRIVACY OF THE HAREM

This sheet is from an album compiled by Colonel Antoine-Louis de Polier (1741–1795), a French-Swiss adventurer and collector resident in India in the middle of the 18th century. The front presents a harem scene with a group of women talking and smoking hookahs in the midst of maidservants, musicians and dancers. The structured background is inspired by the Persian art of gardens. The back bears a calligraphic *ghazal* or love poem. The Lucknow school revitalised Indian miniature painting and replaced royal and literary epic themes with stand-alone subjects and genre scenes in the form of album pages that proved very popular with local and foreign collectors.

4.
A Chinese Scene
JEAN-BAPTISTE PILLEMENT
France, Paris
1765–67
H. 201.5, W. 230 cm;
oil on canvas
LOUVRE ABU DHABI

5.
Page from a Polier album: Entertainments in a Harem
MUHAMMAD ALI
India, Lucknow
1780
H. 45.7, W. 61.5 cm;
paperboard, ink, gouache and gold
LOUVRE ABU DHABI

6.
Calligraphed love poem on the back of illustration no. 5
MUHAMMAD ALI
India, Lucknow
1780
H. 45.7, W. 61.5 cm;
gouache and ink on parchment, gold highlights
LOUVRE ABU DHABI

While improvements in printing had a devastating impact on the art of the manuscript in Europe in the second half of the 15th century, calligraphy remained one of the key forms of artistic expression in Asia and the Arab-Muslim world. It continued in the Far East as a support for thought, aesthetics and meditation, and was established in the Arab-Muslim world in the millennial tradition of the calligraphic book.

CALLIGRAPHY AN ART OF UNIQUENESS

AS ONE of the facets of the refinement of the kingdoms and empires of Eurasia and the Middle East, calligraphy blossomed and spread on readily transportable but particularly fragile materials. In Asia and especially China, the art of calligraphy had been regarded for nearly two thousand years as an absolute aesthetic act, an artistic achievement superior to that of the painting derived from it. Script is a repertoire of forms and a source of meaning at the same time. Artists, scholars and statesmen practised the art with passion both as a tool of divination and as a spiritual exercise offering an intense aesthetic experience to the calligrapher and the viewer alike.

The scholar, a figure closely connected with the art of the book, occupied a privileged cultural and social position in the Islamic world too. Painters, illuminators, calligraphers and bookbinders worked in close cooperation in imperial workshops like the *kitabkhane* and *naqqashkhane* of the Persian and Ottoman worlds respectively. They had a great influence on all the rest of artistic production and laid down models for the production of carpets, ceramics and monumental decorations. The six traditional styles of cursive calligraphy gave rise to new interpretations and developments, as attested by albums of poetry and writing exercises. Two schools can be identified in painting, one highly decorative and the other more realistic, that lay at the origin of the development of portraiture and illustrated biography.

1

2

THE METAMORPHOSES OF INK

This Chinese inkstone with pale cobalt blue decoration constitutes a synthesis of Arabian and Chinese ornamentation and illustrates the importance attached to calligraphy in both civilisations. While the lid is decorated with stylised foliage and *ruyi* motifs of Chinese origin, the inscriptions in the medallions and lozenges are in Arabic. *Seek perfection in calligraphy because it is one of the keys to existence* is written on the front, and *Knowledge is a good and precious travail* on one side and *Ignorance is a terrible and irremediable affliction* on the other.

THE CIRCLE, A METAPHOR OF THE DIVINE

The graphic artists responsible for the production of manuscripts in the Islamic civilisations, of whom the calligrapher was the most prominent, attempted to represent spirituality through the union of text with images, thus imbuing their creations with a power of guidance. The *hilya*, a form of decorative wall hanging developed by Hafiz Osman, a calligrapher at the Ottoman court, offered guidance and the *Baraka* (Blessing) of the Prophet to its Muslim readers, who, in the pursuit of virtue, followed in the steps of their spiritual guide, the Prophet Muhammad. At the centre of the *hilya* is a circle, which, having neither beginning nor end, is the perfect symbol of unity and holds within it a description of the attributes and qualities of the Prophet.

3

4

MEDITATIONS OF THE BRUSH

The Kanō school, one of the most influential artistic movements inspired by Zen in Japan, is characterised by the importance attached to the movement of the brush, the predominance of ink over colour and the choice of subjects, primarily portraits of Zen patriarchs or landscapes. Bodhidharma, one of the founders of Zen, is portrayed here by Kanō Tan'yū (1602–1674), a great Japanese artist of the 17th century. The portrait astonishes by the simplicity with which the monk's habit is suggested in a few powerful strokes, which contrasts with the intensity of his expression. The inscription in cursive calligraphy is by the Chinese monk Yinyuan Longqi (1592–1663), the founder of the Obaku sect, a major school of Japanese Zen. The signature on the painting indicates that it was an official commission for the shogun Tokugawa.

1.
Inkstone with medallions inscribed in Arabic
China
1505–21
H. 12, W. 26 cm;
blue and white porcelain
MUSÉE NATIONAL DES ARTS ASIATIQUES – GUIMET

2.
Hilya
KAZASKER MUSTAFA IZZET
Turkey, Istanbul
1874–75
H. 57, W. 42.5 cm;
ink, colours and gold on paper
ZAYED NATIONAL MUSEUM

3.
Enso
TOREI ENJI
Japan
1750–92
H. 171, W. 39.1 cm;
vertical scroll, ink on paper
LOUVRE ABU DHABI

4.
Bodhidharma, founder of Zen Buddhism
KANŌ TAN'YŪ
Japan
1620–73
H. 223.5, W. 92.5 cm;
ink and colours on silk
LOUVRE ABU DHABI

THE CIRCLE, THE PERFECTION OF AWAKENING

Torei Enji (1721–1792) was a Zen monk. His art is characterised by spontaneity and the pursuit of the essential, as illustrated in particular in the execution of the great symbols of Zen. The most important of these is the circle or *enso*, which refers to the very essence of Buddhism, evoking the figure of the Buddha and the perfection of Awakening. The calligraphic inscription above the circle presents the words the Buddha is said to have spoken on his birth: *Above the sky, beneath the sky, I alone am worthy of honour.*

Engraved images were easy to transport, duplicate, manipulate, alter and reduce in size as required. This art was particularly developed in Japan and in Europe. More affordable than paintings or manuscripts, prints played a major part in the world-wide circulation of images, aesthetics and knowledge.

THE PRINT A MULTIPLE

THE WORD *PRINT* means both the process of reproduction by means of an engraved matrix of wood or metal and the image thus obtained. The matrix is inked and placed in a press to transfer the image onto a support, which is generally paper. The many engraving techniques used reflect the nature of a practice that was both individual and collective, artisanal in certain respects and sometimes already industrial.

While most European engravings are monochromatic, from the end of the 18th century prints in the Far East and especially Japan were coloured. The technique employed was xylography or woodcut, the major medium of Eastern artistic expression. Introduced from Asia at the end of the Middle Ages, engraving underwent major technical innovations in Europe in response to artists' attempts to obtain results of ever-greater sophistication, raising it from a simple technique of reproduction to a medium of creation exemplified by the works of Dürer and Rembrandt.

In the Arab-Islamic world, the development of xylography and printing ran up against the deep attachment of scholars and monks to calligraphy. Initially greeted with a certain degree of hostility, printing gradually established itself in the 17th century but primarily for secular works, the printing of the sacred texts being regarded for a long time as sacrilegious.

1

THE PRINT AND ITS VARIATIONS

Rembrandt (1606–1669) frequently portrayed himself not only in paintings but also in prints, a technique of which he was one of the great masters in the 17th century. In this series, the four prints made from the same copper plate with different inks enabled him to obtain variations in shadow and light, transforming the expressions of his face as though in an attempt to analyse and reveal himself in all his complexity. Comparison of the various states obtained by the artist from the same plate sheds light on his creative process and the workings of his mind.

PORTRAITS OF CELEBRATED COURTESANS

An essential element of the social life of ancient Japan, *bijin-ga* or pictures of beautiful women are undoubtedly the most important form of the Japanese print. The subjects were often renowned courtesans identified by name and celebrated for their charms. The beauty of the women is reflected in the beauty of their kimonos, whose splendour and sophistication are an integral part of the female attraction. As an explorer of intimate private life, Utamaro was a keen observer who devised original pictorial formulas to capture the subtlest expressions with the fineness of line that characterises his works. Here the clothing of the courtesan Midogiri and her apprentices glows in vibrant shades of pink and mauve. Like Midogiri herself, the two eldest bear the name of the tea house employing them on the shoulders and sleeves of their garments.

2

3

THE ELEGANCE OF THEATRE

Popular kabuki theatre is the epic form of traditional Japanese drama. Spectacular and highly codified, it is characterised by the elaborate make-up of the actors and an abundance of scenic devices serving to emphasise the twists and turns of the plot. This kind of theatre proved a great success when it began in the Edo period and kabuki actors soon became authentic idols.

1.
Rembrandt Engraving or Drawing by a Window (four states)
REMBRANDT VAN RIJN
Netherlands, Holland
1648
H. 16, W. 13 cm; ink on paper
BIBLIOTHÈQUE NATIONALE DE FRANCE

2.
The Courtesans Midogiri, Kikuno and Tatsuta from the Wakamatsuya Tea House
KITAGAWA UTAMARO
Japan, Edo
c. 1793
H. 38.8, W. 25.3 cm; ink and colours on paper
LOUVRE ABU DHABI

3.
Kabuki Theatre Actors in their Roles
EIGHT ARTISTS OF UKIYO-E
Japan, Edo
1750–1800
H. 31, W. 13.5 cm; ink and colours on paper
LOUVRE ABU DHABI

Though initially influenced by late Gothic art and the acute observation of nature characteristic of the schools of northern Europe, Albrecht Dürer (1471–1528) soon adopted the Italian theories of proportion and perspective. He displays a perfect mastery both of composition and of the rendering of details, especially materials. Various philosophical or metaphysical meanings connected with the humanistic spirit of the time appear to be superimposed in his work through combinations of symbols, while the interplay of light and shadow creates a particular atmosphere. The complexity of Dürer's messages and his technical skill elevated printmaking to the status of an art in its own right, no longer a mere process of reproduction.

THE INTENSITY OF THE ENGRAVING

1

SOMBRE MELANCHOLY

This iconographically complex engraving enjoys great critical esteem but still gives rise to differing interpretations. Drawing on ancient classical and medieval sources, it probably illustrates subjects of concern to Dürer (1471–1528) and the Renaissance artists in general. The winged figure of Melancholy is surrounded by numerous objects connected with the sciences. The complexity of the message and the technical quality and size of the engraving all make it an exceptional work of art.

A CONVERSION SET IN NATURE

St Eustace, shown here kneeling with his hands outstretched towards a stag with a crucifix between its antlers, was a Roman soldier. Here Dürer presents the crucial moment of his conversion to Christianity. The realism of the landscape attests to the artist's minute observation of nature and animals, and reflects the influence of the schools of northern Europe, whose technique of oil painting rendered every detail with great precision. Similarly, the horse demonstrates the study of proportions undertaken by Dürer, above all after his meeting with the Italian artist Jacopo de' Barbari and his study of works by the great Italian masters. These different influences are harmoniously combined and contribute to the monumentality of the scene.

2

3

HORSE POWER

The horse takes up the whole of this engraving. The use of foreshortening makes it look all the more imposing, accentuating the impression of volume and monumentality with the aid of its elevated hindquarters. The power of the curved musculature contrasts with the structured background. The helmet of the halberdier holding the reins demonstrates Dürer's skill in representing different materials.

1.
Melencolia I
ALBRECHT DÜRER
Germany (?)
1514
H. 24, W. 18.8 cm;
ink on paper
BIBLIOTHÈQUE NATIONALE DE FRANCE

2.
St Eustace
ALBRECHT DÜRER
Germany (?)
c. 1501
H. 37.7, W. 26 cm;
ink on paper
BIBLIOTHÈQUE NATIONALE DE FRANCE

3.
The Large Horse
ALBRECHT DÜRER
Germany (?)
1505
H. 16.6, W. 11.9 cm;
ink on paper
BIBLIOTHÈQUE NATIONALE DE FRANCE

4.
The Coat of Arms of Death
ALBRECHT DÜRER
Germany (?)
1503
H. 21.9, W. 15.7 cm;
ink on paper
BIBLIOTHÈQUE NATIONALE DE FRANCE

4

LOVE AND DEATH

An elaborately attired young woman listens to the words of a dishevelled man. On their left, a winged helmet decorated with foliage rests on a shield bearing a skull, suggesting a heraldic iconography. Here Dürer displays technical and aesthetic virtuosity in the rendering of materials, with a contrast between the texture and lighting of the leaves and feathers, and the skull.

The second half of the 18th century was marked by numerous political, social and economic changes driven by the ideas of the Enlightenment. The new spirit that spread through Europe from 1750 called into question a way of life now considered frivolous and brought about a return to rigour, above all in artistic forms.

HEROISM AND HISTORY

THE DISCOVERIES of Herculaneum in 1738 and Pompeii in 1748 fostered renewed interest in Antiquity and the development of a more archaeological approach to the past. Italy and Rome in particular became once again essential stopping points for artists, intellectuals and aristocrats eager to refine their taste and culture. The fashion of the Grand Tour, which consisted of visiting the principal cities in Italy and Europe to admire the masterpieces and become acquainted with the classical culture, led to the creation of great collections and shaped artistic production. Johann-Joachim Winckelmann's *History of the Art of Antiquity* (1764), which took a comparative approach to its subject in the light of the evolution of contemporary art, enjoyed great success and became a point of reference, urging artists to return to the sources of classical antiquity, the depositories of absolute beauty and moral values. Rococo art was bitterly criticised as overly artificial, decorative and extravagant, indicative of social decay.

This movement was based on a repertoire of forms inherited from Antiquity but also on a pursuit of the harmony, symmetry and proportion thought to capture eternal beauty, so as to touch the heart and edify the viewer. Fuelled by the philosophy of the Enlightenment with its belief in the ability of all individuals to shape their destiny and society by acting freely and exercising their critical faculties, the Neoclassical style heralded and accompanied the revolutionary ideologies that disrupted the end of the century.

1

A HEROIC END

This painting is characteristic of the Neoclassical style established in the second half of the 18th century. Heroes, informed by Antiquity in terms both of formal representation and the virtues they embodied, became a favourite subject. Drouais (1763–1788) clearly observed the statues of ancient heroes during his time at the Académie de France in Rome, as demonstrated by this painting of a Roman soldier, who shows great fortitude in steadfastly ignoring his wounds.

GREAT MEN

The tradition of preserving portraits of great men was revitalised at the beginning of the 19th century and extended increasingly to include writers, scientists and artists. The use of the noble metal bronze and the pose in profile imitating the medallions of Antiquity and the Renaissance constituted elevated modes of representation. These highly realistic profiles glorified the personalities of individuals who had left their mark on history. Napoleon Bonaparte was accompanied in particular by writers and artists, as well as new contemporary heroes. David d'Angers (1788–1856) produced over a hundred and fifty medallions of his contemporaries, particularly from the generation of Romantics.

2

3

4

5

HEROISM OR TREACHERY

Creugas (left) and Damoxenos (right) were two Greek wrestlers who fought a bout described by Pausanias (2nd century CE). Creugas lost his life and Damoxenos was disqualified for breaking the rules of combat. Antonio Canova (1757–1822), the Neoclassical sculptor *par excellence*, addresses this theme as one that commends virtue and condemns underhandedness. These powerful statues embody all the spirit of the artistic ideal that dominated Europe between 1760 and 1830, proclaiming the power of classical inspiration in Western art while expressing confidence in a triumphant future.

6

A MELANCHOLY YOUNG MAN

With the Romantic school of painting, the early 19th century saw the emergence of the individual, sometimes a simple subject, as the new "hero" of history. An example is provided by this unknown young man, the modest winner of a school competition. His dress and hairstyle attest the new post-revolutionary era during which Europe adopted the English fashion and looked for greater simplicity and comfort in clothing. Delacroix (1798–1863), the leading figure in French Romanticism, adopted a naturalistic approach and concentrated, by means of his subject's melancholy pose, on conveying the sentiments of this new actor on the stage of history.

1.
Wounded Roman Soldier
JEAN-GERMAIN DROUAIS
France, Paris
1785
H. 125, W. 182 cm; oil on canvas
MUSÉE DU LOUVRE

2.
Victor Hugo
PIERRE-JEAN DAVID, called DAVID D'ANGERS
France
1828
Diam. 19.2 cm; bronze
MUSÉE DU LOUVRE

3.
Alphonse de Lamartine
PIERRE-JEAN DAVID, called DAVID D'ANGERS
France
1830
Diam. 13.8 cm; bronze
MUSÉE DU LOUVRE

4.
Napoleon Bonaparte
PIERRE-JEAN DAVID, called DAVID D'ANGERS
France
1838
Diam. 16.5 cm; bronze
MUSÉE DU LOUVRE

5.
Fight between Creugas and Damoxenos
ANTONIO CANOVA
Italy, Possagno
1797–1803
H. 212 and 205.5 cm; plaster
LOUVRE ABU DHABI

6.
Portrait of Auguste-Richard de la Hautière
EUGÈNE DELACROIX
France, Paris
1828
H. 61, W. 50 cm; oil on canvas
MUSÉE EUGÈNE DELACROIX

While mythological subjects were initially favoured by Neoclassicism to illustrate moral virtues rather than religious representations, contemporary events soon provided numerous subjects for history painting. The image of the hero reached its apotheosis in the person of Napoleon Bonaparte (1769–1821), whose imperial ambitions left a deep imprint on Europe. While helping to spread Neoclassicism, he also inspired the nascent school of Romanticism, which saw him as the modern hero. Paradoxically, this product of the French Revolution established an imperial system that was to be followed by a restoration of monarchy. On the other side of the Atlantic, another kind of hero emerged with George Washington (1732–1799), the first president of the United States of America. The American Constitution, which he helped to write, is deeply imbued with the new ideas developed by the philosophers of the Enlightenment in Europe but adapted to the realities of a newly independent country.

HEROES OF THE TWO WORLDS

THE BEGINNING OF A NEW WORLD

The hero of the War of Independence against Great Britain, George Washington became the first president of the United States of America. Gilbert Stuart (1755–1828), his principal portrait painter, produced a hundred works based on the traditional European model for portraits of sovereigns, as here, in which he places Washington against the background of a red drape and a rainbow, the symbol of the promised land in the Bible and a metaphor here of hope in a new nation. However, art no longer had the purpose of glorifying a princely figure as a hero. With his sober dress and serene expression of maturity, Washington is shown working for his people as a man of action and vision, his hand resting with assurance on a document, the antithesis of the impetuous dynamism of the portrait of Napoleon. In this solemn portrait, the focus is on his subject's psychological strength, his visionary gaze, and the experience acquired with age.

1

2

1.
George Washington, First President of the United States
Gilbert Stuart
United States
1822
H. 164.5, W. 122 cm; oil on canvas
LOUVRE ABU DHABI

2.
Napoleon Bonaparte, First Consul, Crossing the Alps on 20 May 1800
Jacques-Louis David
France
1803
H. 268, W. 224 cm; oil on canvas
MUSÉE NATIONAL DES CHÂTEAUX DE VERSAILLES ET DE TRIANON

THE END OF AN ERA

This renowned equestrian portrait of the First Consul Napoleon Bonaparte heralded the great school of Romantic history painting. David (1748–1825) was one of the leading practitioners of this offshoot of Neoclassicism. This simultaneously dream-like and modern vision no longer presents a Roman emperor in a wig, as in the equestrian statue of Philip V or the equestrian portrait of Louis XIV by Houasse, but a modern hero riding towards his victorious destiny while triumphing over nature, in this case the Alps. Napoleon's downfall put an end to his dream of becoming a universal emperor like Alexander the Great.

WING 4

GALLERY 10

A MODERN WORLD?

GALLERY 11

MODERNITY IN QUESTION

GALLERY 12

A GLOBAL SCENE

WING 4
GALLERY 10

A MODERN WORLD?

The Industrial Revolution was a major event in the history of our planet. The technical progress initiated in Britain at the end of the 18th century spread across western Europe in the 19th and quickly shaped a new world projected towards the future, embodying modernity. Faith in progress and the ability to think in terms of the present rather than the past are the values expressed by the word *modern*. Railways and steamboats facilitated and accelerated the circulation of goods and people, as well as information, images and artistic movements. The Industrial Revolution also benefitted from colonial expansion. As from the second half of the 19th century, the major European powers were to dominate most of Africa, Asia and the Pacific, where traditional civilisations often stretching back millennia were brought into contact with modernity. Continuous technical and scientific progress fuelled artistic creation, as illustrated in particular by the World's Fairs, showcases of economic and political power, and demonstrations of technological achievement, know-how and rivalry. There, the general public discovered the world in all its cultural and artistic diversity, but also its capacity for dialogue: while Europe greatly influenced the other continents, its arts in turn drew largely on other cultures. The movement of people, images and objects created a world of constantly expanding horizons that provided artists with an abundance of new subjects and practices, as well as an aesthetic. Born in 1839 out of the Industrial Revolution, photography revolutionised representation and transformed vision. Expanding cities both attracted and repelled artists, who were prompted to set up their easels in the open air in order to capture the real world. While contemporary life was a predominant theme, Gauguin was among the artists who chose to move away from it, first to Brittany and then to Oceania, in search of a primitive world that was already disappearing.

Known to the ancient Greeks and then the Arabs, the principle of the *camera obscura*, whereby an image can be projected on paper or glass by the means of a pinhole in one of the walls of the chamber, became the tool used by painters to put their *vedute*, or landscape views, into perspective from the time of the Renaissance. With photography, the framed image could now be printed on a support and fixed there by means of a chemical process. Developed by its European pioneers but soon exported all over the world, this medium capable of capturing life in the raw established itself as a tool of artistic creation and scientific research as well as a channel for the propagation of information and a support for recording the human past. By reproducing endless images of an ever-changing reality, photography brought the world into the modern era.

THE BIRTH OF PHOTOGRAPHY

THE FRENCHMAN Nicéphore Niépce took the first "photograph" (literally meaning an image written with light), *View from the Window at Le Gras*, in 1826. Another Frenchman, Jacques Louis Mandé Daguerre, joined forces with Niépce and created the daguerreotype, where the image is captured on an iodine-sensitised copper plate coated with silver. The daguerreotype marked the official birth of photography, as proclaimed by Daguerre and François Arago at a joint meeting of the academies of science and fine arts held in Paris on 19 August 1839 and then before the French National Assembly. In the same period, the Englishman William Henry Fox Talbot developed the paper negative process. Patented in 1841, his Talbotype or calotype made it possible to produce several positive images on paper from just one negative. The two processes developed in parallel to one another but the latter supplanted the daguerreotype from the 1850s.

The new medium attracted other pioneers, including some with a background in the arts who saw its potential with regard to new aesthetic experiments. As Talbot wrote, "the instrument chronicles whatever it sees, and certainly would delineate a chimney-pot or a chimney-sweeper with the same impartiality as it would the Apollo of Belvedere". The image had already achieved reproducibility with the print. With photography, it now appeared possible to reproduce slices of the real world to a practically infinite degree.

Another use was soon found for photography, namely reportage to document all the stages of major events such as war. Its aura of authenticity meant that it could also serve as a highly effective tool of propaganda. Napoleon III was quick to realise this and commissioned photographers to enhance his image.

Lastly, photography very soon became a popular art form. Everyone could now see themselves in the objectified image of the photographic portrait. The middle classes had themselves photographed and took up photography as amateurs. These slices of sentimental, family and domestic life thus fed a new form of memory that was individual and universal at the same time.

1

THE FIRST PHOTOGENIC DRAWINGS

William Henry Fox Talbot (1800–1877) produced his first photographs without a camera in the early 1840s by placing objects on a photosensitive surface to obtain what he called "photogenic drawings", images in which the artist's pencil played no part whatsoever. Sunlight acted on the exposed parts, thus causing the forms hidden beneath the object during the exposure time to appear as a negative image. After performing this experiment with the leaves of numerous plants with a view to a classification of botanical species, Talbot also made photogenic drawings of lace, where the material and its interplay of transparency are captured in all their delicacy. He thus hoped to help industry by providing models for reproduction.

2

PHOTOGRAPHY, THE MEDIUM OF MODERN LIFE

Having arrived in Paris in May 1843 to try and market his calotype process, Talbot devoted himself to photography. This view from a window of the Hôtel de Douvres at 25 Rue de la Paix appears as the second plate in his book *The Pencil of Nature*. Capturing all the details of urban life with the oblique view of the boulevard, the roofs bristling with chimneys, the carriages, the gaslights, the Moorish columns of a public urinal covered in advertising posters and a sign with the word *bains*, it demonstrates the validity of the new medium as a record of modern life.

3

INTIMATE LIKENESS

Félix Nadar (1820–1910) photographed all the celebrities of his time, including the actress Sarah Bernhardt, the painter Édouard Manet and writers like Charles Baudelaire and Victor Hugo. A former caricaturist, he explored "the psychological side" of photography in an effort to find "the most familiar and favourable likeness, the intimate likeness" of the sitter. An admirer of the great Flemish portraitists, he endowed even unknown people like this *Young Woman with a Chignon* with timeless stature and dignity. Photography renewed the genre of portraiture and made it more democratic, something that the middle classes could also afford.

1.
Lace
WILLIAM HENRY FOX TALBOT
Early 1840s
H. 23, W. 18.8 cm;
salted paper print from a paper negative
LOUVRE ABU DHABI

2.
The Boulevards of Paris
WILLIAM HENRY FOX TALBOT
France, Paris
May 1843
H. 16.3, W. 21.5 cm;
salt print from a negative
LOUVRE ABU DHABI

3.
Young Woman with a Chignon
GASPARD-FÉLIX TOURNACHON, called NADAR
France
1859
H. 20.7, W. 15.2 cm;
monochrome positive on print
BIBLIOTHÈQUE NATIONALE DE FRANCE

The travellers of the early 19th century found a quick aesthetic way to capture their impressions in pencil drawings and watercolours. When photography appeared in 1839, they learned the complex techniques of this new medium and used it to bring back images of what they saw in faraway places. Photograph albums reflect the same taste for landscape, the East and archaeology.

TRAVELLERS' PHOTOGRAPHS

THANKS IN PARTICULAR to Gustave Le Gray's invention of the waxed paper process, making it possible to separate the actual shot from the stages of negative preparation and development, the medium evolved to the point where photographs could be taken during a walk or indeed while on a journey. Travellers on the Grand Tour in Italy or a journey in the East could take the shots of ruins highly prized at a time when the vogue for archaeology was fuelled by accounts of Napoleon's campaigns. The medium also played a key part in making otherness and the unknown visible through images of landscapes and indigenous peoples. Steamboats and railroads spread it from Europe all over the world, accompanying explorers, soldiers, missionaries and scientists. The portraits often taken with a view to the picturesque or ethnographic also attest to the mute dialogue established between the photographer and the subject, the exchange of roles between the observer and the observed.

Photographic studios were established in all the continents. Certain sovereigns encouraged them by appointing official court photographers and issuing numerous commissions, as exemplified by Iran under the Qajar dynasty, the Ottoman and Russian empires, and Brazil during the reign of Dom Pedro II. Studios opened primarily in big cities engaged in international trade, and which gradually began to attract tourists.

In the Ottoman empire, photography developed within the Christian communities but gained ground as from 1860 also among the Muslims and Jews, once the initial suspicion of the representative character of the new medium had been overcome. It reached Africa in October 1839 through ports like Cape Town, and Australia in 1842, when the professional photographer George Baron Goodman arrived in Sydney and then travelled across the country.

The first professional studios in the Russian empire also appeared in the 1840s and developed a portrait style inspired by miniature paintings. The first in China opened in Hong Kong in 1845. Studios did not reach Japan until 1859, when the country partially opened to the outside world. Lastly, the spread of photography in the United States occurred through big cities like New York and Philadelphia, and primarily through the work of artists like the painter Samuel Morse, whose studio served as a training school for the great American photographers of the future.

1

RUINS OF STONE CAPTURED FOREVER ON PAPER

Firmin Eugène Le Dien (1817–1865) visited the archaeological sites of Italy in the early 1850s. The remains of this Temple of Hera at Paestum in the south provide a fine example of architectural photography and attest to an interest in ruins already idealised in painting by Hubert Robert at the end of the 18th century. The narrow framing and slightly low angle of the shot endow them with a certain expressiveness. Photography breathed new life into the remains of the past and helped to preserve their traces by building up an invaluable record of the legacy of humanity.

2

A VISION OF OTHERNESS

The wealthy numismatist and archaeologist Joseph-Philibert Girault de Prangey (1804–1892) undertook a long journey around the eastern Mediterranean from 1842 to 1844 after learning the daguerreotype process. The plates he brought back, which were only discovered in 1920, are the earliest known photographs of Greece, Palestine, Egypt, Syria and Turkey. The view of the mosque in Jerusalem is one of his largest daguerreotypes, occupying half a plate. While he was mainly interested in monuments, the portraits he took in Alexandria are striking in virtue of the quality of his treatment of the Other. His photograph of Ayoucha is probably the first ever of a veiled Muslim woman.

3

4

A MODERN VIEW OF CHILDREN OF THE PAST

Ernest Benecke (1817–1894) visited Upper Egypt, Nubia and Cairo between January and August 1852, before continuing through Syria, Jerusalem, Lebanon, Athens and Florence. His attention was attracted by street musicians, beggars, slave traders and women from a harem, whom he photographed very simply against a white backdrop to make them stand out. Taken with no artifice or embellishment, these portraits convey a sense of freshness and closeness to their subjects. Children are hard to photograph due to their spontaneous vivacity, and especially so when the medium was in its infancy and long exposure times were required, which makes this portrait of a group of Egyptian peasant children (*fellaheen*) all the rarer and more moving.

1.
Second Temple of Hera at Paestum
Firmin Eugène Le Dien
Italy, Paestum
c. 1853
H. 50, W. 70 cm;
salted paper print from a paper negative
LOUVRE ABU DHABI

2.
Jerusalem, The Great Mosque
Joseph-Philibert Girault de Prangey
Jerusalem
1844
H. 12, W. 18.8 cm;
daguerreotype (half plate)
LOUVRE ABU DHABI

3.
Ayoucha
Joseph-Philibert Girault de Prangey
Egypt, Cairo
1843
H. 12.1, W. 9.8 cm;
daguerreotype
LOUVRE ABU DHABI

4.
Group of Fellah Children at Esneh
Ernest Benecke
Upper Egypt
20 February 1852
H. 21.4, W. 16.4 cm;
salt print, made from a paper negative
LOUVRE ABU DHABI

It was the brothers Jules and Edmond de Goncourt that described landscape as the greatest glory of the modern paintbrush at the World's Fair of 1855, an observation that shows the extent to which modernity was expressed through this genre, which dominated public exhibitions as from 1830. Departing from the great tradition and its demand for a detached and orderly composition of the elements of nature, Camille Corot and his generation offered a more concrete and personal vision that gave the viewer the impression of sharing the artist's perception.

LANDSCAPE, THE GREAT GLORY OF THE MODERN PAINTBRUSH

A MOVEMENT initiated in literature and philosophy during the 18th century ushered in a new, personal relationship with nature that German Romantic painters like Caspar David Friedrich placed at the heart of their work. In their wake and as a reaction to a world in the throes of accelerated industrialisation, certain artists turned to nature but with an approach differing both from the idealisation of the Romantics and the Neoclassical use of it as a background for allegorical and symbolic scenes of little spontaneity.

These artists wished to paint what they saw: nature undergoing constant change through the influence of the seasons and atmospheric effects. They immersed themselves in this environment, leaving the studio to work in the open. The appearance of the collapsible metal tube of paint, invented in 1841 by the American artist John Goffe Rand and marketed in France by the Lefranc company with a screw-on cap, gave them an unprecedented degree of freedom, as painters had previously been obliged to prepare their paints on the spot.

Théodore Rousseau, the first to work in Barbizon by the forest of Fontainebleau, was soon followed by Camille Corot, Gustave Courbet, Honoré Daumier and Jean-François Millet. Some adopted realism in their depictions of the rural and peasant world while others explored the effects of materials, light and atmosphere in the wake of English painters like Turner and Constable. The new pictorial vocabulary thus constructed heralded the Impressionism of the 1870s. Photography played a crucial role in this evolution. With its ability to reproduce all the details of nature, it entered into competition with landscape painting as a genre, thus prompting painters to explore other paths, such as the impressions of the senses.

1

PÈRE COROT

The forest of Fontainebleau is a natural curiosity with its conifers and rocks of different shapes. Situated close to Paris, it was connected to the capital by rail in 1849 and came to attract many walkers and artists, like those of the Barbizon school, with which Camille Corot (1796–1875) was associated. In this painting, the artist builds up the rocks, pines and birches in brushstrokes. Details like the small figure on the left, which gives an indication of scale and provides some depth, are few in number. The painter focuses primarily on rendering the volumes and character of the composition of elements through the interplay of values and light. The juxtaposition of colours, which acquire full autonomy, attests Corot's very modern approach.

2

FROM THE PICTURESQUE TO THE PHOTOGENIC

The waxed paper process developed in 1850 by Gustave le Gray (1820–1884) made it possible to separate the phase of preparation from the actual shot, thus giving the photographer greater freedom and proving very practical for travellers. This photograph taken in the woods of Fontainebleau presents an austere composition that avoids detail to focus on the grain of the rocks, the lightness of the foliage and the wild grasses. Abandoning the picturesque, Le Gray contributes to the emergence of the photographic landscape as an artistic genre in its own right and hence a competitor to landscape painting.

3

1.
In Fontainebleau Forest: Pines and Birch Trees in the Rocks
Camille Corot
France,
Fontainebleau
1845–50
H. 55, W. 40.5 cm;
oil on canvas
LOUVRE ABU DHABI

2.
Rocks, Fontainebleau Forest
Gustave Le Gray
France,
Fontainebleau
c. 1852
H. 27.9, W. 35.8 cm;
salted print, made from a paper negative
LOUVRE ABU DHABI

3.
The Red Rock
Paul Cézanne
France
c. 1895
H. 92, W. 68 cm;
oil on canvas
MUSÉE DE L'ORANGERIE

CÉZANNE, THE MASTER

Far from the city, Paul Cézanne (1839–1906) revolutionised painting in the heart of his native Provence in the south of France. He returned repeatedly to the same subjects, like Mont Sainte-Victoire and these rocks in the disused quarry of Bibémus near Aix-en-Provence, to capture their essence while inventing a new pictorial language. The landscape, devoid of all human presence, is addressed in a new way here. The hazy mass of trees, suggested by hatched strokes, stands out against a blue sky and a mineral ground of orange hue with no concern for depth. The almost geometrical lines of a reddish rock that is abstract in its flatness clash brutally with the rest, introducing an element of asymmetry into the composition but without unbalancing it.

The 19th century was the first in Europe to regard itself as radically new. In the era of progress and the birth of an industrial civilisation, the artists of modernity made its symbols their own. Factory chimneys, coal and steam engines served a new aesthetic in a world marked by movement and mutation in which everything was in a state of evolution. As Charles Baudelaire wrote in *The Painter of Modern Life* (1865), "modernity is the transient, the fleeting, the contingent".

THE INVENTION OF THE INDUSTRIAL AND URBAN LANDSCAPE

AN AUTHENTIC industrial revolution took place in Britain as from 1780 and then spread with less violence to Belgium and France in 1830, followed by Bohemia and the Germanic countries, but not Russia. This wave of industrialisation gradually altered both the urban and the rural environment.

Invented in Great Britain during the 1840s to transport coal from the mines to canals and rivers, railways soon marked the countryside they ran through while stations were built in the heart of cities: fifteen in London, including King's Cross and Paddington (1854), and seven in Paris, including Orléans-Austerlitz (1840). These edifices of metal and glass, whose construction was made possible by recent progress in the iron and steel industry, symbolised the new industrial era and served as gateways to the modern city. The train also altered perception of the landscape, as Victor Hugo noted on the line between Antwerp and Paris: "The motion is magnificent and has to be experienced to be believed. The speed is quite unheard-of. The flowers along the way are no longer flowers but splashes or rather streaks of red or white, not so much dots as lines."

Cities were transformed with the influx of people from rural areas, experiencing growth and reorganisation through major building projects to become what the guide to the World's Fair of 1867 called an "agglomeration of people in a hurry".

In this world in the full swing of transformation, Baudelaire called upon artists to "celebrate the advent of change" in 1845. With *Impression, Sunrise* (1874), the work that gave Impressionism its name, Claude Monet captured the overnight activity of a harbour undergoing redevelopment with the new painting based on active perception and dynamic brushwork. The modern docks, ships and cranes emerge from the faint light of dawn to symbolise a conquering France then endeavouring to heal the wounds inflicted by the defeat of 1870 and the lacerating experience of the Paris Commune. In canvases dominated by the "new vision", colour, execution and perspective were rethought to give the impression of a fleeting moment halted but not frozen. The idea of reality as something stable and independent of human perception faded away.

THE RAILWAY STATION AS CATHEDRAL

Combining modern subject matter with a modern vision, Monet (1840–1926) applied his aesthetic to places of leisure and of work. At the intersection of the two spheres, the Saint-Lazare railway station appears as a huge cathedral-like nave of glass flooded with light. The *Gare Saint-Lazare* series has been likened to views of Gothic churches filled with steam from locomotives, like the incense of a modern and secular religion. In the eight views of this edifice of iron and glass, which were shown together at the 3rd Impressionist exhibition in April 1877, Monet pays tribute to the technological feat achieved by its architect, the engineer Eugène Flachat.

1

2

1.
Saint-Lazare Station
Claude Monet
France, Paris
1877
H. 75.5, W. 104 cm;
oil on canvas
MUSÉE D'ORSAY

2.
The Banks of the Seine
Francisco Oller
Puerto Rico
1875
H. 25.1, W. 35 cm;
oil on cardboard
MUSÉE D'ORSAY

3.
Cardiff Docks
Lionel Walden
United Kingdom, Cardiff
1894
H. 127, W. 193 cm;
oil on canvas
MUSÉE D'ORSAY

A LANDSCAPE OF BOATS AND FACTORIES

The Puerto Rican painter Francisco Oller (1833–1917), the only South American artist to figure in the history of Impressionism, was a close friend of the painter Armand Guillaumin, a former employee of the Paris-Orléans Railway Company. In this painting he did not fail to include the steam and smoke of the boats and factories, drifting billows that in no way destroy the harmony of a landscape in tune with the modernity of his subject. Monet, his other model, produced many similar views characterised by the dynamism of diagonals and use of the empty foreground to give an impression of depth.

3

THE MAGNIFICENCE OF MECHANICAL INVENTION

In less than a quarter of a century, a period that saw stations built across Europe and over its frontiers (the Orient Express line reached Istanbul in 1883), the railways consolidated their popularity with painters and their public. The American Lionel Walden (1861–1933), who studied in Paris and was soon admitted to the Salon, is remembered for his *Cardiff Docks*. Bought by the French government on its first exhibition in 1896, this work presents a positive image of one of the key centres of industrial Britain known for its coal mines. Walden encapsulates the destiny of an entire unit of production while capturing spectacular effects of fog, ghostly apparitions and the blurred gleam of electric lights.

The Industrial Revolution changed the rules of the social game by fostering the rise of the middle class, which grew rich and overtook the aristocracy. This newly dominant urban group took part in the growth of new leisure activities in the open air, in public places like theatres and in the privacy of drawing rooms. Being mostly born into this class, artists, and especially the Impressionists, took an interest in the places where society displayed and enjoyed itself.

LIFE IS A STAGE

LIFE WAS CERTAINLY joyous and animated in Paris, the City of Light, perhaps even more than elsewhere. The lower classes flocked to theatres, fairgrounds, cafés and cabarets, while the new middle class attended entertainments and exhibitions. With their pavilions and architectures of iron and glass, the World's Fairs helped to make the 19th century an age of spectacle. Museums opened, like the Hermitage in St Petersburg (1850) and the British Museum (1855), and opera houses were built, including the Garnier in Paris (1875), Bayreuth in Germany (1876) and the Burgtheater in Vienna (1888). Edgar Degas attended the Paris Opéra, where many musician friends of his performed, and observed the tutu-clad ballerinas known as "*petits rats*".

The city was transformed, offering new ways to see and be seen. *Flâneurs* wandered among the bustling crowds, while the sky-lit arcades and covered passageways built as from the first half of the 19th century enabled people to window-shop while sheltered from the elements. The end of the century saw the proliferation of department stores like Au Bon Marché in Paris and Harrods in London throughout Europe. However, the rapid transformation of Paris also prompted a certain nostalgia, and the artificial pleasures it offered did nothing to alleviate the spleen of its poets.

THE TYPICAL AND FAMILIAR PORTRAIT

Edgar Degas (1834–1917) blurred the boundaries of genres by embedding the portrait of a friend in a scene with many figures. The bassoonist Désiré Dihau thus appears not alone and standing but partially seen in the orchestra pit surrounded by other musicians, in accordance with the artist's stated aim to "make portraits of people in familiar and typical positions and above all give their faces the same choice of expression as their bodies". The composition is organised on the three levels of the stalls, the orchestra pit and the stage in a succession of juxtaposed planes reminiscent of Japanese prints. The illuminated stage is secondary, as Degas reverses the viewpoint to highlight what is usually left in shadow. The dancers, barely glimpsed here, were subsequently given pride of place in his work.

1

2

3

SUSPENDED MOVEMENT

On the death of Edgar Degas in 1917, 150 sculptures were discovered and later cast in bronze. They bear witness to his ceaseless exploration of the movement of the body also through the study of horses, whose galloping motion had been revealed by means of chronophotography, invented by Eadweard Muybridge in 1878. Obsessed throughout his life with dance and the young ballerinas of the Paris Opéra, Edgar Degas invested his sculptures with the same acute observation and realistic precision as his pastels and paintings. His endless search for perfection of gesture and balance is perhaps even more evident in this late work, executed when his eyesight was beginning to fail.

4

A FAMILY AFFAIR

Interiors with their confined figures and their enigmatic objects are recurrent in the work of the Swiss painter Félix Vallotton (1865–1925). In this game of poker, the foreground is unusually occupied by half of a huge red table, which leads the eye to the background, where four figures are playing cards as though detached from the world. It is the painter's wife Gabrielle Bernheim and her brothers, art dealers for whom he had little liking, that animate this interior. Vallotton indicates his own absence from the game by means of the empty chair to the right of the table. The incomprehension of a marriage of convenience and money is presented here beneath the light of the large central lamp.

1.
The Orchestra of the Opera
EDGAR DEGAS
France, Paris
c. 1870
H. 56.5, W. 45 cm; oil on canvas
MUSÉE D'ORSAY

2.
Dancer, Fourth Position on the Left Leg, Third Study
EDGAR DEGAS
France, Paris
1921–31 (the cast)
H. 57.4 cm; bronze
MUSÉE D'ORSAY

3.
Dancer, Arabesque Over the Right Leg, Right Arm Near the Ground
EDGAR DEGAS
France, Paris
1921–31 (the cast)
H. 28.2 cm; bronze
MUSÉE D'ORSAY

4.
The Poker Game
FÉLIX VALLOTTON
France
1902
H. 52.5, W. 67.4 cm; oil on cardboard
MUSÉE D'ORSAY

A MASTERPIECE
THE BEZIQUE GAME

AN ACTIVE MEMBER of the Impressionist movement and participant in its exhibitions, Gustave Caillebotte (1848–1894) also collected works by his friends, many of which he then left to public collections in France.

While the game of cards is a common subject of Flemish genre painting, Caillebotte endows it here with the monumental dimension of a history painting while deliberately embedding it in the modernity of his time. *The Bezique Game* was first shown at the seventh Impressionist exhibition in 1882 and appeared first in the catalogue.

Continuing his depictions of fashionable pastimes of the period like rowing, which he practised himself, Caillebotte painted his friends in the setting of the luxurious apartment on Boulevard Haussmann that he shared with his brother, the composer Martial Caillebotte, who is shown on the right smoking a pipe. He is playing bezique, a variation on *belote*, at a table with three friends while another watches from a standing position.

Presented in natural poses and completely engrossed in the game, the players appear unaware of the painter observing them. The viewer is ushered into the intimacy of this friendly gathering at the same level as the figures in accordance with Caillebotte's characteristic adoption of particular angles and unexpected viewpoints. He was indeed responsible for introducing the high-angle view into painting.

Influenced by photography, which his brother Martial practised as an amateur, he developed a realistic approach that found favour in the United States, where he was the first French artist to be exhibited on a regular basis, and thus initiated the tradition taken up by Edward Hopper in the 20th century.

A sixth figure, sitting on a sofa in the background, appears to look straight at the viewer. Pensive and motionless, his face is tinged with melancholy. This mute contact creates an ambiguous atmosphere, drawing the viewer into the scene and into the state of psychological internalisation and existential malaise with respect to the modern world, that was known in France as *spleen*, and highlighted in the literature of the period.

Unlike his fellow Impressionists, Caillebotte used neither fragmented brushstrokes nor bright colours in his works, while also preferring a highly structured composition. The silent concentration of the figures and the way they hold their cards brings to mind Cézanne's later work *The Card Players* (1890–95), which no doubt drew in turn on a work of the same title painted by the Le Nain brothers around 1635.

The Bezique Game
GUSTAVE CAILLEBOTTE
France, Paris
1880
H. 125.3,
W. 165.6 cm;
oil on canvas
LOUVRE ABU DHABI

Portraiture occupied a significant place in the work of academic painters, who placed it second only to history painting in the hierarchy of genres. It came to adorn the homes of the new middle classes during the 19th century and became a familiar presence in official exhibitions. At the same time, the champions of a new approach to painting freed it from conventions. In a society in the full swing of transformation and faced with the competition of photography, portraiture became the modern genre *par excellence* for artists.

THE PORTRAIT AS A MODERN GENRE

FRANCE AND PARIS in particular were regarded as the nerve centre of art in the 19th century. Artists flocked there from all over the world to attend courses and immerse themselves in its dynamic art scene. One was the American painter James Whistler, the epitome of the new figure of the artist as cosmopolitan dandy, who studied in Paris and then worked in London. His portraits aimed at pure aesthetic experience. The painting of his mother reflects this new approach, also inspired by Japanese prints, while also imbued with great sensitivity.

With Edgar Degas, Édouard Manet was among the pioneers of the revitalisation of portraiture in France during the 19th century. A longstanding admirer of Spanish painting, he discovered the *Portrait of Pablo de Valladolid* (1636–37) by Diego Velázquez in the Prado in 1865. The subject, an actor and jester at the court of Philip IV, is shown almost as though suspended in mid-air like a saint against an evanescent background. In his astonished description of the work, Manet said: "The background disappears. It is air that surrounds the man, dressed entirely in black and full of life." His own *Fifer*, produced the following year, shows the influence of this work and emerges as a masterpiece of its time and hence of modern painting.

Though the product of brushwork and composition, the modern painting did not necessarily preclude a psychological dimension. The genre of literary portraiture practised by writers like Victor Hugo, Émile Zola and Honoré de Balzac highlights the individual dimension peculiar to its subjects. In the same way, Manet's *Bohemian* shows intensely who he is through his expressive face and dress. The term *bohemian* was, however, also used from the 19th century to describe penniless artists living a free and nomadic life on the fringes of society. Perhaps more than any other, Vincent van Gogh exemplified both the freedom and the marginality of the artist as a social outcast. Sharing the sufferings of the poor and roaming in constant pursuit of his artistic aims, he ultimately paid for his dedication to painting with his life.

1

VINCENT

Like Rembrandt before him, Van Gogh (1853–1890) expressed his genius to the full in the self-portrait. The forty-three works of this nature, painted mostly in 1886 and 1887 in Montmartre, enabled him to explore new pictorial techniques. This painting, whose treatment heralded expressionism, is endowed with a symbolic, psychological and almost metaphysical dimension. With his flaming hair, while brilliant and distraught at the same time, Vincent (as he signed himself, using only his first name) exemplified the figure of the doomed artist, rejected during his lifetime but now recognised as one of the greatest artists ever.

2

JUST A BREATH OF AIR AROUND A CHILD

Treated like a figure of importance, this boy in uniform stands out against an almost monochrome grey background with no perspective. While the foreshortening of the limbs is particularly masterly, the general effect produced is of the utmost simplicity. A founding member of the etching association in 1862, Manet (1832–1883) returned here to an aesthetic vision close to that of the print, both Japanese works with their black outlines and the stereotyped popular French variety.

3

A GYPSY PRINCE

The pose of this young man with a bent wrist recalls Renaissance painting and endows the work with a touch of nobility. Manet initially depicted him with a family (*The Gypsies*) before separating him to concentrate on the essential: a lively, resolute young Gypsy who seems to challenge the viewer. His rags of blue, white, red and yellow stand out against the blue of the sky with a boldness criticised by some journalists in 1863. Poor but free and his own master, this figure epitomises the artists of the bohemian Montmartre district of Paris.

1.
Self-Portrait
VINCENT VAN GOGH
France
1887
H. 44, W. 35.5 cm; oil on canvas
MUSÉE D'ORSAY

2.
The Fife Player
ÉDOUARD MANET
France, Paris
1866
H. 161, W. 97 cm; oil on canvas
MUSÉE D'ORSAY

3.
The Bohemian
ÉDOUARD MANET
France, Paris
1861–62 (cut out in 1867)
H. 90.5, W. 55.3 cm; oil on canvas
LOUVRE ABU DHABI

4.
Arrangement in Grey and Black, No. 1, also called *Portrait of the Artist's Mother*
JAMES ABBOTT MCNEILL WHISTLER
United Kingdom, London
1871
H. 144.3, W. 163 cm; oil on canvas
MUSÉE D'ORSAY

4

A MOTHER AS SEEN BY HER SON

James Whistler (1834–1903) painted his mother in his home in London, where she settled in 1863. Anna McNeill Whistler was initially shown standing before he decided on this seated pose, which is simple and hieratic at the same time. Though withered with age, her face expresses inner strength and gentleness. Here the artist combined realism with the elegant stylisation of Japanese prints. Devoid of any anecdotal element, this *Arrangement in Grey and Black* attests to the great importance Whistler attached to subtle harmonies of tone and compositional balance. In its austerity and its avoidance of colour, the painting recalls an engraving, an impression strengthened by the view of the Thames hanging on the wall.

The series of World's Fairs, which began with the Great Exhibition in London in 1851, initially expressed the rivalry between London and Paris, the two great capitals of the 19th century, before involving other countries in Europe, America and the southern hemisphere. They offered all nations the opportunity to present their most recent technological achievements but also to display their power, also as colonialists. The public flocked to these "universal expositions" to discover the latest innovations of the modern world as well as the cultures and civilisations of other countries and parts of the world.

THE WORLD'S FAIRS

PRECEDED BY EXHIBITIONS of agricultural or industrial products, the first World's Fair was held in London in 1851 with the aim of promoting peace, fraternity and solidarity amongst all the peoples of the world. It was divided into four sections: raw materials, machinery, manufactured products and fine arts.

The series then developed in a logic of rivalry and emulation between countries with Expos in New York (1853), Paris (1855, 1867, 1878, 1889, 1900, 1937), London (1862), Vienna (1873), Philadelphia (1876), Melbourne (1880), Barcelona (1888), Chicago (1893, 1933), Antwerp (1894), Brussels (1897, 1935), Saint Louis (1904), Liège (1905), Milan (1906), Nancy (1909), Charleroi (1911), Ghent (1913), San Francisco (1915) and other cities.

Open to countries by invitation, these events were designed above all to promote industrial products and boost trade. They presented the most innovative technological products, like the cinematograph in 1900, but also played a political, intellectual, artistic and cultural role between countries and continents, especially through the decorative arts. Decorators and manufacturers displayed their expertise and won lucrative orders. Beginning with the Paris Exposition Universelle of 1855, there was also a place for art that brought the different national schools into contact. The countries invited all had their own space in the central pavilion of each Expo and were also allowed to build their own pavilions as from 1867. The discovery of work from faraway lands – like the arts of Japan, presented in London in 1862, and of Africa and Oceania, presented in Paris in 1878 and 1889 – had a great impact both on the numerous public and on artists. Egypt built a Temple of Hathor on the Champ-de-Mars in Paris in 1867 to display its historical antiquity and the richness of its culture. The World's Fairs were thus characterised on the one hand by absolute confidence in the progress of science and industry, and on the other by a search for identity, involving both the organising and the invited countries, through a return to historical sources.

1

"THE EAST, THERE I WILL DO GREAT THINGS!"

Marcello was the male pseudonym adopted by Adèle d'Affry, Duchess of Castiglione Colonna (1836–1879), in 1863 to take part in the Salon. She produced her *Abyssinian Chief*, also known as *Arab Sheik* or *Bedouin Chief*, during a stay in Italy. Being unable to visit Tangier with friends, she took an Arab she encountered in the street as her model and succeeded in capturing his pride and strength of character. The work was presented at the Vienna World's Fair of 1873 with four other busts and won her a medal.

2

JAPANESE INSPIRATION, ADVANCED TECHNOLOGY

Founded in 1845, the Maison Christofle is an industrial company that harnesses the most innovative electrolytic gilding and silvering techniques as well as outstanding designers to produce extraordinary creations. Presented at the World's Fair of 1880, this remarkable pair of polychrome bronze vases designed by Émile Reiber (1826–1893) bear witness to the firm's excellence in this field. Reiber drew on Japanese art in the handles and the bases, which are decorated with branches of apple trees, while the female figures accompanied by animals (a bird and an imaginary creature) recall the queens of ancient Chinese dynasties found in an album by Hokusai.

A MASTERPIECE OF THE MEIJI PERIOD

In a Japan only recently opened up to the outside world, the new government of the Meiji period (1868–1912) was determined to take the modernity of the western countries as its model to achieve rapid national progress. It took part in the World's Fairs held there and sold articles that generated a great demand. This vase was shown at the Japan-British Exhibition of 1910 in London, which featured numerous Japanese exhibitors, and won a gold medal for its creator Tsukada Shukyo (1848–1918), a craftsman of the very first rank in the field of metalwork who was appointed Artist to the Imperial Household in 1913. Finely hammered into the shape of a traditional fisherman's basket, the vase is decorated with various fish worked in silver, gold and inlaid copper as well as traditional alloys with gilding and chasing to enhance the richness of its visual effects. While encompassing a variety of aesthetics, the Meiji style is deeply rooted in the traditional subjects, forms and techniques of Asia. The marked naturalism of the representation of the animal world shown here is not completely alien to the Asian tradition but clearly displays the influence of Western realism.

3

4

EGYPTIAN INSPIRATION

This stool, designed in 1884 by Leonard Wyburd, director of Liberty's Furnishing and Decoration Studio, and produced by the firm of William Birch or B. North & Son, was a line sold by Liberty & Co. until 1919. It draws directly on a seat dating from the reign of Amenhotep III of Egypt (c. 1400–1350 BCE) in the Eighteenth Dynasty, which was purchased by the British Museum in 1835 at the sale of the collection of Henry Salt, a former diplomat in Cairo who organised the excavations of Thebes and Abu Simbel. It reflects the fascination felt for Egypt ever since Napoleon's campaigns, as attested also in 1854 by the Egyptian Court in the Crystal Palace relocated to Sydenham Hill.

1.
Abyssinian Chief
ADÈLE D'AFFRY, called MARCELLO
Italy
c. 1870
H. 106 cm;
marble, bronze, lapis lazuli
MUSÉE D'ORSAY

2.
Pair of vases in Japanese style
ÉMILE-AUGUSTE REIBER, MAISON CHRISTOFLE & CIE
France, Paris and Saint-Denis
c. 1880
H. 97 cm;
bronze, copper, painted decoration
LOUVRE ABU DHABI

3.
Vase with fish decoration
TSUKADA SHUKYO
Japan
1910
H. 24.7 cm;
silver with metal inlays, wood
LOUVRE ABU DHABI

4.
Stool in Egyptian style, called the Thebes Stool
LIBERTY & CO
United Kingdom, High Wycombe (?)
After 1884
H. 36.2 cm;
wood, leather
LOUVRE ABU DHABI

The term *orientalism* was used in Europe during the 18th and 19th centuries to describe a fascination with the East in the arts and literature. Paintings by artists like Decamps, Delacroix and Chassériau were tributes to the dream of the unknown, to the dazzling light of regions that modern transport now made it possible to visit, and sometimes to the illusion of an alien world preserved from modern progress. While orientalism expressed the European fantasy of a world impervious to the moral principles and values of the West, it also drew upon the fruits of a genuine encounter and gave birth to a reciprocal influence.

MODERN ORIENTALISM

EUROPE'S VISION of oriental otherness was long established and developed initially within the framework of biblical studies. The figures in the Bible lived in Palestine and the clothing, ways of life and places of those lands formed part of the Christian consciousness. During the Middle Ages, a certain number of precious objects and fabrics made their way into the treasuries of churches, and Turkish carpets, miniatures and objects were subsequently brought to Europe by Venetian and later Dutch traders. It was, however, Napoleon's Egyptian expedition that marked the beginning of European colonisation and the birth of orientalism in the modern sense of the term. It was no longer a matter of the circulation and passive absorption of manufactured goods, motifs and techniques. Thanks to the travels of painters, poets and writers, the landscapes, light and monuments of the countries of the East fed the fascination felt in particular for the aging Ottoman empire with exotic subjects and descriptions. While painters tackled "oriental" subjects to enrich their palette and their repertoire of supposedly pre-modern themes, decorators and sculptors were prompted to renew their techniques by the richness of Islamic arts, crafts and materials, creations to be found in the World's Fairs from the middle of the 19th century.

Through the cultural and moral distance it introduced, orientalism soon became, despite itself, subservient to the colonial ambitions of the great European powers and then of Arab nationalism. All too often limited to the pipedreams and wanderings of a bygone time, this movement did have the merit – above all through the voices of Byron in *The Giaour,* Goethe in the *West-östlicher Divan* and Victor Hugo in *Les Orientales* – of initiating examination not only of the differences represented by the Islamic world, but also of the nature of European identity itself. Orientalist painters had a considerable influence on the subject of their works through their acceptance of pupils from colonised countries or the Ottoman Empire, such as Osman Hamdi Bey, who then founded national schools of art.

THE ROMANTIC EAST

The romantic enthusiasm of Delacroix (1798–1863) is expressed through the stirring representation of a hunting scene that combines violent action and a heroic struggle. The bodies of the tiger, the rearing horse and its rider resisting attack are all caught up in a whirl of three primary colours, blue, red and yellow, with a predominance of warmer hues. The quick, agitated brushwork, where the movement of the artist's hand can be perceived, conveys the dynamism of the scene and the painter's passion.

1

THE EAST OF MAKE-BELIEVE

While some photographers travelled, others recreated the East in their studios, as in the case of Roger Fenton (1819–1869). This pupil of the French painter Delaroche, who thus inherited a formidable repertoire of imagination and technical skills, including a taste for detail and descriptive precision, is known to have covered the Crimean War as a photographer. The Middle East remained, however, unknown to him. He staged his first *tableaux vivants*, in which he also played a leading role, in London in 1858. Far from seeking to disguise their inherent ambiguity, midway between theatre and painting, these highly posed photographs present an ordinary event as a faux Eastern snapshot, as in this example.

2

3

A NEW MODERNITY

When the decline of the Ottoman Empire began, the Iranian world opened up to the modern era through photography, whose introduction into Iran just three years after its invention in France was of paramount importance. This took place in the reign of Nasir al-Din Shah, a lover of the visual arts who became a talented photographer in his own right. The photographer Francis Carlhian (1818–1870) was summoned to the court and helped to introduce the medium to a large public.

4

TEMPERED MODERNITY

Born into the Ottoman elite, Osman Hamdi Bey (1842–1910) never ceased to juxtapose the geographical and cultural spheres of his native Turkey and Europe, where he was trained in the studio of Gustave Boulanger and exhibited successfully. On his return, between diplomatic missions, family business and artistic endeavours, he played an active part in the emergence of an Istanbul school. The French writer Edmond About described him in 1884 as a "man of taste" and "enlightened connoisseur" of the treasures of his city. Each of his paintings demonstrates this, devoting as much effort to the principal subject as to the rich decoration surrounding it in a balance that closely resembles the studio photographs he also took. The *Young Emir Studying* draws on the Parisian masters while recalling the centuries-old tradition of Mughal miniatures in its exquisite delicacy.

1.
Tiger Hunt
Eugène Delacroix
France
1854
H. 73.5, W. 92.5 cm;
oil on canvas
MUSÉE D'ORSAY

2.
Pasha and Bedouin
Roger Fenton
United Kingdom, London
1858
H. 26.6, W. 25 cm;
albumen silver print
LOUVRE ABU DHABI

3.
Persian Album
Victor-François Brongniart
France
c. 1860
H. 27, W. 33.5 cm;
photograph and gouaches on paper
MUSÉE NATIONAL DES ARTS ASIATIQUES – GUIMET

4.
Young Emir Studying
Osman Hamdi Bey
Turkey, Istanbul (?)
1878
H. 45.5, W. 90 cm;
oil on canvas
LOUVRE ABU DHABI

Recognition of the Islamic genius was one of the unexpected results of the large-scale contact between nations and cultures in the 19th century. As Henri Lavoix, librarian at the Bibliothèque nationale in Paris, wrote in 1885, "It is barely thirty years since collectors started to take Arabian art into consideration". The same was true regarding the prestige acquired by Ottoman, Safavid and Mughal art over the same period. Although they were all undoubtedly affected by Europe's colonial expansion, the growing curiosity of artists, the enthusiasm of art lovers and the awakening interest of museums, not to mention the cosmopolitan melting pots of the World's Fairs where Turkey stood out in particular, were all undeniable signs of the growing fascination with Islamic art.

HOMAGE TO THE ISLAMIC ARTS

1

2

IZNIK CERAMICS, A MODEL

Consequent upon increasingly broad distribution, the Arab and Ottoman heritage markedly increased its presence and powers of attraction in the European capitals. Born in Alsace, Théodore Deck (1823–1891) learned the craft of faience production in Strasbourg before moving to Paris, where he frequently visited the Musée de Cluny and its renowned collection of Iznik ceramics. Regarding this, he wrote, "The rose, the tulip, the French marigold, the symbolic cypress, the hyacinth, the anemone and the grape are presented with real or conventional but always harmonious colours in endlessly varying arrangements, the same decoration never being repeated".

DECK BLUE

Théodore Deck made himself known at the Paris Exposition Universelle of 1867 with his *bleus de Deck* inspired by Turkish ceramics. He constantly reinterpreted the Islamic repertoire in an effort to enhance its spirit and renew its form. Having become a master of enamels and glazes through close study, he accomplished one feat after another, as shown by this dish of 1867 with its gleaming white ground, subtle polychromy and whirling pattern.

3

4

THE REVIVAL OF ENAMELLED GLASS

The glass-maker Philippe-Joseph Brocard (1831–1896) acquired a thorough knowledge of the arts of Islam early in life as a restorer for the Rothschild collections and the Musée de Cluny in the period 1850–60. His mastery of transparency, polychromy, iridescence and shaping aroused wonder at the World's Fairs of 1867 and 1878, a period when another expert enameller, Albert Pfulb, was also producing splendid mosque lamps. Detached from their religious function, these articles were presented as testimony to the decorative genius of the East. The very choice of the object imitated and the calligraphic decoration are indicative of an effort made with varying acuteness to grasp the essence of the Islamic arts while emphasising the distinctiveness of a model diametrically opposed to the Western figurative tradition.

5

6

7

MADE IN BRITAIN

An authentic anti-modern crusade soon developed in Britain, where William Morris's firm and the Arts and Crafts movement he helped to inspire proclaimed both the authenticity of the Middle Ages and the light of the East. William de Morgan (1839–1917), one of his disciples and rivals, lent his name to a whole line of orientalist production with multiple sources, both Islamic and Asian. His lustrous vases and dishes, bold colours and exotic decorations are sometimes based on very ancient models, like this Hispano-Moresque dish, thus adding the attraction of the primitive to that of faraway places.

1.
Dish with blue tulips and red carnations
Turkey, Iznik
1565–70
Diam. 30 cm; ceramic with underglaze painting
LOUVRE ABU DHABI

2.
Dish in Iznik style
THÉODORE DECK
France, Paris
c. 1867
Diam. 41.5 cm; ceramic with underglaze and polychrome decoration
LOUVRE ABU DHABI

3.
Glass vessel in the shape of a mosque lamp
ALBERT PFULB
France, Paris
1876
H. 15.1 cm; blown and enamelled glass
LOUVRE ABU DHABI

4.
Glass vessel in the shape of a mosque lamp
PHILIPPE-JOSEPH BROCARD
France, Paris
1871
H. 28 cm; blown and enamelled glass
LOUVRE ABU DHABI

5-6.
Vase in Persian Style and *Dish with Two Chimera*
WILLIAM DE MORGAN
United Kingdom, London
1890–1900
H. 37 cm (vase); Diam. 35.8 cm (dish); ceramic, painted and glazed decoration
LOUVRE ABU DHABI

7.
Back of a Hispano-Moresque dish
Spain, Malaga or Valencia
1400–1500
Diam. 45.8 cm; ceramic, painted and glazed decoration
CITÉ DE LA CÉRAMIQUE – SÈVRES & LIMOGES

It was in the 18th century that Europeans working in India for the British East India Company began to commission the works by local artists that became known as "Company paintings". While working in a great variety of styles and techniques and trained in the tradition of late Mughal painting, these artists also adopted elements of European art to varying degrees. Thus the use of shadows and perspective as well as departure from traditional formats and subjects distinguish these works produced to meet the taste of European patrons. By virtue of their realism, Company paintings expressed a degree of social and even ethnographic interest and heralded subjects that would soon be addressed by photography.

INDIAN PAINTING AND THE COMPANY SCHOOL

1

A RAJPUT PRINCE

The young prince Sheodan Singh, clad in white and gold, rides a superb dappled grey with precious trappings of fabric, gold and pearls. Born in 1845, he was the only son of the maharao Bane Singh (1815–1857) of Alwar, a principality of Rajasthan. A great patron of the arts, the maharao commissioned paintings and manuscripts from the leading artists and craftsmen in Delhi. Heroic and full of promise, the very embodiment of the chivalrous Rajput ideal, the prince bears on his forehead the distinctive marking of a member of the Saiva sect, a devotee of the god Shiva. This equestrian portrait was probably cut from a larger painting of a procession.

2

A RECEPTION AT THE COURT OF A NAWAB

Ghazi al-Din Haidar (1769–1827), the nawab and king of Avadh in north-eastern India, receives two British couples as his guests at breakfast. The curtains on either side emphasise the theatrical nature of the scene. The nawab is even wearing the diamond-studded crown designed for him by the painter Robert Home, active in the capital Lucknow as official artist to the court and the author of numerous portraits of his royal master. The man on his right appears to be Mordaunt Ricketts, then representative of the East India Company in Lucknow, accompanied by his wife Charlotte. The soldier could be the commander of his escort. Commissioned after the sovereign's death, the painting was probably intended to commemorate his reign.

3

4

A PORTRAIT OF SEPOYS

Indian artists quickly picked up the style of British painters known both through reproductions and through original drawings and paintings. Here we see the example of a work very close to European art but highly original in its technique – a combination of gouache and watercolour – and its subject. Two brightly-uniformed sepoys, Indian soldiers recruited by the East India Company, are shown in a clearing with trees of rapidly decreasing size stretching away to create an atmospheric perspective.

EARLY ETHNOGRAPHIC IMAGES

One of the most important sets of Company paintings was commissioned between 1815 and 1820 by the Scottish brothers William and James Fraser from painters still to be definitively identified. The figures portrayed belonged to the brothers' retinue and their names are often given. In this case, simple and dignified villagers are superbly depicted with the realism of a master of portraiture and present an empathic image of the Indian population of the 19th century. To a certain extent, these works were a foretaste of the photographic portraits of half a century later, which finally marked the end of this pictorial genre.

1.
Equestrian Portrait of Maharao Sheodan Singh of Alwar
India
c. 1863
H. 21.5, W. 21.5 cm;
gouache with gold highlights on paper
LOUVRE ABU DHABI

2.
King Ghazi al-Din Haidar of Avadh, with British Guests
India
c. 1840
H. 33, W. 26 cm;
gouache with gold highlights on paper
LOUVRE ABU DHABI

3.
Two Grenadiers from Bombay
India
1800–10
H. 26.8, W. 40.2 cm;
gouache and watercolour on paper
LOUVRE ABU DHABI

4.
Six Villagers in a Landscape
India
1815–20
H. 29.7, W. 41.5 cm;
gouache and gold on paper
LOUVRE ABU DHABI

It was during the Edo period (1603–1867) and in the city of that name, present-day Tokyo, that the multicoloured woodcut prints known as *azuma nishiki-e* were developed. Prized by the wealthy middle-class, these prints saw the blossoming of *ukiyo-e* or "pictures of the floating world", scenes from everyday life in which Katsushika Hokusai and Utagawa Hiroshige in particular distinguished themselves. Both were influenced by Western art through the Dutch painting that arrived in Japan during the 17th and 18th centuries, and the chemical colours introduced in the 19th. The circulation of their prints in Europe from the 1860s stimulated a genuine vogue and had in turn a radical influence on European painting, as attested by Paul Gauguin's *Children Wrestling*, which paved the way for the Nabis.

NEW HORIZONS

HIROSHIGE BECAME famous in 1833–34 with his *Fifty-Three Stations of the Tōkaidō*, the road between Edo, the Shogun's capital, and the imperial capital of Kyoto. Known thereafter as the "painter of Tokaido" and renowned for his landscape prints, he produced several series of views of Mount Fuji from 1852. A national symbol supposedly inhabited by supernatural beings called *kamis*, the mountain had already been depicted successfully by Hokusai. Hiroshige tackled the subject in his own way.

Gauguin produced *Children Wrestling* after returning from Martinique, exhausted and sick, and seeking to return to his roots at Pont-Aven. Turning his back on "rotten civilisation", he sought "something more natural, based on savagery". Everything combines to give a "primitive" character to the whole and make this work vibrate with the tension peculiar to struggle, not only between the children depicted but also between the artist and his painting. A former fencing champion and practitioner of French boxing, Gauguin now channelled all his aggressive spirit into his art. Despite the influence of Hokusai's scenes of sumo wrestling, his remains the work of a self-proclaimed "savage from Peru" (where he was born).

Hiroshige's landscape is instead steeped in the peculiarly Japanese relationship with nature connected with Shintoism, Taoism and Zen Buddhism. The small figures belong to the period of the floating world before the Meiji era and the art of *ukiyo-e* were swept away with the arrival of photography and lithography during the 1910s.

BLUE HIROSHIGE

Hiroshige (1797–1858) based his views on a characteristic compositional model in which one element, in this case the tops of two trees in the bottom right, serve as a point of reference to create an effect of depth. In the distance on the right, Mount Fuji symbolically takes the place of the vanishing point. Between the two, a flat green expanse scattered with figures devoid of relief and trees with barely suggested shadows represents the hill, which breaks off in a curving line addressed with the *fukibokashi* technique of subtle gradations of ink to give the landscape an atmospheric and poetic character. At the top, the same technique is used for the sky, crowned by an almost abstract band of blue ink. Introduced into Japan by the Dutch in 1829, Prussian (or "Berlin") blue was such a hallmark of the artist's style that he was even known as "Blue Hiroshige".

1

2

1.
Toto Asukayama,
from the series
Thirty-Six Views
of Mount Fuji
UTAGAWA HIROSHIGE
Japan
1858
H. 34.6, W. 23 cm; ink and colour on paper
LOUVRE ABU DHABI

2.
Children Wrestling
PAUL GAUGUIN
France, Pont-Aven
1888
H. 93, W. 73 cm; oil on canvas
LOUVRE ABU DHABI

JAPANESE BRITTANY

Gauguin (1848–1903) discovered Japanese prints in 1887 through Vincent van Gogh. In 1888, for this Breton wrestling match, he adopted the aesthetic of the print to produce a painting in oil on canvas "like a Japanese crepon print". He opted for "summary execution" – the woodcut involves working with a gouge on a block marked with a reversed drawing, hence the often simplified lines – and limited his palette to a few colours. This is again an inherent characteristic of prints, which are built up colour by colour with different woodblocks. For this vertical work, Gauguin dispenses with a horizon to create an effect of depth with no perspective by placing the clothes of the wrestling children on the grass in the foreground. The flat expanse of the green meadow then occupies three quarters of the composition up to the white at the top, from which it is separated by a hazy line, a distant relation of the mist used by the Japanese to suggest perspective. The two children wrestling appear out of proportion and the third in the upper right is represented without modelling.

The Meiji era (1868–1912) marked the confirmation and accentuation of the opening up of Japan to the outside world. Travellers visited the country and exhibitions like the one at the Palais de l'Industrie in Paris in 1873 made known an aesthetic and a philosophy that left a lasting impact on European minds. While the discovery of Japanese prints led artists like Whistler, Monet and Mary Cassatt to introduce iconographic elements like fans and kimonos into their works, others were more deeply influenced in their way of painting. These include Van Gogh, who now saw things "through more Japanese eyes", and a group of young artists who joined together in 1888 as the Nabis, meaning "prophets" in Hebrew. The aspiration of this group, which included Paul Sérusier, Pierre Bonnard, Édouard Vuillard, Félix Vallotton and Maurice Denis, was encapsulated by the latter's injunction: "Remember that a picture – before being a war horse or a nude woman or an anecdote – is essentially a flat surface covered with colours assembled in a certain order".

THE NABIS, PAINTERS IN THE JAPANESE STYLE

1

AN ASIAN NIGHT

Félix Vallotton (1865–1925), who joined the Nabis in the early 1890s, took a still more radical approach and simplified his means of expression to the utmost. Though modest in size, this nocturnal painting with all the preciousness of a Japanese lacquer extends endlessly and holds our eye with its resolutely Eastern charm. Like Gauguin and Van Gogh before him, Vallotton makes dynamic use of the continuous line characteristic of Japanese prints and a mere handful of elements: an isolated tree, some clouds gilded by the full moon, a stretch of water and the inverted reflection of the night sky. In Vallotton's art, poetry can also be created from absence, emptiness and expectation.

THE DOMESTIC NABI

The maternal universe of dressmaking in which Édouard Vuillard (1868–1940) grew up offered him the ideal setting for his poetry of intimacy. Space, forms and subjects take on all kinds of correspondences and visual and mental metamorphoses. In *The Linen Cupboard* he sows confusion between the mottled screen and the bed with its large white pillow, where a woman absorbed in her endlessly repeated task of putting away linen can only just be perceived.

2

1.
Moonlight
Félix Vallotton
France
c. 1895
H. 27, W. 41 cm;
oil on canvas
MUSÉE D'ORSAY

2.
The Linen Cupboard
Édouard Vuillard
France, Paris
c. 1893
H. 26.5, W. 21.5 cm;
oil on cardboard
MUSÉE D'ORSAY

3

4

3.
Woman in Profile with a Green Hat
Édouard Vuillard
France, Paris
c. 1891
H. 21, W. 16 cm;
oil on cardboard
MUSÉE D'ORSAY

4.
Ichikawa Danzo IV (1745–1808) as Tonase in the Play Kanadehon Chushingura
[The Treasury of Loyal Retainers]
Katsukawa Shunsho
Japan
c. 1781
H. 31, W. 14 cm;
ink and colours on paper
LOUVRE ABU DHABI

A LADY PASSING BY

Édouard Vuillard has been described as an «intimist». Seeking the marvellous in everyday life, he presents an emotive, moving and even disquieting transposition of his surroundings. Educated in religious institutions as the son of an army officer, he often projected onto women his own shyness and difficulty in coming to terms with his strong sensuality. His *Woman in Profile with a Green Hat* is emblematic of this constant evasion in its accentuated contraction of form and space. Any second now, the subject will turn her back in surprise and annoyance. The influence of Japanese prints can be seen in the line of the neck and the dynamic effect it produces. The shy, apprehensive lady, avoiding the painter's eye, is captured in a few lines and fewer expanses of flat colour.

The craze for Japan manifested itself in the decorative arts during the period from 1860–90 in both flowery and austere forms of Japonism, with a marked impact on interior decoration as well as small everyday objects. The aestheticisation of everyday life – the skill of wedding beauty and utility – was considered a characteristic of modern Japan that was far superior to its European counterpart. The result was the production and circulation in the West of numerous objects and curios inspired by this new repertoire of forms, some exuberant and others more radical, like the creations of the Aesthetic Movement.

A PASSION FOR JAPAN

1

2

IN BRITAIN TOO

Japonism flourished in some of its most extreme forms on the north side of the Channel. The fiery red and lustrous *Vase with Fish* by William de Morgan (1839–1917) imports into ceramics the textile effects of the embroidered Japanese kimonos that flooded Europe at the time.

3

DRIPPED DECORATIONS

Jean Carriès (1855–1894), a self-taught sculptor, experienced a kind of revelation at the Exposition Universelle in Paris in 1878, where Japanese ceramics won numerous admirers. From then on, he constantly pursued his dream of reinventing artistic stoneware. Opting for limited production, he used traditional moulds to produce various pieces that he then enamelled himself with several layers of glaze and apparently random but visually attractive drippings. In the work he showed at the Salon national des beaux-arts in 1892, Japonism verges on primitivist authenticity.

THE FATHER OF DESIGN

An outstanding figure in the revitalisation of the British decorative arts, Christopher Dresser (1834–1904) embodied all the aspects of creation and industrial production with huge Victorian factories and contracts to supply the new department stores. The Great London Exhibition of 1862 fired his enthusiasm with its rich display of Japanese artistic objects. He visited Japan in 1876–77 and published *Japan: Its Architecture, Art and Art-Manufactures*, in which he showed that the Far East made little distinction between formal vocabulary and rationalised production processes. This tea caddy was thus designed, like numerous other objects, for mass production by the Minton company.

4

5

6

7

FROM DRAWING TO DESIGN

After a period of militant Japonism, Christopher Dresser reserved his most radical inventions for metal, the emblematic material of Victorian Britain, which enabled him to adapt an abstract and unprecedentedly austere aesthetic to industrial production. This toast-rack and decanter are among the finest examples.

THE BEAUTY OF THE VOID

Edward William Godwin (1833–1886) played a key role in Japonism during the 1860s, above all through Liberty and Co., one of London's fashionable department stores at the time. The designer of wallpaper, printed textiles, ceramics and furniture, he worked on major commissions from members of the royal family (Princess Louise in Kensington Palace) and the cultured elite (the Chelsea house and studio of his friend Whistler). While tailoring his designs to the expectations of his clientele, Godwin also succeeded here and there in achieving a simplification of line and colour largely based on his intimate understanding of Eastern models. This folding table is European and highly functional in its underlying principle but wholly Japanese in its asymmetry.

8

1.
Vase with fish decoration
China
1661–1722
H. 44.5 cm;
enamelled porcelain
MUSÉE NATIONAL DES ARTS ASIATIQUES – GUIMET

2.
Vase with fish decoration
WILLIAM DE MORGAN
United Kingdom, London
1890–1900
H. 22.2 cm;
ceramic, painted and glazed decoration
LOUVRE ABU DHABI

3.
Gourd-shaped vase
JEAN-JOSEPH CARRIÈS
France
c. 1892
H. 20.5 cm;
enamelled stoneware with gold dripping
MUSÉE D'ORSAY

4-5.
Tea box and *Vase with floral decoration*
CHRISTOPHER DRESSER
United Kingdom
1870–80
H. 10 and 50.3 cm;
ceramic, painted and glazed decoration
LOUVRE ABU DHABI

6-7.
Toast rack and *Decanter*
CHRISTOPHER DRESSER
United Kingdom
1878 and 1892–93
H. 13 and 42 cm;
silver plate; glass, silver plate, wood
LOUVRE ABU DHABI

8.
Anglo-Japanese "Smallhythe" Folding Table
EDWARD WILLIAM GODWIN
United Kingdom, London
1872
H. 74.7 cm;
stained wood, brass
LOUVRE ABU DHABI

The art of Oceania groups the inventive expression of peoples who inhabit the thousands of islands in the Pacific Ocean which covers a third of the surface of the planet. In spite of differences in environment and the immense distances that separate these peoples, their artistic creations evince remarkable formal and symbolic consistency.

ARTISTS OF THE PACIFIC

GROUPED UNDER the name Oceania, a term coined in 1812 by the French geographer Conrad Malte-Brun, the islands of the Pacific display incredible cultural diversity. Each group appears to have its own social organisation, religious universe and linguistic roots, which are echoed in an artistic production involving numerous different techniques and all the materials available.

Oceanian works share the characteristic of being regarded as the materialisation of symbolic messages that are often multiple but associated in a coherent discourse. The emotion they are designed to arouse, which also defines their beauty, is primarily of a religious nature. Beauty and sacrality appear to be of the same essence. While the function of works may not always be known due to lack of sources, we can be sure that they are generally connected with the cult of the ancestors, a major aspect of this geographical area with the purpose of ensuring the social cohesion of communities. Called upon to represent the divine or mythic world, the artist is under no obligation to pursue realism. The synthesis of forms, all the way to extremes of abstraction that have sometimes aroused astonishment and enthusiasm, is a remarkable peculiarity of the Oceanian arts. Colour also plays a significant symbolic role, red being associated with blood and life, for example, and white with death. Contact with explorers and then with European merchants and armies marked a major turning point in the history of these insular societies. After a slow beginning in the 16th century, this process was not completed until the 1960s, when contact was made in Papua New Guinea with what were apparently the last unknown peoples in the world of globalisation. Cultural traditions were preserved for a long time with no major changes in these remote Pacific islands and the material supports of artistic creation underwent rapid development only in the second half of the 20th century. Many islands have thus had the rare experience of going from millennial traditions to contemporary art in the space of a generation.

The arts of Oceania had an impact on those of Europe in the 19th century. One of the first to fall under their spell was Paul Gauguin, who went to live in Polynesia and is buried there. The Surrealists were also fascinated with the expressive power of their creations slightly later.

THE POWER OF TALISMANS

Objects traded between tribes, *hei tiki* are also precious ornaments worn around the neck by men and women of high rank and handed down from generation to generation. This act of transmission charged the object with the *mana* (power inherited from the gods) of each powerful individual to have worn it previously. The protruding tongue of this characteristic figure, half-man and half-bird, represents the breath of life peculiar to every being. Such pendants were crafted only by the most skilful sculptors and tattoo artists. The green stone is very precious because it is found only on the western coast of the South Island of New Zealand.

1

2

POWER, PROCREATION AND DEATH

Uli, from the north of New Ireland in Melanesia, are large figures regarded as vessels of the power of the clan's ancestors. They were displayed during the burials of great warrior chiefs and played a central role in the accompanying rites. Between two deaths, the sculptures were venerated and jealously preserved in the men's house. These powerful and terrifying ancestors did not represent a particular warrior but the essence of the clan they protected, whose social standing they endorsed. The attributes of power, procreation and death are all encapsulated in one body. The male attributes represent the physical strength with which the figure protects the clan and the breast its responsibility to feed the clan and ensure fertility. The sculpture is therefore the image of the clan, each organ of which plays a precise part in the smooth functioning of the whole. The production and worship of these sculptures appear to have ceased early in the 20th century with colonisation.

3

THE ORIGINS OF MANKIND

In the legends of the Marquesas Islands, the mythical figure of Tiki is the creator of mankind and often regarded as the first human being. Images of him on different supports are omnipresent in the art of these islands. His wide-open eyes are related to the various meanings of the Marquesan word *mata*, which signifies not only 'eye' and 'face' but also 'genealogy'. As elsewhere in Polynesia, it is the genealogy of individuals that enables them to assert a relationship with the ancestral divinities and take a place in the social hierarchy. Carved wooden posts of this kind could be used as pillars for a funerary chamber housing the remains of a high-ranking individual during the period of mourning.

4

HANDING DOWN THE RIGHTS AND DUTIES OF ANCESTORS

This wood carving from the north-west of New Ireland is a *malangan*, one of the objects displayed during great burial ceremonies in an enclosure, generally hanging from structures made of foliage. They formed the centrepiece of rituals, sometimes involving hundreds of participants, during which the rights and responsibilities of the honoured dead were handed down to the following generation. The objects displayed present countless variations of motifs. Each variation belongs exclusively to a clan and its transmission is accompanied by rights to exploitation of the land or sea.

1.
Hei tiki
New Zealand
c. 1800
H. 10 cm;
jade, wax
MUSÉE DU QUAI BRANLY – JACQUES CHIRAC

2.
Tiki representing a mythical figure
Marquesas Islands, Nuku Hiva
1800–1900
H. 223 cm;
wood
MUSÉE DU QUAI BRANLY – JACQUES CHIRAC

3.
Uli *statue, ancestor figure*
Papua-New Guinea, New Ireland
1700–1900
H. 126 cm;
painted wood
LOUVRE ABU DHABI

4.
Bird's-head ceremonial sculpture
Papua-New Guinea, New Ireland
c. 1900
H. 94 cm;
painted wood, fish operculum
MUSÉE DU QUAI BRANLY – JACQUES CHIRAC

The vast area south of the Sahara was mistakenly regarded for a long time as isolated and detached from the mainstream of history. Yet kingdoms and empires blossomed there for centuries. Their artistic production, for all its incredible diversity of forms, materials and decorations, presents a certain overall homogeneity. It is in the field of sculpture that the artists of this huge continent excelled. The formal synthesis they often achieved endows their creations with uncommon power.

SCULPTURAL GENIUS IN AFRICA

ALONGSIDE the practice of Islamic and Christian rites, most of the communities were still essentially animists in the 19th century, believers in the presence of spirits inhabiting the world (forces of nature, mythic ancestors or forms of spiritual energy). Their artistic works were therefore receptacles for magical forces or ancestral spirits, with which they made it possible for man to establish communication. As intercessors, these objects were responsible for ensuring the fertility and fecundity of the clan. In a world dominated by verbal communication, they recalled the founding myths of the clan and preserved its memory. The magical power of these works also involved great responsibilities for the healers and soothsayers allowed to interact with them, and meant that they were generally concealed from all but the initiated.
Statues and masks were used at particular times in specific places. Designed to be seen by torchlight in the movement of dance, they lose their meaning behind glass in museums, where the power of their form is the only thing left to indicate the creative energy that gave them birth. The artist's intention was not to produce a faithful representation of any observable terrestrial reality but to combine symbols expressing the meaning of the work and imbuing it with emotive power.
The European colonisation of the continent at the end of the 19th century disrupted the traditional cultures. Countless objects were plundered and taken to Europe, initially for display as mere trophies of no technical or cultural value. Together with a number of intellectuals, avant-garde artists did not take long, however, to discover formal repertoires in these works enabling them to revitalise their own art and break away from the models of the past.

1

EXEMPLARY FIGURES

This sculpture belongs to the art of the Dan groups located in western Côte d'Ivoire and north-east Liberia. Idealised portraits of this kind are overwhelmingly of female figures with massive legs and necks suggesting the psychological strength of individuals difficult to discompose. The breast of a mature woman who has nursed children represents experience and wisdom. The spinal column is decorated with zoomorphic scarification and metal elements are embedded in the face and mouth. Pieces of glass or mica were probably used for the eyes.

PROTECTIVE MASKS

This Baga sculpture from the central region of Guinea represents the protective spirit D'mba. It was worn as a mask during ritual dances to ensure fertility of the soil, fertility of women or the transition of a deceased person to the status of an ancestor. Bearing the mask on his shoulders with the aid of its four feet, the wearer looked through the holes between the breasts with his body hidden beneath a now lost robe of vegetable fibres. The prominent hooked nose appears to be modelled on the beak of the calao bird, a symbol of fertility. The lowered eyelids and closed mouth express serenity and wisdom, while the elongated bosom symbolises the spirit's function as a provider of nourishment.

2

THE CULT OF THE ANCESTORS

Reliquary guardian sculptures are emblematic of the art of sub-Saharan Africa. They served to protect the bones of ancestors housed in a cylindrical box on which the statue appeared to sit, attached by a mortise and tenon joint visible at the rear of the pelvis. These reliquaries played a central role in the initiation rites whereby youths became adults by learning the names of their ancestors and how to enter into contact with them. As is characteristic of Ngumba works, this statute is inlaid with an alloy of copper, glass and beads, presents scarification on the face as well as human hair for the beard and eyebrows, and wears a belt of animal fur.

3

1.
Statue
Ivory Coast, Haut-Cavally
1800–1900
H. 61 cm; wood, nails, iron
LOUVRE ABU DHABI

2.
Shoulder mask of D'mba, beneficent and tutelary spirit
Guinea
c. 1900
H. 130 cm; wood, plant fibres, metal
MUSÉE DU QUAI BRANLY – JACQUES CHIRAC

3.
Reliquary guardian figure
Gabon
c. 1914
H. 53.3 cm; wood, fur, beads, hair
MUSÉE DU QUAI BRANLY – JACQUES CHIRAC

"The ugly in art is that which is false, that is artificial, that seeks to be pretty or beautiful instead of being expressive, that is affected and precious [...], all that is without soul and truth, all that is only a parade of beauty and grace; all, in short, that lies". Auguste Rodin (1840–1917) is regarded as the pioneer of modern sculpture by virtue of this new aesthetic credo. His intransigent pursuit of truth involved both the direct study of nature and observation of the works of the past.

RODIN
ANTIQUITY AT THE SERVICE OF MODERN SCULPTURE

AS SOON AS HE COULD afford it, Rodin built up a collection of assorted marbles, ceramics and objects that fuelled his own creation: "Now I have a collection of mutilated and broken gods, some of them masterpieces. I spend time with them. They teach me. I love this language from two or three thousand years ago, which is closer to nature than any other. I think I understand them and visit them all the time [...] And all this did not die. They are alive and I give them still more life. I complete them easily in my vision and they are my friends to the last".

Antiquities occupied a major place among these objects, in accordance with a new approach to archaeology in Europe. While Greek and Roman remains and sculptures had been carefully restored ever since the Renaissance, the tendency from the 1870s was rather to preserve them in the state they had been discovered in, with no retouching or artifice. In his search for a new language free of all falsehood, Rodin adopted this aesthetic of the fragment and gave his works a deliberately unfinished appearance. He also practised a form of recycling, freely drawing on previous works like the *Gates of Hell* for elements to be reused in new ones. As exemplified by the *Man Walking*, where the subject addressed is no more than a pretext for the creation of a form in all its unadorned truth, the great modernity of his work lies at the origin of modern sculpture.

1

2

"I CONTEMPLATED THEM IN ECSTASY"

Paradoxically, Rodin found in ancient works the link with nature that he regarded as lost in the academic sculpture he attacked. His female nudes embody this moving and sensual nature to the full: "Beauty is character and expression, and there is nothing in nature that has more character than the human body, which evokes the most varied images with its form or grace". He considered this crouching *Venus Anadyomene* (Venus rising from the sea) as full of life as the female models that posed in his studio. He also studied the moving bodies of the male and female dancers that arrived in Paris from all over the world, whom he regarded as having "regained the freedom of instinct and rediscovered the meaning of a tradition based on respect for nature".

3

4

5

BENEATH THE DRAPERY, "BEINGS OF FLESH AND BLOOD"

After an exhausting eleven-month siege during the Hundred Years War, six burghers of Calais in northern France surrendered themselves to the English in return for sparing the lives of their fellow-citizens. Commissioned to produce a monument in their memory in 1884, Rodin did not present them in a heroic light but as they must have looked to Philippa of Hainault, queen of England, who was moved to pity and obtained their pardon. He carried out historical research and imagined them naked at first before clothing them in the tunics of condemned men. Shown on the point of delivering the key of the city to Edward III as a sign of surrender, Jean d'Aire stands with a noose around his neck, suffering and dignified, on this "walk to his death".

THE EXPRESSIVE POWER OF MOVEMENT

To coincide with the Paris World's Fair of 1900, Rodin organised an exhibition of his work in a pavilion erected on the Place de l'Alma. The exhibits included this small sculpture perched on a column with a Corinthian capital, for which he assembled two fragments of a *John the Baptist*, the torso leaning forward and slightly rotated on a pair of legs to impart dynamic movement to his *Man Walking*. While the figure, devoid of head and arms, recalls an ancient statue, the decision to preserve the torso in the form of a fragment and free the sculpture from any superfluous detail exemplifies the artist's very modern approach.

1.
Crouching Venus
Roman empire
100 BCE–100 CE
H. 25 cm; marble
MUSÉE RODIN

2.
Torso of a Seated Woman, called the *Morhardt Torso*
AUGUSTE RODIN
France, Meudon
1895–99
H. 38 cm; bronze
MUSÉE RODIN

3.
The Walking Man, On a Column
AUGUSTE RODIN
1900
H. 357 cm; bronze (lost-wax cast made in 2006, Fonderie Coubertin)
LOUVRE ABU DHABI

4.
Jean d'Aire (from the group The Burghers of Calais)
AUGUSTE RODIN
France, Meudon
1895–1903
H. 202 cm; plaster
MUSÉE RODIN

5.
Roman Bust, called *Togatus*
Roman empire
1–100 CE
H. 182 cm; marble
MUSÉE RODIN

WING 4

GALLERY 11

MODERNITY IN QUESTION

The radical changes caused by the Industrial Revolution were amplified in the 20th century. At the same time, however, the trauma of two world wars, decolonisation, the internationalisation of cultural phenomena and their criticism all undermined the certainties of modern Europe. Constantly reinvented, artistic creation saw a succession of radical departures, such as abstract art, the readymade and the priority given by artists to the unconscious and their inner world. The art invented at the beginning of the century in Europe, with Paris as the crucible of artistic modernity with figures like Picasso and Matisse, borrowed and drew inspiration from non-European cultures outside the traditional horizons of the fine arts. This period of growth also saw the birth and development of cinema. The century underwent two major upheavals, however, first with World War I (1914–18) and the Wall Street Crash of 1929, and then with World War II, which led a number of artists, including numerous Surrealists, to take refuge above all in the United States and Latin America. Decolonisation and the dismemberment of the French and British empires enabled many artists to take part in the construction of the new national and cultural narrative initiated by the newly-freed peoples. New York established itself in the second half of the century as the stage for a new artistic modernity. Embracing the mass media, movements like Pop Art obtained visibility and spread all over the world. Globalisation gathered momentum, as symbolised by contact with the last unknown peoples in New Guinea, and horizons expanded still further when Neil Armstrong set foot on the Moon in 1969. Relations with objects and the world were transformed at the end of the 20th century by the consumer society with its mass-produced articles, built-in obsolescence and omnipresent merchandise. As attested by artists through videos, installations and performances, telephony and television brought people into contact simultaneously all over the world, transforming roots and territories, and juxtaposing individual and collective narratives.

After Rodin, Western sculpture came under the influence of non-European arts. African masks – inseparable from the mythic and religious contexts that structured the thinking of traditional societies – found an echo in the work of great 20th-century sculptors like Constantin Brancusi and Alberto Giacometti, informed by a symbolic dimension and the pursuit of a link between the sculpted form and the invisible world.

SCULPTURE, THE MEASURE AND ESSENCE OF THE WORLD

THE AFRICAN MASK hides as much as it reveals or, as Claude Lévi-Strauss put it, "denies as much as it asserts". The ceremonial mask keeps a secret disclosed only to the initiated but was worn during public rituals designed to connect human beings with their ancestors or with the spirits of the animal and natural world called upon as intercessors. The mask reactivates myths. This metaphorical and mythical dimension is found to a certain extent in the work of Brancusi, who also sought to revive the essence of natural materials and forms. His pursuit of the "essence of matter" (*The Kiss*, 1907–38), the "essence of flight" (*Bird in Space*, 1923 and 1925) and infinity (*The Endless Column*, 1918–38) led him to seek out archaic forms and depart from the styles of his time in order to attain universality. A close associate of Marcel Duchamp, Tristan Tzara, Man Ray and Fernand Léger, Brancusi developed elementary forms that are both ultra-modern and timeless, as though informed by an upward impetus. Giacometti's work also bears the imprint of various influences, including Cycladic, Etruscan, Egyptian, Byzantine and African art. A friend of Carl Einstein, the author of a work on African sculpture entitled *Negerplastik* (1915), and of Michel Leiris, a writer and poet close to the Surrealists and an expert on Dogon art, Giacometti soon abandoned academic representation for an almost totemic art. Associated with the Surrealist movement from 1931 to 1935, Giacometti never abandoned representation but concentrated above all on the head and the gaze as attesting to embodied existence and inter-human relations. The question of proportions was of paramount importance to him. Seeking to transpose the decrease in scale caused by perspective into sculpture, Giacometti brought his figures closer to the viewer by making them larger, or farther away by making them smaller.

1

THE REACTIVATION OF INVISIBLE FORCES

The zoomorphic masks of Guinea, undulating structures decorated with often polychrome geometrical motifs, display certain aesthetic constants. This one was mounted on a headdress or a base for use in rites of initiation. The triangular head of the snake balances the swelling that suggests its undulating movement. The purity of the winding line and the symmetrical triangular motifs arranged on either side of a raised central line endow the mask with a timeless aesthetic power resembling that of Brancusi's works.

THE ESSENCE OF MATTER

The *Cock* by Constantin Brancusi (1876–1957) exists in numerous versions of different sizes and materials, including wood, plaster and bronze. This unique cast in polished bronze was made from a plaster version in the artist's studio (a reconstruction of the studio forms part of the Centre Pompidou in Paris) preceded by two of a similar size. The vertical movement of the bird is accentuated by a base in four sections that forms an integral part of the work, as is always the case with Brancusi. The polished bronze and the rotundity of certain parts of the sculpture contrast with the jagged edges symbolising the upstretched bird.

2

THE IMPOSSIBLE SCALE

It was through the art dealer Pierre Matisse that in 1958 Alberto Giacometti (1901–1966) was commissioned to produce a monumental work to stand in front of the Chase Manhattan Bank skyscraper in New York. The artist conceived a group combining three of his recurrent themes – a standing woman (suggesting a tree), a bust or head (suggesting a mountain) and a man walking – in a sort of "clearing" that would enable viewers to move around within the sculptural installation. Unable to determine the right scale of the work in relation to the colossal skyscrapers of New York, Giacometti abandoned the project in 1961 without ever travelling to the United States. The bronze figures created for it, including this *Standing Woman II*, were shown separately in various configurations in events like the Venice Biennale of 1962.

3

1.
Head ornament in the form of a snake
Baga or Nalu culture
Guinea
1800–1900
H. 222 cm; painted wood
MUSÉE DU QUAI BRANLY – JACQUES CHIRAC

2.
The Cock
Constantin Brancusi
France
1935
H. 253.4 cm; bronze
CENTRE POMPIDOU – MUSÉE NATIONAL D'ART MODERNE

3.
Standing Woman II
Alberto Giacometti
France
1959–60
H. 275 cm; bronze
CENTRE POMPIDOU – MUSÉE NATIONAL D'ART MODERNE

More than a million people attended the showings organised in the giant Cinématographe Lumière during the Paris World's Fair of 1900. While they fully earned this glory, the Lumière brothers had been preceded by other pioneers since the invention of the magic lantern in the 17th century and inspired others who helped in turn to make cinema what Thomas Edison called "one of the pillars of human culture".

THE BIRTH OF FILM

CINEMA WAS the outcome of the combination of visual entertainment and the enhancement of instantaneous photography thanks to new and more sensitive emulsions. The Frenchman Émile Reynaud invented the Théâtre Optique in 1892, painting directly onto film and projecting it with his Praxinoscope system. During the same period, the American Thomas Edison drew on the research of the English scientist Eadweard Muybridge and his French counterpart Étienne-Jules Marey on the breaking down of movement into components by means of photography. With W.K.L. Dickson, he developed a device for recording named the Kinetograph and one for the reproduction of moving images, the Kinetoscope, which works like an individual viewer.

After finding a way to use the Geneva drive to advance the film frame by frame, Louis Lumière and the mechanic Charles Moisson invented the cinematograph, a camera capable both of filming and of projecting the animated photographic views onto a large screen, thus originating the film show and hence cinema as we understand it today. The first public showing of the Cinématographe Lumière took place on 28 December 1895 in the Indian room of the Grand Café in Paris with a total of ten films, including the first ever made, *Workers Leaving the Lumière Factory* (1895), and the first fiction film, *The Waterer Watered* (*L'Arroseur arrosé*, initially called *Le Jardinier et le Petit Espiègle*).

The Lumière brothers and their operators then set off to film and organise shows all over the world: in the European capitals, Canada, Egypt, Russia, the United States, China, Japan, Africa and Latin America. They were, however, unable to make a commercial profit out of their invention and gave up around 1905, just before the cinema began its irresistible rise.

1

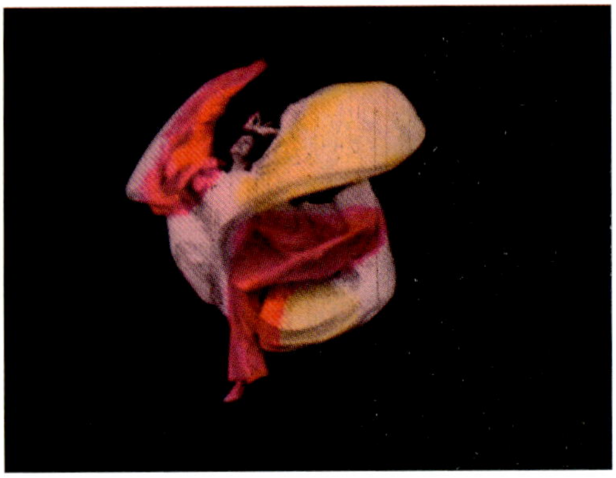

2

LIFE ITSELF, THE CAPTURING OF MOVEMENT

Louis Lumière (1864–1948) set his cinematograph up on the platform at La Ciotat station and turned the winder as the train pulled in from Marseille. Andrée, Auguste Lumière's little daughter, is one of the crowd coming and going. The diagonal angle of filming dramatically amplifies the effect of speed and legend has it that the shocked first spectators actually thought the engine was hurtling towards them out of the screen.

THE ELECTRIC FAIRY

Loïe Fuller (1862–1928) used invisible wooden rods to make the silk of her costume swirl through space in wavy lines under lights of different colours. Embodying a butterfly (1892) or clouds (1893) in her serpentine dances, she was one of the first to use electrical lighting. Personifying the spirit of Art Nouveau, she became a friend of the Lumière brothers, who made a film of a dancer performing one of her choreographic routines. There is unfortunately no film of Loïe Fuller herself dancing, except perhaps in the *Danse du Feu* of Georges Méliès.

3

ON THE NILE

The Lumière brothers' first film show in Egypt took place in a bath house in Cairo in January 1896. When the operator Alexandre Promio returned in 1897, he filmed some "Egyptian views" that were shown in the Cinématographe Lumière, Alexandria's first cinema. Such films were designed both to attract the local public with familiar subjects and audiences in other countries, where they appeared exotic. Cinema was a great success in Egypt and a local school was soon established.

THE MAGICIAN OF MONTREUIL

Georges Méliès (1861–1938), director of the Théâtre Robert-Houdin, bought an Animatograph film projector in London. After initially filming friends and family, he set up the first film studio in 1897 in Montreuil-sous-Bois and laid the foundations for camera techniques such as close-up, multiple exposures and substitution splices. By 1912 he had made over 520 films including ***A Trip to the Moon***, the world's first science-fiction movie. Drawing on fairytale and operetta, and influenced by Jules Verne's novel ***From the Earth to the Moon***, this masterpiece tells the tale of a scientific expedition led by Professor Barbenfouillis (played by Méliès himself) that travels to the moon on a bullet-shaped spaceship, which hits the Man in the Moon in the eye, and discovers its mysterious inhabitants.

4

A BRILLIANT FILMMAKER

In 1908 Émile Cohl (1957–1938) made ***Fantasmagorie***, the very first fully animated film. The images were filmed one by one in accordance with the "one turn, one picture" technique invented in the United States. Originally a caricaturist, Cohl invented a little character that became Fantoche in his later films. The name by which this puppet was known in Japan (Dekobo) initially designated the country's animated cinema as a whole, which started with ***Dekobo's New Picture Book***. Animated film underwent worldwide development in the 20th century, as exemplified by Walt Disney, who paid tribute to Emile Cohl as his predecessor on being awarded the Legion of Honour.

5

1.
The Arrival of a Train at La Ciotat
Louis Lumière
Lyon
1895
Silent black-and-white film, 51 sec
INSTITUT LUMIÈRE

2.
Farfalle
Choreography by Loie Füller
1907
1 min 42 sec, Lobster Films
INSTITUT LUMIÈRE

3.
Panorama of the Banks of the Nile [VII]
Alexander Promio
Egypt, River Nile
1897
Silent black-and-white film, 51 sec
INSTITUT LUMIÈRE

4.
A Trip to the Moon
Georges Méliès
France, Montreuil
1902
Silent black-and-white film (coloured photogram), 12 min
MK2

5.
Fantasmagorie
Émile Cohl
France, Paris
1908
Silent black-and-white film, 2 min 4 sec
LOBSTER

In Brussels, London and Glasgow as in Paris, Barcelona, Vienna and Turin, the Art Nouveau of the period 1880–90 was intended as an ideal response to the changing times. More functional than the various eclectic styles of the 19th century, it served a very urban way of life and precise demands for comfort. At the same time, by virtue of its vitalistic and vegetal vocabulary, it sought to reconcile city-dwellers with the nature from which they were severed. In short, a new balance had to be found through the redefinition of living space and a broader range of everyday objects. In any case, the mechanisation of studios led to evolution in production methods and a larger clientele.

THE DECORATIVE ARTS AT THE TURN OF THE CENTURY

EVEN THOUGH the great creators of Art Nouveau all found it difficult to cater for the general public because of their daring designs and production costs, their reforming drive remained intact. Few were as pugnacious in this respect as Henry Van de Velde, a follower of William Morris, in spreading his ideas and expressing them in a whole variety of forms. In addition to essential equipment and utensils, he believed that living space, both domestic and professional, should have a beneficial effect on its occupants. Just as matter is not inert, the artist's vocabulary does not have to follow a set form: "Ornament is necessarily born out of two or three lines that, driven by an inner force running through us like a scream, we jot down on paper without thinking". In 1900, like the Englishman Charles Ashbee and the Scot Charles Rennie Mackintosh, Van de Velde was invited to exhibit in Vienna with the members of the Secession, a movement then epitomised by the painter Gustav Klimt. Their motto, blazoned above the entrance to the building where they held their exhibitions, had the trenchancy of a simultaneously prophetic and liberal truth: "To every age its art – to every art its freedom". In 1903 this initial collaboration led to an undertaking of greater resonance, namely the Wiener Werkstätte or Viennese Workshops, with Josef Hoffmann and Koloman Moser as their theorists and organisers. Unlike William Morris and the Arts and Crafts movement, the Wiener Werkstätte did not reject the idea of mass production as long as new beauty and purified lines were reconciled. The personnel of the workshops, divided on the basis of their crafts, were to be recognised as playing an active part in the development of the articles.

Many of their works were designed for members of the Wittgenstein family. In search of a cultural identity of their own, like other members of Jewish high society in the Austro-Hungarian empire, the family gave the new aesthetic its full support and commissioned works. Margaret Wittgenstein, the sister of the philosopher Ludwig and the daughter of a great collector, was portrayed by Klimt as a woman of emancipated tastes intent on creating a living environment in keeping with her independence of judgement. She married Jerome Stonborough in 1905, moved to Berlin soon afterwards and made her apartment a showcase for the Wiener Werkstätte. Margaret presided over its decoration, working together with Koloman Moser and even agreeing to have the frames of her paintings painted white for the sake of visual unity. Nothing was allowed to betray the overall conception.

DYNAMOGENIC LINES

Henry Van de Velde (1863–1957) knew how to exploit the ductility of metal. While the handles seem to detach and curve before our eyes, each side bears a finely worked and stylised plant motif. With its sinuous circumference animated by a dynamic line, this tray can hardly be regarded as an inert object of everyday use.

1

METALWORK WITH NO TINSEL

This samovar, a kind of traditional Russian and Central European kettle, is part of the coffee and tea set that Leopoldine Wittgenstein gave her daughter Margaret in 1905. It was made by Joseph Holi from a sketch by Josef Hoffmann (1870–1956). While conveying an impression of great austerity reminiscent of the work of Christopher Dresser, it has none of the industrial dryness of design. The utmost economy of means is balanced by the volutes of the tripod, the ebony handles and the chequered pattern of colours at their ends.

2

ASCENDING VERTICALS

The wardrobe of wood coated with white lacquer and the light fitting created by the Austrian designer Koloman Moser (1868–1918) are two of the most important elements of the furnishings in the Wittgenstein-Stonborough apartment in Berlin. Intended for a guest room, the wardrobe with a single door and curved sides combines the simplicity of the cupboard and the optical dynamism of Art Nouveau. A silver-plated lock is the only element animating the intensely white surface. The light fitting, a miracle of elegance, is suggestive of Byzantine crowns and the vamps of the stage in the Belle Époque, as well as the nascent art of cinema.

3

4

1.
Tray
Henry Van de Velde
Belgium, Brussels
1898
L. 41.7, W. 69.3 cm; silver-plated bronze
LOUVRE ABU DHABI

2.
Samovar
Josef Hoffman (Silversmiths: J. Hoszfeld and J. Holi)
Austria, Vienna
1904–05
H. 31.5 cm; silver, wood, coral, onyx
LOUVRE ABU DHABI

3.
Suspension lamp
Koloman Moser
Austria, Vienna
1905
H. 146 cm; glass, metal
LOUVRE ABU DHABI

4.
Single-door wardrobe
Koloman Moser
Austria, Vienna
1905
H. 184.8 cm; lacquered wood, metal
LOUVRE ABU DHABI

A MASTERPIECE

THE DINING ROOM AND SITTING ROOM OF LORD ROTHERMERE

BY THE TIME it was consecrated at the World Fair's of 1900, Art Nouveau was already beginning to wane. As a reaction, the association of artists and decorators founded in 1901 set about organising an avant-garde exhibition to promote the modern style. Not held until 1925 due to World War I, this event marked the official birth of the term *Art Deco*, the name of a movement developed in 1910 but only just at its peak.

Hailed as the genius of Art Deco, Jacques-Émile Ruhlmann really became known at this international exhibition of the modern decorative and industrial arts of Paris. Invited to design his own pavilion, Ruhlmann joined forces with the architect Pierre Patout and well-known artists to present a wealthy, elegant and ideal collector's home. The sophisticated modernism displayed, also in the use of precious materials, exemplifies the excellence of "French taste" as opposed to the purism and austerity of Le Corbusier in his ascetic and radical Pavilion of the New Spirit.

This "residence for a rich collector" was a great success and led to a stream of commissions, not only from public institutions such as the Palais d l'Elysée, the Union centrale des arts décoratifs and the Metropolitan Museum in New York, but also from private individuals. These rich industrialists and art lovers included the British press magnate Lord Rothermere (owner of the *Daily Mail* and *Daily Mirror*), who wished to furnish and decorate his apartment on the Champs-Élysées.

A decorator and interior designer, Ruhlmann conceived the combined sitting and dining room as a total work of art exemplifying the elegance and modernity of his style, where each detail of the woodwork, sculpture, metalwork, lighting and furniture has its own importance. The play of light from the windows, the bow window and the light fittings sets off the elements of Indian rosewood, whose dark colour is enlivened by the veins and ten metopes sculpted by Louis Pierre Rigal on the upper frieze. From the door handles to the hinge covers of silver- and chrome-plated bronze, the mouldings of the cornices and the borders of the door panels, everything contributes to the luxurious harmony of the room.

1

Sculpture and architecture are closely related in Art Deco. A set of ten low-reliefs animates the upper part of the Rothermere sitting room in the manner of Greek metopes. Their author, the sculptor Louis Pierre Rigal (1888–1959) adopted an archaic design of stylised motifs such as flowers, spirals, drapery and rippling waters. A return to the direct carving of wood was characteristic of the modern sculpture of the 1920s.

2

The area by the bow window was used as the dining room, while the sitting room was situated on the other side of a dividing line marked by the entrance with its portico of simple cylindrical columns and coffered ceiling, something like the pronaos of an ancient temple. The walls and columns of this unit are panelled with Indian rosewood, a sophisticated material that is, however, very vulnerable to light. It has now been restored to its original splendour.

1.
Low relief
Louis Pierre Rigal
France, Paris
1925
Wood
LOUVRE ABU DHABI

2.
The Salon–Dining Room of Lord Rothermere
Jacques-Émile Ruhlmann
France, Paris
1925
70 m², H. 308 cm; wood, mirrors, fittings
LOUVRE ABU DHABI

3.
Fan-shaped wall sconce
Jacques-Émile Ruhlmann
France, Paris
1924–25
H. 33 cm; alabaster, bronze
LOUVRE ABU DHABI

Ruhlmann attached particular importance to illumination as a way of enhancing interiors with carefully calibrated light while also constituting a decorative element in its own right. This fan-shaped sconce with an alabaster shade to provide a soft glow presents a fine contrast with its bronze mounting, whose pebbled motif became a hallmark of Ruhlmann's work during the 1910s.

3

With the Fauvism of Henri Matisse and André Derain on the one hand and the Cubism of Picasso and Georges Braque on the other, new paths for the exploration of form and colour opened up in the West early in the 20th century. Driven by a genuinely new spirit that extended beyond the strictly artistic sphere, these movements helped to found modern art and to bring non-Western arts into it on an equal footing.

FORM AND COLOUR IN THE 20TH CENTURY

THE INVESTIGATION of colour embarked upon by the Impressionists, the Nabis and other precursors like Van Gogh and J.M.W. Turner went through a crucial stage in 1905 with the scandal that exploded at the Salon d'Automne. Paintings by Henri Matisse, André Derain, Maurice de Vlaminck and Albert Marquet proved so shocking with their "glaring daubs of haphazardly juxtaposed colour" that room six, where they were shown, was described as a "*cage aux fauves*" or cage of wild beasts.
For the Fauves, it was not the subject that mattered but rather how it was represented. In what André Derain described as the "era of photography", concern with realism was eclipsed in painting by an emphasis on artistic expression. Colour increased its independence to serve as the basis for the construction of a painting. The trips made by Henri Matisse and Paul Klee to North Africa in the 1910s and the discovery of Islamic art – presented as "Mohammedan Art" in the key Munich exhibition of 1910, which also included Persian miniatures – came to fuel the exploration of colour and sensation in the 20th century.

Artists following the direction taken by Cézanne reacted against this trend by concentrating on the conscious and rational investigation of form. The "primitive" arts aroused the interest of many artists and Picasso in particular. Influenced by Gauguin's *Oviri*, shown at the 1906 Salon d'Automne, as well as by the pre-Iberian sculptures in the Louvre and traditional African sculpture, he began to create an art opposed to the perspective-based representation of reality inherited from the Renaissance with the *Demoiselles d'Avignon* (1907) and a number of sculptures inspired by African art in 1908–09. This process led to his development, together with Georges Braque, of the analytical form of Cubism (1909–11), where the object is built up simultaneously from a variety of different viewpoints. Synthetic Cubism then began experimenting in 1912 with forms of collage and the assemblage of found objects.
Cornerstones of modern art, Fauvism and Cubism paved the way for the arts of the 20th century with all their multiplicity.

COLOURS LIKE STICKS OF DYNAMITE

Having followed Claude Monet to London, André Derain (1880–1954) took a new and subjective approach in this view of the Thames. Continuing the work commenced during the summer of 1905 with Matisse at Collioure, he used colours intended to "explode with light". The two barges are rendered in crude brushstrokes and hues that appear to obey the principle of "deliberate disharmony". The way that one of the diagonal barges is shown only half in the frame suggests that the colour-based composition may also have drawn inspiration from the Lumière brothers' film of trains arriving at the station in La Ciotat. The absence of a horizon and the overhead angle, recalling certain works by Gauguin or Japanese prints, help to strip this reinvented view of any depth and realism whatsoever.

1

2

1.
Two Barges
André Derain
United Kingdom, London
1906
H. 80, W. 97.5 cm; oil on canvas
CENTRE POMPIDOU – MUSÉE NATIONAL D'ART MODERNE

2.
Bust of a Woman
Pablo Picasso
France
1909–10
H. 73, W. 60 cm; oil on canvas
CENTRE POMPIDOU – MUSÉE NATIONAL D'ART MODERNE

FACETS OF A FRAGMENTED REALITY

After drawing on African sculptures and the works of Paul Cézanne, Pablo Picasso (1881–1973) embarked on the "analytical" second phase of Cubism with Georges Braque around 1910. The figure is subjected to spatial decomposition and stylised reassembly, as in this bust-length portrait of his mistress Fernande Olivier, thus continuing the work begun in the summer of 1909 at Horta de Ebro in Catalonia with *Female Head* (*Fernande*), his first Cubist sculpture. The construction rests on lines, curves and forms, while the palette is reduced to shades of grey, beige and blue. The real subject is not so much the portrait as the creation of a new formal language. This work was owned by the famous art dealer Daniel-Henry Kahnweiler, who provided the Cubists with essential support.

In Paris, Munich and Moscow, the three great cradles of art at the beginning of the 20th century, revolutionary painters blazed the trail of non-figurative or abstract art by taking the attempt of Impressionism and then Fauvism to "free colour from form" one step further. They championed a synaesthetic approach that yoked the senses to the arts, music and painting above all.

THE QUEST FOR A TOTAL WORK OF ART

THE RUSSIAN Wassily Kandinsky, the Czech František Kupka and Swiss-German Paul Klee were all German-speaking. Steeped in Goethe's theory of colours, they took an interest in science as well as the vernacular arts and those of North Africa, which Klee and Kandinsky both visited. The latter also found inspiration in the exhibition of "Mohammedan Art" held in Munich in 1910. Music lovers and indeed musicians, they aspired to touch the public's hearts and arrive through painting at a language as universal as music itself.

After the expressionism of the Blaue Reiter group, which he founded in Munich, Kandinsky strove in the 1910s for a "pure – meaning non-figurative – pictorial art". As stated in his short book *On the Spiritual in Art* (1911), he saw the work of art, a "mysterious, enigmatic, mystical creation", as interpenetrating with the soul, aiding their reciprocal perfection.

František Kupka, another pioneer of "concrete" or abstract painting with his *Amorpha*, lived in Puteaux just outside Paris. As he wrote in *Creation in the Visual Arts* (1910–13): "As abstract reality in itself, the work of art must be made up of invented elements. Its concrete meaning derives from the combination of morphological types and architectural situations peculiar to its organism".

Klee, a teacher at the Bauhaus like Kandinsky, took the view that "children, lunatics and primitive peoples have rediscovered – or preserved – the faculty of seeing" (*letter to Lothar Schreyer*, 1923) and created a poetic universe whose apparent simplicity conceals a cosmic thought in which the original link with cyclical forces is restored.

Kandinsky fled from Bolshevik Russia and then in 1933 from Nazi Germany, finding his last refuge in France. After the closure of the Bauhaus, Klee returned to Switzerland and his work was held up to ridicule in the exhibition of *Entartete Kunst* or "Degenerate Art" organized by Goebbels in 1937. Kupka, who had fought for France in World War I, went into hiding in a small town in the department of Loiret from 1939 to 1945.

1

ABSTRACT NATURE

According to the painter and critic Pierre-Antoine Gallien, to whom the artist gave this work in 1921, "It is Frank Kupka (1871–1957) that opened up the path of art for art's sake". *Crystal* is part of a body of works devoted to the deep and abstract expression of nature. Conceived as "a complex whole, an organism endowed with its specific qualities of existence, living its own life on its own account", this work follows the vital dynamics of the formation of a crystal, not through mimesis but by following the internal laws of matter.

2

ON THE SPIRITUAL IN ART

Wassily Kandinsky (1866–1944) championed an art with a spiritual dimension whose beauty stems from "inner necessity". Like music, which is abstract by nature, his painting is designed to act on the viewer's soul, with every form and colour producing a precise effect. Unlike his freer *Improvisations*, the *Compositions* are the result of slow gestation. In *Composition IX* oblique bands of colour, something unusual for Kandinsky, contrast sharply with shapes in an apparent state of suspension.

3

"I AM POSSESSED BY COLOUR"

Paul Klee (1879–1940) experienced a "revelation of colour" in Tunisia in 1914. In 1938, in the middle of a grim period of illness and exile in Switzerland, glowing memories of his trip resurfaced in *Sweetness of the East*, which also draws on works by Matisse, Delaunay and Kandinsky, as well as a trip to Egypt. The grid of coloured squares with no perspective recalls a carpet, a mosaic or a medina quarter and contrasts with pictographic elements, including a human figure and some palm trees as well perhaps as a *nazar boncuk*, the blue eye-shaped Tunisian amulet offering protection against the evil eye. Like musical notes or calligraphic letters inspired by the cursive Arabic naskh script, they open up the field of a wholly new and poetic language.

1.
Crystal
František Kupka
France, Puteaux
1919–20
H. 73, W. 86 cm;
oil on canvas
LOUVRE ABU DHABI

2.
Composition IX
Wassily Kandinsky
France
1936
H. 113.5, W. 195 cm;
oil on canvas
CENTRE POMPIDOU – MUSÉE NATIONAL D'ART MODERNE

3.
Oriental Bliss
Paul Klee
Switzerland, Berne
1938
H. 50, W. 66 cm;
paint on paper glued on canvas
LOUVRE ABU DHABI

Surrealism came into being in Paris in the 1920s. Drawing on wonder and the subconscious, the movement took over from Dada and challenged rationalism with "psychic automatism" and "obsessional love". It subverted both the arts and ideas in its efforts to free creativity from any moral or academic bonds.

SURREALISM: DREAMS AND LIFE

FOUNDED IN ZURICH in 1916 against the backdrop of World War I, Dada glorified the strength of the individual against "the civilisation that produces all that". Taking a provocative stance, artists like Hugo Ball, Tristan Tzara and Richard Huelsenbeck sought to consign the past to oblivion. Dadaists like Max Ernst, Hans Arp and Sophie Taeuber-Arp then joined the ranks of the Surrealists, whose aim was no longer to destroy the world of yesterday but to create a new art in contact with dreams and life.

André Breton, the movement's theoretician, published its first and second manifestos in 1924 and 1929. He described it as "based on a belief in the higher reality of certain previously overlooked forms of association, the supreme power of dreams and the disinterested play of thought", and as seeking to "free the mind". Art other than the Greek and Roman variety – such as the Celtic, Hopi and African, which Breton collected – was celebrated as well as the "art of the insane". Surrealist activities included sessions in a state of hypnotic trance, *cadavre exquis* or "exquisite corpse" (collective drawing in which no participant sees what another has drawn) and automatic writing. They also resulted in the creation of "objects functioning symbolically" (Dalí) and coincidences linked to "objective chance" (Breton). Visitors at the International Exhibition of Surrealism of 1938 in Paris were greeted by Dalí's *Rainy Taxi*, an installation with two mannequins sitting in the rain inside a cab.

Breton often took it upon himself to banish whoever failed in his view to toe the line, thus creating dissent. When he left France in 1941, the movement moved with him to the United States, where it influenced the New York school. It also spread out internationally with Surrealist groups in places like Czechoslovakia, Belgium, Spain, Scandinavia, Poland, Russia, Japan, Bolivia and Mexico, as well as Egypt with the Art and Freedom movement.

1

FORBIDDEN IMAGES

An admirer of de Chirico, the Belgian René Magritte (1891–1967) also exploited the surprise effect of juxtaposing contradictory elements in apparently realistic pictures. The woman here is engaged in the simple activity of reading but looks shocked and even terrified by her book, the content of which remains unknown to the viewer. As often happens in Magritte's work, what is written "betrays the image". Nothing in the painting appears to correspond to the "submission" mentioned in the title.

2

METAPHYSICAL PAINTING

The strife between the Apollonian and the Dionysian as defined by Friedrich Nietzsche runs through the works of this period by Giorgio de Chirico (1888–1978), an Italian born in Greece. Lautréamont's line about the chance encounter of a sewing machine and an umbrella on an operating table, a concept embraced by the Surrealists, appears to inform this juxtaposition of two artichokes with a vertical chimney and a train billowing white smoke, which engenders an ambiguous tension tinged with eroticism and melancholy.

A TREMBLING WORLD

Unlike Orozco, Rivera and Siqueiros, the Mexican Rufino Tamayo (1899–1991) was not a revolutionary painter. Of Zapotec heritage, he immersed himself in pre-Columbian art at the archaeological museum in Mexico City before absorbing the work of European painters in New York. His *Man Singing* calls to mind the guitars of Picasso while capturing the "red spirit" spoken of by Antonin Artaud on his return from Mexico in 1937. For André Breton, Tamayo is a reminder that painting, the "universal language", is "a great channel of communication between the continents".

3

4

THE PRECISION OF AN ARCHER

After the azure of his "Dream Paintings" of 1925, the year when he embraced Surrealism, the Catalan Joan Miró (1893–1983) used a dense, saturated blue as a background to forms in red, yellow and green. In this work of his "Fratellini" or "Circus horses" period, the white shape suggests a lassoed horse. Referring to Hokusai, Miró wished to join those who "put their heart and soul into the thinnest line or the smallest point".

1.
The Submissive Reader
René Magritte
France, Le Perreux-sur-Marne
1928
H. 92, W. 73.5 cm; oil on canvas
LOUVRE ABU DHABI

2.
The Melancholy of an Afternoon
Giorgio de Chirico
France, Paris
1913
H. 56.7, W. 47.5 cm; oil on canvas
CENTRE POMPIDOU – MUSÉE NATIONAL D'ART MODERNE

3.
Man Singing
Rufino Tamayo
France, Paris
1950
H. 196, W. 130 cm; oil on canvas
CENTRE POMPIDOU – MUSÉE NATIONAL D'ART MODERNE

4.
Painting
Joan Miró
France, Paris
April–May 1927
H. 116, W. 89 cm; oil on canvas
CENTRE POMPIDOU – MUSÉE NATIONAL D'ART MODERNE

An offshoot of analytical Cubism, geometrical abstract art ranged itself in the 1910s against the "domination of the individual" (De Stijl manifesto). Russian Suprematism and Constructivism, and the Dutch De Stijl, sought to establish a new universal order in which the happiness of "future men" (Mondrian) would stand on collective foundations. Pursuing a generalised aesthetic, geometrical abstract art went beyond the boundaries of painting to involve all the arts, from drawing to architecture, as well as town planning and society as a whole.

THE UNIVERSAL ASPIRATIONS OF ABSTRACT ART

IN 1917, while World War I was still raging, the Dutch movement De Stijl (Style) championed an art of peace and harmony. In opposition to subjective art "reflecting the egoism of our little personalities", Theo van Doesburg and Piet Mondrian strove for a "purely artistic" approach. Governed by strict rules, this art proceeded through "denaturalisation", i.e. the elimination of any figurative element suggesting the chaotic natural world, as well as curved lines and the colour green. Mondrian saw himself as a prophet and his works as heralding a future world of universal happiness.

In 1930 the American Alexander Calder visited Mondrian's studio in Montparnasse, famous for its immaculate tidiness, and was "completely taken aback" by "its white walls split up by black lines and brightly coloured rectangles". Calder's idea of making those coloured shapes oscillate in compositions of movement led to the production of some motorised works that he presented the following year at Marie Cuttoli's gallery in the very first exhibition of kinetic art, for which Marcel Duchamp coined the term *mobiles*. Calder regarded movement, the raw material of his works, as a manifestation of the life of the world.

Born in Uruguay, Joaquín Torres-García met Mondrian and Theo van Doesburg in 1928. With Michel Seuphor, in Paris he founded the journal *Cercle et Carré* (1929–30), with which Kandinsky and Mondrian were involved. Subverting the orthogonal grid of Neoplasticism, he worked towards a "constructed universalism" by combining the basis of a grid with various pictograms, ordinary objects and abstract signs, thus developing a "language parallel to reality" in which memories of pre-Columbian, African and Egyptian art resurfaced. On returning to Montevideo in 1934, he created the Taller Torres-García, a "School of the South" for an entire new generation of artists from Uruguay, Brazil, Argentina and Chile. Mondrian instead emigrated to the United States in 1940, where his Neoplasticism paved the way for Minimalism.

"OUR NORTH IS THE SOUTH"

Joaquín Torres-Garciá (1874–1949) sought to create a universal art immediately perceptible to the senses. His orthogonal grid is less rigorous than Mondrian's, the hand-drawn lines being not so sharply defined, the colours (blue, yellow and red) not so bright, and the rectangles not so regular. The "squares" are like pieces of a jigsaw puzzle or flat niches for different and not completely "denaturalised" signs, objects and pictograms, including an anchor, a fish, a star and letters, like the word *Europe* on the ship. The compass, which gives the work its title, points to the south, indicating a reversal that is both artistic and dialectical. It heralded the emergence in Latin America of an avant-garde art that is universal and rooted in the soil at the same time.

1

THE CANVAS AS PART OF A LARGER CANVAS

Piet Mondrian (1872–1944) stopped working with anything but the primary colours red, yellow and blue and the non-colours grey, white and black in 1934. He used right angles and the principle of "constant ratio" in his compositions to construct asymmetrical grids of vertical and horizontal lines cadenced by rectangular planes of different shapes and sizes. Pushed back towards the edges, the planes of colour seem to draw the eye towards a space extending beyond the painting itself. Despite this, rigorous composition emphasizes the flatness of the work and asserts its reality: "Only pure relations between pure constructive elements can lead to pure beauty".

2

3

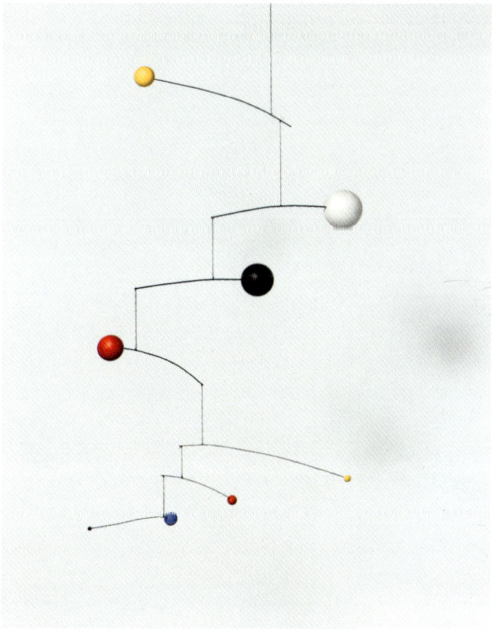

THE WORK AS MOBILE

This is one of the very first suspended mobiles created by Alexander Calder (1898–1976). The thin threads from which the balls of primary colours (red, yellow and blue) and non-colours hang recall the wires of his early "drawings in space". Whereas the colours and structure may recall Mondrian's Neoplasticism, the playful appearance of the composition, composed of wooden balls, is also reminiscent of Miró. As light as a breath of air, poised between balance and imbalance, this mobile suggests a cosmic and poetic dimension of art.

1.
Constructive Composition with Compass
Joaquín Torres-García
France, Paris
1932
H. 65, W. 54.4 cm;
oil on canvas
CENTRE POMPIDOU – MUSÉE NATIONAL D'ART MODERNE

2.
Composition with Blue, Red, Yellow and Black
Piet Mondrian
France, Paris
1922
H. 79.8, W. 50 cm;
oil on canvas
LOUVRE ABU DHABI

3.
Mobile – Untitled
Alexander Calder
United States, New York
c. 1934
H. 62.9 cm;
metal rods, painted wood
LOUVRE ABU DHABI

The 1950s saw the "triumph of American art", marked in particular by the influence of abstract and Surrealist approaches from Europe as a result of the war and political upheavals that had led numerous artists and intellectuals, as well as architects, filmmakers and musicians, to seek refuge in the United States.

ABSTRACTION, A LANGUAGE WITH NO BOUNDARIES

JOSEF ALBERS exemplifies this movement of artistic modernity from old Europe to the Americas. An artist, theoretician and former professor at the Bauhaus, he reached the United States in 1933 and influenced an entire segment of post-war American abstract art with his teaching and views on colour. Marcus Rothkowitz, who emigrated to the United States with his family in 1913, was to change his name to Mark Rothko in 1940, two years after naturalisation.

The North American work of the 1950s and '60s found an echo in kinetic and optical art, including artists from a wide variety of geographical areas. In parallel, the period after the war saw artistic movement on an ever-broader front, as exemplified by the work of the Indian artist Sayed Haider Raza, which is informed by both Western modern art and the traditions of his culture of origin.

In the United States, Albers continued to investigate surface instability and the "vibration" of colour. A theorist and painter, he created subtle optical effects showing how colour makes planes appear to advance or recede and causes the work to breathe and vibrate. His explorations found a natural outlet in the optical games of Jesús-Rafael Soto, who addressed the perception of forms and colours in the 1950s under the joint influence of Mondrian and Malevich.

This search for an immersive kind of painting was also undertaken by Rothko with an ethical and metaphysical dimension. Initially classified as an abstract expressionist, a label he rejected, Rothko developed a personal vocabulary, that of ground colour, which combines meditation on *chiaroscuro*, hazy form and almost imperceptible modulations of colour. The penetration of the colour field by the viewer, enjoined by the artist to stand at a distance of about fifty centimetres from his large canvases, occurs through a vibration of colour that enhances the haziness of the flat tints, the nuances of the dark hues and the sensation of floating. The immersive power of "colorfield" painting thus transforms the two-dimensional surface of the work into an environment through a kind of "physical extension of the colour".

The work of the Indian artist Sayed Haider Raza instead transcends the boundaries that may exist between different artistic traditions, giving shape to the spiritual values of Indian culture through compositions that address artistic problems of a more formal nature.

1

2

3

4

METAPHYSICAL IMMERSION IN THE WORK OF ART

The gestural art of Abstract Expressionism, whose purpose was to allow artists to express their inner world, triumphed in the United States during the period 1945–50. In 1958 the Venice Biennale presented a Rothko Room of large canvases in sombre hues and simplified forms that heralded the Rothko Chapel at the Menil Foundation in Houston (Texas). The canvases of Mark Rothko (1903–70) are living organisms of indefinable depth that generate an inner light, living transcriptions of the feelings and sensations experienced by the artist.

THE ABSTRACTION OF THE BINDU

The Indian painter Sayed Haider Raza (1922–2016) studied in India before obtaining a scholarship to the Paris School of Fine Arts in the early 1950s. He settled in France in 1962 but returned to India every year. His work is characterised by this dual heritage, to which he gave formal expression at the end of the 1970s. The black dot of the Bindu, a symbol of Hindu spirituality, as well as of Indian art, the sowing of seed, aesthetics and the understanding of life, is also a visible form containing all the requirements of line, tone, colour, texture and space. For Raza it is therefore the embodiment *par excellence* of his dual culture – Indian and formal, or indeed formalist.

5

COLOURS IN MOTION

Josef Albers (1888–1976) once said that he had no need of real motion to make a painting move. These three works are emblematic of his work from 1949 to his death. Produced with a palette knife directly on a prepared white panel, they pay homage to colour, the systematic use of the square being simply an expedient to eliminate the formal problem of content so that he could devote himself entirely to the optical effects of colour relations. This technique creates a subtle and sophisticated texture. These three works, which are independent but are founded on the same principles of composition and contrast, present planes that advance and recede, opening and closing the surface with absolute mastery.

1.
Study for Homage to the Square
JOSEF ALBERS
United States
1963
H. 45.7, W. 45.7 cm; oil on fibreboard
LOUVRE ABU DHABI

2.
Homage to the Square
JOSEF ALBERS
United States
1963
H. 45.7, W. 45.7 cm; oil on fibreboard
LOUVRE ABU DHABI

3.
Study for Homage to the Square: With Aura
JOSEF ALBERS
United States
1959
H. 45.7, W. 45.7 cm; oil on fibreboard
LOUVRE ABU DHABI

4.
No. 14 (Browns over Dark)
MARK ROTHKO
United States
1963
H. 228.5, W. 176 cm; oil and acrylic on canvas
CENTRE POMPIDOU – MUSÉE NATIONAL D'ART MODERNE

5.
Bindu
SAYED HAIDER RAZA
France or India
1986
H. 120.4, W. 120.4 cm; acrylic on canvas
LOUVRE ABU DHABI

A MASTERPIECE
STILL LIFE WITH MAGNOLIA

WITH PABLO PICASSO, Henri Matisse (1869–1954) was one of the essential pioneers of modern art in the 20th century. Bound by an "artistic fraternity" that was also fuelled by rivalry, these two artists blazed new trails in the exploration of colour and form while helping to introduce non-Western arts into modern art on an equal footing.

In the wake of Paul Cézanne and Paul Gauguin, Matisse revolutionised colour. Presented at the 1905 Salon d'Automne in Paris alongside works by André Derain, Maurice de Vlaminck and Kees van Dongen, his *Woman in a Hat* marked the birth of Fauvism. His trips to North Africa in 1906, and especially to Tangier (Morocco) in 1911 and 1912, had a crucial aesthetic influence on his work. His investigation of colour was taken up by painters ranging from Mondrian to Yves Klein all through the 20th century and his influence extended as far as the post-war American painting of figures like Mark Rothko, Roy Lichtenstein and Andy Warhol, who said, "I want to be Matisse" in 1956.

Still Life with Magnolia, described by Matisse in 1945 as his favourite work, encapsulates his search for "an art of balance, of purity and serenity, devoid of troubling or depressing subject matter" (*Notes of a Painter*, 1908), as well as his exploration of colour and light through the simplification of forms. Rich in colour, which the painter speaks of as "sculpting" and "drawing", this powerful work represents intact the pictorial emotions experienced by Matisse on discovering the Mediterranean and North Africa, in a masterly composition that is extremely complex despite its apparent simplicity. *Still Life with Magnolia* was preceded by sixty-eight preparatory studies as well as working photographs. In the final canvas, encircled by bristling leaves and the mouth of a pot lying on its side, the central magnolia draws the eye like the head of a Gorgon (Yves-Alain Bois) or a haloed Christ surrounded by the four apostles (Bertrand Dorival), while a coffee pot, a vase, a shell and a small bunch of violet flowers appear to float silently around it.

The objects in this painting belong to what Louis Aragon, a French poet, called the "palette" that Matisse made use of nearly all his life, like characters that appeared regularly in the films of his feelings. We thus recognise the Japanese vase in the upper left corner, the small coffee pot below and the shell. From one work to another, they are similar and dissimilar as required by the composition.

Still Life with Magnolia
Henri Matisse
France, Nice
1941
H. 74, W. 101 cm;
oil on canvas
CENTRE POMPIDOU – MUSÉE NATIONAL D'ART MODERNE

The objects of art classified as non-Western, tribal or "primordial" (André Malraux) have a function that makes sense only to the communities that produced them. European artists overcame their incomprehension by regarding them in primarily aesthetic terms. "Primitivism" thus provided 20th-century Western modern art with fuel for its regeneration. The transition from the ethnographic field to the aesthetic gradually triumphed in museums and collections. With the beginning of decolonisation, this process prompted non-European artists to draw the source of their own modernity from their indigenous roots.

PRIMITIVISM AND AN ETHNOGRAPHIC REGARD

COLLECTED IN EUROPE from the time of the Renaissance in cabinets of curiosities and then in the ethnographic departments of institutions like the British Museum in London, objects from all over the world – and especially the colonies – gave rise in the 19th century to the founding of numerous ethnographic museums, including the Museum für Völkerkunden in Dresden (1875) and the Musée ethnographique du Trocadéro (1882), designed to present "the history of the ways of life and customs of peoples of all epochs". Following on from Paul Gauguin, who left in 1891 for Tahiti and then the Marquesas Islands, artists – like those of the Die Brücke group in Dresden – and writers found new sources of inspiration there in opposition to the bourgeois values of industrial society.

Artists, dealers and theorists of art all included modern works and objects from Africa, the Americas, Oceania and Alaska in their collections at the beginning of the 20th century. This shift in vision had a deep impact on the history of art, paving the way for a renewal of the codes of representation and a return to the original wellsprings of art, freed from the canons of academic beauty. After the *Exposition d'art nègre et d'art océanien* (1919) at the Musée des Arts décoratifs in Paris and the *Exposition de l'art indigène des colonies françaises* in the Pavillon de Marsan of the Louvre (1923), the MoMA in New York was the first art museum on the other side of the Atlantic to open its doors to African art with *African Negro Art* in 1935.

Taking this dialectical shift from the ethnographic object to the work of art still further, the artists of non-European countries were in turn to create new forms of modernity. Oswald de Andrade thus argued in his *Cannibal Manifesto* (*Manifesto Antropófago*, 1928) that Brazilian modernism, like the country's indigenous Tupi people, should feed on the colonising culture to regenerate itself. Aimé Césaire initiated the *Négritude* movement in Martinique and influenced the Cuban artist Wifredo Lam, the son of a Chinese father and a Hispano-Congolese mother. Inspired also by the writings of Léopold Sédar Senghor, Lam developed a style of his own "to paint my country, but by thoroughly expressing the negro spirit, the beauty of the visual art of the blacks" and to "hail freedom".

1

ANIMAL-MAN AND MAN-ANIMAL

Made of driftwood under the supervision of a shaman, this mask was used in rituals to ask the forgiveness of the spirits of animals hunted and slain. It reveals the dual nature of the man wearing it and his animal double (*angoak*), in the same way that every animal also has an element of human spirit (*inua*), both of which were originally capable of metamorphosis. Yup'ik masks, constructed like symbolic riddles imbued with shamanic energy, fascinated the Surrealists.

2

PLAY OF MASKS

This photograph by Man Ray (1890–1976) is part of a series that includes a more famous shot of the same face (that of Alice Prin, better known as Kiki of Montparnasse, then the artist's model and muse) with her eyes closed, horizontally reclining like Brancusi's *Sleeping Muse* and accompanied by the same African mask held in a vertical position. While the graduated shadows of the face contrast with the sharply defined shadows of the mask, the two symmetrical ovals, the contrast of black and white and the model's stylised make-up create a similarity between the human form and the ebony carving. This geometry reflects the soul of the mask and that of a face turned into a mask. The work epitomises the "surreality" described by Breton as "a function of our determination for total disorientation".

FROM ANTHROPOLOGY TO ART

At the request of Alfred Barr, director of the MoMA, Walker Evans (1903–1975) photographed the objects exhibited in *African Negro Art* (1935). Working at night for nearly a year until April 1936, he created 17 portfolios each containing 477 photographs for use by universities. Faithful to his "documentary style", the objects are endowed with sobriety and monumentality at the same time, no longer ethnographic items but works of art with a marked presence.

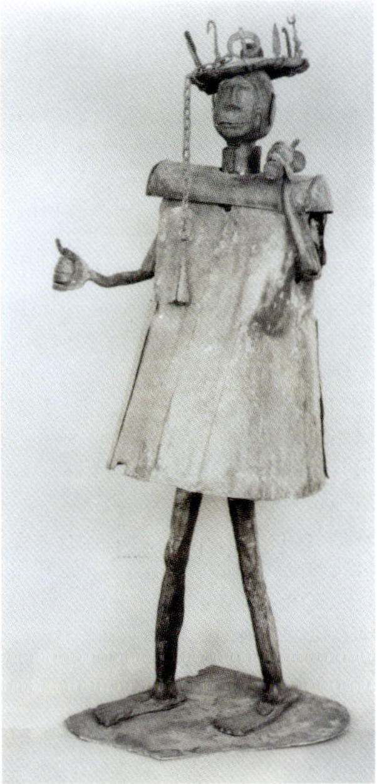
3

4

A TROPICAL VISION

Close to Picasso and the Surrealists in Paris, the Cuban Wifredo Lam (1902–1982) discovered Martinique and its tropical nature in 1941. On his return to Cuba, he "began to orientate [his] paintings towards the African", as in *The Jungle* (1942). Taking up a culture to which he belonged through the Congolese heritage of his mother, he sought to "spew forth hallucinatory images with the power to surprise, to disturb the dreams of the exploiters".

1.
Shamanic ritual mask
YUP'IK CULTURE
Alaska
1890–1910
H. 58, W. 37 cm; wood, natural pigments, plant fibres, feathers
LOUVRE ABU DHABI

2.
Black and White
MAN RAY
France
1926
H. 23, W. 17.5 cm; gelatin silver print
CENTRE POMPIDOU – MUSÉE NATIONAL D'ART MODERNE

3.
African Negro Art Portfolio
WALKER EVANS
United States, New York
1935
H. 22.9, W. 18.8 cm; gelatin silver print
LOUVRE ABU DHABI

4.
The Antillean Parade
WIFREDO LAM
Cuba
1945
H. 125.5, W. 110 cm; oil on canvas
LOUVRE ABU DHABI

Among other things, the modern art of the 20th century involved the object as part or all of the work. The collages of Braque and Picasso, and the assemblages of Dada and Constructivism inaugurated in the West what was already common practice in the arts of Africa and Oceania above all. Marcel Duchamp took a still more radical approach with the readymade, an everyday article taken just as it is, signed by the artist and exhibited as a work of art in its own right. This use of the object took different forms in different periods. Surrealism accorded priority to unfamiliarity and the surprise effect, while Pop Art and Nouveau Réalisme used it to criticise or celebrate the consumer society of the 1950s and '60s, and conceptual artists like Joseph Kosuth as a vehicle for their investigations.

THE OVERTURNING OF ESTABLISHED CODES

A KEY FIGURE in the challenging of values like beauty, harmony and the status of the artwork, Marcel Duchamp stripped the artist's physical involvement in the creative act of its sacred aura and paved the way for the invention of new artistic languages that caused a lasting upheaval in art, calling into question the roles of the artist, the art market and artistic institutions. In addition to the readymade, Duchamp's multifaceted work also generated other forms of art, like the happening, Op Art, Kinetic Art and Body Art. His friend Man Ray, a photographer and painter, worked to demolish the boundaries between concepts, genres, techniques and influences. The distance established by Duchamp between the artist and the work denies the uniqueness of creation and challenges the concepts of the author and commercial value. At the same time, however, both Duchamp and Man Ray took great care over the preservation and circulation of their works, which were conceived as concepts rather than simple artefacts. Hence the later proliferation of replicas and new editions signed and supervised by the artists.

The introduction, with or without alteration, of objects taken from everyday life or other fields (photography in the case of Man Ray) challenged artists, art professionals and the public to reconsider the very concept of the work of art, which was assigned a critical role. The frequent juxtaposition of everyday articles and works from Africa, Oceania and the Americas in the exhibitions, publications and intentions of the Surrealists is connected with analogy, one of their favourite techniques. André Breton proclaimed the need to arrive at the point where such juxtapositions would "cease to be perceived as contradictory". Works and objects were presented as vestiges of a time during which poetic intuition and rational knowledge still coexisted. Duchamp's *Bottle Rack* became an iconic readymade, an authentic fetish of modern art, whose partly commonplace shape lends itself to imaginary interpretations and intentions. Every nail or spike hammered into a certain type of fetish corresponds to a vow or spell.

1

THE RADICAL NATURE OF THE READYMADE

The *Bottle Rack*, a manufactured article bought in 1914 at the Bazar de l'Hôtel de Ville department store in Paris and presented by the artist unaltered with his signature, was one of the first readymades after the *Bicycle Wheel* of the previous year. As Duchamp (1887–1968) stated, his choice of articles was "based on a reaction of visual indifference associated at the same time with a total absence of good or bad taste". In the readymade, as in Duchamp's works in general, the object and the artist's comment are inseparable, as the concept and procedure explain and justify the work. Duchamp created the first replica of the *Bottle Rack* for his sister in 1921, as the original of 1914 had been lost.

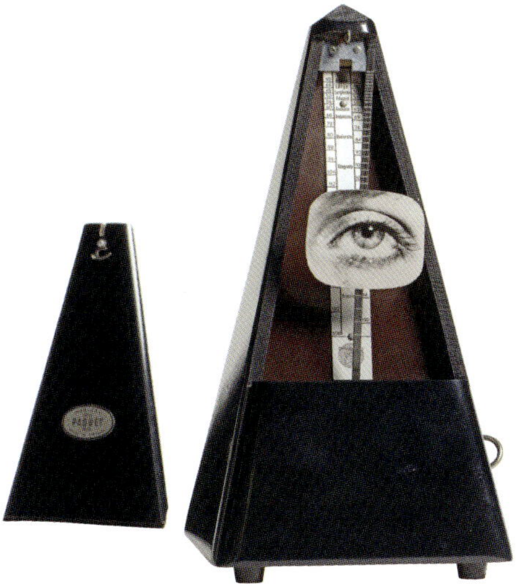

2

3

THE ONEIRISM OF THE REPURPOSED OBJECT

Here visual assemblage and the oneiric dimension are placed at the service of intimate concerns. The metronome belonged to Man Ray (1890–1976), who used it to set the tempo of his work in the studio with the photo of an eye as a "silent witness". The first version, titled *Object to Be Destroyed*, was in fact destroyed by the artist but then reconstructed in 1933 with an image of the eye of the photographer Lee Miller, his lover, who had left him the year before. The version of 1933 was lost during the war and a third titled *Lost Object* or *Last Object* (1945) was destroyed in turn in 1957. The replica he created in 1958 was renamed *Indestructible Objet*. In 1965 Man Ray and Daniel Spoerri brought out an edition of a hundred multiples titled *Perpetual Motion* with Miller's eye replaced by one that winked in time to the movement of the metronome. These different versions highlight the primacy of the concept over the uniqueness of the object.

THE MAGIC OF REPRESENTATION

An object of divination, the *nkisi* fetish acts as an intermediary between humans and spirits to protect the community from chaos. While its features are generally anthropomorphic, its shape constantly changes with additions of material to increase its power during rites. It can only be handled by initiates capable of controlling its power. Regarded as the vessel or embodiment of superhuman powers, the fetish is covered in metal objects corresponding to requests for renewed health or favours.

1.
Bottle Rack
MARCEL DUCHAMP
Italy, Milan
1964 (after a lost original of 1914)
H. 64 cm;
galvanised iron
CENTRE POMPIDOU – MUSÉE NATIONAL D'ART MODERNE

2.
Indestructible Object
MAN RAY
France
1959
H. 22.2 cm;
metronome,
photographic print
CENTRE POMPIDOU – MUSÉE NATIONAL D'ART MODERNE

3.
Nkisi, a magical statue
Gabon
H. 73.5 cm;
wood, metal,
feathers, pigment,
organic matter
MUSÉE DU QUAI BRANLY – JACQUES CHIRAC

From one continent to another, fruitful artistic contacts took place during and after the years of World War II. The psychic automatism of André Breton and André Masson crossed the Atlantic, merged with other influences ranging from Freudianism and Amerindian art to Far Eastern religions, and informed the work of certain young Abstract Expressionists in the United States. Connections were interwoven between artists from different backgrounds, connecting the dissident Surrealism of André Masson with the action painting of Jackson Pollock. Gestural art developed in very different ways in the work of Joan Mitchell and Zao Wou-Ki.

FROM PSYCHIC AUTOMATISM TO ACTION PAINTING

1

DIONYSIAN ECSTASY

A friend of Joan Miró, Juan Gris, Max Jacob, Antonin Artaud and Georges Bataille, André Masson (1896–1987) took part in the Surrealist movement from 1924 to 1929. In an effort to "put philosophy into the painting", he sought to transcend reason and produce works characterised by the influence of Nietzsche, and reflecting desire, lyrical fusion and ritualised violence. In response to Breton's call in the Surrealist manifesto of 1924 for an art of "psychic automatism", he practised "automatic drawing" – the manifestation of a drive for quick, immediate expression that was later to influence Jackson Pollock – and developed "sand painting" as its pictorial equivalent in the autumn of 1926. Painted during his stay in America, *La Pythie*, with its Dionysian expressivity and blazing colour, displays his passion for ancient mythology, which he readily combined with sacred violence, dread and death.

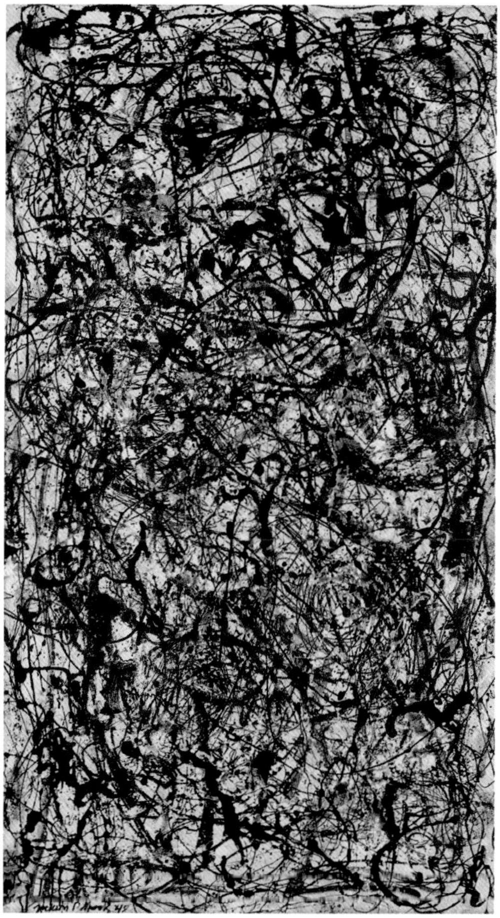

2

AUTOMATISM AND THE UNCONSCIOUS

Made famous by the photographs and film of Hans Namuth (1951), the gestural art of Jackson Pollock (1912–1956) can be viewed as a continuation of the Surrealists' exploration of automatism. This work, produced using action painting, indicates the importance the artist attached to allowing his body and unconscious to express themselves. The techniques of dripping and pouring onto a support laid flat on the ground (canvas or paper, as in this case) are guided by the painter's vital energy, movement and gesture. The all-over surface thus obtained asserts the physicality and two-dimensionality of painting while referring to something beyond it, as the traces of one action sometimes cover underlying and now indistinguishable motifs.

WRITTEN BY THE WIND

The Chinese painter and printmaker Zao Wou-Ki (1920–2013), who obtained French naturalisation in 1964, was born into an affluent family in Beijing. After an academic training, which combined the practice of traditional Chinese painting and calligraphy with the study of perspective and the copying of ancient works, he followed a promising debut in China by leaving for Paris in 1948, where his friends included Joan Miró, Henri Michaux, Jean-Paul Riopelle, Nicolas de Staël, Sam Francis, Pierre Soulages and Hans Hartung. Influenced by the art of Paul Klee, in which he perceived a degree of introspection close to that of Far Eastern painting, he took up abstract art in the 1950s before moving towards lyrical abstraction and a highly internalised gestural approach. Zao Wou-Ki seeks in this canvas to interpret the phenomena of nature. The traces on the canvas are purely indicative and not immediately readable. As he stated in 1976, "I strive towards an imaginary, indecipherable form of writing".

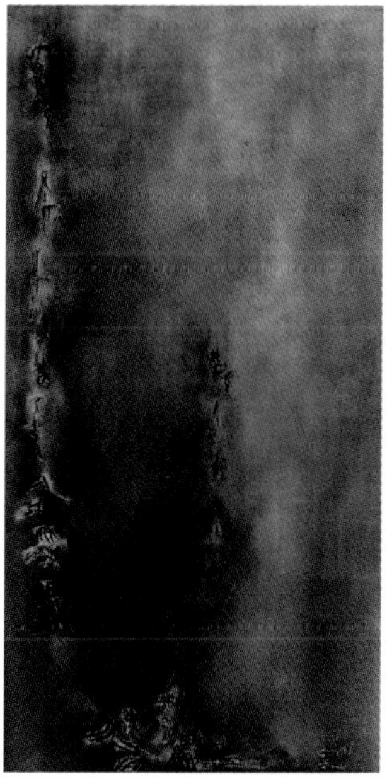

3

1.
La Pythie
André Masson
United States
1943
H. 130.5, W. 106.5 cm; oil and tempera on canvas
CENTRE POMPIDOU – MUSÉE NATIONAL D'ART MODERNE

2.
Number 26 A, Black and White
Jackson Pollock
United States
1948
H. 205, W. 121.7 cm; glycerophtalic paint on canvas
CENTRE POMPIDOU – MUSÉE NATIONAL D'ART MODERNE

3.
Wind
Zao Wou-Ki
France, Paris
1954
H. 195, W. 96.5 cm; oil on canvas
CENTRE POMPIDOU – MUSÉE NATIONAL D'ART MODERNE

Following on from the Action Painting of Jackson Pollock, where the work is produced by the artist's entire body, the art of the 1960s is characterised by happenings, performance and events. The French artist Yves Klein, the founder of Nouveau Réalisme, and the Japanese Kazuo Shiraga, a member of the Gutai movement, created works through direct contact between the material and the body of the artist or his models. The Swiss Jean Tinguely instead invented engine-driven machines made out of everyday objects – reminiscent of Duchamp – and endowed with the power to paint, to assert their total presence, also through sound, and even to self-destruct, as in his *Homage to New York* (1960).

FROM ACTION PAINTING TO PERFORMANCE

1

2

A PIONEER OF PERFORMANCE

Kazuo Shiraga (1924–2008) saw creation as a struggle, a bodily combat with paint or matter. Action and energy are components of his work. In this case, the painting was done with his feet on a canvas laid on the ground and covered with pigments. The movements thus imprinted are a transcription of the artist's spiritual energy.

THE BODY AS A "LIVING PAINTBRUSH"

This "static anthropometry of the blue period" by Yves Klein (1928–1962) presents the imprints of the bodies of the artist and his wife Rotraut. It is a kind of "primitivist" self-portrait of the couple, taking us back to the first man and woman. Imprints combining a male and a female body are rare in Klein's work.

A GREAT ADMIRER of Japan, where he lived from 1952 to 1954 and obtained a fourth-dan black belt in judo, Yves Klein also became very familiar with the work of the Gutai ("concrete" art) movement founded by Jiro Yoshihara in 1956, whose members included Kazuo Shiraga.

Klein sought to represent "zones of immaterial sensitivity" and paint an infinite colour space in celebration of the "void". He regarded blue as having "no dimensions" and it is in IKB or International Klein Blue – a highly stable matte ultramarine pigment developed by the artist and chemist in 1956 – that he created his first monochromes and his *Anthropometries* of the 1960s. While Klein also used gold and pink in addition to painting with air and fire, he used IKB, his registered trademark, to coat the bodies of the models that served him as "living paintbrushes", which he guided – without direct contact – in his guise as artist-conductor in public events of a ritual character. The imprints of his *Anthropometries* are either "static", obtained by simple contact of the body with the canvas, or "dynamic", involving movement of the body against the support.

The body in motion is also essential to the art of Kazuo Shiraga but in this case it is his own. Shiraga painted with his body in mud or, hanging from the ceiling, with his feet. The physical and mental energy, the violence of the controlled gesture, and the physical combat with colour gave birth to work in harmony with the practices of Nouveau Réalisme in France and looking forward to the happenings staged by the American Allan Kaprow as from 1966.

Jean Tinguely, who was another major figure in Nouveau Réalisme, developed a form of performance by combining found objects, reminiscent of Marcel Duchamp's readymades, with movement, something present also in Duchamp's *Rotoreliefs* (1935). His assemblages ran completely counter to new objects of everyday utility symbolising the triumph of modernity, and involved all the senses, including smell and hearing. Often grouped together and illuminated by spotlights to underscore their theatrical dimension, his works are endowed with a life of their own and a symbolic dimension.

POETIC MECHANISMS

Midway between a Surrealist found object and an enhanced readymade, the work poses the question of the place of machinery and the object in sculpture in the 20th century. Jean Tinguely (1925–1991) salvaged objects discarded by the consumer society and transformed them into mechanical organisms that address all the senses. Breathing new life into prosaic objects, he implicitly challenged the dominant focus of the period on functionality.

3

1.
Chirisei Kyubiki
KAZUO SHIRAGA
Japan
1960
H. 160, W. 130 cm;
oil on canvas
LOUVRE ABU DHABI

2.
Untitled Anthropometry (ANT 110)
YVES KLEIN
France, Paris
1960
H. 212.9, W. 157.9 cm;
paint on paper mounted on canvas
LOUVRE ABU DHABI

3.
Presse "orange a+b"
JEAN TINGUELY
France
1960
H. 120 cm;
metal, tricycle, wheels, orange juicer, bucket, wood, motor, fabric, wire
LOUVRE ABU DHABI

Born in Britain in the mid-1950s with the work of Richard Hamilton and Eduardo Paolozzi, Pop Art blossomed a few years later in the United States with Roy Lichtenstein, Robert Rauschenberg, Andy Warhol, Jasper Johns and James Rosenquist. Parallel to this, the movement of Nouveaux Réalisme was formed in France around the critic Pierre Restany at the very beginning of the 1960s with artists like César, Raymond Hains, Jacques Villeglé, Yves Klein, Niki de Saint Phalle, Daniel Spoerri, Jean Tinguely, Arman and Martial Raysse. These movements, which demythicise the work of art, share the common characteristic of drawing inspiration from the consumer society and the industrial mass production of goods. Reflecting the spirit of the time, they used objects and images from the press and comic books, symbols of the consumer society and popular culture, and adopted industrial techniques of reproduction.

POP ART DEMYTHICISING THE WORK OF ART

IN BRITAIN, the Independent Group set up at the Institute of Contemporary Art (ICA) in London in 1952 presented the work of Richard Hamilton and Eduardo Paolozzi. The latter, influenced by Surrealism, made use in his collages of images from American popular culture, whereas Hamilton soon engaged in a scholarly and fruitful dialogue with the work of Marcel Duchamp.
The two artists took part in the exhibition *This is Tomorrow* at the Whitechapel Gallery, London, in 1956, for which Hamilton created the famous collage *Just what is it that makes today's homes so different, so appealing?* The work immediately became a kind of manifesto of British Pop Art, a movement later joined by artists like David Hockney, R.B. Kitaj and Peter Blake.
In the United States, where Pop Art established itself in the space of a few years, Roy Lichtenstein appropriated images from comics, meticulously preserving their Ben-Day dots, while Andy Warhol adopted the screen-printing technique in 1962, with or without overpainting, to reproduce symbols of American culture, such as articles of everyday life like cans of Campbell's soup, bottles of Coca-Cola, Heinz ketchup and Brillo scouring pads, and photographs of iconic personalities like Marilyn Monroe, Elizabeth Taylor, Elvis Presley and Jackie Kennedy. At the same time, he also addressed the subject of death directly through the series *Death and Disasters* and *Electric Chair.* Warhol then devoted himself primarily to experimental filmmaking, music and the numerous activities of the Factory – his combined art, film and recording studio on 47th Street in New York – while continuing to produce portraits (of subjects including transvestites, celebrities, intellectuals and artists) and self-portraits.
In France during the same period, the Nouveaux Réalistes worked on elements of everyday life (the torn posters of Hains and Villeglé), assemblages of objects and discarded materials (Arman and Spoerri) and the creation of poetic and improbable makeshift machines (Tinguely). Martial Raysse, whose career underwent a radical change of aesthetic course in 1972, then championed a "hygiene of vision" associated with a "new, sanitised, pure world" and involving the use of modern materials like plastic, neon, Plexiglas and mirrors, as well as the industrial processes of transfer, flocking, assembly and mechanical enlargement. Like Warhol, he regarded department stores and supermarkets as the museums of modern art.

THE CRITICAL AESTHETIC OF COMMODIFICATION

This portrait of France, the lover of Martial Raysse (b. 1936), takes up the stereotypes of female beauty as presented in the magazines of the period. The canvas exploits the contrast of matte and glossy surfaces, with flat expanses of matte black felt sketching the model's features against a shiny metallic background. The surface of the work is shaped to accentuate the reflections and distortions of the face. The painting becomes an object to create detachment from the image.

1

THE WORK OF ART IN THE AGE OF TECHNICAL REPRODUCTION

Initiated in 1964, the *Electric Chair* series by Andy Warhol (1928–1987) consists of silkscreen prints in very different colours, some of which are overpainted with acrylics. The image itself is a press photograph taken in 1953, at the height of the Cold War, at Sing Sing penitentiary in New York, where Julius and Ethel Rosenberg were executed that year for allegedly passing information on the American atomic bomb to the Soviet Union during World War II. Warhol was always fascinated with death. Here the framing and silence of the image, accentuated by the coldness of the mechanical reproduction process, heighten the impression of oppression and absence.

2

1.
Big Electric Chair
ANDY WARHOL
United States
1967–68
H. 137.2, W. 185.3 cm;
ink and acrylic
on canvas
(silkscreen print)
CENTRE POMPIDOU – MUSÉE NATIONAL D'ART MODERNE

2.
Metal Painting: Convex Geometrical Portrait
MARTIAL RAYSSE
France
1964
H. 164, W. 138 cm;
industrial paint and
flocking on canvas
CENTRE POMPIDOU – MUSÉE NATIONAL D'ART MODERNE

In the wake of decolonisation, the emergence of new nations asserting their own cultural narrative also led to new focal points of modernity. Art no longer had one major centre, like Paris in the early 20th century or New York in the post-war period, but many. While always driven by the Western capitals of culture, the now multifocal art scene revolutionised the canons and the geography of art history.

A MULTIFOCAL ART SCENE

SUDAN, FOUNDED IN 1956, and the Kingdom of Morocco, which became independent the same year, were home to artists who trained in the West but returned to develop a new modernity founded on vernacular sources. After a period in London, Ibrahim El-Salahi met the Mbari artists and the Withers club in Nigeria, the African-American Spiral Group in New York and then Diego Rivera and Rufino Tamayo in Mexico. On returning to Sudan, he combined Western influences with uniquely Sudanese subjects in an exploration of his culture and natural environment.

The Morrocan artist Farid Belkahia, who trained in Paris and Czechoslovakia, strove to break away from the legacy of Western art. As the director of the School of Fine Arts in Casablanca, he recruited Mohammed Melehi, who had trained in the United States. Meheli's art combines Arab and American elements, a synthesis encapsulated in a wave motif inspired by television and cybernetics on the one hand and Arabic calligraphy and the waves of Moroccan beaches on the other.

Other artists took a more conceptual approach. Saloua Choucair from Lebanon and Hassan Sharif from the United Arab Emirates work on mathematical concepts and the object at the same time. Choucair thus creates modular sculptures in which she experiments, on a reduced scale, with form and matter. Hassan Sharif, trained in the UK, created "semi-systems" into which he introduced an element of disturbance, appropriating and repurposing everyday objects in a critique of the consumer society. He is a member of the "Five" group of artists, founders in the 1980s of UAE modern art, who operate out of the Flying House in Dubai.

1

THE ONE AND THE MANY

Saloua Choucair (1916–2017) discovered Fernand Léger and Le Corbusier's module-based architecture in France, before returning to Lebanon in 1955. Despite its playful, spontaneous appearance, *Poem* is scientifically planned with "little or nothing left to chance". The structure consists of perfectly interlocking movable stone pieces. Their manipulation involves gestuality while the overall form suggests a poem of elements in simultaneously stable and precarious equilibrium.

2

VIBRATION

Mohammed Melehi (b. 1936) is among the founders of Moroccan abstract painting. He painted *Pulsation* in New York, where he mixed with artists like Frank Stella, Jim Dine and Claes Oldenburg between 1961 and 1964. This work of divided planes and sharply defined forms is characteristic of the Hard-Edge approach. His trademark motif of the wave suggests music, movement, communication, representing "continuity, sky, woman, sensuality, water and the rhythm of pulsations".

BETWEEN THE EARTH AND THE SKY

In this work, the Sudanese artist Ibrahim El-Salahi (b. 1930) used the technique of crushed oil paint on canvas for the first time. The glowing crescents and arabesques recall Arabic calligraphy and enter into dialogue with the African masks and figures. In the centre, the *Faidherbia albida*, a tree whose foliage grows in the dry season, symbolises perseverance and individuality. The complex identity of modern Sudan is poised between the things of this world and the realm of the supernatural.

3

4

WALKING IN THE DESERT

***Walking No. 2/1* (1982) is part of a set of performances made by Hassan Sharif (1951–2016) in a specific place in the years 1981–84. This series of six photographs captures the action of a man as he moves away towards the infinite. The figure of the artist appears and disappears among the dunes as he walks through an unchanging landscape. For the artist, the simple action of walking is an essential aspect of our existence: "Walking is important, it is the first thing we do when we wake up. It has very simple. I exist, I am there and yet I am not there at the same time. Being there and not being there is important. It is to do with how we understand time. All we can do is to imagine if we are there or not. It is an essential act of existence".**

1.
Poem
Saloua Raouda Choucair
Lebanon, Beirut
1963–65
H. 125 cm; stone
CENTRE POMPIDOU – MUSÉE NATIONAL D'ART MODERNE

2.
Pulsation
Mohammed Melehi
United States, New York
1964
H. 152, W. 131 cm; acrylic on canvas
CENTRE POMPIDOU – MUSÉE NATIONAL D'ART MODERNE

3.
Untitled
Ibrahim El-Salahi
Sudan
1964
H. 276, W. 305 cm; oil on canvas
GUGGENHEIM ABU DHABI

4.
Walking No. 2/1
Hassan Sharif
United Arab Emirates, performance given in Dubaï, Hatta
1982
H. 59.5, W. 42.5 cm; photographs glued on paper
GUGGENHEIM ABU DHABI

WING 4
GALLERY 12

A GLOBAL SCENE

At the beginning of the 21st century, the extent and intensity of communications appear to have transformed the planet into a global village. The fall of the Berlin Wall in 1989 marked the end of a historical cycle during which the West occupied the centre-stage for five centuries. The multipolar, multicultural world born with the collapse of communism prompted artists to rewrite the narrative of a now plural world. As from the 1990s, the proliferation of biennials of contemporary art brought new and ambitious cultural actors like China, India, South America, Africa and the Middle East to the forefront of a now global scene. The immediate, worldwide awareness of historic events caused anxiety but awakened collective consciousness at the same time and called into question a major factor of the contemporary condition, namely identity. The more the world opened up, the more this issue emerged, protective and reassuring, questioning commonality and belonging, endowing existence with meaning. As a mirror of our societies, artistic creation did not escape this questioning. Artists became committed, engaged in ethnology and sociology, aimed at the demonstrative or the shocking, and sought media coverage. The most radical practices, including Conceptual Art, Minimalism, performance and Body Art, permanently altered the meaning and perception of the artistic act. The sometimes ephemeral work of art accorded priority to a personal approach, to biographical, sociological and even religious components, thus legitimately raising the question of whether artists can help to remedy Babel and enable humanity to find a common language. The exploration of human nature and the search for a collective narrative are the most promising paths. In any case, the need increasingly felt for artistic creation in societies in the age of globalisation is unquestionably evidence that the fundamental questions with which humanity has always grappled are still present and relevant. They may even be posed still more insistently in an open and individualised world where humanity is brought face to face with itself as never before.

In a world undergoing transformation at a dizzying speed, artists witness mankind's increasingly destructive impact on the planet, just like all its other inhabitants, and take up the questions raised by scientists about climate change, health and, in more general terms, the Anthropocene, the new geological era dominated by mankind. While seeking artistic answers above all, they speak about the world of today, the conflict running through it and the political and environmental challenges it presents for tomorrow.

THE PLANET ORDER AND DISORDER

ACCORDING TO THE DUTCH CHEMIST and meteorologist Paul Josef Crutzen and the American biologist Eugene F. Stoermer, we have now entered a new geological era, namely the Anthropocene or Human Age. This is characterised by the impact of human activity on the ecosystem, above all since the Industrial Revolution in the late 18th and early 19th century. The climate changes caused by the massive increase in carbon particles in the atmosphere and the transformation of nature, both attributable to mankind, are connected with natural catastrophes like floods, earthquakes and volcanic eruptions, to which mankind remains vulnerable.

The celebration of the first Earth Day in 1970 reflected a new awareness of environmental issues. Created the same year on the shore of the Great Salt Lake in Utah (USA), Robert Smithson's *Spiral Jetty* bears witness to his interest in entropic landscapes. Attracted by the red colour of the water near some industrial remnants at Rozel Point, he moved nearly 6700 tons of black basalt to build this monumental spit of land 457 metres in length and 4.5 in width, whose shape suggests a swirl, a cyclone and the formation of salt crystals on rock. In accordance with the artist's wishes, this work of Land Art is completely subject to nature, sometimes submerged and unremittingly exposed to the elements and the erosion of time.

Born in Zimbabwe, Duncan Wylie transcribes the chaotic forces of the world in his works. Harnessing the effects of reflection and transparency, he allows identifiable fragments of photographs and images from the Internet and the mass media to emerge in his painting. *Multiple Realities (Multiple Horizons)* conjures up a precariously balanced world of flux in perpetual motion. Problems of water are crucial in Zimbabwe, where drought endangers more than seven million lives, and questions of exile and living space are posed by the river banks and the gutted buildings. Charged with dynamism, the work also suggests human resilience and determination to rebuild.

Born in Senegal, Omar Ba draws on personal metaphors fuelled by ancestral sources. Painted on corrugated cardboard in hues of orange, red and ice blue with no perspective, his compositions develop around hybrid figures that embody authority. An authentic moralist, the artist addresses both dictatorship and the environmental plundering of Africa. While thus depicting our era with all the violence and brutality that characterise it, he also evokes the living, fertile beauty of the world.

FROM CHAOS

Duncan Wylie (b. 1975) based this work on a photograph of the front of a building in Gaza destroyed from inside by a bomb. He then turned the canvas upside-down and painted a bungalow split in two and a scene from a photo taken in Japan after the tsunami of 2011. Water washes away the foundations of a hazardous shelter precariously balanced above a wall on the right suggesting a dam. This painting of ruins becomes the place of a pictorial event in itself while reflecting the reality of the world.

1

2 

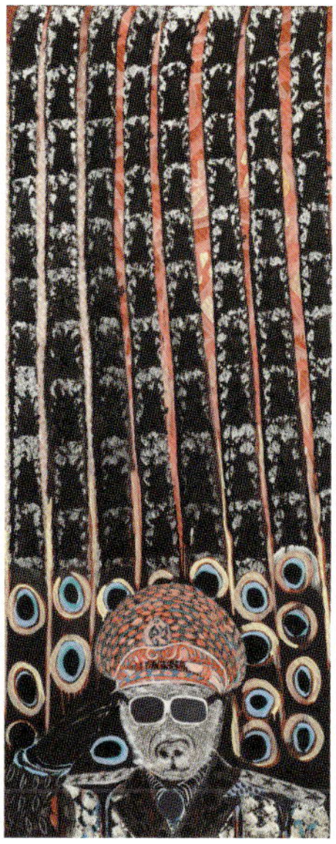 3

PLUNDER BEHIND CLOSED DOORS

Omar Ba (b. 1977) uses brushes and his fingers to create the unique texture of his works, which meld fine details and effects of vibration. *Act 1 – Den* shows a dignitary beneath a dog with the United Nations insignia that is supposed to preserve the world order. The surrounding trees and the armed man symbolise power and disorder. Borders are represented by a brick wall and illegal immigrants by the remains of a boat. Blue stands for water and life. In *Platform of Confidence*, the silhouettes of baobab trees incorporated into what looks like African cloth suggest the plundering and deforestation of the Dark Continent before the gaze of powerless eyes.

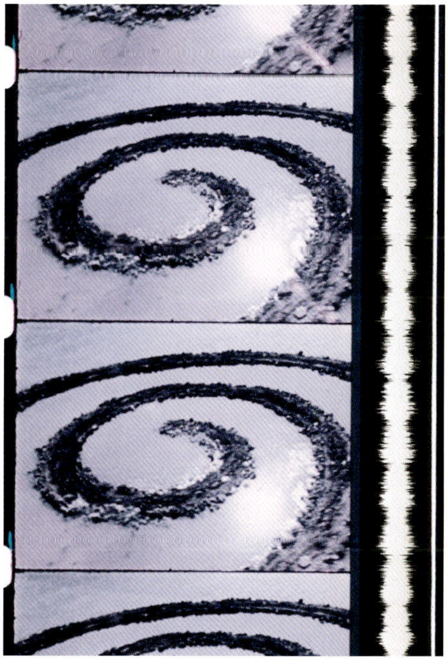 4

MODERN PREHISTORY

Robert Smithson (1938–1973) allows us to discover his jetty through a film that obeys its own logic. Unrelated shots follow one another like "glimpses of a world not yet together, a land that has yet to come to completion, a span of time unfinished, a spaceless limbo". All these fragmentary images ultimately find coherence in a flow that recalls a spiral, the shape both of the jetty and the reel of the 16 mm film used. The hypnotic film plunges us into a state of "lucid vertigo".

1.
Multiple Realities (Multiple Horizons)
Duncan Wylie
South Africa, Johannesburg, and United Kingdom, London
2016
H. 230, W. 300 cm; oil on canvas
LOUVRE ABU DHABI

2.
Act 1 – Den
Omar Ba
Senegal, Dakar / Switzerland, Geneva
2016
H. 201.5, W. 130 cm; oil paint, crayon, India ink, gouache on corrugated cardboard
LOUVRE ABU DHABI

3.
Platform of Confidence – Wealth Looting in Closed Session 1
Omar Ba
Senegal, Dakar / Switzerland, Geneva
2016
H. 203.5, W. 84 cm; oil paint, crayon, India ink, gouache on corrugated cardboard
LOUVRE ABU DHABI

4.
Spiral Jetty
Robert Smithson
United States, Utah, Great Salt Lake
1970
16 mm film with colour and sound, 32 min
CENTRE POMPIDOU – MUSÉE NATIONAL D'ART MODERNE

From economics to the environment, from politics to culture, globalisation now affects every area of existence in the 21st century. Artists take part in this constant flow of exchange and deterritorialisation through their journeys, communications and expatriate or transcultural situation. Witnesses and actors at the same time, they enable us to see and read the different facets of this interconnected world, where information is propagated almost instantaneously.

FLOWS, NETWORKS, RHIZOMES

INTERGOVERNMENTAL organisations like the World Bank, the International Monetary Fund and the General Agreement on Tariffs and Trade were created after World War II to encourage free trade as a cornerstone of stability and prosperity. Commercial barriers were abolished and the free market extended all over the planet after the fall of the Berlin Wall in 1989. Globalisation is the term used for this phenomenon, which regards not only the flows of goods and capital but also human migrations and journeys. The circulation of information has also undergone unprecedented acceleration. The world had turned into what Marshall McLuhan called a global village even before online contact became possible anywhere and everywhere in real time with the World Wide Web, officially created in 1991 by Tim Berners-Lee.

Today's artists escape from this movement no more than their contemporaries, as their biographies attest. Their work bears the traces of both physical and intellectual displacement. Born in Henan province in China, during the 1990s Zhang Huan was involved in the Beijing East Village, an artistic community modelled on the East Village in Manhattan. A performer, photographer and artist, he was forced into exile in the United States in 1998 but returned to Shanghai in 2005. He now works in China and America.

At the start of the 1990s the artist mounir fatmi left Morocco to settle in France. Marked by the traditional culture of his family, he can also lay claim to the legacy of the Beat Generation, who had a major point of reference in Tangier. A son of this city, an exceptional focal point of meetings and experimentation, he is fully part of the new globalised world, which he explores through a melange of motifs drawn from different universes, vehicles of simultaneously individual and collective memory.

Creating a device to look back while going forward and "see the way you have come", taking an "irrational walk" perpendicular to the trunk of a palm tree, the French artist Philippe Ramette focuses primarily on the question of displacement in both physical and poetic terms. Through photographs of such performances, which he physically undertakes in person, he alters our relationship with the world by proposing new modes of perception.

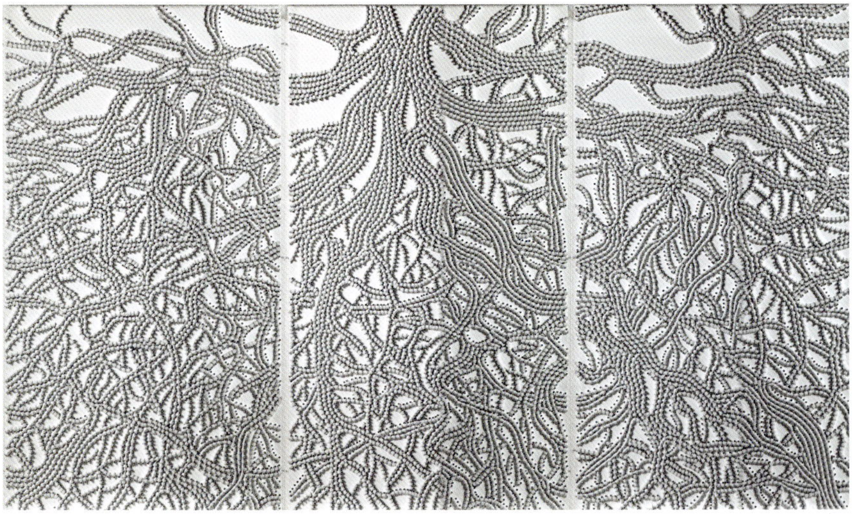

1

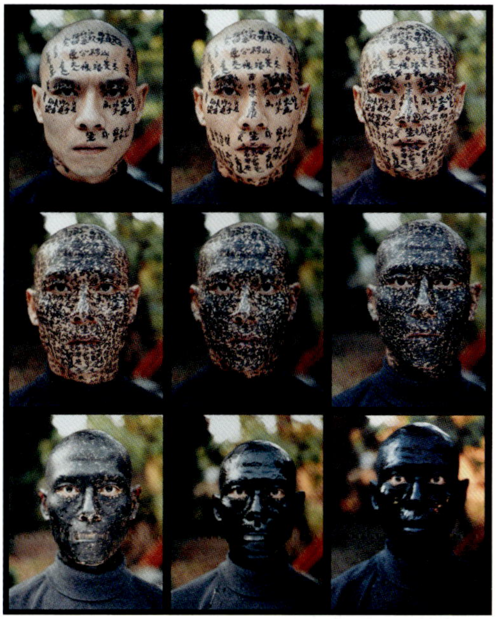

2

WRITING YOUR OWN HISTORY?

The artist Zhang Huan (b. 1965) asked three calligraphers to write on his face whatever he dictated, working in shifts throughout an entire day. The first wrote *yú gōng yí shān*, "to the valiant heart, nothing is impossible", on his forehead, a reference to the story of Yu Gong, the old man who moved mountains through the mental power of persistence. Other stories and names of people were inscribed on his face until the end of the day, when it was so blackened with ink as to make him unrecognisable. Combining Body Art, calligraphy and photography, this work, whose title means "family tree", examines the weight of collective and family history on the individual and the individual's margin of freedom, but also his or her roots and identity: "It is impossible to deny your blood and personality".

1.
Roots
MOUNIR FATMI
France, Paris/Lille
2015–16
H. 120, W. 195 cm;
coaxial antenna
cable, staples
LOUVRE ABU DHABI

2.
Family Tree
ZHANG HUAN
United States
2000
H. 127, W. 102 cm
(each photo);
polyptych,
chromogenic prints
CENTRE POMPIDOU – MUSÉE NATIONAL D'ART MODERNE

3.
Balcony II
PHILIPPE RAMETTE
Hong Kong
2001
H. 155.5, W. 126 cm;
chromogenic
print mounted
on aluminium
CENTRE POMPIDOU – MUSÉE NATIONAL D'ART MODERNE

SURVEYING THE UNIVERSE

Defying the laws of gravity, Philippe Ramette (b. 1961) contemplates the bay of Hong Kong from his balcony. He makes no use of trick photography but places himself in improbable and poetic situations by means of metal supports that he calls "sculpture structures". Dressed in a dark suit, he recalls both Buster Keaton and Caspar David Friedrich's romantic *Wanderer above the Sea of Fog*. A European lost in contemplation before these Asian skyscrapers, he reverses perspectives and appears for an instant to float between two worlds.

3

THE FLOW OF MEMORY AND TRANSMISSION

mounir fatmi (b. 1970) has been producing works in low-relief with TV aerial cables since 1998. Taking the form of roots of rhizomes, this decorative tracery draws on the function of these cables as channels for the transmission of information that are now obsolete and part of the archives of individual and collective memory. Referring at the same time to decorative Islamic art and Jackson Pollock's allover dripping technique, mounir fatmi addresses the question of frontiers and migration, leading all of us to question our identity and its history: "I do not need roots. The only thing I need is a memory".

In a world dominated by constant change and flux, territories are in the full swing of transformation. These accelerated mutations disrupt societies threatened by the severing of social bonds and the loss of the most familiar points of reference. Rooting themselves in a native soil marked by the real or mythic history of their predecessors, artists speak about identity, spirituality, cultural legacy and intangible heritage, about what is handed down and unites human beings above and beyond the upheavals caused by breakneck modernity. They thus renew the codes of creation.

UNSTABLE TERRITORIES

ACCORDING TO THE SOCIOLOGIST and philosopher Zygmunt Bauman, present-day society has become "liquid". In the context of globalisation, everything becomes as transitory as consumer goods. Everything can be bought and discarded, including norms and feelings. Subjected to the all-powerful freedom of the individual, the world becomes inhuman and inconstant.

Faced by this liquid society, the Aboriginals of Australia, living mostly in desert areas, defend a collective way of life on a territory they have occupied for more than 50,000 years. In 1976 some were allowed to return to live on the land of their ancestors, and ancestral ownership was recognised by the Mabo Judgement of 1992, when the legal fiction of *terra nullius* – land with no inhabitant or owner – was rejected by the Australian High Court. The Aboriginals express their vision of these landscapes, a constituent part of their identity, in painting, where since the 1980s modern acrylics have taken the place of natural pigments and canvas has served as a support for the old drawings on sand. The places with which family groups identify, these territories are also those of the Dreamtime, during which the world and its inhabitants were created.

In Saudi Arabia, another land characterised by desert, the artist Maha Malluh observes the very rapid changes caused by the discovery of oil there in 1938. Under the general name of *Food for Thought*, she uses salvaged materials to address this transformation as well as modernity and cultural heritage. Born on the high plateau of the Nejd region, she commemorates the nomadic way of life of the Bedouin, who possessed the gold of time, words and poetry before consumerism arrived with the black gold of oil.

The United Arab Emirates has also undergone rapid change since the discovery of oil and the founding of the nation in 1971. Abdullah Al Saadi was one of the "Five" group of conceptual artists and pioneers of modern art in the UAE. Born in the area of Khorfakkan, where he lives and works, he draws inspiration from its mountainous desert landscapes and the tubers that grow in its soil, a far cry from the skyscrapers of bustling Dubai a few hours up the road. In his performances, he addresses both the very physical qualities of this rocky landscape and the inherent poetry of walking in the desert, which prompts meditation.

IMMATERIAL GOLD

In this installation Maha Malluh (b. 1959) turns aluminium pots used by women to cook traditional goat stew into a visual poem. Blackened by the flames of repeated cooking, they bear the traces of their history, but also of the stories told during meals by a formerly nomadic people with a tradition handed down orally. The subtitle *Al-Muallaqat*, which means "the hanging pots", refers to the pots attached to the wall but also to the seven pre-Islamic odes of the Jahiliyya or "Age of Ignorance", the sources of classical Arabic poetry. The finest speakers among the poets engaged in verbal tournaments at fairs in the Makkah (Ukadh) region and were granted the honour of being allowed to hang their poems, inscribed in letters of gold, on the Kaaba.

1

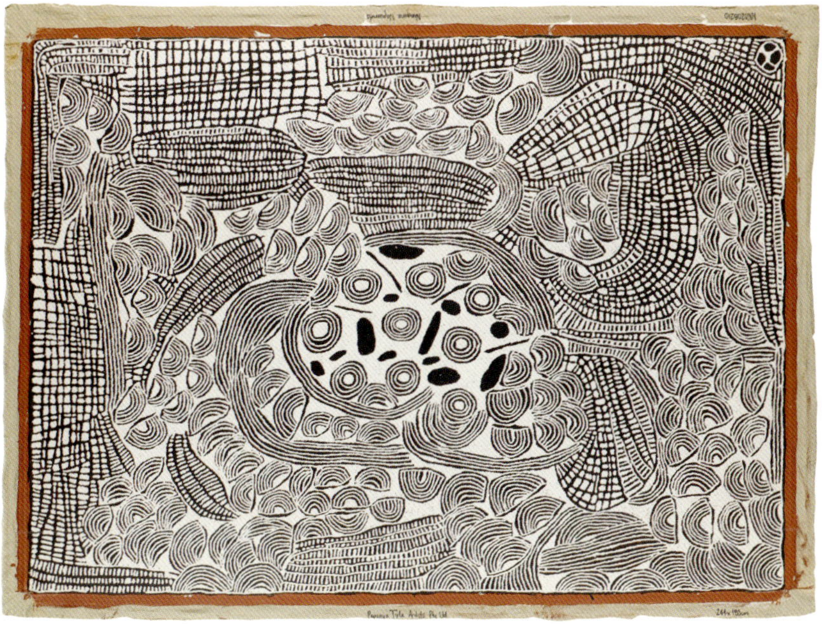

2

THE DREAM LAND

Ningura Napurrula (c. 1938–2013) was one of the artists of the Papunya region, where the revival of Indigenous Australian art took place in the 1970s. Transposing the ritual drawings made on the ground, she used acrylics to produce monumental canvases in a style that has made her known all over the world. Here she presents an aerial view of a topographic site whose hidden energies, vibrations and circulations were well known to her. A rocky shelter created in the mythic Dreamtime lies in the centre. A work of oneiric georaphy that also refers, however, to a precise place in the Kintore region in the heart of the Australian central desert, it recounts the creation of the world and the adventure of a group.

DESERT AND BOTANY

Since 2000, Abdullah Al Saadi (b. 1967) has been working on a personal alphabet starting with the sweet potato (*findale*) that grows in the soil of the UAE. Inspired by his discovery of Japanese ideograms in Tokyo, he draws the outline of one on the ground to make it a letter of his alphabet. The title *Naked Sweet Potato* refers to the fact that, having grown in the shelter of the soil, the sweet potato looks bare and vulnerable when pulled out. With his action, his walk around the outline and the fleeting traces it leaves on the ground, Abdullah Al Saadi creates a work that combines elements of performance and Land Art.

3

1.
Food for Thought – Al Muallaqat
MAHA MALLUH
Saudi Arabia, Riyadh
2013
H. 190, W. 240 cm; eleven burned cooking pots
LOUVRE ABU DHABI

2.
Papunga, a Rockhole Site West of Kintore
NINGURA NAPURRULA
Australia, Pintupi
2002
H. 202, W. 262 cm; acrylic on canvas
MUSÉE DU QUAI BRANLY – JACQUES CHIRAC

3.
Naked Sweet Potato
ABDULLAH AL SAADI
United Arab Emirates
2000–10
Video, sound, 8 min 50 sec
GUGGENHEIM ABU DHABI

Globalisation calls the cultural, national, religious and linguistic diversity of the planet strongly into question. In an interconnected world, the need to rethink a narrative of difference and similarity, individuality and collectivity, becomes increasingly urgent. With *Working Progress* (*Fountain of Light*), Ai Weiwei takes up the subject of the Tower of Babel, already a source of inspiration to the Dutch during the early globalisation of the 16th and 17th centuries, to highlight the present-day relevance of the idea of universality.

BAB EL-WORLD THE GATEWAYS OF THE WORLD

THIS WORK belongs to the *Chandeliers* series begun by the Beijing artist Ai Weiwei in 2002. Produced in 2007 for the Tate Gallery in Liverpool in connection with the exhibition *The Real Thing: Contemporary Art from China*, the first version was seven metres tall and floated on the water in the Albert Dock.

Born in China, Ai Weiwei shares his time between Berlin, where he has a studio, Beijing, where he produces his works, and the whole world. His blogs and his posts on Instagram are an integral part of his art, which also addresses the question of the migration of peoples driven by political upheavals and the conditions of their displacement. As he says, "Anyone can be a refugee".

This great admirer of Marcel Duchamp and Andy Warhol uses objects from everyday life – including doors and windows salvaged from the wreckage of demolished temples, and even tables and chairs of the Ming and Qing dynasties – as readymades in his works. By transposing the tower designed by the Russian Vladimir Tatlin to symbolise the liberation of humanity by communism into an assemblage composed of chandelier beads made in China, one of the world's great exporters of light fittings, the artist addresses the question of illusory utopias in the global context of the 21st century.

With its spiral shape, *Fountain of Light* also recalls the pictorial representations of the Tower of Babel by Flemish artists of the 16th century, in particular by Pieter Bruegel the Elder. Those images were probably the outcome of an association between the round Tower of Babel (inspired by a ziggurat) and the 9th-century spiral minaret (*Malwiya*) of the Great Mosque of Samarra near Baghdad. With its staircase to the upper section winding around the outside, the helical Al-Malwiya tower is a jewel of Abbasid art and remained the largest mosque of the Muslim world for many years.

The symbolism of the Tower of Babel is particularly relevant to the spectacular works of vertical architecture recently built in various capitals, like the 800-metre Burj Khalifa in Dubai, currently the world's tallest tower. In a world that has become a global village where all the languages are mixed, megalopolises like Dubai, Abu Dhabi, Hong Kong, Singapore and São Paulo are home to people from all over the world.

Working Progress (*Fountain of Life*) can be considered an image within an image of the Louvre Abu Dhabi itself. Echoing the *Tower of Babel* (1591) by Abel Grimmer in the first room, this construction at the end of the presentation exemplifies humanity's powerful and illusory belief in its future and our constant striving to build it.

A LUMINOUS AND UNIVERSAL QUESTION

It took dozens of chandeliers to build this work in steel and glass by Ai Weiwei (b. 1957). Made in Beijing by an artist based in Berlin who is also an inveterate blogger and traveller, it exemplifies the globalisation of art. Referring both to the Chinese lanterns of yesteryear and the readymades of Marcel Duchamp, the first person to turn an object of mass consumption into a work of art, these glittering and slightly kitsch chandeliers shed as much light on the common share of humanity as they pose questions at the end of the permanent collection of the Louvre Abu Dhabi.

Fountain of Light
AI WEIWEI
Germany, Berlin / China, Beijing
2016
H. 420 cm; steel, glass crystals
LOUVRE ABU DHABI

A MASTERPIECE
UNTITLED I-IX CALLIGRAPHY OF LIGHT

ACCORDING TO THE PHILOSOPHER Roland Barthes, "painting and writing began in a single area of corporeal practice with the same non-figurative and non-semantic act, which was simply rhythm". It is indeed an emotive rhythm that is materialised in *Untitled I-IX* by Cy Twombly (1928–2011). What the artist called "pseudo-writing", emotional calligraphy, the pure integrated sensation of artistic experience confronted with the vastness of the sea, offers a perfect welcome to visitors to the Louvre Abu Dhabi. It introduces the public to the maritime architecture and luminous calligraphy of the museum and invites them to surrender to the emotion of the discovery of civilisations in this living light. Musicality is also a feature of this series, which imparts its visual rhythms, oscillations and cadences to the threshold of a museum conceived as the calligraphy of memory, a place where the music of civilisations can be heard.

Untitled I-IX is a set of nine monumental canvases that can be read as a whole or observed individually in all their similarity and singularity. Painted in white on blue, the series conjures up the universe in which the artist loved to work, his home in Gaeta beside the sea, beneath the blue sky of Italy. The canvases combine the influence of the American avant-garde, the Abstract Expressionism of Jackson Pollock and a personal relationship with painting as drawing and writing. As the artist stated, line "does not illustrate – it is the sensation of its own realization". Upstrokes cadence the surfaces through their changes in scale and speed of execution, thickness of line and alternation of angular and rounded forms. Proceeding from left to right, the artist starts with almost linear marks before easing his tight control. The closer he gets to the bottom of the painting, the more sweeping his strokes become. The brushwork is sometimes insistent, going back over itself so that the lines become densely entangled and superimposed. The touch is sometimes lighter, the lines fewer and the blue background more evident. The intensity of this blue also varies from one painting to another, from a dark ink-like colour to lighter hues. White writing and blue ground sometimes merge as blots and dripping blurs the boundaries between them.

These canvases are part of a series that the artist called *Notes from Salalah* after the name of an area in the south of Oman in the Arabian Peninsula. Formerly known as Zafar and a producer of incense, it is as lush as an oasis due to monsoons that arrive from the Indian Ocean. Even though Twombly never actually went there, this name and the legend of a wondrous oasis filled with rain and light that it conjures up inspired him at the close of his life to produce new works of creative imagination.

1

2

3

4

5

6

7

8

9

Untitled I–IX
Cy Twombly
2008
Acrylic on canvas
LOUVRE ABU DHABI

1.
Untitled I
H. 274, W. 146 cm
2.
Untitled II
H. 272, W. 145 cm
3.
Untitled III
H. 265, W. 144.5 cm
4.
Untitled IV
H. 272, W. 145 cm
5.
Untitled V
H. 261.5, W. 144.5 cm
6.
Untitled VI
H. 266.2, W. 145 cm
7.
Untitled VII
H. 270, W. 145 cm
8.
Untitled VIII
H. 267, W. 145 cm
9.
Untitled IX
H. 265.4, W. 144.8 cm

Jenny Holzer, a conceptual artist born in the United States in 1950, has worked for nearly forty years on the subjects of writing and language in installations and sculptures that are often concerned with death, war and violence inflicted on women. For the Louvre Abu Dhabi, she has used advanced technologies to enlarge and engrave three ancient texts on large stone panels embedded into the walls. Her early fondness for the space of the streets reappears in what she sees as an "ideal archaic village" sheltered by the futuristic dome of Jean Nouvel. Equally attentive to the aesthetic appearance of these texts and to their meaning, she worked with the scholarly team to select texts written in different languages and alphabets. One, taken from a Mesopotamian tablet, one of earliest known, is in cuneiform script and in harmony with the works exhibited at the very start of the the museum's presentation. The two others, in Arabic and Latin script, echo the languages used in the Louvre Abu Dhabi. By endowing these texts with a monumental and spatial dimension, the artist has established a dialogue between them while also displaying their formal beauty and universal relevance. She thus poses essential and universal questions. What physical supports can serve as receptacles for the imagination? What traces have human beings left of their sorrows, ambitions, concerns and feelings through the millennia all over the world?

JENNY HOLZER FOR THE LOUVRE ABU DHABI

1

THE BIRTH OF WRITING

This highly poetic text tells the story of the creation of mankind as conceived by certain inhabitants of Mesopotamia over 2800 years ago. After creating the sky, the land and its rivers, the gods fashioned the first human beings, Ulligara and Zalgarra, whose names are preceded by a divine sign, by sacrificing a minor deity and mixing his blood with clay. Discovered in Assur in ancient Mesopotamia, the clay tablet bearing the text is now in the Vorderasiatisches Museum in Berlin (Germany). The cuneiform signs, which belong to one of the earliest known forms of writing, were made with a reed cut at an angle, called a kalamos or stylus. The text on the left is in Sumerian and the one on the right is its translation in Akkadian. Questions of transcription and translation arose at the very birth of writing in Mesopotamia, together with those of transmission and dialogue between cultures.

THE BOOK OF LESSONS

These texts are from the *Muqaddimah* (1375) by Ibn Khaldun (1332–1406), regarded among the founding fathers of modern sociology, historiography and economics. The work constitutes the first part of his *Kitab al-Ibar* or Book of Lessons, in which he laid the foundations of history as a discipline and addressed questions of philosophy, Islamic theology, natural science, chemistry and alchemy. Written in the naskh style of cursive Arabic, these pages were reproduced from his original manuscripts in the Atif Efendi Library, Istanbul. The text on the left speaks of the soul driven by the activity of the brain to produce a constant stream of thought. The central text addresses the question of poetry, which he regards as being inseparable from song. The one on the right presents a poem by the calligrapher Ibn al-Bawwab on the art of calligraphy, which Ibn Khaldun considered a masterpiece of this genre.

2

1.
For the Louvre Abu Dhabi, 2017
Jenny Holzer
Marble relief of cuneiform text, one of the earliest forms of writing, that transcribes a creation myth in Sumerian and Akkadian from a Mesopotamian tablet, c. 1250 BCE.
H. 7.5, W. 13.5 m
COMMISSIONED BY LOUVRE ABU DHABI

2.
For the Louvre Abu Dhabi, 2017
Jenny Holzer
Limestone relief of three pages with Arabic script from the manuscript *Al-Muqaddimah* by Ibn Khaldun, a 14th-century Islamic treatise on the writing of history.
H. 11, W. 11.5 m, and H. 11, W. 6.50 m
COMMISSIONED BY LOUVRE ABU DHABI

3

3.
For the Louvre Abu Dhabi, 2017
Jenny Holzer
Limestone relief of three pages printed and annotated in French, from the "Bordeaux Copy" of *Essais* by Michel de Montaigne, exploring themes of human nature and writing: "On Democritus and Heraclitus" (I:50), "On Conversation" (III:8), and "On Vanity" (III:9), 1588.
H. 7.50, W. 14 m, and H. 7.50, W. 9 m
COMMISSIONED BY LOUVRE ABU DHABI

WHAT DO I KNOW?

The French humanist Michel de Montaigne (1533–1592) advocated tolerance at a time when France was torn by religious wars. He began to write at the age of 37, drawing on his own experience in the belief that "every man bears the whole stamp of the human condition". The first edition of his *Essais* appeared in 1588 but he reread and corrected them four years later. The pages reproduced are from his original personal copy now in the library of Bordeaux (France). Through the marginal notes added by Montaigne right up to his death, they show us the very working of his mind. The page on the left develops the idea that even the smallest of our actions reveals and reflects our mind and character, while the one on the right uses the question *What do I know?* to show how hard it is for us to relinquish our certainties and engage in dialogue and discussion.

Germination by the Italian artist Giuseppe Penone is a series of four works that enter into dialogue with the architecture of the museum and its collections to explore the links between humanity, art and nature. The imprint of a human hand is the starting point for "germinations" that take the shape of a tree, an anthropomorphic vase, handfuls of earth and a line of propagation continuing to infinity. Symbolising the vital movement of birth, this work accompanies the blossoming of the Louvre Abu Dhabi.

GERMINATION

BORN IN 1947, Giuseppe Penone was a member of the Arte Povera ("Poor Art") movement in the late 1960s. With Jannis Kounellis, Giovanni Anselmo and Michelangelo Pistoletto, he championed a return to humble materials as a reaction against consumerism. In addition to a rich classical culture, he also draws on Celtic and Eastern sources and explores the links between the worlds of plants and animals, using his own body as a tool to apprehend nature on the human scale. Highlighting analogies between mankind and nature, he lays bare the invisible mysteries of life and the work of art in gestation.

It is precisely this vital and creative relationship that he explores in *Germination*. The monumental tree occupies a place of paramount importance. Stretching up towards the dome, it seems by virtue of its verticality to serve as the central axis of the museum and to reveal the architecture around it. As the artist wrote, "Once all emotional, formal and cultural meaning has been exhausted and forgotten, the tree appears as a vital element in constant growth, expansion and proliferation" (Penone, *Respirare l'ombra*, 2008).

The lump of earth, transposed and enlarged in bronze to serve as a base for this tree, bears the imprint of the artist's hand. Suggesting an ancestral act, it reappears in *Earth of the World – Vase* as the support for a porcelain vessel covered in enamel. In *Earth of the World – Clay Lumps*, its enlarged outline is filled with lumps of clay from all over the world. Territorial anchorage is to be found in *Propagation*, where waves of centrifugal lines extend from the thumbprint of the late Sheikh Zayed bin Sultan Al Nahyan, founding father of the United Arab Emirates. A characteristic of the entire human race, this print is universal and absolutely individual at the same time, as every person has their own.

1

LEAVES OF LIGHT

From the enlarged imprint of the artist's hands captured in the material, a monumental bronze tree rises at the heart of the museum. Its leaves – steel mirrors placed at the intersections of the branches – reflect the sunlight. The work is thus in harmony with the building designed by Jean Nouvel and the light that pours in through its dome. The germination of the handful of earth is here compared with the development of life, which can be spontaneous or created by human work. Penone regards the tree as "a symbol of life shared universally by all cultures".

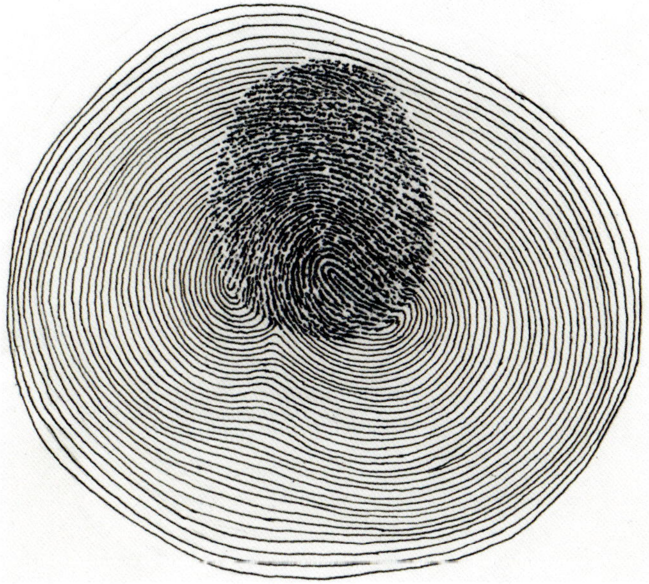

2

PROPAGATION

Transposed life-size on a wall of porcelain, this fingerprint serves as the starting point for lines that spread out in centrifugal waves. The skin, whose papillary ridges and folds are visible, responds to these circular lines, drawn free-hand, which suggest the rings in the trunk of a felled tree. The thumbprint is that of Sheikh Zayed bin Sultan Al Nahyan, who founded the federation of the United Arab Emirates and was its leader from its creation on 2 December 1971 until his demise in 2004. The germination of a line into an expanding wave reflects how infinite space can result from a simple action.

3

EARTH OF THE WORLD

A mosaic of pieces of clay marked by the artist's hand echoes the shape of the vase in front of it on a larger scale. Each lump of clay contains the mineral, vegetable and animal memory of the earth from which it was taken. Beneath the simplicity of the act indicated by these imprints, we find a reference to how each individual is involved in a universal and collective destiny.

Germination, 2016
Giuseppe Penone
Ensemble of four works

1.
Leaves of Light – Tree
Italy, Turin
H. 19 m; bronze, stainless steel
COMMISSIONED BY LOUVRE ABU DHABI

2.
Propagation (final sketch)
France
H. 3.6, W. 4.2 m; drawing on porcelain tiles
Fabrication: Cité de la céramique – Sèvres & Limoges
COMMISSIONED BY LOUVRE ABU DHABI

3.
Earth of the World – Clay Lumps
H. 6 m; terracotta
Fabrication: Cité de la céramique – Sèvres & Limoges
COMMISSIONED BY LOUVRE ABU DHABI

LOUVRE ABU DHABI

GENESIS OF A MUSEUM

THE ORIGIN OF A MASTERPIECE

JEAN NOUVEL WAS SELECTED as the architect of the future Louvre Abu Dhabi on Saadiyat Island even before the intergovernmental agreement between the United Arab Emirates and France was reached in 2007. The most renowned French architect of his time, he enjoys an excellent reputation in the Gulf due to his long familiarity with the Arab world and received the Aga Khan Award in 1987 for his design of the Arab World Institute in Paris. He has also undertaken projects in Rabat and Tangier in Morocco, as well as in Qatar.

Nouvel's knowledge of the area immediately enabled him to identify the paramount problem as a tropical desert climate with summer temperatures verging on 50°C. As he points out, people react badly to thermal shock and so do works of art. This basic consideration led him to devise a direct way of tempering these excesses and the heat of the sun, namely a huge parasol to shade the museum buildings. He decided to work with light, his favourite material, which envelops all of Arab architecture in its glow. The parasol thus became a vast, horizontal, circular, convex *mashrabiya* allowing light to filter through like raindrops. Another factor that helps to moderate the excessive heat is the location of the Louvre Abu Dhabi, as the buildings are located just off the coast on a kind of offshore platform whose base is just above the water at high tide (the level rises by about one metre in the Gulf).

Jean Nouvel sees a museum not as a building closed in upon itself, but primarily as a district, an integral part of the city. Entrusted with the heritage of a civilisation, it enhances the dignity, prestige and aura of the city, participating in its day-to-day life and urban dynamics. It must offer simple and familiar access and facilitate regular visits. Hence the need to accept the duality of its slightly contradictory nature as a "popular palace", being both noble and domestic at the same time. In the Louvre Abu Dhabi, Jean Nouvel has split up the 97,000 square metres of constructed space into functional units. The "boxes" or "houses" making up a *medina* district beneath the dome are laid out apparently at random, like dice rolled on the surface of the platform by some carefree titan. These separate galleries are connected by glazed passageways forming a complex of lanes, dead ends and small squares with an expanse of water every so often and the shimmering reflection of the "celestial vault" of the dome.

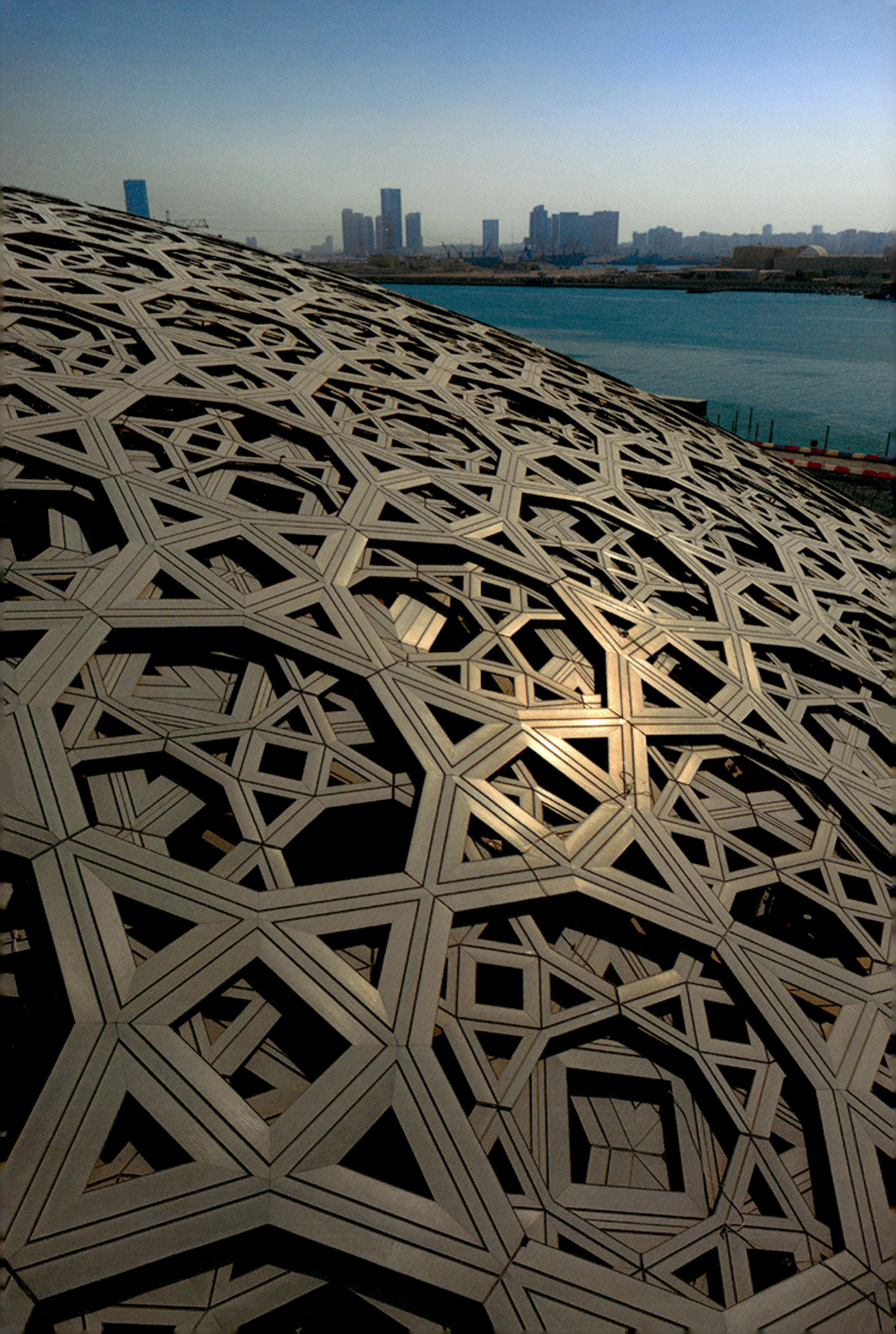

THE DOME OF THE LOUVRE ABU DHABI AN ARCHITECTURAL PERFORMANCE

IN ADOPTING THE IDEA and the shape of the dome, an "archetype of Arab architecture", to cover and protect the Louvre Abu Dhabi, Jean Nouvel presents an age-old form that asserts a simultaneously conspicuous and unobtrusive presence with its curve glistening on the horizon.

The dome, 180 metres in diameter and 29 above ground level, consists of eight thin layers in two sections, stainless steel for the outer shell and aluminium for the inner. The two shells are separated by a three-dimensional structure 5 metres thick, made of square tubular steel, which constitutes another layer in the pattern. These various layers are made up of metal struts assembled to form star-shaped motifs of a square framed by four triangles, comparable with the traditional *girih* of Arab architecture. The voids in the motif are controlled by the thickness of the struts, which can be varied to increase the density of the pattern in areas where less direct light must penetrate the dome, such as the external public spaces, and decrease it where more natural light is required, as in the case of the skylit exhibition galleries. The superimposing of subtly staggered layers thus filters the sunlight, which pierces the tracery of these openwork surfaces and supporting structure. The shifting of alignments and the angle at which the sun strikes the outer surface of the dome create the ephemeral patches of light, which appear and disappear as though by magic on the floor of the platform and the walls of the *medina*.

To ascertain the feasibility of such a complex design, studies, simulations and trials on models were undertaken for several years before the construction of the dome was begun. The component parts were then manufactured in the neighbouring Emirate of Dubai on the basis of data files provided by the architects and engineers, and were assembled in accordance with a long and complex process.

The first concrete pillar was cast in April 2013, the first structural element was assembled in July 2014, and – the most awe-inspiring moment of all – the dome was hoisted and placed in position in December 2014. In September 2015, the last star motif was installed on the outermost layer, and in February 2016 the last section of scaffolding was dismantled. Thus, the erection of this 7500-tonne architectural marvel required only three years. The dome has indeed succeeded in obtaining the thermal performance envisaged, namely a reduction in temperature of 42% with respect to exposure to the sun, and a saving of 27.2 % in energy for cooling the buildings.

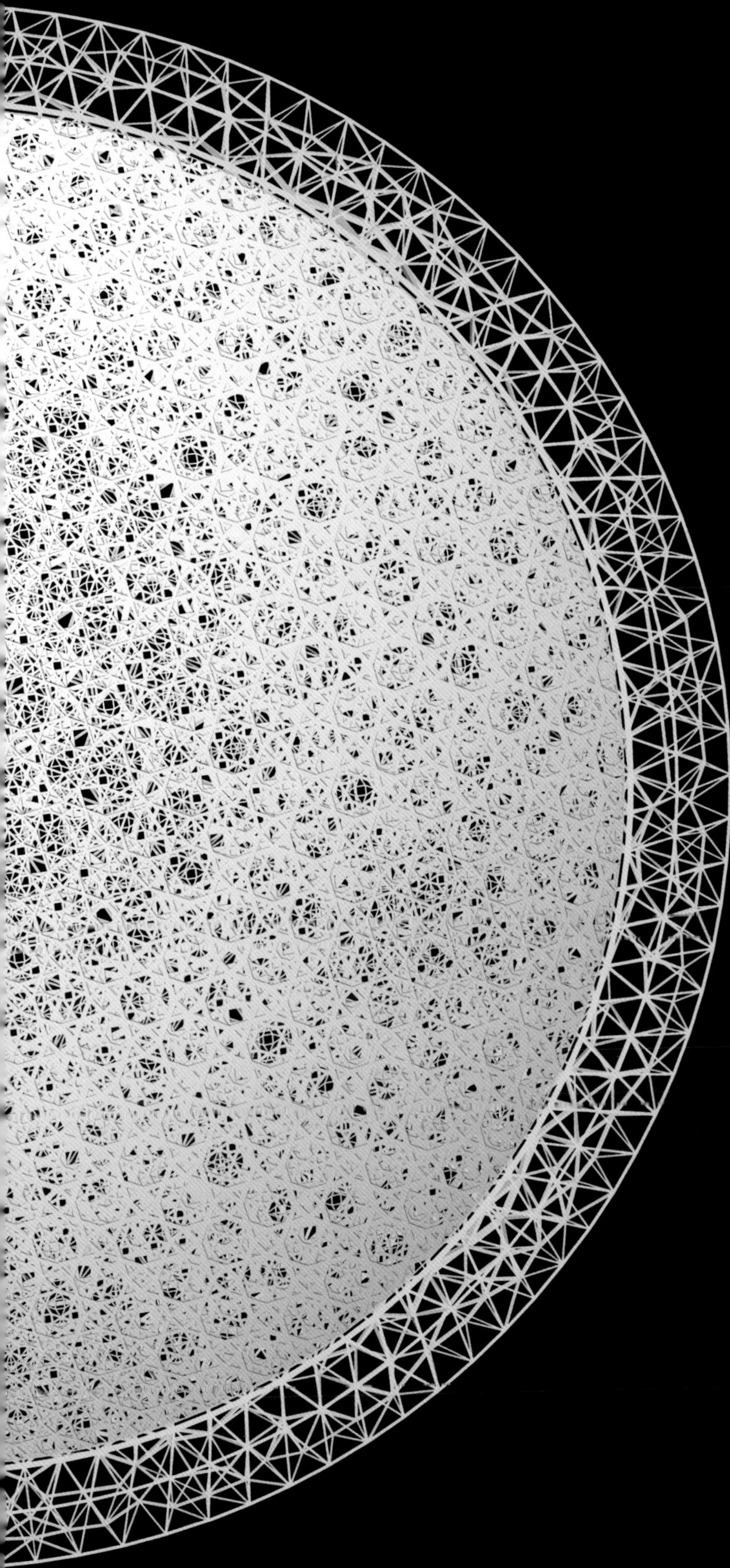

THE LOUVRE ABU DHABI
A MUSEUM FOR EVERYONE

THE LOUVRE ABU DHABI is a complex equipped with everything expected of a modern museum. Beneath the apparent randomness of the *medina* lies a plan in the symbolic form of a city. The open walkways, lanes and patios trace a route between functional units: to the south the permanent galleries that form the heart of the city, with the vast series of blocks barely separated by alleys; the great hall for temporary exhibitions, a monumental block duplicated on a smaller scale by the nearby Children's Museum; the café at the end of the square with an open terrace overlooking the sea and the Zayed harbour; the auditorium and the restaurant further north, discreetly situated on a small square adjacent to the museum's marina; and finally the Conservation Centre, accessible from the works' arrival tunnel, which seems to connect the platform to the shore.

Temporary exhibitions

While the permanent galleries constitute the heart of the Louvre Abu Dhabi project with their 6400 square metres of display area, another space measuring 67 × 47 × 13 metres hosts temporary exhibitions organised by the Louvre and the French national museums to stimulate the museum's cultural activities and enable it to develop relations of international cooperation at the highest level. Capable of accommodating two exhibitions at the same time, it is designed for division into surface areas of varying size in relation to the importance of the events involved. The inaugural exhibition, *From One Louvre to Another. Opening a Museum for Everyone*, examines the artistic debate and cultural context in which the Louvre came into being in the 18th century.

The Children's Museum

While all the major museums have dedicated spaces for children today, these are all too often just places where parents can conveniently unload their young. The Louvre Abu Dhabi's facility for children is instead an authentic museum on a smaller scale with a selection of works from the collection designed to introduce the younger public to art and to museum codes of conduct while stimulating their creativity. The programme of activities is directly conceived in line with the museum while being based both on the themes developed in the permanent galleries and on the events held in its large neighbour. The Children's Museum will also host two temporary exhibitions a year, the first of which – *Shapes and Colours, Landscapes from Here and Elsewhere, Real and Imaginary Animals*, and *The Portrait* – will address general subjects.

The Auditorium

The Louvre Abu Dhabi has an auditorium to accommodate meetings and discussions on matters of history and art history, while highlighting their relations with the performing arts of music, dance and cinema. Its programme is directly related to the life of the museum, with conferences and events linked with the themes developed in the permanent galleries and in the gallery dedicated to temporary exhibitions. The all-black, tiered auditorium of 420 square metres is fitted with 268 leather seats specially designed for the Louvre Abu Dhabi by Jean Nouvel and laid out in twelve rows.

The Restaurant

The museum restaurant has a seating capacity of 120 and privileged access via the waters of the Gulf. Luxury and sophistication are the watchwords of this distinguished facility. The main room is divided into suites or salons separated by mobile partitions that can disappear into the arches of the ceiling to allow larger parties. In the same way, the seven consecutive suites can be transformed into one large banquet hall. Seven chandeliers specially designed by the architect for the restaurant and produced in Paris at the Mobilier National provide spectacular lighting.

The Café

The café has established itself in the ritual of museum visits as a favourite meeting point, as well as a place to stop before, during or after a visit. The café of the Louvre Abu Dhabi offers something more, namely a spectacular view, especially at sunset, of the Khor Laffan, the shore opposite, the bustle of the Zayed harbour and its black and red cargo vessels, and the skyscrapers further away towards the city centre. The spectacle also finds its way inside, however, as the urban landscape is duplicated in a shimmering, hazy, pixelated illusion tinted pink and blue, that is reproduced on the furniture upholstery. While the common image of the desert boils down to sand, dunes, an oasis and a well, the mirage created captures its disturbing, dream-like quality and mystery. With a capacity of 250 for table service and 100 for counter service, the café is laid out in three tiers like a theatre.

The Conservation Centre

Equipped with the best conservation conditions and security systems, the Louvre Abu Dhabi Conservation Centre serves as a storage facility, a workshop for the preparation of the museum's works, and a research unit equipped with the most advanced instruments of analysis. This model unit covering over 6000 square metres is responsible for the conservation, study and analysis of the works in the collection.

The Documentation Centre

Located in the basement but opening onto a light and spacious patio, the centre houses documentation on the museum's works that is accessible by appointment to all visitors, whether experts or the simply curious. A broad range of scholarly journals and specialised works on the subjects addressed by the museum is available to curators, documentalists and ordinary visitors.

The Meeting Spaces

Laid out lengthwise beside the temporary exhibition gallery, the VIP Majlis draws on the traditions of both the Arab world's small gatherings and the Anglo-Saxon club. Members of the local and cosmopolitan society from the worlds of politics, finance, trade, culture and the mass media gather here in the comfort and luxury of a VIP lounge furnished with cosy armchairs and sofas specially designed for the museum by Jean Nouvel.

The Boutique

The combined boutique and bookshop of the Louvre Abu Dhabi greets visitors before they enter the large hall leading to the display galleries so as to offer them a foretaste of the exhibition and ensure that they will return at the end of the visit to make it live on in their memory. Museum publications, catalogues, and works on art and civilisations are available in the bookshop, while reproductions of works, postcards, posters, stationery, gadgets and T-shirts can be purchased in the boutique.

Louvre Abu Dhabi would like to thank all the people and institutions who have supported its opening:

Department of Culture & Tourism Management and Staff

H.E. Mohamed Khalifa Al Mubarak, *Chairman*

H.E. Saif Saeed Ghobash, *Director General*

Mohammad Al Frehat, *General Counsel*

Nawal R. Al Hassani, *Information Technology Director*

Rita Aoun-Abdo, *Executive Director, Culture*

Saood Al Hosani, *Acting Executive Director, Business Support Services*

Steve Copestake, *Acting Executive Director, Marketing and Communications*

Sultan Hamad Al Dhaheri, *Acting Executive Director, Tourism*

Abdulaziz Mohamed Al Hammadi, *Former Acting Executive Director, Business Support*

Abdulla Majed Al Ali, Abdulaziz Khalid Al Khaldi, Ahmed Mohammed Al Hosani, Ali Abu Amer, Amna Sakher Saif, Andriy Khalik, Anita O'Connor Roberts, Astrid Roche, Aysha Saleh Al Ghaithi, Céline Pouyat, Dana Saif Al Mazrouie, Daniel Suarez, David Baylis, Dr. Fawaz Hazza Abu Sitta, Eisa Ahmed Al Shamsi, Faisal Abdalla Al Dhaheri, Fatima Mohamed Al Shamsi, Fatima Abbas Dhaif, Fatima Omar, Firas Bardan, Ghaith Mohammad Meftah, George Kalliamvakos, Grant Dyson, Hamad Husain Al Marzooqi, Hamad Husain Sulaiman Al Marzooqi, Hashem Nasser Al Kaabi, Ibrahim Jafar Tukan, Iman Al Sayed, Irum Siddiqui, Jacquelyn Sit, James Matthews, Jasem Mohamed Al Hebsi, Jitha Sajith, Khaled M. Al Hashemi, Kinda Suleiman, Lucy Findley, Maha Jassim Al Mansoori, Mariam Adel Al Zarooni, Mariam Ismail Al Balooshi, Mariam Khamis Mohamed Sultan, Mariam Musa Shafi, Mary Nocum, Mohamed Ahmed Al Zaabi, Mohammad Jamal, Mohammed Jasim Al Hosani, Monette Mary Saade, Moza Al Qumzi, Mubarak H. Al Shamisi, Naamet Abbas, Nasra Al Buainain, Nayef K. Al Bufalasa, Nesma Saber Mahmood, Noura Hareb Al Mansoori, Osama Al Jamal, Peter Magee, Ranya Camille Nasser, Reem Ali Al Neyadi, Rianne Norbart, Rula Ismail, Salma S. Al Maheri, Saood Abdulaziz Al Hosani, Saood A. Al Harethi, Sean Gaffaney, Shamsa Ghanem Al Suwaidi, Sharifa Bin Houraiz, Susana Marecos, Waad Saif Al Jaberi, Waleed Saeed Al Saeedi, Walid Al Halani, and Yosra El Hassan.

Louvre Abu Dhabi Management and Staff

Manuel Rabaté, *Museum Director*

Hissa Ali Al Dhaheri, *Deputy Museum Director*

Catherine Monlouis-Félicité, *Education & Cultural Engagement Director*

Douglas Masuku, *Technical Operations Director*

Jennifer Francis, *Marketing, Communications & Visitor Services Director*

Marwa Rubayee Al Menhali, *Finance and Procurement Manager*

Shaima Ali Al Suwaidi, *Acting Human Resources Manager*

Abdulla Al Hashemi, Ahmed Hasan Al Balooshi, Alia Zaal Lootah, Amna Al Hammadi, Amna Obaid Al Zaabi, Amna Rashed Al Zaabi, Asma Bushra Anwar, Aymen Al Saadi, Edward Gunson, Emma Cantwell, Faisal Bani Malek, Fatima Toufiq Karmostaji, Hamdan Amer Al Katheeri, Hanaa Al Mousawi, Hermali Sotomayor, Imad Batran, Jameela Salem Al Tamimi, Jennifer Castro, Joud Mohammed Al Marar, Khalid Abdulkhaliq Abdulla, Kristine Rigoroso, Lamya Al Nuaimi, Latifa Munther Al Azdi, Maitha Salem Al Busaidi, Majed Ahmed Al Hashly, Maral Bedoyan, Mariam Saleh Al Dhaheri, Mariam Salem Al Shaer, Maytha Ahmed Al Nahyan, Mitra Birgani, Mohamed Omar Al Bahri, Mohamed Abdulla Al Mansoori, Mohamed bin Othman Zaggar, Mona Khaled Al Bujairmi, Mouza Mohammed Al Balooshi, Munir Mohammed, Najla Obaid Busit, Noor Ghanem Al Suwaidi, Noura Mohammed Al Muraikhi, Osama Eid, Rana Mohammed Al Hammadi, Rania Rashid Al Romaithi, Salem Obaid Al Ghafli, Salem Ahmed Al Menhali, Salma Nasser, Sara Al Agroobi, Sara Mohammed Al Jeneibi, Sarah Nunn, Tariq Bali, Virginia Fienga.

Agence France-Muséums

Board of Agence France-Muséums

Marc Ladreit de Lacharrière, *President*

Laurence des Cars,
President, Musées d'Orsay et de l'Orangerie

Laurence Engel,
President, Bibliothèque nationale de France

Christian Giacomotto, *President of Gimar Finance*

Jean Guéguinou, *Ambassadeur de France*

Sylvie Hubac, *President, Établissement public de la Réunion des musées nationaux et du Grand Palais*

Serge Lasvignes, *President, Centre Pompidou*

Sophie Makariou, *President, Musée national des Arts asiatiques – Guimet*

Stéphane Martin, *President, Musée du quai Branly – Jacques Chirac*

Jean-Luc Martinez, *President-Director, Musée du Louvre*

Karim Mouttalib, *Managing Director, Musée du Louvre*

Alberto Vial, *Diplomatic Advisor, Musée du Louvre*

Scientific Council

Jean-Luc Martinez, *President-Director, Musée du Louvre, President of the Scientific Council*

Laurence des Cars, *President, Musées d'Orsay et de l'Orangerie*

Catherine Chevillot, *Director, Musée Rodin*

Laurence Engel, *President, Bibliothèque nationale de France*

Serge Lasvignes, *President, Centre Pompidou*

Yannick Lintz, *Director, Islamic Art Department, Musée du Louvre*

Sophie Makariou, *President, Musée national des Arts asiatiques – Guimet*

Stéphane Martin, *President, Musée du quai Branly – Jacques Chirac*

Catherine Pégard, *President, Château de Versailles*

Marielle Pic, *Director, Near Eastern Antiquities Department, Musée du Louvre*

Elisabeth Taburet-Delahaye, *Director, Musée de Cluny – Musée national du Moyen Âge*

Representatives from the French Ministry of Culture, Ministry of Foreign Affairs, and Ministry of the Economy at the Board

Marie-Christine Labourdette, *Director of French Muséums, Ministère de la Culture*

Laurence Auer, *Director for cultural cooperation, universities and research, Ministère des Affaires étrangères*

Monique Schwartz-Autissier, *Finance and economy auditor, Ministère de l'Économie*

Élise Longuet, *Board Secretary*

Éric Lefèbvre, *KPMG Auditor*

Agence France-Muséums Management and Staff

Anne Mény-Horn, *CEO*

Marie-Anne Ginoux, *Deputy CEO*

Jean-François Charnier, *Scientific Director*

Jean-Valère Arifont, *Director of Architectural and Technical Affairs*

Guilhem André, Adrien Berthelot, Joffrey Berti, Ugo Bertoni, Khadidja Besseghir, Daphné Blouet, Daphné Boissonnet, Marine Botton, Olivia Bourrat, Jean-Michel Carré, Katia Cartacheff, Alix Cattoir, Jean-François Charnier, Anne Coron, Noëmi Daucé, Olivia Davidson, Louise Delestre, May Driss, Sonia Eymery, Ashley Gao, Céline Génin, Marie Genoud, Estelle Guéville, Anne Hauguel, Inès Jabrane, Laure Jardry, Amine Kharchach, Marie Knidler, Annabelle Lacour, Sara Lamothe, Philippe Lê, Sarah Lessirard, Nicolas Lesur, Jean-Gabriel Leturcq, Mila Macatangay, Flore Malonga, Élisabeth Maratier, Anne Maringe, Bérangère Meillat, Paule Mourani, Souraya Noujaim, Catherine Oriol, Emmanuel Ory, Cybèle Panagiotou, Anaïs Paul, Loïc Prat, Adriane Raha, Alice Rivolier, Tehzeeb Sandhu, Nicole Schmid, Juliette Singer, Matthieu Thenoz, Aurore Tisserand.

Tourism Development & Investment Company (TDIC) Management and Staff

Sufian Hasan Al Marzooqi, *Chief Executive Officer*

Scott McInnes, *Delivery Director*

Ghassan Mayo, *Commercial Director*

Jassim Al Hammadi, *Infra Director*

Lee Kandalaft, *Deputy Director*

Fatima Al Balfaqeeh, *Acting Procurement Director*

Ahmad Al Marzooqi, George John, Justin Meek, Khulood Al Ali, Stephen Kennedy, Tiza Solidum, Wafa Kreishi

Architecture and Museography

Ateliers Jean Nouvel
Jean Nouvel, *Architect*
Hala Wardé, *Partner Architect*

Project Managers

Jean-François Bourdet, Athina Faraut, Damien Faraut, Frédéric Imbert, Sabrina Letourneur, Anna Ugolini

Consultants

Museography: Renaud Pierard

Signage / Graphic design: Philippe Apeloig

Lighting: 8'18" – Georges Berne

Scenography: dUCKS scéno – Michel Cova

PHOTO CREDITS © Ai Weiwei Studio: p. 353 ◊ © Agence photographique du musée Rodin – Jérome Manoukian: fig. 3 p. 309 ◊ © Louvre Abu Dhabi – APF: pp. 29 top, 78 (detail), 102, 103, 150, 151, 204 (detail), 246 (detail), 286, 287, 355; fig. 1 p. 98, fig. 1 p. 130, fig. 3 p. 131, fig. 4, 5 p. 132, fig. 6, 7 p. 133, fig. 4 p. 137, fig. 1 p. 154, fig. 5 p. 181, fig. 1 p. 182, fig. 5 p. 192, fig. 1 p. 194, fig. 2 p. 206, fig. 4, 5 p. 207, fig. 2 p. 217, fig. 2 p. 220, fig. 3, 4, 5 p. 221, fig. 2 p. 225, fig. 1 p. 226, fig. 1 p. 230, fig. 4 p. 231, fig. 1 p. 232, fig. 3 p. 234, fig. 5 p. 235, fig. 1 p. 249, fig. 4 p. 250, fig. 6 p. 255, fig. 1 p. 258, fig. 3 p. 259, fig. 4 p. 260, fig. 5, 6 p. 261, fig. 1 p. 270, fig. 1 p. 276, fig. 2 p. 277, fig. 1 p. 278, fig. 2, 3, 4 p. 279, fig. 1 p. 280, fig. 2 p. 281, fig. 4 p. 291, fig. 2, 4 p. 293, fig. 1, 2 p. 294, fig. 3, 4, p. 295, fig. 1 p. 296, fig. 2, 3, 4 p. 297, fig. 1 p. 298, fig. 2 p. 299, fig. 4 p. 301, fig. 6, 7, 8 p. 303, fig. 1 p. 316, fig. 2, 3, 4 p. 317, fig. 1 p. 318, fig. 3 p. 323, fig. 1 p. 324, fig. 3 p. 327, fig. 3 p. 333, fig. 1, 2 p. 338 ◊ © Louvre Abu Dhabi – Hervé Lewandowski: pp. 19, 160–161, 172, 173; fig. 1, 2 p. 180, fig. 6, 7 p. 193, fig. 2 p. 249, fig. 2, 3 p. 265, fig. 1, 2, 3 p. 328, fig. 5 p. 329, fig. 4 p. 333, fig. 2, 3 p. 347, fig. 1 p. 348 ◊ © Louvre Abu Dhabi – Jean-Louis Bellurget: fig. 1 p. 346 ◊ © Louvre Abu Dhabi – Thierry Ollivier: cover, pp. 24 bottom left, 25 right, 28 top left and right, 30, 31 top and centre, 32, 36 (detail), 40, 41, 46 (detail), 62, 63, 72, 73, 82, 83, 106, 107, 128, 129, 134 (detail), 166, 167, 188 (detail), 200, 201, 238, 239, 244, 245, 256, 257; fig. 2 p. 38, fig. 4, 5 p. 39, fig. 1 p. 42, fig. 5 p. 43, fig. 2 p. 45, fig. 3, 4 p. 51, fig. 1 p. 56, fig. 2 p. 57, fig. 1 p. 58, fig. 3 p. 59, fig. 4, 5 p. 60, fig. 2, 3 p. 65, fig. 2 p. 67, fig. 1 p. 80, fig. 3, 4 p. 81, fig. 3 p. 87, fig. 2 p. 91, fig. 1 p. 92, fig. 3 p. 93, fig. 3 p. 99, fig. 3 p. 113, fig. 2 p. 119, fig. 1 p. 120, fig. 3 p. 123, fig. 5 p. 124, fig. 6 p. 125, fig. 2, 3, 4 p. 127, fig. 2 p. 131, fig. 1 p. 136, fig. 2 p. 138, fig. 3 p. 139, fig. 1 p. 140, fig. 4 p. 141, fig. 7 p. 145, fig. 2 p. 146, fig. 4 p. 147, fig. 3 p. 149, fig. 2 p. 152, fig. 3, 4, 5 p. 153, fig. 4 p. 155, fig. 2 p. 169, fig. 1 p. 176, fig. 5 p. 178, fig. 7 p. 179, fig. 2 p. 183, fig. 3 p. 191, fig. 4 p. 196, fig. 2 p. 198, fig. 5 p. 199, fig. 1 p. 210, fig. 3 p. 211, fig. 1 p. 216, fig. 2 p. 227, fig. 1 p. 228, fig. 4 p. 229, fig. 2, 3 p. 231, fig. 4 p. 234, fig. 6 p. 235, fig. 3 p. 237, fig. 3 p. 241, fig. 1 p. 242, fig. 3, 4, 5, 6, 7 p. 243, fig. 4 p. 254, fig. 2 p. 259, fig. 3, 4 p. 263, fig. 5 p. 269, fig. 3 p. 289, fig. 2, 3 p. 291, fig. 5, 6, p. 295, fig. 2 p. 302, fig. 4, 5 p. 303, fig. 3 p. 305, fig. 1 p. 306, fig. 3 p. 319, fig. 2 p. 327, fig. 1 p. 332, fig. 3 p. 339 ◊ © Numismatica Genevensis SA: fig. 6 p. 76, fig. 11 p. 77 ◊ © Courtesy of Luxembourg & Dayan: fig. 1 p. 322 ◊ © Courtesy of Prudence Cuming Associates Ltd, London: fig. 2 p. 241 ◊ © Courtesy of the artist: fig. 1 p. 350 ◊ Photographies Feau & Cie: fig. 2 p. 319 ◊ © Rights reserved: pp. 26 bottom, 88, 89 ◊ © Guggenheim Abu Dhabi: fig. 3, 4 p. 343, fig. 3 p. 351 ◊ © Department of Antiquities of Jordan: fig. 1 p. 38 ◊ © Department of Culture and Tourism, Abu Dhabi Collection: fig. 4 p. 45, fig. 4 p. 121 ◊ © Al Ain Museum: fig. 3, 4 p. 55, fig. 9 p. 77 ◊ © National Museum of Ras Al Khaimah: fig. 3 p. 71 ◊ © Zayed National Museum: fig. 2 p. 262 ◊ © 2011 Lobster Films / Fondation Groupama Gan pour le Cinéma / Fondation Technicolor pour le Patrimoine du Cinéma: fig. 4 p. 315 ◊ © Lobster Films: fig. 2 p. 314, fig. 5 p. 315 ◊ © Bnf, Paris: fig. 1 p. 70, fig. 1 p. 74, fig. 2, 3, 4, 5 p. 75, fig. 7, 8, 10 p. 77, fig. 1 p. 96, fig. 2 p. 112, fig. 9 p. 133, fig. 2 p. 149, fig. 1 p. 164, fig. 5 p. 165, fig. 1 p. 170, fig. 3, 4 p. 181, fig. 1 p. 190, fig. 2 p. 191, fig. 4 p. 192, fig. 2 p. 195, fig. 5, 6 p. 197, fig. 4 p. 209, fig. 1 p. 264, fig. 1 p. 266, fig. 3, 4 p. 267 ◊ © BnF, Dist. RMN-Grand Palais / image BnF: fig. 2 p. 266, fig. 3 p. 277 ◊ © Institut Lumière: fig. 1 p. 314, fig. 3 p. 315 ◊ © Paris, Les Arts Décoratifs/ Jean-Paul Leclercq: fig. 5 p. 255 ◊ © Paris, Les Arts Décoratifs/Jean Tholance: p. 29 bottom left, fig. 3 p. 147, fig. 3 p. 253 ◊ © Centre Pompidou, MNAM-CCI, Dist. RMN-Grand Palais / Bertrand Prévost: fig.1 p. 342 ◊ © Centre Pompidou, MNAM-CCI, Dist. RMN-Grand Palais / Droits réservés: fig. 2 p. 321, fig. 2 p. 323, fig. 3 p. 325, fig. 4 p. 329, fig. 2 p. 335, fig. 1 p. 341 ◊ © Centre Pompidou, MNAM-CCI, Dist. RMN-Grand Palais / image Centre Pompidou, MNAM-CCI: fig. 1 p. 334, fig. 4 p. 347 ◊ © Centre Pompidou, MNAM-CCI, Dist. RMN-Grand Palais / Philippe Migeat: fig. 3 p. 313, fig. 2 p. 343 ◊ © Centre Pompidou, MNAM-CCI, Dist. RMN-Grand Palais / Philippe Migeat: fig. 1 p. 320, fig. 4 p. 325, fig. 1 p. 326, pp. 330–331, fig. 3 p. 337, fig. 2 p. 341 ◊ © Centre Pompidou, MNAM-CCI, Dist. RMN-Grand Palais / Georges Meguerditchian: p. 310 (detail), fig. 2 p. 333, fig. 2, 3 p. 349 ◊ © Centre Pompidou, MNAM-CCI, Dist. RMN-Grand Palais / Jean-Claude Planchet: fig. 2 p. 325 ◊ © Centre Pompidou, MNAM-CCI, Dist. RMN-Grand Palais / Adam Rzepka: fig. 2 p. 313, fig. 1 p. 336, fig. 2 p. 337 ◊ © Musée d'Orsay, Dist. RMN-Grand Palais / Patrice Schmidt: fig. 2 p. 283, fig. 1 p. 288, fig. 1 p. 292 ◊ © Musée du Louvre, Dist. RMN-Grand Palais : fig. 1 p. 48, fig. 3 p. 217 ◊ © Musée du Louvre, Dist. RMN-Grand Palais / Harry Bréjat: p. 29 bottom right ◊ © Musée du Louvre, Dist. RMN-Grand Palais / Martine Beck-Coppola: fig. 3 p. 199 ◊ © Musée du Louvre, Dist. RMN-Grand Palais / Christian Decamps: p. 33 right, fig. 6 p. 43, fig. 2 p. 51, fig. 6 p. 53 ◊ © Musée du Louvre, Dist. RMN-Grand Palais / Hughes Dubois: fig. 1 p. 174 ◊ © Musée du Louvre, Dist. RMN-Grand Palais / Daniel Lebée / Carine Déambrosis: p. 28 bottom, fig. 2 p. 85 ◊ © Musée du Louvre, Dist. RMN-Grand Palais / Hervé Lewandowski: p. 27 centre, p. 116 (detail), fig. 3 p. 119, fig. 5 p. 121, fig. 2 p. 211 ◊ © Musée du Louvre, Dist. RMN-Grand Palais / Les frères Chuzeville: fig. 1 p. 84 ◊ © Musée du Louvre, Dist. RMN-Grand Palais / Thierry Ollivier: p. 27 top right, fig. 6 p. 39, fig. 2 p. 80, fig. 2 p. 98, fig. 5 pp. 100–101 ◊ © Musée du Louvre, Dist. RMN-Grand Palais / Pierre Philibert: fig. 6 pp. 212–213 ◊ © Musée du Louvre, Dist. RMN-Grand Palais / Georges Poncet:

fig. 2, 3 p. 49, fig. 2 p. 59 ◊ © Musée du Louvre, Dist. RMN-Grand Palais / Claire Tabbagh / Collections Numériques: p. 33 left ◊ © Musée du Louvre, Dist. RMN-Grand Palais / Benjamin Soligny / Raphaël Chipault: fig. 3 p. 155, fig. 1 p. 206 ◊ © musée du quai Branly, Dist. RMN-Grand Palais / image musée du quai Branly – Jacques Chirac: fig. 5 p. 187 ◊ © musée du quai Branly, Dist. RMN-Grand Palais / image musée du quai Branly – Jacques Chirac: fig. 2 p. 109, fig. 2, 3, 4 p. 185 ◊ © musée du quai Branly – Jacques Chirac, Dist. RMN-Grand Palais / Léo Delafontaine: fig. 2 p. 305 ◊ © musée du quai Branly, Dist. RMN-Grand Palais / Patrick Gries / Bruno Descoings: fig. 1 p. 312 ◊ © musée du quai Branly, Dist. RMN-Grand Palais / Patrick Gries / Bruno Descoings: fig. 1 p. 108, fig. 2 p. 307 ◊ © musée du quai Branly, Dist. RMN-Grand Palais / Claude Germain: fig. 5 p. 185, fig. 2 p. 186, fig. 3, 4 p. 187, fig. 4 p. 199, fig. 3 p. 229, fig. 4 p. 305, fig. 3 p. 307, fig. 3 p. 335 ◊ © musée du quai Branly, Dist. RMN-Grand Palais / Patrick Gries: fig. 1 p. 186 ◊ © musée du quai Branly Dist. RMN-Grand Palais / Daniel Ponsard: fig. 2 p. 120, fig. 1, 2 p. 122, fig. 1 p. 184 ◊ © musée du quai Branly, Dist. RMN-Grand Palais / Patrick Gries / Valérie Torre: fig. 3 p. 39, fig. 1 p. 304 ◊ © musée du quai Branly, Dist. RMN-Grand Palais / Michel Urtado / Thierry Ollivier: p. 344 (detail), fig. 1 p. 351 ◊ © musée du quai Branly, Dist. RMN-Grand Palais / Michel Urtado / Thierry Ollivier: p. 25 bottom, fig. 2 p. 95, fig. 6 p. 121, fig. 1 p. 198, p. 222 (detail), fig. 2 p. 229 ◊ © Musée Guimet, Paris, Dist. RMN-Grand Palais / image musée Guimet: fig. 1 p. 110, fig. 1 p. 302 ◊ © Musée Guimet, Paris, Dist. RMN-Grand Palais / image musée Guimet: fig. 1 p. 44, fig. 5 p. 111, fig. 1 p. 156, fig. 3 p. 157, fig. 1 p. 158, fig. 1. p. 252, fig. 3 p. 293 ◊ © Musée Guimet, Paris, Dist. RMN-Grand Palais / Jean-Michel Routhier: fig. 1 p. 68, fig. 2, 3, 4 p. 69 ◊ © Musée Guimet, Paris, Dist. RMN-Grand Palais / Ghislain Vanneste: fig. 1 p. 236 ◊ © RMN-Grand Palais (Château de Versailles) / Gérard Blot: fig. 3 p. 225 ◊ © Château de Versailles, Dist. RMN-Grand Palais / Christophe Fouin: fig. 4 p. 225 ◊ © Château de Versailles, Dist. RMN-Grand Palais / Christophe Fouin: fig. 3 p. 227 ◊ © RMN-Grand Palais (Château de Versailles) / Franck Raux: fig. 6 p. 251 ◊ © T. Garnier EPV: fig. 2 p. 271 ◊ © RMN-Grand Palais (Château de Fontainebleau) / Adrien Didierjean: pp. 214, 215 ◊ © RMN-Grand Palais (Limoges, Cité de la céramique) / Jean-Gilles Berizzi: fig. 1 p. 220 ◊ © RMN-Grand Palais (musée d'Archéologie nationale) / Jean-Gilles Berizzi: fig. 2 p. 43 ◊ © RMN-Grand Palais (musée d'Archéologie nationale) / Valorie Gô: fig. 4 p. 43, fig. 5 p. 65 ◊ © RMN-Grand Palais (musée d'Archéologie nationale) / Franck Raux : p. 24 top, fig. 1 p. 64, fig. 4 p. 65, fig. 2 p. 71 ◊ © RMN-Grand Palais (musée d'Orsay) / Droits réservés: fig. 2 p. 301 ◊ © RMN-Grand Palais (musée d'Orsay) / Christian Jean: p. 274 (detail), fig. 3 p. 283 ◊ © RMN-Grand Palais (musée d'Orsay) / Hervé Lewandowski: fig. 1 p. 282, fig. 1 p. 284, fig. 2, 3, 4 p. 285, fig. 2 p. 289, fig. 1 p. 300, fig. 3 p. 301, fig. 3 p. 302 ◊ © RMN-Grand Palais (musée de l'Orangerie) / Jean-Gilles Berizzi: fig. 3 p. 281 ◊ © RMN-Grand Palais (musée d'Orsay) / Jean-Pierre Legiewski: fig. 1 p. 290 ◊ © RMN-Grand Palais (musée d'Orsay) / Jean Schormans: fig. 4 p. 289 ◊ © RMN-Grand Palais (musée de Cluny – musée national du Moyen-Âge) / Jean-Gilles Berizzi: fig. 6 p. 158, fig. 4 p. 171 ◊ © RMN-Grand Palais (musée de Cluny – musée national du Moyen-Âge) / Gérard Blot / Christian Jean: fig. 7 p. 159, fig. 2 p. 177 ◊ © RMN-Grand Palais (musée de Cluny – musée national du Moyen-Âge) / Jean-Luc Mabit: p. 31 bottom right, fig. 3 p. 171, fig. 6 p. 179 ◊ © RMN-Grand Palais (musée de Cluny – musée national du Moyen-Âge) / Thierry Ollivier: fig. 1 p. 126 ◊ © RMN-Grand Palais (musée de Cluny – musée national du Moyen-Âge) / Franck Raux: fig. 2 p. 154, fig. 8 p. 159, fig. 8 p. 179 ◊ © RMN-Grand Palais (musée de Cluny – musée national du Moyen-Âge) / Michel Urtado: fig. 3 p. 121, fig. 3 p. 175 ◊ © RMN-Grand Palais (musée du quai Branly – Jacques Chirac) / Daniel Arnaudet: fig. 3 p. 95 ◊ © RMN-Grand Palais (musée du Louvre) / Daniel Arnaudet: fig. 4 p. 175, fig. 1 p. 224 ◊ © RMN-Grand Palais (musée du Louvre) / Jean-Gilles Berizzi: fig. 1 p. 142, fig. 6 p. 155, fig. 4 p. 178, fig. 3 p. 183, fig. 4 p. 237, fig. 3 p. 250, fig. 7 p. 251 ◊ © RMN-Grand Palais (musée du Louvre) / Gérard Blot: fig. 3 p. 177, fig. 4 p. 217 ◊ © RMN-Grand Palais (musée du Louvre) / Martine Beck-Coppola: fig. 1 p. 104, fig. 1 p. 105 right ◊ © RMN-Grand Palais (musée du Louvre) / Adrien Didierjean: fig. 1 p. 148, fig. 2, 3, 4 p. 268 ◊ © RMN-Grand Palais (musée du Louvre) / Jérôme Galland: fig. 1 p. 54 ◊ © RMN-Grand Palais (musée du Louvre) / Daniel Lébée: fig. 5 p. 52 ◊ © RMN-Grand Palais (musée du Louvre) / Hervé Lewandowski: p. 26 top left, fig. 6 p. 61, fig. 3 p. 85, fig. 1 p. 90, fig. 2 p. 93, fig. 1 p. 94, fig. 2 p. 97, fig. 4 pp. 100–101, fig. 4 p. 143, p. 162 (detail), fig. 1 p. 168, fig. 5 pp. 212–213 ◊ © RMN-Grand Palais (musée du Louvre) / Stéphane Maréchalle: fig. 1 p. 105 left, fig. 3 p. 209, fig. 2 p. 233, fig. 1 p. 240 ◊ © RMN-Grand Palais (musée du Louvre) / René-Gabriel Ojéda: fig. 4 p. 124, fig. 3 p. 195 ◊ © RMN-Grand Palais (musée du Louvre) / Franck Raux / René-Gabriel Ojéda: fig. 6 p. 269 ◊ © RMN-Grand Palais (musée du Louvre) / Thierry Ollivier: fig. 1 p. 268 ◊ © RMN-Grand Palais (musée du Louvre) / Mathieu Rabeau: fig. 3 p. 45, fig. 1 p. 50, fig. 3 p. 67, fig. 1 p. 86 ◊ © RMN-Grand Palais (musée du Louvre) / Franck Raux: p. 25 top left, p. 26 right, p. 27 top, fig. 2 p. 55, fig. 7 p. 61, fig. 1 p. 66, fig. 1 p. 112, fig. 3, 4 p. 165, fig. 2 p. 209 ◊ © RMN-Grand Palais (MNAAG, Paris) / Mathieu Ravaux: fig. 8 p. 133 ◊ © RMN-Grand Palais (musée du Louvre) / Christian Jean: fig. 2 p. 164 ◊ © RMN-Grand Palais (musée du Louvre) / Jean Schormans: fig. 1 p. 118 ◊ © RMN-Grand Palais (musée du Louvre) / Tony Querrec: fig. 3 p. 207, fig. 5 p. 250 ◊ © RMN-Grand Palais (musée du Louvre) / Michel Urtado: pp. 218, 219 ◊ © RMN-Grand Palais (musée du Louvre) / Christian Jean / Jean Schormans: fig. 2, 3 p. 105 ◊ © RMN-Grand Palais (Musée Guimet, Paris) / Daniel Arnaudet: fig. 3 p. 143, fig. 1 p. 262 ◊ © RMN-Grand Palais (Musée Guimet, Paris) Jean-Gilles Berizzi: fig. 2 p. 253 ◊ © RMN-Grand Palais (Musée Guimet, Paris) / Richard Lambert: fig. 3 p. 43, fig. 4 p. 49, fig. 4 p. 111, fig. 5 p. 143, fig. 1 p. 146, fig. 5 p. 155 ◊ © RMN-Grand Palais (Musée Guimet, Paris) / Thierry Ollivier: p. 27 bottom, fig. 2 p. 87, fig. 3 p. 111, fig. 7 p. 125, fig. 2 p. 137, fig. 1 p. 138, fig. 4, 5 p. 139, fig. 2, 3 p. 141, fig. 6 p. 144, fig. 5 p. 147, fig. 5 p. 158, fig. 4 p. 211, fig. 2 p. 237 ◊ © RMN-Grand Palais (Musée Guimet, Paris) / Mathieu Rabeau: fig. 4 p. 71, fig. 2 p. 110, fig. 3 p. 137 ◊ © RMN-Grand Palais (Musée Guimet, Paris) / Michel Urtado: fig. 2 p. 156 ◊ © RMN-Grand Palais (Sèvres, Cité de la céramique) / Martine Beck-Coppola: fig. 2 p. 142, fig. 1 p. 152, fig. 2 p. 171, fig. 2 p. 175, fig. 2 p. 242 ◊ © RMN-Grand Palais (Sèvres, Cité de la céramique) / Thierry Ollivier: fig. 7 p. 295 ◊ © Musée Rodin, Paris / Christian Baraja: fig. 2 p. 308 ◊ © Musée Rodin, Paris / Angèle Dequier: fig. 1 p. 308, fig. 5 p. 309 ◊ © Musée Rodin, Paris / Adam Rzepka: fig. 4 p. 309 ◊ © Saudi Commission for Tourism & National Heritage: p. 24 bottom right ◊ ETH-Bibliothek Zürich, Alte und Seltene Drucke: fig. 1 p. 208 ◊ © Abu Dhabi Tourism & Culture Authority, Photography Fatima Al Shamsi, Architect: Jean Nouvel: cover, pp. 360, 370, 374–375, 378 ◊ © Archivio Penone: fig. 2, 3 p. 359 ◊ © Photo: Factum Arte: fig. 1 p. 356, fig. 3 p. 357 ◊ © Louvre Abu Dhabi – Majed Al Hashly: fig. 2 p. 357 ◊ © Louvre Abu Dhabi, Photography Mohamed Somji: pp. 368-369, 376-377, 381, 382-383, 384–385 ◊ © Giuseppe Penone / Architect: Jean Nouvel: fig. 1 p. 358 ◊ © TDIC, Architect: Jean Nouvel: pp. 362, 364–365, 366–367, 372–373

ÉDITIONS SKIRA PARIS
14 rue Serpente
75006 Paris
www.skira.net

Senior Editor
Nathalie PRAT-COUADAU

Art Director
Marcello FRANCONE

Editorial Coordination
María Laura RIBADENEIRA
Emma CAVAZZINI
Serena PARINI

Editorial assistant
Louis MOISAN

Copy editor
Timothy STROUD

Design and layout
PROTOTYPE – Aurore JANNIN
and Laurent PINON

Translations
Paul METCALFE for *Scriptum*, Rome

Iconographical Research
Paola LAMANNA

ISBN 978-2-37074-072-4

Distributed in USA, Canada, Central
& South America by ARTBOOK | D.A.P. 75,
Broad Street Suite 630, New York,
NY 10004, USA.
Distributed elsewhere in the world
by Thames and Hudson Ltd., 181A High Holborn,
London WC1V 7QX, United Kingdom.

Printed and bound in Italy: March 2018
First edition